현호 스님 송광사 제8차 중창불사기

송광사 대웅보전 이렇게 지어졌다

일러두기

＊이 책은 송광사 제8차 중창불사, 그중에서도 불사의 핵심인 대웅보전 건립을 추진해 가는 과정에서 고찰되는 불사의 이념과 승가 생활상을 살펴보기 위한 것이다.

＊송광사는 보조국사 이래 고려 조선 근현대에 이르는 8백 년 산문의 역사를 지닌 곳이다. 따라서 그 역사의 흐름을 알 수 있게 기술함과 동시에 사진자료를 활용하여 현재까지 근 백여 년 사이의 송광사 변천의 과정을 알 수 있게 했다.

＊내용의 구성은 당시 송광사 기관지였던 불일회보 내용을 근간으로 했고, 문화재전문위원 신영훈 선생의 46회에 걸친 송광사와 대웅보전 건립과정 연재를 실어 뛰어난 문화재적 가치를 다시 살피도록 했다.

＊불사의 제반 사항, 특히 모연문·연기문·발원문·회향문 등을 소개하여 후대 불사자들이 유념할 수 있는 부분은 불일회보의 내용대로 충실히 옮겨 적었다.

＊사진은 송광사 사료를 비롯하여 현재까지의 도량과 스님들의 모습을 폭넓게 넣었다. 현호 스님 관련한 사진은 법련사 홈페이지 외에 기타 산재한 것을 모았다. 특히 이 책이 현호 스님 송광사 제8차 중창불사를 기리기 위한 것이므로 현호 스님의 일생의 편린이라 할 수 있는 승가와 재가, 불사에 인연 맺은 기억될 만한 분들의 사진을 실어 고마운 마음을 기리고자 했다.

현호 스님 송광사 제8차 중창불사기

송광사 대웅보전 이렇게 지어졌다

글 보경

僧寶宗刹 曹溪叢林 松廣寺

서문

　삶은 한 사람이 살았던 것 그 자체이지만 그 삶을 비춰주는 것은 온전히 그의 기억이다. 그의 삶을 기억하고 이야기하기 위해서는 무엇을 어떻게 기억하고 있느냐가 중요하다. 막대를 물에 넣으면 굴절 현상이 일어나고, 얼굴을 비춰주는 거울이라 하여 한없이 다가설 수는 없다. 굴절은 관점의 왜곡을 낳을 것이고 반추하기 위해서는 얼마간의 간극이 필요하다. 나무 한 그루를 예로 들면 나무만으로는 물(物) 그 자체이지만 바라보는 관점이 있으면 나무는 하나의 대상으로 그 의미가 달라진다. 그렇기에 인간의 사고는 주관과 객관으로의 차원 변화를 능숙하게 해낼 수 있어야 한다. 자신의 삶을 본인이 이야기한다 해도 자기합리화로의 질곡은 있게 마련인데, 더욱이 타인의 삶을 놓고 볼 때는 타자의 시각에 굴절이 없을 수 없다.

　조계산 송광사는 나의 출가본사로서 이날까지 40여 년을 품어준 곳이다. 생각해보면 나는 입산 후 거의 3일만에 이 세계의 경이로움을 모두 깨달았던 듯하다. 첫날밤에 머리 밑을 받친 것은 푹신한 베개 대신 단단한 목침이었고, 세숫대야는 상·하복으로 구분하여 얼굴과 발을 씻는 그릇이 달랐다. 그리고 뜨거운 물은 반드시 찬물을 섞어 열기를 식힌 후에 버림으로써 하수구의 미물들이 죽지 않도록 했다. 목침은 달콤한 잠을 경계하는 것이고, 대야의 구분은 몸을 정결하게 생각하는 계기가 되었으며, 뜨거운 물을 하수구에 그냥 흘려보내지 말라는 것은 이곳이 거룩한 불살생의 자비도량임을 잊지 말라는 뜻이어서 그 말을 듣는 순간 가슴이 한없이 뜨거워졌다. 무엇보다 음식 비위가 약한 나에게 절밥은 맘놓고 먹어도 되는 것이어서 그것이 비록 음식에 지나지 않을지라도 난 영혼의 자유를 느낄 정도로 행복했다. 그렇게 행자생활을 마치고 현호 스님을 은사로 모시고서 이날까지 살아온 것이다. 때는 80년대 초반이어서 구산 스님, 법정 스님 등 이름있는 스님 외에도 여러 노스님들이 총림대중들과 함께 살고 있었다. 현호 스님은 송광사의 주지를 맡아 채 10년이 되지 않는 기간에 송광사 제8차 중창불사를 이루고, 이어서 서울 법련사와 미국 L.A.의 고려사까지 세 번의 대작불사를 성취하셨다. 나는 이같은 은사스님의 불사과정을 지켜보고 때론 심부름을 하면서 모시고 있었기에 그 내면의 사정을 어느 정도는 알고 있다. 그렇기에 나야 이날까지 살면서 내손으로 집 한 채 지어보거나 방 한 칸 늘여보지 못한 사람이지만 은사스님의 불사이야기만큼은 책으로 남겨드리고 싶은 바람이 있었다.

이야기의 구성은 '현호 스님 송광사 제8차 중창불사기 – 송광사 대웅보전 이렇게 지어졌다'는 표제처럼 대웅보전을 중심으로 한 송광사 중창불사기다. 이야기의 사료적 근거는 당시 송광사 소식지였던 불일회보 10년치에 실린 것에서 찾았고, 불사의 직접적인 기록은 문화재전문위원 신영훈 선생의 불사 연재기가 중심을 잡아주었다. 여기에 내가 보고 겪은 일과 소회를 옛 기억을 더듬어 '손바닥소설'이라는 형식으로 살을 붙여 나갔다. 책이 마무리되는 시점에서 돌아보니 은사스님의 불사는 외형의 불사 못지않게 보조사상연구원이라는 내형의 불사를 통해 목우가풍 현창이라는 혼을 불어넣고 있었다. 그리고 송광사를 근본도량으로 하여 서울 법련사와 미국 L.A.고려사로 길게 선이 그어지는 한국불교 사찰불사의 한 전형으로 의미를 부여할 수 있겠다는 생각이 들었다. 나는 이 책이 단순히 은사스님의 불사기에 한정하기는 아쉬운 바가 없지 않아 스님의 일생을 조망해볼 수 있도록 범위를 넓혀 집필구상을 했다. 즉 스님의 일생에서 만난 인연들을 승가와 재가를 포함하여 사진으로 실었고, 대웅보전과 송광사 전경을 많은 페이지에 할애했다. 이는 송광사의 계절에 따라 변화하는 다채로운 모습을 보여주는 외에도 독자의 시선을 대웅보전에 묶어 두기 위한 시설이었다. 내가 글이야 어떻게든 메꿔간다 하지만 250여 장이 되는 본문 속 사진들을 취합하여 선별하고 배열하는 일에 꼬박 1년이 걸린 쉽지 않은 일이었다.

스스로는 이 책을 8백 년 송광사 산문의 역사 중에 1980년대라는 10년의 CT(Computed Tomography) 한 장을 만든다는 마음으로 열의를 가졌다. 그렇지만 갈수록 범위가 넓어져 80년대 이후 지금까지 거의 50여 년의 이야기가 담겨지게 되었다. 무엇보다 미수(米壽)가 가까워 오는 연세에도 돋보기를 쓰지 않고 글자를 볼 수 있는 은사스님께서 당신의 제자가 쓴 당신의 이야기를 책으로 만져볼 수 있도록 해드린다는 사실이 이렇게 뿌듯할 수가 없다. 그것은 한 사람의 인생의 이야기를 그 사람을 위해 써볼 수 있었다는 기쁨이기도 하고 그런 인생에 놓일 수 있는 기회를 만난 고마움이다.

연초에 미국 L.A.를 덮친 화마가 걱정스러워 전화를 드렸더니 당신이 계신 시내의 고려사는 무탈하다는 말씀 끝에 전화를 끝으시면서 보고싶다, 하는 뜻밖의 말씀을 하셨다. 순간 좀 놀라기도 했지만 여운이 쉽게 가시지 않아 그날은 하루종일 가슴이 먹먹했다. 그것은 감정을 잘 드러내지 않는 이 고단한 곳에서의 일생에 참으로 들어보기 어려운 스승의 마음속 울림이었다. 만개

한 꽃처럼 유감없이 인생의 절정기를 구가하신 은사스님 젊은 날의 불사기를 완성하고 나니 老 은사의 세월만 가는 것이 아니라 제자의 시간도 흐르고 있다는 이즈음의 소회를 숨길 수 없다. 여러 감사의 인사는 책 끝에 담도록 하고 서문을 마친다.

2025. 3.
송광사 탑전에서 시자 보경

조계산은 이 골짜기를 타고 흘러내려 송광사를 낳았다.

송광사 대웅보전

송광사
대응보전
이렇게
지어졌다

목차

004　서문

1. 송광사 제8차 중창불사의 의의
032　프롤로그
038　집필 개요와 방향

2. 해묵은 서고에서 건진 이야기
062　천 겁의 세월이 흘러도 옛날이 아니고
066　불일이 뜨다(창간호~회보 초기)
078　문화재의 수난, 보조국사의 원불 돌려받다
083　나의 집은 고독의 언덕에 있어라
088　가지 않는 길, 그리고 사평역에서
093　북을 잘치면 춤은 절로 나온다
099　대웅보전 및 성역화의 밑그림이 그려지고
124　먼 북소리
132　무엇이 가고 무엇이 남는가
141　무소유

3. 사원건축의 불교적 의미
146　최초의 사원
150　일주문
151　천왕문·해탈문
156　범종각·종고루

157	대웅전
160	대적광전·비로전
161	설법전·무설전
163	극락전·무량수전
165	관음전·원통전
168	팔상전
170	나한전·응진전
171	지장전·명부전·시왕전
174	미륵전·용화전
175	조사전·국사전·영각
176	응향각·향노전
177	삼묵당
177	강당
184	선원·수선사

4. 사원건축의 공간과 미학

188	공간
194	역사
198	유산
200	기록

5. INTERMISSION

210	종교의 본령

송광사 대웅보전 이렇게 지어졌다

목차

213 기억이 주는 기쁨
218 師弟之情 구산 스님과 현호 스님

6. 신영훈 선생의 송광사 순례

232 석사자의 환희
241 지장전 완공과 점안식 : 이곳은 법왕궁, 이 도량에서 안심하소서
248 송광사는 16국사를 모신 도량 : 국사전
253 진락대에 나무새가 내려앉다
257 국사전의 장엄
262 수선사의 의미 : 승보가 승보인 까닭
268 법은 설해져야 법이다
271 물고기는 혀가 없어라
274 스승의 무릎 까까이 앉으라
282 응진전의 영험
284 응진전의 공포구조
291 미소실 : 진리는 심각하지 않기에
293 상사당 : 높고 낮음이 어우러져
295 삼일암 : 사방으로 1장의 방에 앉아
304 하사당 : 낮아서 좋은 집
306 잘 짜인 집
308 나무는 집이 되어 두 번 산다
315 관음전 : 누가 이 건물을 알아볼 것인가

- 321 역사적 건물은 자기의 이야기를 가진다
- 323 관음묘지력 능구세간고
- 330 소박하여 좋아라
- 334 곳간도 세월이 흐르면 변한다
- 341 약사전 : 작아서 더욱 좋은 집
- 343 약사전이 송광사 약사전류(類)가 되다
- 349 팔상전 : 부처님을 팔상으로 펼치다
- 356 영산회상의 재회를 기원하며

7. 천년을 내다보고 짓는 도량 송광사

- 364 새는 양 날개로 난다
- 372 역사적인 대웅보전 상량에 즈음하여
- 373 천년을 내다보고 짓는 도량 송광사
- 379 대웅보전에 불사리탑을 모시자 진신이 강림하네
- 385 불사의 이모저모 : 형식이 서면 내용이 채워진다
- 390 불사에 속도를 내다
- 394 달리는 말은 뒤를 돌아보지 않는다
- 397 대웅보전 단청 : 건물에 옷을 입힌다는 것
- 417 송광사 제8차 중창불사 공덕비문
- 424 구산 스님 사리탑 모연문과 소탑 조성의 신기원

8. 제8차 중창불사 회향

- 438 회향의 노래

송광사 대웅보전 이렇게 지어졌다

442 대웅보전의 경영
445 새롭게 등장하는 전각

9. 송광사 대웅보전 이렇게 지어졌다

464 법당은 부처님의 보궁
466 대웅보전의 입주
468 대웅보전의 기반
474 대웅보전의 공포
476 대웅보전의 선장
478 대웅보전의 처마
485 대웅보전의 기와
488 대웅보전의 지붕
490 대웅보전의 공명
497 대웅보전의 우물마루
501 대웅보전의 문지도리
504 대웅보전 꽃살문의 마련
506 대웅보전의 꽃살
516 대웅보전의 사리장치
519 대웅보전의 수미산
521 대웅보전의 쇠장석
528 대웅보전의 초빛
531 대웅보전의 은단청
533 대웅보전의 의주

목차 ● ● ●

535	대웅보전의 별지화
537	대웅보전의 외벽벽화
548	대웅보전의 사성제벽화

10. 영원한 불모 석정 스님
558	전통불화의 새로운 탄생

11. 보조사상연구원의 설립과 초기 활동
578	보조사상연구원 태동
581	창립총회 : 보조사상을 오늘 이땅에 새롭게 심는다
589	보조전서 완간을 보다
594	보조사상 연구의 전기를 마련하다

12. 현호 스님 동남아 탑사 탐방기
610	보로부두르 대탑을 찾아서
615	황금의 탑 쉐다곤
620	파칸의 탑사
623	만다레이의 불교사찰

648	에필로그―불사기 마치는 글

송광사 배치도 (2020년 2월 기준)

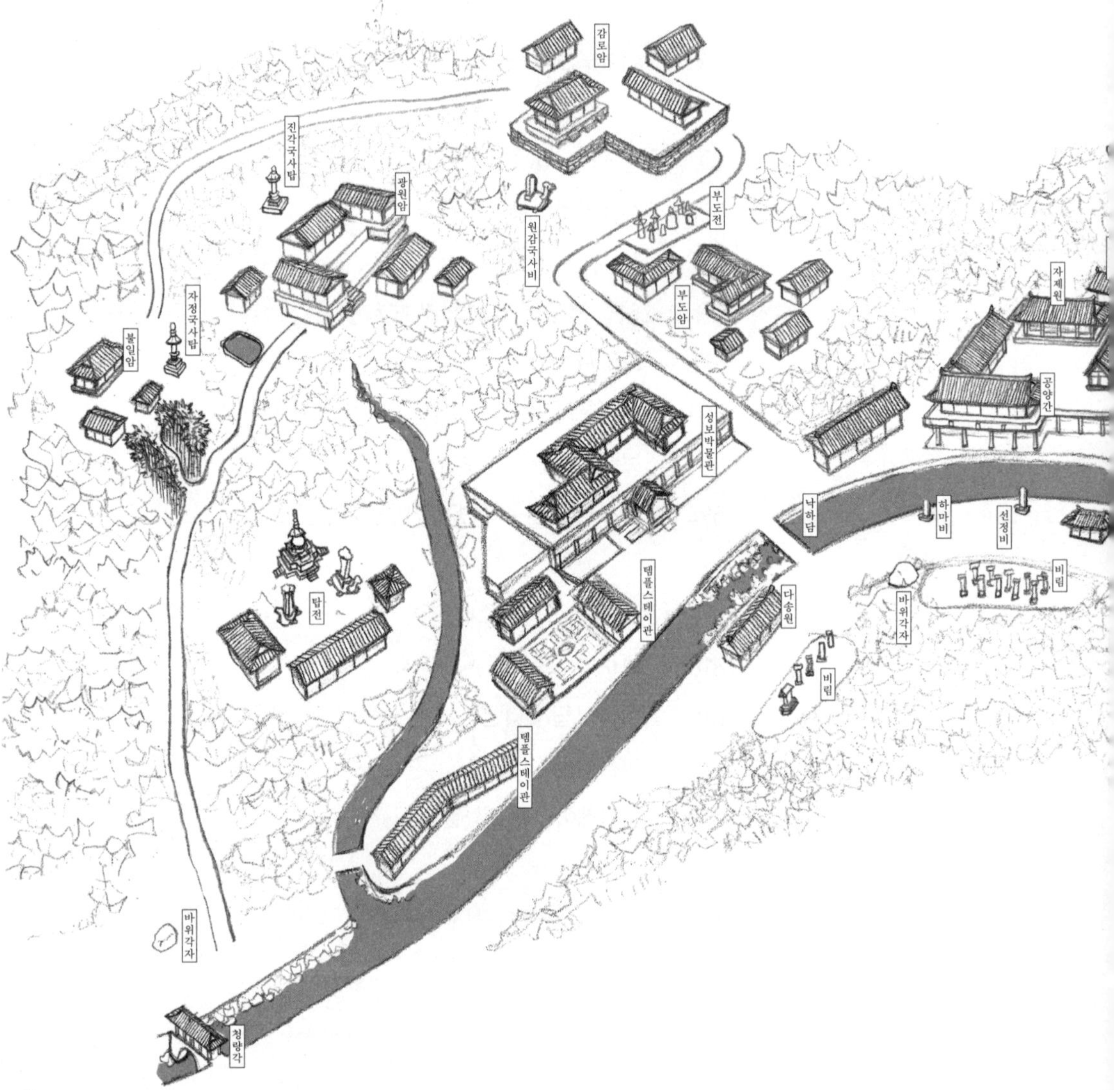

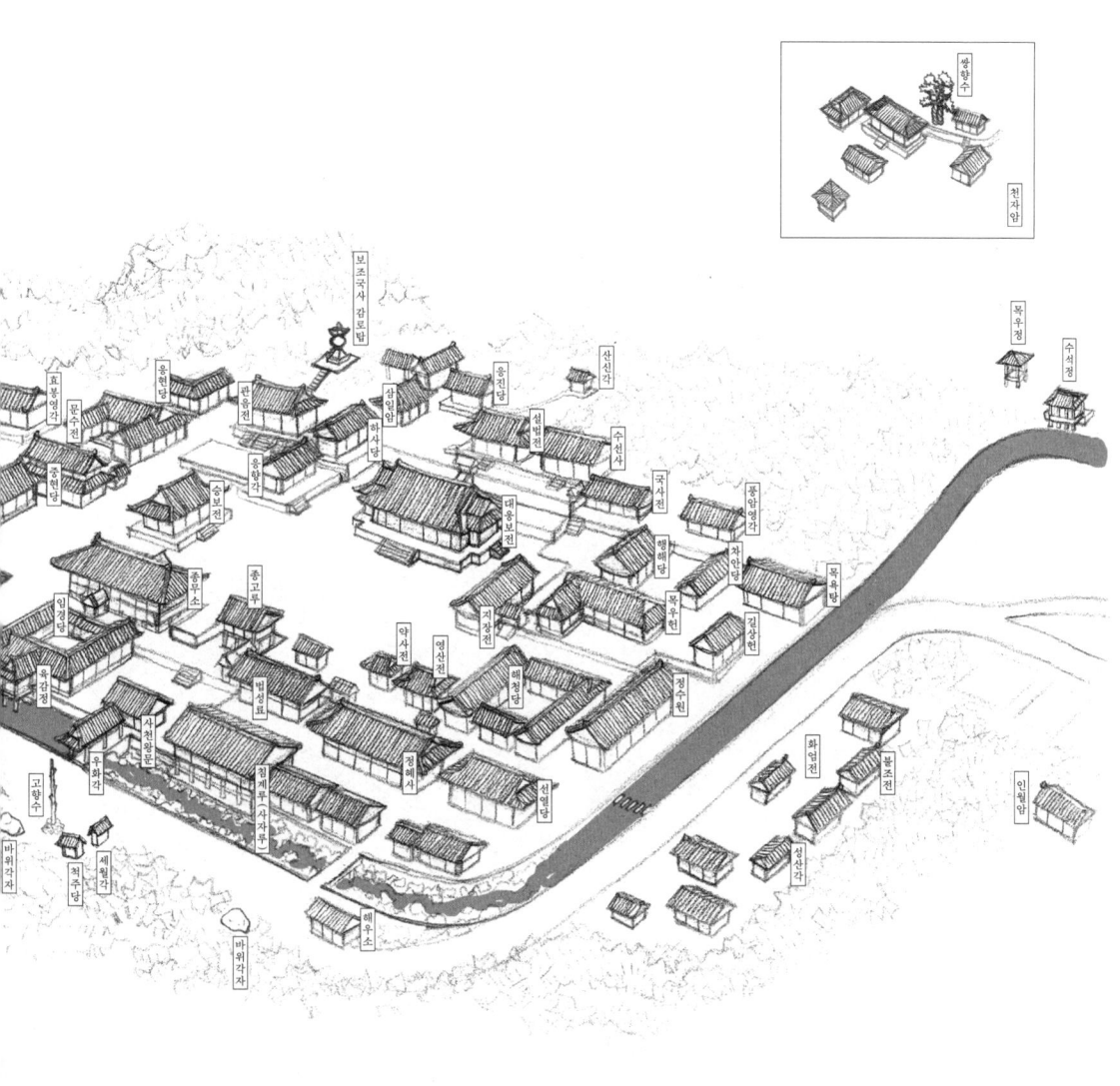

1.
송광사 제8차 중창불사의 의의

일제강점기 송광사 전경

1951년 한국전쟁에 피해를 입은 도량. 제일 먼저 박물관을 세웠다.

○ 표시 부분 박물관

복원되는 도량. 대웅전과 설법전 등이 들어섰다.

○ 표시 부분 설법전

조계산 송광사지도 (1886년 | 규장각 소장)

대승선종 조계산 송광사지 (1965년 | 기산 석진)

프롤로그

山前一片閑田地 (산전일편한전지)
叉手丁寧問祖翁 (차수정녕문조옹)
幾度賣來還自買 (기도매래환자매)
爲隣松竹引淸風 (위린송죽인청풍)

산 아래 한 뙈기 묵은 밭에서
차수하고 노인께 공손히 물었더이다.
몇 번이고 팔았다가 다시 산 것은
송죽에 이는 맑은 바람이 좋아서라네.(오조법연 선사 오도송)

생각해 보면 나는 이 게송을 참으로 좋아했던 듯하다.
그래서인지 십수 년의 서울 생활을 마무리하고서 송광사 탑전으로 환지본처 하던 때도 머릿속으론 오직 이 게송을 떠올리고 있었다. 이 게송의 주인공인 오조법연은 중국 송대의 선승으로서 백운수단의 법을 이었고, 다시 그 법을 물려받은 이는 종문제일서라는 평을 받는 『벽암록』을 지은 원오극근이다. 오조법연은 임제종 양기파의 법을 이었으며 수행은 오직 무자화두를 참구할 뿐이었다. 흔히 말하는 간화선은 원오극근과 대혜종고를 지나면서 무자화두 일변도의 경향으로 흘러갔기 때문에 간화선에서 오조법연의 위치가 각별한 것이다.

　오조는 백운 문하에서 방앗간 소임을 봤다. 그런데 쌀과 보리 등을 찧어 팔아 돈이 들어오면 보시금을 자기가 담고는 대중에게 공개하지 않자 한 수좌가 백운에게 일러바쳤다. 그러면서 거짓 소문까지 늘어놓았다. 이에 백운은 오조를 불러 꾸짖고는 절에서 나가라고 했다. 오조는 그동안 모아두었던 3천 냥을 내놓고는 훗날 불사에 쓰라고 하면서 백운 곁을 떠나 전국 각처로 선지식을 찾아다녔다. 아무도 그의 진실을 알지 못한 터였다. 시간이 흘러 오조에게도 원오극근이라는 출중한 제자가 있었다. 어느 날 원오가 다른 스승을 찾아보겠다며 떠날 채비를 했다. 이때 오조가 말했다.

"너희들은 이곳을 떠나 절강성을 돌아다니다가 한 차례 열병을 겪을 것이니 그때 비로소 나를 생각하게 될 것이다."

　원오가 행각길에 금산사에 도착하고는 갑자기 열병에 걸렸는데 무척 심하여 중병려라는 요양소로 옮겨졌다. 그래서 평소에 터득한 공부의 힘으로 병을 이겨보려고 했지만 한 구절도 힘이 되지 못하자 오조의 말씀을 되새겨보고는 깨달은 바가 있었다. 원오는 병이 낫자 그 길로 스승이 머물고 있는 곳으로 다시 돌아왔다. 오조는 기뻐하면서 "네가 다시 돌아왔느냐" 하고는 곧 선당에 들어가게 하고 시자소임을 보게 했다.
　여기서 오조의 오도송을 잠깐 음미해 보자. 산 아래 묵은 한 떼기의 밭이라 했으니 별 볼품이 없어 보이는 밭이다. 그런데 정성스럽게 그 밭을 일구는 촌로를 그냥 지나치기가 멋쩍어 한번 인사차 말을 건네봤을 것이다. 천 년 된

땅에 주인이 팔백[千年地八百主]이라지 않던가. 땅이야 돈이 있으면 사들이고 궁하면 팔게 되는 법이니까. 그런데 촌로는 그 밭을 놓지 못한다. 그래서 사정이 생기면 밭을 팔고 형편이 나아지면 다시 사들이기를 반복한다. 그 속사정은 청풍에 있었던 거다. 이것은 소소영령한 본래면목이면서 가장 본질적인 마음자리를 상징적으로 말한 것이다. 어느 누구도 자신의 마음을 등질 수는 없기 때문이다.

우리의 생명은 시간 속에 존재하지만 몸은 공간을 점유한다. 개인과 공간의 관계는 공생할 때에 의미가 파악된다. 공간이 사람을 불러들인다는 것은 증명하기 어렵지만 우리는 어디서 살아가건 공간을 점유하며 삶을 영위한다. 그 공간 속에 속하는 무엇이 있어야 그곳에 존재한다고 말할 수 있다. 그렇다면 우리가 어떤 특정의 장소에 속하려면 흥미의 차원이건 생계유지의 차원이건 삶도 담보되어야 한다. 한 사람이 특정한 공간에 살아가는 이유는 무엇일까.

도시가 좋은 사람이 있고 자연을 가까이하며 살아가는 것이 좋은 사람이 있다. 또 바다를 보고 사는 사람이 있는 반면 산속에 들어가 살아가는 사람도 있다. 그렇다면 공간은 전적으로 선택의 영역일까, 아니면 알 수 없는 어떤 운명적인 끌림이 작용하기 때문일까. 여기에서 한 가지 분명한 것은 그곳에 있으면 그곳을 닮아간다는 것은 설명할 수 있을 듯하다. 공간이 나의 삶으로 들어오고 내가 적극적으로 수용하며 연륜이 쌓여가면 그 공간을 이해하고 해석하는 안목이 열린다. 삶은 그곳에 가장 적합한 방향으로 몸을 돌린다. 따라서 지형과 공간의 활용 내지는 삶에 필수적인 건축물은 그곳의 정신이 되어 가장 편안하고 안락한 형태로 인간의 삶에 반응할 수 있다.

사찰은 불교라는 종교의 수행과 신행활동이 이뤄지는 공간이면서 불특정 다수를 응대하는 열린 공간이다. 산중의 사찰은 세속집의 대문 같은 보호막으로 인한 단절 없이 하루 24시간 언제나 열려 있다. 도심의 포교를 목적으로 하는 사찰과 달리 산중의 사찰은 크건 작건 다수의 대중이 공동체의 삶을 실천하는 곳이다. 따라서 수행과 예경을 전제로 하는 불당 외에도 의식주를 해결하기 위한 최소한의 공간이 불가분의 필요조건이 된다. 그리고 모든 건물과 배치는 생활의 적합성을 고려한 요소 외에도 예술적인 안목도 반영하여 조성될 것이다. 사찰경영은 경제활동에 준하는 행위로서 그 능력에 비례하여 이뤄진다. 당연히 건축도 시대 여건에 따라 규모가 달라질 수밖에 없다. 그리고 그 일을 추진할 인물이 있어야 한다. 인간사회는 어느 분야건 시간이 흐르면 역사가 만들어진다. 따라서 그 역사성을 존중하고 재해석하면서 일을 추진한다면 더없이 좋은 결과를 도출할 수 있다. 그러기 위해서는 누군가는 그곳의 역사를 기록으로 남기고 잊혀지지 않도록 후대에 전할 의무를 져야 한다. 이는 당장의 먹고 사는 문제는 아니지만 특정 시점의 사람들이 어떻게 살아갔는지에 대한 이해와 탐구를 제공하여 그 공간의 역사를 되살려내면서도 과거와 단절되지 않는 영속성을 담보하는 일이다.

이 책은 1980년대 송광사의 CT 한 장이라 할 수 있다. 다시 말해 내가 출가하여 살기 시작한 때로부터 10여 년에 걸친 기간 동안 내 눈에 비친 송광사의 스님들과 당시의 분위기, 그리고 사내 각 전각들에 대한 설명과 함께 제8차 중창불사의 중심인 대웅보전의 건립에 담긴 이야기이다. 이 대작불사는 단순히 외형의 건축에 그치지 않고 보조사상연구원이라는 학술단체를 개설하여 새의 양익(兩翼)과 같은 이(理)와 사(事)의 균형을 맞춰가는 안목을 보여주었다는 특징을 찾을 수 있다. 이것은 건축과 불교, 수행과 공간의 기능에 대한

다각적인 관점을 제공한다. 이에 대한 기초적인 기술은 문화재전문위원이자 송광사 불사에 고견을 제시한 고 신영훈 선생이 당시 송광사의 대외 기관지인 월간 〈불일회보〉에 연재한 내용에서 얻었다. 불일회보는 거의 20여 년 존속하다 폐간되었지만 다행히 합본으로 묶여 남겨진 일부 자료 속에서 실마리를 얻었다. 이는 내가 동국대 대학원에서 학위논문을 준비하며 자료를 섭렵하는 과정에서 눈여겨 본 것으로 훗날 되살릴 가치가 있는 것들이 적지 않아 때를 보고 있었기에 빛을 볼 수 있었다. 그중에서 중창불사의 예비적 차원에서 송광사의 건축물에 대한 설명을 연재한 것과 대웅보전 불사의 세세한 내용을 연재한 것은 당장 생생하게 살려낼 만한 이야깃거리를 담고 있었다.

 책의 내용은 인문학적 관점에서 고찰해 본 공간과 역사, 기록행위에 대한 정의를 적고 그다음에 송광사 건물군에 대한 해설과 대웅보전 건축, 기타 조형물 속에 담긴 의미를 연재한 신영훈 선생의 내용을 원문 그대로 적을 것이다. 현호 스님은 송광사 제8차 중창불사 외에도 현대식 콘크리트 골조 건물인 서울 법련사 불사와 L.A. 캘리포니아에 송광사 미국 분원인 고려사를 세웠다. 여기서는 그 두 곳의 불사를 간략히 소개하는 정도에서 그치고 중창불사 이외의 것은 훗날 다시 정리하여 엮어볼 생각이다. 이는 제자 된 도리로서 평생 세 번의 대작불사와 보조사상연구원 같은 정혜쌍수의 목우가풍을 진작하기 위해 근념하신 은사 현호 스님의 공적을 정리해 드리고 싶었던 평소 마음의 빚을 갚는 것이다. 또한 불사 과정의 내용을 통해 불사를 어떻게 하는 것인지에 대한 안목과 정신을 기려 후대에 귀감을 삼도록 하기 위함이다. 1980년대 이후 전국 각지와 해외에서 이뤄진 기념비적인 불사들이 하나 둘이 아니다. 그런 내용들을 후학들이 기록하여 남긴다면 불사의 공적도 기리는 것이 되고, 그 은혜를 보답하기 위해 더 열심히 수행과 포교에 진력하는 동기부여가 되기도 할 것이다. 하지만 기록이 남겨지지 않으면 사람만 때가 되어 떠나는 것이 아니라 그의 가슴에 담긴 이야기도 물거품처럼 꺼져 사라지고 만다.

이야기를 풀어가는 입장에서 한 가지 마음에 걸리는 것은 불사 당사자가 아닌 내가 멀리서 지켜보는 (아직 20대의 젊은)제자의 입장에서 과연 얼마나 은사 스님의 마음을 헤아릴 수 있을지 장담하기 어렵다는 점을 고백하지 않을 수 없다.

승보전 후벽의 육조혜능 스님 행자 시절 벽화 | 몸이 가벼워 돌을 메고 방아를 찧는 모습. 선은 혜능 이후 물 긷고 나무하는 일상성 속에서 깊이를 더해갔다.

집필 개요와 방향

이 책은 송광사 제8차 중창불사, 그중에서도 불사의 핵심인 대웅보전 건립을 추진해 가는 과정에서 고찰되는 불사의 이념과 당시 송광사 스님들의 면모를 통해 한 시기의 승가 생활상을 살펴보기 위한 것이다. 불사는 10여 년의 짧은 기간에 이뤄진 일이었지만 주창자인 구산 스님의 입적 후 현호 스님이 주지 소임을 맡아 대단원의 회향을 이끈 불사기(佛事記)다. 한국 사회는 1970년대와 80년대는 확연히 다른 양상을 보인다. 그 시기는 군부장기집권의 시기를 지나 분출하는 민주화의 열망과 아울러 경제발전의 획기적인 도약과 함께 교육에 대한 열의가 불타오르는 시절이었기 때문이다. 사찰의 경영 또한 1980~90년대에 이르러서는 규모가 커지기 시작하였고 출가자도 폭발적으로 증가하였지만 돌아보면 그에 따른 관리나 교육은 사회의 속도에 미치지 못하였던 것으로 판단된다.

송광사가 1970년대에 더욱 돋보였던 것은 해인총림과 더불어 조계총림으로 사격이 높아지고 삼보사찰 중에서도 승보종찰의 가풍이 이행되고 있었던 측면이 있다. 무엇보다 당시 총림의 방장이었던 구산 스님은 외국을 다니며 외국인 제자들을 받아들여 그들이 수행할 수 있는 불일국제선원을 개설함으로써 한국불교의 국제화라는 미래불교를 열어 보였다. 구산 스님이나 스님의 스승이신 효봉 스님의 일대기는 연보를 통해 개괄해 볼 수 있겠지만 여타의 자세한 내역은 의외로 살피기 쉽지 않다. 심지어 1970~80년대 활약한 스님들의 육성녹음이나 동영상 등의 기록물이 별로 전해지는 것이 없어 자료확보의 어려움을 상징적으로 보여준다. 그 이유는 한국 사회의 늦은 경제화의 영향일 수도 있지만, 개인적으론 선종의 영향으로 인하여 잡다하게 느껴지는 일들을 무시하고 넘겨버리는 분위기에서 기인한 측면이 없지 않다.

내가 출가한 때가 1983년 2월이어서 구산 스님 생애의 마지막 해를 지켜볼 수 있었다. 당시 행자실에는 구산 스님께서 올해 돌아가실지도 모른다는 말이 떠돌고 있었다. 당신께서 지난해의 생신 때 "다음 생일은 보기 어려울 것이다"라고 말씀하셨다는 것이다. 그런 분위기 때문인지는 몰라도 어린 나의 눈에는 도량과 스님들의 엄격한 일상에 이르기까지 신비롭게 다가오지 않는 것이 없었다. 그리고 법정 스님이 불일암에 계시면서 큰절에 한 번씩 내려오셨기 때문에 어느 때보다 송광사에 대한 자긍심이 충만해 있던 시기였던 듯하다.

제8차 중창불사에 대한 구상은 이미 1983년의 봄부터 드러나고 있었다. 그해 봄에 현호 스님이 송광사 주지에 부임하면서 구산 스님의 중창불사 염원을 받들어 구체적으로 불사의 밑그림이 그려지기 시작했다. 여름의 어느 날부터인지 강원도에서 춘양목이 마지막 벌목되는 것을 구해 오는 것이라며 쉴 새 없이 대형 트럭이 목재를 실어 날랐다. 구산 스님이 노구를 이끌고 직접 울력에 나왔고, 사중의 스님들과 우리 행자들까지 목재의 껍질을 벗기는 울력을 매일 같이 수행했다. 나만의 느낌인지는 몰라도 구산 노스님의 마음에서는 다급함이 묻어났다. 그러면서 구산 스님을 뵐 때마다 과연 올해 열반에 드시는 걸까 하는 의문이 뇌리를 스쳐 갔다. 결과적으로 구산 스님께서는 그해 12월에 입적하셨고 후사는 온전히 현호 스님이 짊어져야 했다. 아직 40대 초반의 스님께서 이 거대 총림의 살림과 중창불사를 어떻게 추진해 나갈 것인지 자못 궁금하기도 했다.

나는 1983년 가을에 현호 스님을 은사로 하여 사미계를 받고 강원에서 공부와 함께 주지실 시자 소임을 봤다. 당시 스님 방에는 "마음씀이 고를 때 몸은 자유롭다"라는 효봉 스님 말씀이 자그마한 액자에 담겨 걸려 있었다. 마음을 고르게 쓰는 뜻은 알겠는데, 왜 몸이 자유롭다는 것을 말씀하셨는지 당장 이해되지는 않았다.

당시 송광사는 기관지격인 타블로이드판의 〈불일회보〉가 월간으로 발행되고 있었다. 사찰 회보로는 해인사의 〈海印〉지가 있었고, 불일회보가 그다음이었다. 또한 서울 법련사와 광주 원각사, 송광사, 그리고 제주에 불일서점이 있어서 네트워크가 형성되었다. 불일회보가 인기를 끌었던 것은 내용이 알차기도 했지만 법정 스님의 글이 정기적으로 실렸던 점을 들 수 있다. 불일회보에는 교리와 선불교, 불교문화 외에도 세계 곳곳의 수행 관련 이야기들이 실렸기 때문에 무척 신선하게 느껴졌다.

나는 선방에 다니면서 성철 스님, 월산 스님, 법전 스님, 송담 스님, 진제 스님 같은 당대의 선승들 회상에서 살아볼 수 있었고 틈틈이 은사스님을 도와 법련사와 송광사의 소임을 보았다. 그때 느낀 은사스님은 효봉 스님과 구산 스님에 대한 정성이 참으로 진중하여 어록과 문집 등을 내용과 형태를 달리하여 출간하는 등 추념의 정을 다했다. 그런 스님의 모습을 지켜보면서 나도 훗날 은사스님에 대한 자료를 정리하여 후대에 전하리라는 생각을 놓지 않았다.

시간이 흘러 40대에 들어서면서 서울 법련사의 주지 소임을 살면서 동국대 대학원을 다녔다. 흔히 선학과의 학위논문은 개인의 선사상을 주제로 하여 다루는 경우가 많다. 나도 처음에는 효봉 스님이나 구산 스님에 대한 논문을 써보려고 했다. 특별한 이유는 없고 쉽게 학위를 마치고 싶었기 때문이다. 그러나 시간이 갈수록 유의미한 논문을 써보고 싶었고, 문득 송광사 800년 산문의 역사를 다뤄도 좋겠다는 생각이 들었다. 내가 알기로는 이런 성격의 선학과 논문은 찾기 어려울 것이다. 물론 내용이 방대하여 쉬운 일은 아니었다. 그렇게 준비를 해나가다가 법련사 지하에 있는 불일출판사와 불일회보의 창고격인 서고 한 귀퉁이에서 먼지가 앉은 채로 잠들어 있는 자료를 찾았는데, 바로 불일회보 합본집 두 권이었다. 거기에는 1980년 9월 9일 발간된 창간호부터 1989년 12월 1일 발행본까지 제본되어 있었다. 마지막 폐간 시점이 거의 2000년 무렵이었지만 찾을 수 있는 자료는 그 정도에 지나지 않았다. 불일회보는 서울 법련사에 사무실을 두고 불일출판사의 일을 병행하면서 불일서점에서 지원하여 운영하는 형태였다. 지금도 마찬가지이지만 여기에는 송광사와 말사의 소식이 실려있고 명망있는 분들의 연재가 많아 흥미로웠다. 특히 문화적인 측면에서는 문화재전문위원 신영훈 선생과 간송미술관 최완수 선생의 연재물은 언제든지 책으로 묶어도 좋겠다는 생각이 들었다. 특히 신영훈 선생의 글은 송광사 도량의 미적가치와 함께 제8차 중창불사의 꽃인 대웅보전 건축 과정의 소소한 내용까지 실려있어서 귀중한 사료적 가치가 있었다. 그리고 이 글은 은사 현호 스님의 중창불사에 대한 공로를 기리는 뜻에서도 훗날 기회가 되면 꼭 책으로 구성하여 만들어 드리고 싶은 바람이기도 하고 제자의 도리로 마음 깊숙이 묻어두고 있었다.

거듭 얘기하자면 이 책은 송광사의 1970년대 후반에서 90년대에 걸친 기간의 내용이지만 핵심은 1980년대 10여 년의 송광사 대웅보전 건립기다. 여기에 은사스님의 글 몇 편과 송광사와 법련사, 그리고 미국 L.A 고려사의 내용 외에도 보조사상연구원 같은 보조사상 현창의 과정까지 각 불사와 관련한 기록의 글들을 모아서 일생을 불사에 헌신한 족적을 기리고자 한다. 내가 스쳐 지나는 말로 은사스님과 사제들 앞에서 은사스님 관련하여 3권의 책을 내드리겠다고 한 적이 있다. 누가 시켜서 하는 일은 아니고 스스로에 대한 약속이고 그 약속을 반드시 지켜야 할 이유가 나에겐 있었다.

내용의 구성은 먼저 현대사로서의 송광사를 다룬 후에 도량의 전각에 대한 연재를 싣고, 이어서 신영훈 선생의 46회에 걸친 연재를 원문 그대로 옮겨 담을 것이다. 은사스님은 대웅보전 불사의 의의에 대하여 "과거의 문화재만 얘기할 것이 아니라, 이 시대의 문화유산을 만들어 후대에 남기려는 것이다"라고 항상 말씀하셨다. 나의 바람이라면 전국의 사찰에서 크고 작은 불사에 대하여 문화적인 안목이나 불사의 백서 같은 기록으로서의 가치를 생각하여 선대의 스님들이나 도량의 한 시기를 정리하여 후대에 전하는 기록문화가 정착되는 계기가 되었으면 한다. 따라서 이 책에 실리는 기록은 한 개인의 불사에 대한 염원이면서 훗날 불사를 하는 사람은 어떤 안목을 가지고 불사에 임해야 할 것인지에 대한 의미있는 가르침이 될 것이라 믿는다.

이제 송광사 제8차 중창불사의 장대한 문을 열어보도록 하자.

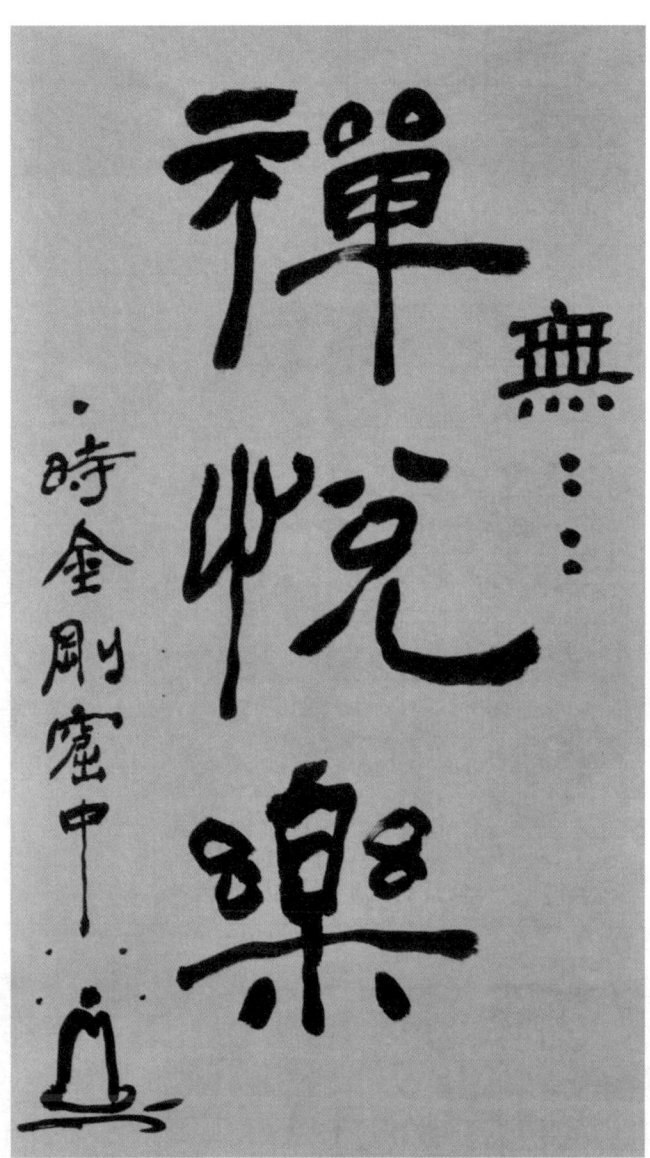

선열락 | 현호 스님

송광사 산문

송광사 십리 벚꽃길
1930년 송광면장 이창조 등이 헌수한 벚나무 3000그루가 낙수에서 송광사까지 이어져 만들어진 길이다.

송광사 표지석

청량각

일주문

우화각 주위 풍광

사자루에서 바라본 우화각

사천왕문

2.
해묵은 서고에서
건진 이야기

信解行證 佛日

권발심문 (勸發心文)

九山 (송광사 조계총림 방장)

아난존자가 부처님께 물었다.
「本來가 청정한 法界라면 어째서 사바세계가 생겼읍니까?」
부처님은 대답하셨다.
「어디에 사바세계가 생겼으리오.」
사바와 극락은 본래 차별이 없건만 중생들의 業緣에 따라 다른 것처럼 보일 뿐이다. 세상 사람들이 性善과 性惡을 말하지만 「性」字를 모르고 단지 자기의 職見을 표현한 것일 뿐이다. 「性」字는 즉 우주의 대진리를 호칭한 것이다.

모든 사람에게는 본래부터 不生不滅 不垢不淨 不增不減한 眞性이 있다. 그러나 이 진성을 망각하고 오랫동안 육체 본위로 살아왔기 때문에 환경에 사로잡혀 妄想을 眞性처럼 착각하고 있는 것이다.

본래가 性善이 따로 있고 性惡이 따로 있는 것이 아니라 인연따라 혹은 착해지기도 하고 혹은 악해지기도 하는 것이다.

비유하면 햇빛 그 자체에는 본래 明暗이 없으나 어느 때는 비가 오기도 하고 구름이 끼어 어두워지기도 하고 어느 때는 밝은 햇빛이 나기도 하는 것과 같다. 저 푸른 하늘은 본래 변함이 없건만 기후 변화가 측량키 어려운 것과 같다. 사람의 마음도 또한 이와 같아서 변화무쌍한 것은 중생심이요, 기후는 변하여도 日光은 불변하듯이 환경이 아무리 변해져도 저 넓은 하늘처럼 변하지 않는 것은 성현의 마음이다.

밤이 되면 어둡고 낮이면 밝으나 日光 그 자체에는 추호도 차별이 없이 밝은 것과 같다. 이것이 覺者의 마음이 아니고 무엇이겠는가?

이 세상 천지만물이 아무리 변한다 해도 如如不動한 것이 淸淨法身이다. 우주가 건설되기 이전부터 오늘에 이르기까지, 그리고 지금부터 宇宙가 멸망할 때까지도 不增不減하는 것이 곧 우리의 眞性이다.

또한 부처님으로부터 인간과 미물 山川 草木에 이르기까지 털끝만큼도 차별이 없이 본래 具足하여 있는 것이 바로 우리 個個人의 眞性이다.

게 있겠는가?
이 생사의 고통을 벗어나서 사바세계를 극락세계로 변혁시킬 생각은 없는가?
聖賢이 될 생각은 없는가?
英雄中에서도 大英雄이 되고 싶은 생각은 없는가?
두 눈에 전깃불 같은 예지가 번쩍번쩍 하면서도, 죽은 시체처럼 귀중한 人生百年을 허망하게 보낼 것인가?
自我를 망각하고도 부끄러움이 없는가?
육체 본위로 환경에 사로잡혀 사는 것은 꿈 속에 사는 것이다. 잠잘 때만 꿈이 아니라 눈 뜨고도 二重 三重의 꿈을 꾸는 것이다.
이 꿈을 깨어서 완전무결한 인격을 성취하여 만물의 영장이 되고 싶지는 않는가?
불변의 眞我를 깨치고 苦海에 허덕이는 중생을 제도하는 것이야말로 참으로 가치있는 생활이 아니겠는가.
普照國師는 그의 法門에서
「眞心을 발견해서 大道에 들어가라」하셨다. 누구든지 본래부터 가지고 있는 本心을 깨치면 부처요, 昧却하면 중생인 것이다.
마음을 찾을 때에 이 몸을 지배하고 운전하는 한 물건이 있으니 이것을 마음이다, 넋이다, 얼이다, 영혼이다, 주인공이다, 自性이다 라고 부르는 것이다.

모든 과학과 철학이 진실을 추구 그 목적으로 삼고 있지만, 중 그 진실의 진실을 궁구하여 우주 생의 근본을 알고 그것을 바탕으로 원한 생명과 이상(理想)을 실현하는 것을 목적으로 삼고 있다.

불교의 목적도 사람의 내부에 져 있는 성스럽고 진실한 것, 즉 (佛性)을 찾아내어 그것을 키우로써 참다운 삶의 보람과 행복 끼게 하는 데에 있다. 물론 불교 2500년 전 인도에서 한 인간에 생겨진 종교이다. 그에게는 神 시같은 것도 없었고 또한 신의 도 아니다. 그러나 그 분은 인간으로서 스스로 노력하여 성자 者)가 될 수 있다는 가르침으로 열반(涅槃)에 드셨다. 외면적인 생활에서 그 분을 판단하자면 평범함에 우리는 존경의 생각이 들지도 모른다. 그러나 우리 은 조건에서 출발하여 인격의 이른 그 점이 위대하지 않을까 가 신의 아들이었다면 중생 에 군림하며 중생보다 월등한 연한 일이다. 제약많은 인간이 든 장애들을 헤치고 성인(聖人) 바로 그 점이 부처로서의 가치는 것이다.

우리나라에 불교가 전래된 다

월 여전 "佛日會報" 발간에 의를 듣고 서울불일회 간부일동 제안을 만장일치로 찬동하였읍니 그 후 법련사 회원 여러분의 편집을 추진케 되어 오늘 창간호 되었읍니다. 포교 활동과 불일 전에 크게 기여하리라고 확신하 체 불일회 회원과 더불어 축하

創刊辭

玄虎 (법련사 주지)

연 1600년. 그동안 발전과 쇠퇴를 거듭해 오는 가운데 모든 국민속에 알게 모르게 스며들어, 이제는 외래사상이 아닌 하나의 전통문화와 사상으로 유지해 왔다. 신라나 고려의 찬란한 문화 뿐만 아니라, 불교가 탄압받던 이조시대에도 고유한 종교로서 그 사명을 다해 왔었다. 그러나 오늘날 많은 사람들이, 불교, 즉 부처님의 가르침이 무엇인가를 알지 못하고 막연하게 받아들여 많은 잘못된 생각을 갖고 있다. 이것은 「위대한 말씀」을 전해 주는 역할을 해야 할 스님네들의 일차적인 책임일 것이다.

이에 「올바른 위대한 말씀」을 전하고자 본 『佛日』을 발간하였다. 이는 보조국사(佛日普照國師)의 정혜쌍수(定慧雙修)의 가르침을 바탕으로 믿고(信), 배워 알며(解), 실천하고(行), 증득하려는(證)데 그 취지가 있는 것이다. 또한 아울러 서울佛日會의 회원과 또 모든 法蓮寺 신도들의 친목회보로서의 역할도 적지 않으리라 생각한다.

이번에 내는 『佛日』은 法蓮寺의 사부대중(四部大衆), 즉 스님과 신도들의 노력과 정재(淨財)로서 이루어진 것이다. 이 『佛日』을 통해서 「부처님의 말씀」을 널리펴서 부처님의 사상이 일상 생활에 더욱 가까이 스며들도록 노력해야 할 것이다.

바쁜 생활 속에서도 흔쾌히 편집을 맡아준 편집장과 편집위원들의 노고에 지면을 통하여 심심한 위로를 드리며, 또 본 『佛日』이 나오도록 물심양면으로 도와주신 법련가족 여러분들께 감사를 드린다.

불일회보 창간호 (1980년 9월 9일자)

천 겁의 세월이 흘러도
옛날이 아니고

歷千劫而不古(역천겁이불고)

亘萬歲而長今(궁만세이장금)

천 겁의 세월이 지나도 옛날이 아니요

만세에 걸쳐 다만 긴 지금이라네

이 게송은 해인사 일주문 양 기둥에 걸려 있는 주련의 글이다.

나는 1989년도에 해인사 선방에서 1년을 살았다. 그때 백련암에는 성철 스님께서 주석하고 계셨다. 당시 성철 스님은 불교계 내에서뿐만 아니고 한국 사회에서도 깊은 존중을 받고 계셨다. 나는 행자 때 『선문정로』를 봤었고, 군대에 있을 때 성철 스님 강설의 『신심명』과 『증도가』 두 권이 나와서 읽었다. 그 내용들이 시원하고 명쾌하여 군법당에서 외우고 다닐 정도로 영향을 받고 있었기에 해인사 선원에서의 생활이 무척 설렜다. 당시 해인사는 하안거와 동안거 기간에 7일 용맹정진을 할 정도로 선문의 분위기를 주도하고 있었다. 특히 성철 스님은, 잠 많이 자지 말라, 말 많이 하지 말라, 많이 먹지 말라, 문자 보지 말라, 돌아다니지 말라, 등을 수좌오계라 하여 강조하셨는데, 그중에서도 특히 책 보지 말라, 하는 말이 제방의 산중에 풍미하고 있었다. 석 달 한 철에 성철 스님은 결제 법문 때 한 번, 용맹정진 중에 선방을 한 바퀴 빙 돌고 나가시는 정도만 뵐 수 있었다. 아무튼 송광사와 해인사는 분위기가 사뭇 달랐다. 나는 방선 시간을 이용하여 도량 구석구석을 살펴보며 다니길 좋아했는데 특히 자주 생각에 잠겨 바라보던 장소 중의 하나는 일주문이었고, 위의 주련이 주는 고준한 느낌을 음미하던 순간이 지금도 생생히 기억된다.

세월은 과거로부터 미래로 진행되는 것이어서 머리만 뒤로 돌려도 과거라는 시간이 쏟아진다. 그런데 천 겁의 세월이 지나도 옛날이 아니라고 했다. 그리고 만세에 걸쳐 다만 지금일 뿐이라는 어떤 부동의 시간에 대한 감각은 해인사라는 산중의 위엄과 잘 어우러지는 무엇이 있었다. 그 속에는 장구한 세월이 흘러도 이 도량은 의연하여 부동할 것이라는 자기 긍지 내지는 불법의 확고한 신념이 담겨있는 듯했다.

송광사는 고려 시기에는 보조지눌 이래 16국사의 도량이고 조선 중기 이후는 지금까지 부휴 문중에서 차지하고 살았던 곳이다. 부휴 스님은 서산 스님과 동시대의 인물이고 임진왜란을 겪은 분이다. 서산·사명과 달리 부휴 스님은 전쟁에 참여하지 않았는데 한쪽 팔을 잘 쓰지 못했다. 당시 중국에서 사신이 왔는데 스님의 글씨를 보고는 "천하의 명필이다. 하지만 한쪽 팔에 장애가 있어 보인다"라고 했다는 말이 전한다. 근현대에 들어 부휴 문중에서 살던 도량이었지만 효봉 스님이 10년을 사시면서 16국사의 도량을 재건하도록 구산 스님에게 유훈을 남기셨다. 훗날 구산 스님이 문도들을 데리고 송광사에 안착하면서 효봉·구산 문도 중심으로 바뀌고 조계총림이 발족되면서 전혀 새로운 도량의 면모를 만들어 가기에 이른 것이다.

이웃 일본불교만 해도 그들 민족의 세심한 성향 때문인지는 몰라도 세세한 것까지 모두 기록하여 후대에 남긴다. 실제 일본에는 5백 년 전의 일본 스님들의 바둑 기보가 지금도 남아있다고 할 정도다. 나는 일찍이 사찰과 스님들의 세계에서 일어난 일들의 기록에 관심이 있었다. 그러다 동국대에서 논문을 쓸 때도 그렇고 한국선사상이라는 한 학기 전공수업을 진행하면서 한국불교사 관련 전적들을 조사해 보았다. 그 결과 스님들의 어록이나 시집 같은 문집은 보여도 당시의 승가 생활상을 엿볼 만한 사료는 찾아보기 어려웠다. 오랜 세월이 지나서 특정 공간의 역사를 고찰해 볼 때 우리에게 감동을 주고 과거와 현재를 이어주는 것은 문화적인 요소, 즉 생활상이 가장 직접적인 요인이 된다. 송광사는 보조국사의 전적과 사상이 명확하게 남아있고 제2세 국사인 진각혜심 국사의 어록과 장대한 분량의 『선문염송』 편찬은 되었으면서도 승가 내의 생활상은 기록이 거의 없을 정도다. 그러니 다른 사찰은 더 말할 나위가 없다.

송광사는 내가 출가한 시점에 이미 불일회보가 발간되고 있었기 때문에 그 과정을 소상히 알고 있지만 자세히 살펴보니 1980년 9월~1989년 12월까지 총 108호의 내용이 두 권의 합본집에 묶여있을 뿐이다. 회보는 거의 2000년 무렵까지 이어진 것으로 아는데 그 후로는 합본집이 만들어지지 않아서 다음 기간의 회보 내용을 찾을 길이 막연하다. 그나마 다행이고 고마운 것은 제8차 중창불사의 과정과 불사의 꽃인 대웅보전 건립에 얽힌 불교 건축 문화로서의 가치를 조망하여 연재한 고 신영훈 선생의 글과 불사 주체자인 은사 현호 스님의 족적을 후대에 남길 수 있다는 것이 위안이 된다. 비록 10여 년간의 기록이지만 먼지 앉은 낡은 회보 더미 속에서 건진 것으로서 한국 불교사에 흔치 않은 대웅보전 불사기가 된다는 사실이 집필의 보람이다. 그리고 이것은 훗날 사찰건축의 사료적 가치를 높이는 일이자 누군가에 의해 어느 곳에선가 봉행될 불사의 안목을 제시하는 의미가 있다.

이제 본격적으로 80년대 구산 스님 말년의 활동과 송광사가 800년 산문의 정체성을 재정립해 가는 과정과 함께 현대 목조건축으로서의 송광사 대웅보전이 어떻게 구상되고 완성되어 가는지에 대한 생생한 현장의 기록을 '해묵은 서고에서 건진 이야기'라는 틀에 넣어 열어보도록 하겠다. 그 이야기는 상징적인 일들을 중심에 두고 몇 가지씩 묶어서 정리한 후 대웅보전 불사기를 싣는 방식으로 집필하고자 한다.

수학여행 온 여고생들과 구산 스님

불일이 뜨다
(창간호~회보 초기)

보조국사의 호인 佛日이라는 제호가 보조국사 목우가풍이 살아있는 조계산 송광사의 정체성을 상징적으로 보여준다. 회보 맨 위에 불기 2524(서기 1980) 9월 9일(음 8월)이라 날짜가 적혀있다. 그리고 불일 제호의 왼편에 信解行證이라는 한자로 적힌 글자가 보이고 오른편에 1980년 9월 9일에 발행인 겸 편집은 현호, 주간에 현음 이름이 보인다. 또한 일산을 든 구산 스님의 권발심문과 현호 스님의 창간사가 나란히 배치되어 있다. 현호 스님은 창간사에서 창간의 배경을 이렇게 밝히고 있다.

… 오늘날 많은 사람들이 불교, 즉 부처님의 가르침이 무엇인지 알지 못하고 막연하게 받아들여 많은 잘못된 생각을 갖고 있다. 이것은 위대한 말씀을 전해 주는 역할을 해야 할 스님네들의 일차적 책임일 것이다. 이에 올바른 말씀을 전하고자 본 불일을 발간하였다. 이는 불일보조 국사의 정혜쌍수의 가르침을 바탕으로 믿고[信], 배워 알며[解], 실천하고[行], 증득하려는[證] 데 그 취지가 있는 것이다.(창간사 중에서)

위의 창간사를 보면 회보 간행의 취지를 명확히 알 수 있다. 또 나란히 구산 스님의 권발심문이 보인다.

> 아난 존자가 부처님께 물었다.
> "본래가 청정한 법계라면 어째서 사바세계가 생겼습니까?"
> 부처님은 대답하셨다.
> "어디에 사바세계가 생겼으리요."
>
> 사바와 극락이 본래 차별이 없건만 중생들의 업연에 따라 다른 것처럼 보일 뿐이다. 모든 사람에게는 본래부터 불생불멸 불구부정 부증불감한 진성이 있다. 그러나 그 진성을 망각하고 오랫동안 육체본위로 살아왔기 때문에 환경에 사로잡혀 망상을 진성처럼 착각하고 있는 것이다.(권발심문 중에서)

회보에 실린 구산 스님의 글을 보면 문체나 말투에서 여실하게 스님 특유의 분위기를 느낄 수 있다. 회보 중간에는 구산 스님의 법어집인 『석사자』 발간에 즈음한 소개가 있다. 1976년 『Nine Mountains』를 영문 책자로 발간하셨다는 내용이다. 스님께서는 제자들의 간청에도 법어집 간행을 응하지 않으시다가 비로소 상당법어가 아닌 수시설법집의 형태로 대중을 위해 내놓게 되었다는 것이다. 실제 『석사자』를 내실 때에 사제지간인 법정 스님에게 윤문과 교정을 부탁하러 불일암으로 친히 올라가신 얘기가 있다. 회보 발행 초창기에는 구산 스님의 법문과 교계의 통도사 극락암 경봉 스님 같은 분들의 법문을 싣고 있으며 불교 교리로서의 연기 세계, 그리고 불교문화와 보조국사 저술의 『진심직설』이 기본적으로 지면에 배치되는 것을 볼 수 있다.

제3호(1981년 1월)에는 송광사의 예산이 전 해에 비례하여 두 배로 늘어난 총 9천610만 원으로 확정되고, 그중 30%인 3천만 원을 승려 교육비로 할당한다는 내용이 있다. 또한 자체 광고로 '가사 불사 안내'가 하단에 붙었다. 지금은 조계종단에서 원 안에 삼점(三點)이 찍힌 삼보인(三寶印) 문양이 들어간 가사를 제작하여 법계에 따라 지급하고 있다. 그러나 옛날에는 사찰에서 특별히 기념할 만한 때에 가사불사를 많이 했다. 절 안의 가장 큰 대중방에 임시로 설비를 갖추고는 당우 주변에 금란방(禁亂榜) 깃발이 걸리고 말뚝에 줄을 걸어 함부로 들어가지 못하게 했다.

안내문

　　가사는 스님들이 예식에 입는 옷을 말합니다. 이것은 발우와 함께 부처님으로부터 조사들에게 전하는 법의 의미가 되기도 합니다. 그리하여 부처님 이후 2500여 년이 지난 지금까지도 가사는 부처님 제자들의 상징이 되고 있는 것입니다. 조계총림 송광사에서는 부처님의 정법을 펴고 수행인의 자세를 바로잡는 계기가 되도록 다음과 같이 가사불사를 행하기로 했습니다. 사부대중의 많은 동참을 바랍니다.

동참 공양금은 1조당 3만 원이고 기간이 3월 6일~4월 30일까지로 되어 있다. 두 달이 채 되지 않은 기간에 얼마나 많은 가사를 지을지는 알 수 없으나 이런 안내문 자체가 많은 것을 시사한다. 그리고 안내문 박스 바로 위에 동국대 황수영 박사가 교토 광륭사에 있는 목조 미륵반가사유상이 신라에서 만들어져 건너간 것이라고 주장하였다는 학계의 소식을 전한다. 이는 1300여 년 만에 국적을 되찾는 의미가 있다는 작은 기사가 눈에 띈다. 나도 일본 여행에서 광륭사에 가서 이 불상을 참배한 적이 있다. 주장은 여럿으로 나뉘는데 목재는 한국 적송이지만 조성은 일본에서 한 것이라는 설명을 들었던 기억이 난다. 또한 회보 옆장의 하단 박스에 불일출판사 직영 '불교서점개점'이라는 안내문도 있다. 송광사 일주문 바로 앞에 '구매담당 돈연스님, 파는 사람 김정금'이라고 명시하고 있다. 지금의 송광사 불일서점은 본래의 자리에 건물을 개축하여 만든 것이다. 이런 서점도 당시로서는 산중 사찰에서 보기 드문 시설이었다.

제3호에는 10월 14일에 구산 스님께서 미국 L.A.고려사 개원식에 참석하기 위해 KAL편으로 출국하며 미국 각지에 포교 활동차 순회 활동을 하실 거라는 내용, 그리고 개원식 준비차 현호·현일 스님이 먼저 출국하였다는 내용도 보인다.

제4호에는 석지현 스님 번역의 『마하무드라의 노래』 출간을 소개하는 내용도 있다. 이 책은 1천여 년 전 인도의 성자 틸로파가 자신이 깨달은 내용을 그의 제자 나로파에게 전수한 것으로 라즈니쉬가 강설한 내용이다. 80년대 초반에는 라즈니쉬를 위시한 크리슈나무르티, 요가난다, 슈리 오로빈도, 구제프 등 인도나 그 외 나라에서 나타난 많은 신비주의자들의 책들이 본격적으로 소개되기 시작했다. 송광사는 법정 스님의 영향인지는 몰라도 그런 정신 사상적 측면에서는 가장 유연하게 접근하고 있었고, 우리가 살던 행자실에는 불서 외의 다른 책은 들이지 못했는데 법정 스님의 책과 『마하무드라의 노래』, 『사하라의 노래』 등이 보여서 읽어봤다. 그리고 1981년 2월의 회보에는 구산 스님께서 3개월에 걸친 미국 순회법회를 마치고 성일 스님과 함께 귀국하셨다고 적었다.

성일은 프랑스 여성으로서 출가하여 비구니 생활을 했던 이다. 성일에 대하여 덧붙일 이야기가 하나 있다. 이것은 구산 스님 열반 30주기 기념행사 때 알게 된 일이다. 이 행사는 구산 스님 돌아가신 후 처음으로 외국인 제자들을 한자리에 초빙하여 학술대회를 하고 스님의 수행처를 탐방하는 일정이었다. 당시 나는 법련사 주지로서 행사를 주관하여 치렀었다. 그때 성일은 인상 깊은 이야기를 발표했다. 구산 스님을 처음 뵙는 자리에서 동양의 노선사는

20대의 프랑스 아가씨에게 이렇게 물으셨다고 한다.

"세상에서 가장 중요한 것이 무엇인가?"

성일은 잠시 망설인 후에 "두 사람이 마주 보고 웃는 것입니다"라고 답했다고 한다. 그러자 구산 스님은 그것도 중요하지만 자기를 아는 것이 가장 중요하다고 하시더니 다시 물으셨다.

"세상에서 가장 무서운 일이 무엇인가?"

성일은 대답이 떠오르지 않았다고 했다. 그러자 구산 스님께서는 "자신을 모르는 일이 가장 무서운 일이다"라고 하셨다는 것이다.
아주 쉬운 말로 동양 선수행의 핵심을 짚은 구산 스님의 말씀도 좋지만, 성일의 말은 그 후로도 잊혀지지 않아서 가끔 생각을 해보게 된다. 두 사람이 마주 보고 웃는 것이 세상에서 가장 중요한 일일지도 모른다는 생각을 과연 한국 사회에서 해볼 수 있는 일인가? 그런 면에서 20대의 프랑스 아가씨가 동양의 선승에게 답한 것이 이채롭게 다가왔다.

다시 불일회보를 들여다보면 사하촌 격인 상가의 건립도 이 시기(1977년 10월~81년 2월)에 마무리되었음을 알 수 있다. 여관, 식당, 토산품 및 전시실로 기획되어 전체 7동, 약 6억여 원의 예산이 투입되었다고 전한다.
또한 1981년 3월에 불일국제선원 L.A.분원 고려사에서 불상점안 및 봉안식이 있었고, 신·해·행·증의 기치를 들고 본격적인 미국 사회 포교에 나설 것임을 천명하는 기사도 보인다.

송광사 전경도 (1915년 | 염재 송태회)

불일 보조국사 진영

목조삼존불감 (국보 제42호) | 보조국사께서 모시고 다녔던 원불

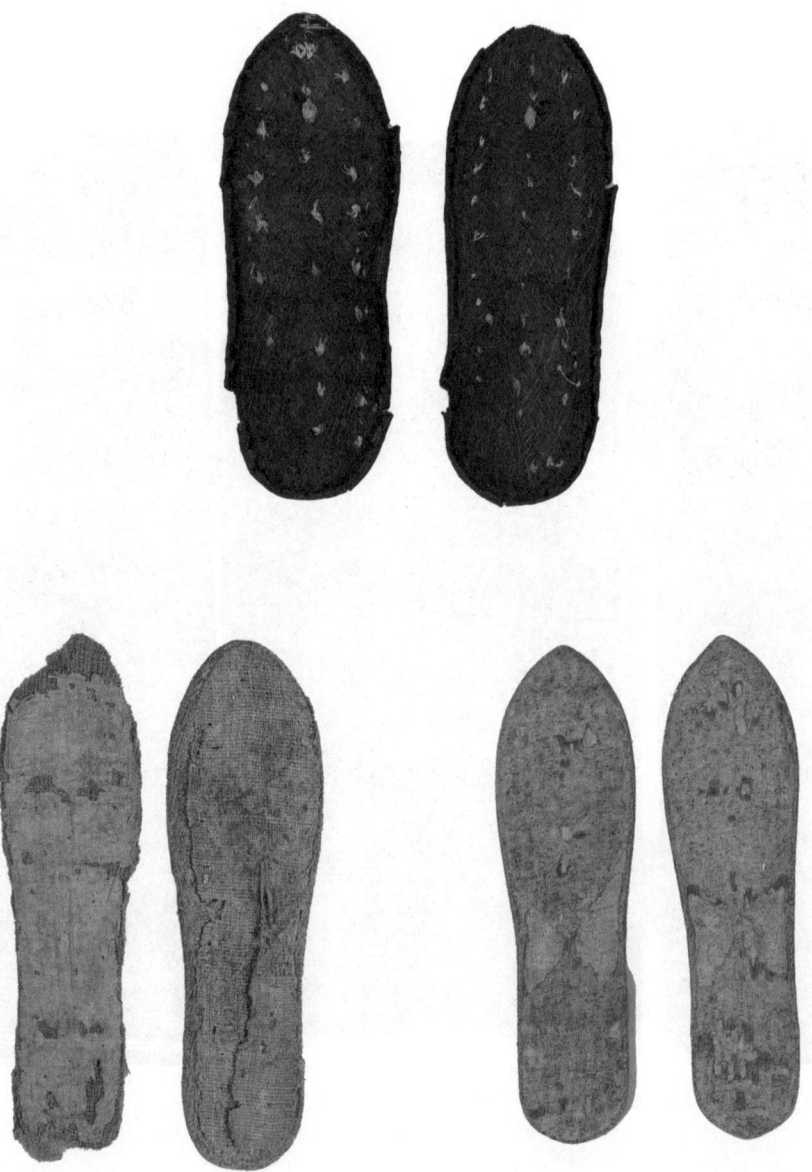

보조국사 목욕혜(鞋) | 목욕 후 목욕혜를 딛고 서서 몸을 말렸다.

고향수(枯香樹) | 보조국사가 심은 지팡이가 자란 것이라 하며 보조 스님이 다시 오면 살아날 거라는 전설이 있다.

보조국사 감로탑 | 송광사의 800년 정신이 여기에 있다.

문화재의 수난
보조국사의 원불(願佛) 돌려받다

진주 한 알이 경매에 올랐습니다.
아무도 진주를 사려하지 않았습니다.
진주는 자기를 사고 말았습니다.
―중세 페르시아의 시인 루미

1981년 4월 1일, 불일회보 제5호에 이르자 "비어있는 삼존불감"이라는 형체도 흐린 흑백의 사진이 있고, "보조국사의 원불 삼존불감 송광사로 되돌려져야 한다"라는 기사가 묵직하게 나온다. 조선시대까지의 문화재와 관련한 망실의 기록은 별로 전해지는 것이 없다. 사실 임진왜란과 일제강점기에 추정하기도 어려울 정도로 이런저런 많은 문화재가 일본으로 반출됐다. 일본인들의 문화재 약탈 영향인지는 단언하기 어렵지만 이후로 사찰이나 고택의 귀중한 유물이 사람들의 손을 타기 시작했다. 사찰의 경우 불상 같은 것은 통째로 사라졌고 큰 탱화의 경우는 주요 부분만 칼로 동그랗게 오려서 가져가는 경우가 많았다. 나도 그런 도난으로 훼손된 탱화를 더러 본 적이 있는데 안타까움보다도 섬뜩한 잔인함이 더 느껴져서 보기가 괴로웠다.

신비주의자인 루미는 진주 같은 귀하고 값비싼 것은 아무나 살 수 없는 것이라서 결국 스스로 사고 만다는 것을 비유로 들었다. 진정 귀한 사람은 자신만 알지 사람들이 알아보지 못한다는 쓸쓸함을 진주에 비유했다. 값은 어디에 있는가. 그 자체에 있는가 아니면 사고파는 거래에 있는가. 그도 아닌 사고 팔 수 없는 흥정의 범위를 넘어서 버린 경우는 도대체 얼마의 값을 줄 수 있는가.

송광사에서 그 무엇을 준다 해도 바꿀 수 없는 것을 들라면 결국 송광사의 모든 것이 그렇다고 할 수밖에 없다. 왜냐하면 이 도량은 부처님의 것이고 공동체의 것이어서 개인의 것은 없으며 오랜 세월 신남신녀들의 청정한 보시 공양으로 이루어진 까닭에 소홀히 대할 수 없다. 가장 귀한 것은 가장 깊은 자리에 들어가기 마련이어서 송광사에서의 그런 존재감을 가진 것이라면 당연히 보조국사께서 항상 모시고 다녔다는 원불인 목조삼존불감을 들 수 있다. 이 불감은 1962년 12월 20일에 국보 제42호로 지정되었다. 송광사는 그 외에도 고려고종제서(국보 제43호), 국사전(국보 제56호), 그리고 화엄경변상도(2009년 국보로 승격) 등이 있고 보물과 지방문화재 등 많은 유물을 보유하고 있는 도량이다.

그런데 이 불감이 수난을 겪기 시작한다. 1949년 8월 어느 날 국군 토벌대장 양모 대위가 순찰을 목적으로 송광사에 왔다가 목조삼존불감을 보고는 탐이 나서 자신에게 달라고 했는데 스님들이 응하지 않았다. 이에 앙심을 품고 이런저런 구실을 대어 군민들을 동원하여 조계산 일대의 소나무를 무차별로 벌목을 하여 그 무성하던 솔밭이 큰 피해를 입었다. 그리고 6·25전쟁 때는 불감의 소실을 염려하여 땅 속에 묻어서 난을 피했다는 말도 전한다. 불감의 크기는 높이 13cm, 너비 17cm의 전단향목을 3등분하여 내부에 불보살님들을 조각한 것이다. 형태는 양분된 한쪽 면에 부처님을 새기고, 반쪽의 향목을 다시 2등분하여 전체로는 3등분이다. 여기에 양쪽의 문수·보현 협시보살이 4등분의 1면씩 양 날개에서 보위하는 구조로서 닫으면 원통이 되고 펼치면 3등분의 불감이 된다. 이 세 부분으로 된 불감을 경첩으로 붙여 여닫을 수 있어서 원통형을 펼치면 가운데 감실을 중심으로 하여 양쪽에 작은 감실이 달린 형식이다. 이 불감은 보조 국사께서 항상 모시고 다녔기 때문에 스님의 손때가 묻은 것이다. 이 귀중한 유물이 1974년 10월 9일에 도난당했다. 당시 한글날 휴일을 맞아 송광사에 들렀던 전매청 직원 5명의 청으로 박물관의 문을 열었더니 보물을 넣어 보관하던 금고의 문이 열려 있었다. 그리고 금고 안의 목조삼존불감과 보물 제176호 금동요령, 시도 유형문화재 제28호 고봉국사주자원불 등 도합 3점이 사라지고 없었다. 당시 황산덕 법무장관의 도움으로 전국의 공항과 항만에 도난 문화재의 해외 반출을 막으라는 명령이 내려졌다. 결과적으로 도난 문화재는 범인이 당일 저녁 인천 남구 숭의동의 한 골동품점에 팔아 넘기려는 것을 주인 이모 씨의 기지로 계약금을 주고 다음 날까지 보관하며 문화재관리국에 신고하여 망실을 막을 수 있었다. 그러니까 회보에 실린 기사는 경배의 대상인 불감과 문화재를 송광사에 돌려달라는 것이었고, 당국에서는 도난 방지에 대한 확신이 없어 돌려주지 않고 있었던 듯하다.

    내가 강원에 있을 때 박물관 소임을 잠깐 봤다. 낮 시간의 관리는 직원이 했고, 오전에 문을 열고 오후에 닫는 일은 소임자가 했다. 무엇보다 금고의 열쇠를 관리했기 때문에 책임감이 막중했다. 한번은 저녁 예불을 마치고 8시나 되었을까, 야간 경비 처사가 급히 소임자를 찾았다. 박물관에 불이 켜져 있다는 것이다. 하늘이 무너지는 심정으로 달려가 박물관 문을 열고 제일 먼저 금고를 살폈다. 금고는 제자리에 얌전히 있었고 문이 열려 있거나 파손되거나 하지는 않은 채였다. 확인차 금고 문을 열자 맨 위 칸의 불감과 아래 칸의 금동요령이 곱게도 자리하고 있었다. 불감을 만져보지 않은 사람은 그 느낌을 모른다. 8백여 년 전 보조국사께서 친히 모시고 다녔다는 생각 때문인지 10cm 조금 넘는 아담한 크기의 목조불감은 우선 온기가 느껴진다. 마치 방금까지 품에 안고 계시던 것을 건네받은 느낌이다.

다시 불일회보로 돌아와 살펴보면 소소한 기사와 연재가 이어지고 송광사에서는 삼월불사라 하는 보조국사 종재일에 가사불사 회향을 갖는다는 안내문이 보인다. 그리고 1981년 6월 제8호에 광주 원각사 불일서점 개점에 관한 기사도 눈에 들어온다. 무엇보다 6박 7일 기간의 수련대회 안내가 처음으로 하단에 실린 것을 알 수 있다. 또한 구산 스님의 수심결, 법정 스님의 선가귀감, 석지현 스님의 불교 교리, 돈연 스님의 좌선의 등 여러 스님들의 강의 내용이 나온다.

제9호에서는 『효봉어록』과 『석사자』가 2천 부씩 비매품으로 재간행된다는 것, 그리고 와타나베 쇼코의 『불타 석가모니』가 법정 스님의 번역으로 지식산업사에서 각 권 2천 원의 가격으로 출간되었다는 소식을 알리고 있다. 또한 제11호에서는 민족사에서 『대정신수대장경』을 100질 한정하여 전 88권 한 질을 135만 원에 판매한다는 내용이 흐릿한 활자들 속에서 보석처럼 반짝인다.

회보 발행 초기에는 불교 소설선, 어린이를 위한 부처님 이야기, 불교 설화, 불자들의 신행수기 외에도 불교문화와 기본 교설에 대한 해설을 싣고 있어서 무척 알차게 잘 만들어졌다는 생각이 든다.

이어 1981년 11월 제13호에서는 효봉 스님 열반 15주기에 제3회차 강연회를 열어 구산 스님, 일우 스님, 민영규 교수, 이영무 교수 등의 강의가 일주일간 열렸다는 기사를 싣고 있다. 구산 스님께서 얼마나 효봉 스님 현창에 대한 열의가 있으셨는지 알 수 있는 대목이다.

1974년 도난당한 삼존불감을 회수한 뒤 불감을 살펴보고 있는 최순우 국립중앙박물관 관장과 보성 스님, 그리고 현호 스님

나의 집은
고독의 언덕에 있어라

절대 고독의 한가운데 우뚝 선 자, 그가 곧 수도자다.
언제나 꽃처럼 새롭게 피어나는 자, 그 꽃향기로 넘치는 자,
그가 곧 수도자다.

1982년 1월 제15호에 이르자 드디어 법정 스님의 글이 비친다. 원고가 아닌 샬트르 성 바오로 수녀원 대구 관구에서 전교수녀를 위한 강연의 내용을 정리하여 실은 것이다. 내용은 고독- 출가- 침묵- 소유에 대하여 경전과 여타의 책에서 인용한 것으로 되어있다. 강의는 인도 고전에 있는 구절이라는 첫머리의 글로 시작한다. 고독과 고립은 다르다는 식으로 처음부터 스님의 향기가 가득 밴 어투와 감각이 스님만의 고유한 색채로 그려지고 있다. 그래서인지 스님도 회보도 현재 진행 중인 듯 생생하게 느껴진다.

다시 제16호에도 스님의 글이 나온다. 이제는 정식으로 '두타행'이라는 제목에 법정(스님, 송광사 불일암) 필명이 뚜렷하다. 서두의 내용을 읽어보자.

불교 교단에 있어서 초기 출가수행자의 생활은 한마디로 두타행이었다. 두타(頭陀)는 범어 dhuta를 음역한 것인데 털어버린다는 뜻. 번뇌의 때를 털어버리

고 의식주에 탐착하지 않고 오로지 불교의 수행에 전념하는 것을 말한다. 그때의 출가수행자는 다음 네 가지 사항을 죽을 때까지 지키려고 했다. ①출가수행자는 걸식해야 하고 ②분소의를 입어야 하고 ③나무 밑에서 앉거나 자야 하고 ④병이 났을 때는 진기약을 써야 한다. 이것이 출가자의 지켜야 할 사의(四儀)다.

제16호를 지나서는 스즈키 순류의 『선심초심』이 연재되고 보조사상과 관련한 내용 외에도 일본과 서구 불교학자들의 글들이 소개되고 있다. 그러다 제24호에 이르자 빅 뉴스가 눈에 확 들어온다. 바로 "보조국사 원불 돌아오시다 – 고봉국사 원불도 함께"라는 기사가 보인다. 당시 주지 원명 스님이 국립중앙박물관으로부터 보조국사 불감과 고봉국사 원불을 돌려받아 박물관에 안치하여 모셨다는 내용이다. 금동요령은 당시 곧바로 환수되었고 나머지 두 유물이 비로소 돌아온 것이다. 송광사에서는 10월 18일 효봉 스님 추모일에 친견 법회를 가질 예정이라고 적고 있다. 그리고 하단에 '효봉어록 강의'라고 하여 제4회차의 6박 7일 행사 안내가 실려있다. 요즘은 당일치기의 1시간 행사도 잘 참여하지 않는 현실에서 과거에 일주일간의 강의산림을 열었다는 것이 경이로울 뿐이다.

회보가 제26호, 날짜로는 1983년 1월에 법정 스님께서 정기적으로 원고를 주실 거라는 사고에 이어 옆면에 수류화개실 코너를 만들어 "정법에 귀의합시다"라는 지면이 보인다.

해가 바뀌었습니다. 세월에 금이 그어져 낡은 것과 새것이 있는 건 아니지만, 거듭 거듭 향상과 형성의 길로 나아가야 하기 때문에 해가 바뀔 때마다 새로운 결의를 다지게 됩니다. 그래서 시작도 끝도 없는 시간을 쪼개어 날을 만들고 달을 만들며 해를 만들어 놓은 것 아니겠습니까?

또 국제선원에 외국인 12명이 임술년 동안거 결제에 임할 것이라는 내용과 송광사에 강원이 생긴다는 기사도 있다. 원래 총림은 종합수도원과 같아서 선원, 강원, 율원, 염불원 등을 갖춰야 한다고 조계종법에도 명시되어 있다. 그런데 총림이면서도 선원 위주의 분위기가 강하여 강원이 만들어지기 어려웠는데 드디어 백운 스님을 강주로 모셔서 강원이 개설된 것이다. 당시 해인사 강원은 역대로 동창회가 있을 만큼 학인 전통이 있었다. 그 외에도 범어사, 법주사 등이 위세를 떨쳤고, 조계산 너머 태고종 선암사만 해도 강원이 학교 교실 같은 강의실을 갖추고 열성적으로 운영되었는데 송광사는 위세가 약했다. 그리고 페이지를 넘기자 송광사 후원회인 전국 불일회가 14년을 경과하여 22개 지회로 전국적인 조직이 되었다는 기사가 보인다. 불일회는 당시 본사급으로는 유일하게 전국적인 지회를 갖췄다. 1969년 9월 5일에 대구 관음사에서 현호 스님이 구산 스님을 모시고 조계총림과 불일국제선원을 후원하며 상구보리 하화중생의 대승보살 자리리타의 이념 실천을 목적으로 하여 만들어졌다.

1983년 2월 14일은 나의 출가일이다. 이후의 회보는 행자실에서 매월 받아볼 수 있었기에 당시의 기사는 나에게 생생하게 기억될 만한 것들이고, 그 배경을 구체적으로 설명하는 것이 어렵지 않다. 이때가 구산 스님의 생애 마지막 해가 된다. 강원이 처음 열려서 첫 학인으로 4명이 입방하여 큰방에서 생활하기 시작했다. 그리고 행자실은 점차 늘어나는 출가자로 인하여 그해 가을에 나를 포함한 앞줄의 행자들이 수계할 무렵에는 29명까지 불어났다. 행자실은 기존의 후원에 딸린 방으로는 부족하여 법성료 큰 방이 행자들에게 주어졌다. 그리고 이곳에서 행자 강의가 이뤄지자 구산 스님께서 환희심이 나서서 친히 행자실에 내려와 보조 국사의 『정혜결사문』을 강의하셨다. 그런데 큰스님의 행자실 강의가 6회차 정도에서 갑자기 멈춰 섰다. 몸이 불편하셔서 강의가 더 이상 지속되기 어렵다는 공지도 있었다. 멈춘 시계는 건전지를 바꾸면 다시 태연하게 돌아가지만 큰스님이 가지신 생애의 시계는 다시 움직이

승보전 벽화 | 정혜결사는 순수불교를 지향하는 송광사의 이념이다. 보조국사께서 정혜결사문을 선포하는 장면과 삼일수심이 천년의 보배요, 백 년 탐물이 하루아침의 티끌과 같다는 수행 정신으로 좌선하는 선방의 분위기를 담았다.

지 않을 듯한 예감이 왔다. 그리고 이런 분위기는 서서히 도량에도 스며들고 있었다.

2. 해묵은 서고에서 건진 이야기

가지 않는 길,
그리고 사평역에서

나는 학창 시절에 배운, 노란 숲속에 두 갈래 길이 있었으며, 나는 사람이 적게 간 길을 택하였으며, 그로 인해 모든 것이 달라졌다는 로버트 프로스트의 시를 외우며 나의 운명을 예감할 수 있었다. 그리고 어차피 갈 길이면 하루라도 바삐 서둘러 가자는 생각으로 출가를 결행했다. 그렇게 1983년 2월 14일에 K시에서 막차를 타고 송광사에 들어왔다. 난 제일 먼저 마주친 한 스님에게 출가하러 왔다고 했다. 그러자 그 스님은 원주실로 안내했고, 나이가 좀 들어 보이는 한 스님이 나를 앉혀놓고는 물었다.

"젊은이는 왜 왔는가?"
"예, 살려고 왔습니다."

그 스님이 다시 물었다.

"왜 출가하려고 하지?"
"예, 살려고 왔습니다."

나는 두 번을 똑같이 대답했다. 난 이곳에서 살아가야 하고 퇴로는 없었다. 그 스님은 사는 것은 바깥에서도 살지 않나? 하면서 혼자 중얼거리듯 말하고는 행자실로 안내했다. 생면부지의 사람들과 큰 방에서 잔다는 것이 무척 낯설었다. 목침이 몹시 불편하여 요 밑에 깔아보기도 하고 아예 빼고 누워보면서 고개를 이리저리 돌려보다가 알람 소리에 눈을 떠보니 2시 50분이었다. 사중의 기상은 3시인데 행자들은 10분 더 먼저 일어나서 활동을 시작했고, 그것은 각 전각의 문을 스님들이 나오기 전에 미리 열어두기 위함이었다. 법당에 들어가서 무릎을 꿇고 예불이 시작되기를 기다리는데 행자들에겐 방석을 주지 않았다. 얼음장 같은 마룻바닥도 그렇지만 마룻장 틈새로 올라오는 바람이 무척 차가웠다. 그렇게 낯선 세계에서 적응하려 애쓰며 지내기 시작한 지 며칠이나 지났을까, 눈이 쏟아지기 시작하더니 거의 일주일이 넘도록 눈이 내렸다. 행자들은 노스님들이나 사중 스님들 예불 나오시는 길을 내기 위해 새벽 2시 반이면 일어나서 눈을 쓸었다. 이렇게 한참 비질을 하고 나면 그 추운 날씨에도 내복에 땀이 뱄다. 그리고 법당에 들어가 있으면 땀이 식기 시작하며 추위는 더욱 크게 느껴졌고, 새벽부터 배가 고팠다.

그렇게 2주 정도가 지났을까, 깨알 같은 글씨가 빼곡히 적힌 엽서가 한 장 날아왔다. 행자들은 일체 서신 왕래가 금지되어 있었다. 그리고 달리 누구에게 송광사로 간다는 말은 하지 않은 듯한데, 분명 내 앞으로 배달이 되었다. 엽서를 건네던 선행자가 달갑지 않은 눈초리로 나를 바라봤지만 난 덤덤히 받아들였다. 엽서에 적힌 것은 곽재구 시인의 '사평역에서' 전문이었고, 엽서를 보낸 이는 시를 쓰는 Y였다. 그는 나와 같이 출가를 다짐했던 친구인데 고3 때 해인사로 먼저 출가했다가 한 달만에 돌아와서는 "사람이 그리워서 견디기 어려웠다"라고 했다.

그이는 그 후로 내가 드물게라도 연락하고 지내는 유일한 세속 친구였다. 그는 명도 없었는지 몇 해 전에 잠들었다가 일어나지 못하고 가버리고 말았다는 부고를 들었다. 나는 지금도 한겨울에 법회를 보다가도 눈이 내리면 하던 말을 멈추고 신도들에게 사평역에서를 외워줄 정도로 사랑하는 시 한 편이 내 인생에 자리하고 있다. 몇 해 전의 일이다. 어느 세모의 궂은 날씨에 눈이 하염없이 내려서 남도가 온통 하얗게 변한 날이 있었다. 도로에 차들이 다니지 않을 정도가 되자 갑자기 사평역이 떠올라 시의 본 무대인 화순 너머의 남평역을 처음 찾아갔다. 지금은 폐역이지만 철로는 닫히지 않아 화순에서 보성으로 이어지는 경전선이 부산까지 닿는다. 안을 들여다보니 시를 연상할 수 있도록 빈 역사 안에는 톱밥 난로가 있고 벤치가 두어 개 놓여있었다.

행자실에서는 낮에 눕지 못한다. 몸은 피곤한데 방바닥은 따뜻하고… 그 기억 때문인지 지금도 방바닥이 따뜻하면 어떤 곳에서건 우선 눕고 싶어진다. 그 겨울 이후 심신이 고단할 때면 난 사평역에서를 외웠다. 절에서도 그랬고 군대에서도 그랬다.

막차는 좀처럼 오지 않았다.
대합실 밖에는 밤새 송이눈이 쌓이고
흰보라 수수꽃 눈 시린 유리창마다 톱밥 난로가 지펴지고 있었다.
그믐처럼 몇은 졸고 몇은 감기에 쿨럭이고
그리웠던 순간들을 생각하며
한줌의 톱밥을 불빛 속에 던져주었다…

그런 내용이다.

출가한 것이 2월 중순이면 겨울이 이미 끝자락에 이르는 시간인데도 질긴 겨울은 좀처럼 끝나지 않았다. 행자실에서 가장 긴장된 시간은 스님들이 큰방에서 발우공양을 하시는 약 30분 정도의 시간이었다. 당시는 쌀에 돌이 잘 걸러지지 않은 채로 유통이 되던 때다. 특히 큰절에는 사하촌에서 절 땅을 일궈서 살아가는 사람들이 적지 않다. 내가 별좌 소임을 보면서 수곡을 받아보니 땅을 일구는 납세로 가져오는 쌀은 그냥 눈으로 봐도 쌀 반 돌 반이었다. 공양주와 공양주 보조는 조리로 쌀을 이는 일이 가장 힘들었다. 특히 한겨울에 수각 옆에서 쪼그리고 앉아 공양주가 조리질을 한 후에 광주리에 쌀을 쏟아 놓으면 다시 보조가 손가락으로 하나하나 쌀을 헤치면서 돌을 찾아내는 것인데, 그 일이 그렇게 힘들 수가 없었다. 조리질로 건져 올린 쌀에 돌이 없을 수 있겠는가. 그래서 누군가 밥에 돌을 씹지 않은 날이 드물 정도였다. 스님들 발우공양에 올린 밥도 다르지 않았다. 그러니 공양을 마치도록 공양주와 행자들은 걱정이 되어 맨 하행자가 큰방 마루 기둥에 기대서서 안방에서 들려오는 소리에 귀를 기울이는 것이다. 신기하게 방안에서 누군가의 입에 돌이 씹히면 그 소리가 밖에까지 울린다. 그 공양하는 시간이 어찌 그렇게 길게 느껴지던지…

겨울 안거가 끝나고 선원의 대중스님들이 떠나자 발우공양에서 해방된 행자실엔 화기가 돌았다. 그 당시 후원의 공양 장소는 매우 협소하여 8명이 앉을 수 있는 벤치 의자 네 개에 긴 탁자 둘뿐이었다. 외부에서 오는 단체 신도들은 객실로 쓰는 방에 10인용 긴 상을 일일이 날라서 공양을 드렸다. 봄은 그런 와중에 찾아들었다.

계곡물에서 맨손으로 빨래도 가능했고, 바람이 달고 시원해지더니 새싹들이 돋아나기 시작했다. 제일 먼저 계곡 주위의 나무들부터 새순이 돋고 땅에선 봄풀이 파랗게 얼굴을 내밀었다. 그러자 이번에는 산 밑의 밭에 돌을 골라내는 울력을 오후 내내 했다. 울력은 구산 스님 외에도 사중의 스님들까지 모두 나오셨기 때문에 꼭 일로 느껴지지는 않았다. 겨울 동안 개울 건너에 한 번도 가보지 못하고서 후원에만 머물던 것이라 밭에 나가는 일이 봄소풍 가는 기분과 다르지 않았다.

당시 송광사에는 밭농사에 쓸 소를 키우는 농막이 있었다. 이 일은 농감 소임의 홍산 스님이 맡고 있었다. 스님은 일꾼과 다름없는 작업복을 입고 소를 몰고 다녔다. 구산 스님께서는 그 소를 귀하게 여겨 가끔 밭일 중에 소에게 채소잎을 먹여주시기도 했다. 이것은 선종 사찰의 풍모로서 일과 수행이 둘이 아님을 보여주는 상징적인 모습이다.

그렇게 다시 시간이 조금 흐르자 큰 절에 주지스님이 새로 바뀐다는 소식이 도량에 돌았다. 그것도 40대 초반의 젊고 유망한 분이라는 말이 따라붙었고, 후원에는 보조국사 종재인 삼월불사 준비에 돌입하면서 더욱 분주해졌다.

북을 잘 치면
춤은 절로 나온다

　새 주지스님이 오셨다고는 하지만 행자들이 피부로 느끼는 변화는 없었다. 다만 전에는 주지스님이 거의 안 계셔서 주지실 시자 소임을 보는 행자가 가끔 아궁이에 불을 지피고 방 청소를 하는 정도에 그치지 않았다. 그런데 새 주지스님이 오시고는 시자 행자를 저녁 시간에나 볼 수 있을 정도로 분주해 보였다.

　1983년 4월 불일회보 제29호에 '송광사 주지에 현호 스님'이라고 삼일암 임회에서 결정되었음을 알리는 기사가 있다. 내가 기억하기로는 당시 불교신문에 최연소 본사 주지스님이라는 기사가 사진과 함께 실렸다. 아마 스님 42세 때의 일이었을 것이다. 지도자가 젊으니 도량의 분위기도 그만큼 신선하고 밝아진 기분이 들었다. 그리고 광주의 한 명문고(광주고)를 나온 수재라는 소문이 더해져서 그런지 대중들의 기대를 한몸에 받고 있었다.

　그해에 음력이 늦어서인지 5월, 제30호에 보조국사 종재를 지내는 삼월불사 안내문이 주지 현호 스님의 명의로 실린 것이 보인다. 그리고 이 해의 삼월불사 제773주기에 제359대 송광사 주지 진산식이 거행되었음을 전한다. 2박 3일의 행사에 해인사 일타 큰스님의 법문이 있고 법정 스님의 강론도 있었다.

나는 절에 들어와서 처음으로 큰 행사를 치른 것이다. 거의 2천여 명에 가까운 불자들이 전국에서 모여들었고, 사자루에선 밤낮으로 법문이 이어졌다. 사자루는 문을 모두 열어놓은 채로 행사를 진행했기 때문에 소임을 마친 후에는 초저녁의 행사를 볼 수 있었다. 지금도 기억하는 것은 두 장면이다. 하나는 구산 스님께서 법상에서 자개가 박힌 자그마한 상자를 새 주지 스님에게 내려주시는 모습이다. 아마 주지 직인이 들어있는 상자일 듯했다. 그리고 일타 스님께서 법문을 하시는 모습이다. 스님은 하루 종일 법문을 하시는데도 누구 하나 지루해하는 모습을 찾아보기 어려웠다. 나는 '내가 저 큰스님 정도의 연륜이 쌓였을 때 나도 저렇게 근사하게 법문을 하게 될까?' 하는 생각을 해봤다. 지난 2023년 10월 사자루에서 치러지는 금강산림법회에서 제2재의 법문을 법상에 앉아 설하게 되었을 때, 모든 것이 꿈만 같고 보람이 느껴졌다.

다시 회보를 넘기니 6월호 제30호에 송광사 중창불사 모연문이 실려있다. 현호 스님이 주지에 취임하시고는 곧바로 중창불사에 돌입하였음을 알 수 있다. 스님께서는 그 후로도 수많은 불사를 하셨는데, 내가 지켜본 바로는 제일 먼저 불사를 추진하는 취지를 천명하는 발원문을 만들고, 불사를 마치면 꼭 회향에 즈음한 기념의 자리를 만드시는 것을 불사의 원칙으로 삼으셨다. 그런 의미에서 모연문의 전문을 보자.

송광사 중창불사 모연문

조계산 송광사는 8백 년 전 불일 보조국사께서 기울어가던 고려불교를 다시 일으키기 위해 정혜결사운동을 벌인 이래 15국사를 비롯하여 수많은 고승대덕을 길러낸 승보의 빛나는 도량입니다. 한국불교의 독자적인 전통이 마련되고 선불교의 조계 가풍이 계승된 곳도 바로 이곳입니다. 그러나 민족 상잔의 비극인 6·25전쟁으로 도량의 중심부에 있던 크고 작은 건물 26동이 하루아침에 불에 타 잿더미가 되고 말았습니다. 어려운 환경 속에서 본사 스님들이 눈물겨운 노력으로 대웅전 등 몇 채의 건물이 아쉬운대로 복구되었습니다.

10여 년 전부터 송광사는 출가수행자의 종합수도원인 조계총림으로 발족된 이래 구산 방장 스님의 지도 아래 나라 안의 발심한 수행자들뿐만 아니라 세계 각처에서 모여드는 젊은 불자들로 인해 국제적인 수도원으로 국내외에 널리 알려지게 되었습니다. 따라서 오늘날 한국불교의 근본도량으로 종단 안에서는 물론 일반에게까지 크게 기대되고 있는 실정입니다. 그러나 운집한 대중의 수에 비하여 대웅전이 너무 비좁아 조석예불 때나 법회 때에는 전 대중이 한자리에 모일 수 없는 형편이고 방사가 모자라 수도정진을 위해 멀리서 찾아오는 발심수행자들을 되돌려 보내지 않을 수 없는 안타까운 실정입니다.

이에 송광사에 모인 현전대중과 뜻을 같이한 전국 불일회원들이 삼보전에 원을 세우고 대웅전과 승보전, 박물관, 그밖의 당우와 요사를 지어 안과 밖이 두루 갖추어져 이 시대의 요청에 맞는 수도원을 세우려고 합니다.

송광사는 신라말 혜린선사에 의해 창건된 이래 보조국사의 뒤를 이은 진각국사 때 두 번째 중창을 거친 이후 이번으로 여덟 번째 갖는 중창 불사가 됩니다. 여러 선남선녀들께서는 저희들의 이런 간절한 발원에 기꺼이 동참하시어 오늘같이 흐린 세상에 맑은 복과 덕을 심으시기 바랍니다. 이 인연 공덕으로 다 함께 바른 깨달음을 이루어지이다.

불기 2527년(1983년) 6월
중흥불사 추진위원회- 송광사 주지 현호 합장

제60호의 끝 면에는 유럽에 불일회 주관으로 송광사 분원이 세워지고 있음을 알리는 기사가 있다. 스위스 제네바의 불승사, 이태리 밀라노의 자하선원, 독일의 무위사 등이 개원되어 활동을 시작했다는 내용이다. 특히 독일은 슈투트가르트 근교의 벨즈하임에 건평 약 150평의 농가를 전세내어 한 달간 수리를 한 후에 개원한 것이었다. 절 이름은 무위사이고 현능 스님이 그곳의 소식을 전하면서 불일회보를 잘 받아보고 있다는 소식을 전하고 있다.

"북을 잘 치면 춤은 절로 나온다"라는 말은 경봉 큰스님의 법어집에서 봤다. 사람과 사람, 사람과 자연, 스승과 제자의 관계도 마찬가지여서 서로 잘 맞으면 좋은 시절이 된다. 내가 본 구산 스님과 현호 스님의 관계가 그랬고, 전하는 말로는 효봉 스님과 구산 스님의 사제 간의 정이 그처럼 도타웠다. 그리고 이 도량이 다시 한번 빛을 볼 시절 인연이 도래한 것이다. 특히 제33호인 8월호에 이르면 "송광사는 성역화되어야 한다"라는 제호의 기사가 보인다. 관광공원화 개발계획은 성지훼손을 초래하며 송광사를 진실로 아끼는 길은 제모습대로 두는 것이라고 큰 활자로 강조하고 있다. 조계산의 도립공원 개발을 추진하려는 전라남도 당국과 의견이 맞섰다. 기사에 의하면 1979년 전남도는 송광사 일대를 도립공원과 지정관광단지 지역으로 고시하고 유흥과 위락시설을 위주로 한 계획을 수립하는 한편, 송광사 주위의 하천과 큰 절에서 암자로 이어지는 소로까지 국유지로 편입하려던 일련의 사태를 말한다. 당시 송광사에서는 매표소의 통행을 막고 대외적으로 총무원과 함께 공원화 반대 운동을 결행했다. 우리 행자들까지 순번을 짜서 문을 걸어 잠근 매표소 주위에 의자를 놓고 경비를 섰다. 어쩌면 이런 일련의 일들이 중창불사를 향한 발걸음을 더욱 재촉한 결과로 이어졌는지도 모른다. 이달의 중창불사 모연문에는 구산 스님의 말씀이 실렸다.

송광사 중창불사 모연문

　　옛날 부처님께서 영축산을 지나시다가 문득 말씀하시기를 여기에 절을 지었으면 좋겠다고 하셨다.

　　이 말을 들은 제석천왕이 한줄기 풀을 꽂아놓고 나서 이르기를, 이미 절을 지어 마쳤습니다, 하니 부처님께서 미소를 지으셨다. 오늘 조계산 아래 누가 제석천왕처럼 절을 지어 부처님께서 미소를 짓게 한다면, 그 복은 하늘에 미쳐 마침내 성불을 하게 될 것입니다.

　　한줄기 풀로써 대천세계를 덮으니
　　괴로운 세상이 극락세계로 바뀌는구나
　　부처님의 미소로 중생들이 기뻐하니
　　봄이 오는 강산마다 향기로운 꽃이 피네

　　　　　　　　　　　　　　　　불기 2627년 7월
　　　　　　　　　　　　　　조계총림 방장 구산 합장

　　나는 회보에서 이 글을 읽고는 깊은 감명을 받았다. 큰스님의 짧은 말씀 속에 담긴 정성과 장차 이뤄질 중창불사를 대하는 마음을 불경의 기연에 담아 쓰신 것이어서 더욱 마음에 남았다. 그 후 내가 크고 작은 불사에 임할 때면 큰스님의 이 말씀을 신도들에게 언급한다. 그리고 일득일실의 법문처럼 절대 긍정과 불긍정의 방식으로 일과 사물을 대하는 마음이 나타나기 마련인데, 적어도 내가 생각하는 구산 스님과 현호 스님은 매사 진취적이고 일이 성취되는 방향으로 생각하시는 분들이다. 승속을 막론하고 일을 이루는 힘은 바로 그런 긍정의 믿음과 자신감의 발로일 것이다.

감로탑과 산신각 | 향수는 가장 작은 병에 담긴다. 송광사 가장 안쪽 깊은 곳에 자리하는 두 곳은 송광사 대중의 복심과 같다.

대웅보전 및 성역화의
밑그림이 그려지고

1983년 8월 제33호에 조계총림 송광사 성역화 불사 추진의 청사진이 나온다.

전체 20억 원을 들여 5개년 계획으로 시작한다는 내용이다. 우선 불사에 조예가 깊은 스님들과 문화재에 전문적인 식견을 갖춘 분들로 불사추진위원회를 구성하겠다는 것과 중앙종회에서 성역화 불사에 대한 결의문을 채택하여 종단적인 의제로 삼은 것을 볼 때 체계적으로 불사에 임하고 있음을 알 수 있다. 불사는 대웅보전, 승보전, 성보박물관, 지장전, 도서관, 요사 5동, 수련장 등에 20억 원을 투입할 예정이었다. 특히 중창불사의 꽃인 대웅보전을 108평으로 지을 것이며, 이는 당시 단일건물의 크기로는 종단적으로도 드물거니와 대웅전의 규모로는 초유의 것이라는 설명이 이어진다. 건축을 위한 설계가 나오고 조감도와 함께 축소판의 모형이 만들어졌다. 요즘이야 컴퓨터로 시뮬레이션을 돌려볼 수 있겠지만 당시의 사찰 건물을 세우는 과정에서 그런 경우는 보기 어렵다. 축소판의 대웅전 모형을 만드는 일부터 시작하여 다양한 의견을 구하는 것을 볼 수 있다. 현재 탑전에는 세면장 건물 위에 당시의 모형도를 가건물에 넣어 보관하고 있다.

이 모형도는 원래의 계획에 따라 지붕형태가 亞자형으로 되어있다. 보통

만년의 천진무구한 효봉 스님

손상좌 현호 스님 등에 업힌 효봉 스님

서울 조계사에서의 영결식 후 시청 앞 대로를 지나는 효봉 스님의 운구행렬

효봉 스님과 구산 스님

효봉 스님 입적 당시의 모습

취봉 스님 | 조선 중기 이후 부휴문중의 적통자. 우표 한 장도 공사를 구분하여 쓰셨다.

부도전 | 맨 상층부에 송광사사원사적비와 보조국사감로탑비가 있다. 부휴를 기점으로 하는 문손들의 부도를 모신 곳이고, 지금도 증보되고 있다.

송광사사원사적비, 보조국사감로탑비, 부휴 스님탑을 참배하는 현호 스님

구산 스님과 제자인 보성 스님, 원명 스님, 현호 스님

구산 스님, 법흥 스님, 법정 스님

설법전에서 법문 중인 구산 스님

경봉 스님과 구산 스님

구산 스님이 "이러다 상좌 뺏기는 거 아니냐" 할 정도로 경봉 스님은 현호 스님을 예뻐하셨다.

성철 스님과 법정 스님, 현호 스님

구산 스님과 법정 스님의 단란한 한때

불일암에서 집필 중인 법정 스님

법정 스님 운구행렬 | 목관이 반드시 필요한 것은 아니다. 대중들은 가사 한 장으로 스님을 덮어드리기로 했다.

현호 스님의 송광사 주지 취임식 후 기념촬영

법당 건물은 팔작지붕이나 수덕사 대웅전 같은 맞배지붕으로 만드는데 건물이 사방으로 돌출되고 지붕도 각 면마다 삼각돛처럼 돋는 형태였다. 이 구조대로라면 원래의 지붕 곡선에 다시 지붕 하나를 품고 있는 모습이라서 멀리서 보면 측면으로 지붕이 중첩되어 보이는 효과로 인하여 장중하고 예술미가 한층 돋보이는 형태다. 콘크리트 건물이야 거푸집에 시멘트를 부어 양생시키면 그만이겠지만, 이런 초유의 목조건물은 보통 사람들의 눈으로 보기에도 난이도가 간단치 않아 보인다. 그런데 처음에는 사면의 지붕이 중첩하여 속 지붕을 끌어낸 모형이었는데 실제는 전면과 후면의 지붕은 전통 한옥 건물 형태로 넓게 펼친 면이 만들어지는 모습으로 조정되었다. 당시 듣기로는 송광사의 지세나 도량의 크기가 그런 건물과 조화되기 어려웠기 때문이라고 했다.

승보전은 송광사가 삼보사찰 중에서도 승보종찰이기 때문에 부처님 당시에 묘사되는 1250인의 성상을 기존 대웅전 건물을 이전하여 도량 정중앙의 대웅보전 측면에 위치하여 협시보살 개념으로도 세울만한 의미가 있다. 성보박물관은 송광사가 가진 국보와 보물 등의 가치를 지닌 유물의 보관·전시 외에도 수장고를 만들어 말사에 보관 중인 유물을 본사에서 위탁 관리하여 망실의 위험을 대비하기 위함이었다. 그리고 지장전은 본래의 자리에 규모를 키워 새로 건립하고 도서관과 수련장, 그리고 불어나는 대중을 수용하기 위한 요사채는 시급히 해결해야 할 문제였다. 중세 수도원에서는 도서관장이 수도원장이 되는 코스였다고 움베르토 에코의 어느 책에서 읽었다. 고대에는 종교시설이 공공재였고 교육받은 엘리트 집단이었기 때문에 문서나 기록물에 대한 보존에도 열의를 가졌다. 그런 면에서 인간 이성을 중시하는 로고스적인 학문적 방향보다는 직관적인 초월에 더 깊은 관심을 기울인 선종은 문자나 기록에 대한 체계를 세우는 일에는 둔감할 수밖에 없다. 그것이 어느 한 시기에 그친다면 별문제가 아니겠지만 오랜 세월 지속되면 선종에 남아나는 것이 무엇이 있겠는가. 그런데 내가 출가한 1980년대 초반의 선방 분위기는 수좌 오계라 하여 아예 책 보지 말라는 말이 호기롭게 넘쳐나던 시절이었으니 무슨 말을 더하겠는가. 그나마 송광사는 보조·진각국사 이래 이지적인 분위기가 있어서 묵은 자료들이 더러 찾아지긴 하지만 도서관의 기능에 맞는 기록물이 남아날 수 없는 현실이 고스란히 어린 나의 눈에도 들어왔다.

특히 수련장은 외국인 제자들을 받아들이기도 하고 실제 외국에 다녀본 구산 스님과 현호 스님, 그리고 법정 스님 등 수련회를 통한 불교 대중화에 열의를 가진 분들이 계시던 때여서 그 필요성이 더욱 부각된 점이 있다. 그리고 당시는 88올림픽이라는 국가적 행사가 예정되어 있어서 새삼 한국 전통문화로 무엇을 보여줄지 고민이 되었을 것이다. 당시로는 고궁이나 불교와 한국 사찰 외에는 별다른 문화재도 없는 시절이어서 현대적 안목을 갖춘 사찰의 불사는 확실히 세간의 이목을 집중시키는 효과가 있었다. 그리고 불일회보에 외국인 스님들이 한국불교에 대한 기대와 염원을 매 회마다 기고함으로써 불사에 대한 논리를 제고하는 등 중창불사를 위한 분위기는 충분히 달아오르고 있었다.

1983년도만 해도 도량에 노스님들이 계셔서 송광사의 오랜 역사만큼이나 실제 살아가는 대중의 면모에서도 세대 간의 조화가 잘 어우러지는 느낌이 들었다. 당시 회보에 '송광사의 숨은 별들'이라 하여 취봉 스님을 소개했고, 다시 '송광사의 노스님들'이라는 고정란을 만들어 성공 스님, 인암 스님, 향봉 스님, 학산 스님, 수산 스님까지 연재된다. 이 연재는 그해 9월에 취봉 스님의 입적이 있어서 죽음도 삶의 한 모습이라는 추모의 글을 법정 스님께서 실으신 것과 함께 마무리가 되고, 대신 '조계고승전'이라는 코너에 강주 백운 스님의 글이 실리기 시작한다. 원래 『조계고승전』은 금명보정 스님이 사료를 모아 정리한 보조국사 이래 근대까지의 송광사 스님들의 열전과 같은데 백운 스님이 연재를 시작했다. 백운 스님은 한문본인 『조계고승전』을 현대적 감각으로 풀어 대한불교신문에 100회가 넘도록 연재하면서 본래의 『조계고승전』에 없는 근현대 80년대 초까지 활약한 스님들의 이야기를 이어서 쓰셨다는 점이 인상 깊다.

내가 이 저간의 사정을 잘 인지하고 있는 이유가 있다. 동국대 출판부에서 국가 번역사업으로 한국불교전서에 망라된 전적들을 순차적으로 번역하여 출간하고 있고, 2020년에 『조계고승전』 번역본이 출간되었다. 그러나 번역의 의미가 사람마다 달라지는 법인데, 백운 스님의 경우는 근현대 스님들의 이야기를 스님의 고찰로 기술함으로써 고승전이 계승되어 증보된다는 의의가 있다. 따라서 스님의 안목을 그대로 살려서 펴내는 일이 그만한 가치가 있다고 본다. 그리고 누군가 시기를 달리하여 기록해 놓으면 다음 세대에 또 누군가에 의해 집록이 이어지게 된다. 그래서 나는 동국대 도서관의 대한불교신문 보관철에서 백운 스님의 연재물을 복사하여 일부 누락된 몇 회차의 것을 제외하고는 타이핑을 해놓았다. 당장은 아닐지라도 적당한 시기가 되면 백운 스님 원고에 법정 스님을 위시하여 송광사의 현대사에 기억될만한 분들의 기록을 써넣는, 작금의 중창불사기에 이은 인물열전을 써볼 생각이다.

나는 속가에서도 가까운 인연들의 장례를 치러본 기억이 없을 정도로 사람의 죽음에 대한 느낌이 없는 편이다. 그런데 출가하던 1983년 초여름에 향봉 노스님이 돌아가시고 8월 6일 밤에 취봉 노스님까지 입적에 드셨다. 9월의 제34호에 법정 스님께서 추모의 글을 쓰셨다. 추모사는 이렇게 시작된다.

한 사람이 차지한 넓이와 무게는 그가 떠나간 후에야 더욱 뚜렷하게 드러납니다. 함께 있을 때는 눈으로 볼 수 있는 가시적인 영역밖에 드러나지 않지만, 막상 떠나고 나면 평소에는 보이지 않던 모습까지도 우리는 뒤늦게 인식하게 됩니다. 사랑하는 사람의 경우도 그럴 것이고, 한 산중에 살던 도반이나 선배의 경우도 마찬가지입니다. 취봉 노스님께서 돌아가신 지가 2주일밖에 안 되었는데도, 도량이 텅 빈듯합니다. 노스님이 거처하시던 도성당 둘레는 더 말할 것도 없지만, 송광사 전체가 마치 늦가을의 들녘 같은 그런 느낌이 드는 것은 마른 바람이 불어오는 탓만은 아닐 것입니다. 70년 가까이 한 절에 머물러 살던 분이 떠나고 나니, 함께 살던 나무와 흙과 물과 바람도 무심할 수가 없을 것입니다. 한 사람이 차지했던 영역은 그의 혼의 무게만큼 우리에게 빛을 발하게 마련입니다. 그 혼의 무게가 그 사람의 실체이고 존재의 실상이라고 할 수 있을 것 같습니다…

나는 그 영결식 현장에서 스님의 추모사를 직접 들었다. 대중은 마당을 휑하지 않게 할 정도의 적당한 숫자가 모였고, 장례를 치르는 날이 으레 그렇듯이 유난히 마이크 소리가 산중에 쩌렁쩌렁하게 울리며 퍼져 나갔다. 당시 회보에서 법정 스님의 글을 읽고 감명을 받았는데, 지금 다시 읽어도 참 좋다. 취봉 스님은 원 송광사 주인 격인 부휴 문손이시고 당시에도 여러 노스님들 중에서도 장자의 비중을 갖고 계셨다. 구산 스님께서 효봉 스님의 유훈을 받들어 본거지인 대구 동화사에서 송광사로 옮겨 오자 취봉 스님께서 흔쾌히 삼일암 조실채를 물려주고 뒷방으로 물러나셨다. 그런 무욕과 청빈의 처신이 헛되지 않아 스님들은 취봉 스님을 어려워하면서도 존경했다. 그리고 입적 며칠 전에 몸에 아무것도 가리지 않은 채로 좌정하고 계신 모습을 제자가 사진을 찍었다. 살갗이 죄다 뼈에 붙어 힘줄까지 선연히 드러난 임종 전의 모습이 부처님의 고행상보다 더하면 더했지 그보다 덜하지 않아서 대중들도 적잖이 놀랐다.

　스님의 성품을 비유하면 흡사 간디 같은 고결한 인상이기도 하여 시봉하기가 어려웠다. 행자실의 소임에 노스님들 방을 청소하고 불을 넣은 일이 있다. 내가 노스님 시봉을 맡게 되어 전임자와 함께 인사를 드렸더니 잘하는 사람 놔두고 뭘 바꿔? 하는 표정으로 아예 나를 쳐다보지도 않으셨다. 지금도 기억하는 첫 소임의 날이었다. 아직 봄이 오지 않은 때이기도 하고 산중에서 처음 겨울을 나게 되어 모든 것이 생소하고 어설프기 짝이 없던 시절이었다. 전임자는 소임 인계를 하면서 장작을 8개피만 넣으면 된다는 말을 재차 강조했다. 또 노스님도 아궁이 앞에서 불을 지피느라 고개를 숙이고 있는 나에게 "여덟 개만 넣어!" 하시고는 나가셨다. 그래도 날이 춥게 느껴져 아궁이의 가리개를 닫으면서 한 개를 더 넣고, 저녁 예불을 마치고는 미심쩍어서 또 한 개를 넣었다. 그런데 다음 날 아침에 행자실에 불호령이 떨어졌다. 방이 더워서 노스님이 밤새 뒤척이느라 잠을 못 주무셨다는 말과 함께 다시 시자를 바꾸라고 하셨다. 나는 노스님께 참회의 인사도 드리지 못하고 하루만에 퇴짜를 맞고 말았다. 노스님을 생각하면 지금도 그 기억이 떠오른다.

　법정 스님의 추모사는 사람을 매료시키는 무엇이 있었다. 그리고 취봉 스님의 추모글에서 보듯이 기억될만한 일이나 사람이면 꼭 글을 쓰셨다. 그런 모습이 좋아서 나도 닮고 싶은 마음이 있었다. 훗날의 이야기이지만 정작 법정 스님이 돌아가시고는 교계 신문이랄지 그 어디에도 스님의 추모에 대한 글이 보이지 않았다. 우리가 글로써 법정 스님께 입은 덕이 얼마인데 종단이건 송광사건 추모의 글 한 줄 보이지 않는단 말인가. 당시 나는 불교신문에 42장경에 대한 해설을 연재하고 있었기 때문에 신문사에 지면을 통째로 한 면 달라 했다. 법정 스님과 관련된 것이어서 그런지 흔쾌히 허락을 얻을 수 있었고, "스님, 행복했습니다"라는 추모의 글을 실을 수 있었다. 그때의 일은 지금도 내 자신에게 잘한 일이었다고 칭찬해주고 싶다.

노스님들의 연이은 입적이 일어나자 굳이 말로 하지 않아도 대중의 속마음은 어쩔 수 없이 구산 스님께 향하는 것이 느껴졌다. 초파일 행사를 마치고는 봄부터 행자실에 친히 내려오셔서 가르치시던 정혜결사문 강의도 중단되더니 더 이상 이 운명의 시계는 움직이지 않게 되었다. 다시 여름이 끝나가던 9월의 어느 날, 새로 지은 법흥 노스님의 처소인 개울 건너 화엄전 명성각의 세면장에서 물을 데워 구산 스님 목욕을 시켜드리는 일이 나에게 떨어졌다. 결과적으로는 구산 스님께서 밖에서 목욕을 하신 것은 이것이 생애 마지막 일이었다. 난 그때 생전 처음으로 노인의 몸을 만져봤다.

미국 카멜 삼보사 도랑을 정리하시는 구산 스님

미국 L.A.고려사 개원 법회 후 내외빈과 함께 (1980년 7월 30일)

구산 스님과 외국인 제자들

세 번째 이전하여 세워진 L.A.고려사 (2025년 현재)

L.A.고려사에서 법회 중인 현호 스님

먼 북소리

악기엔 북이 있고 종이 있다. 북은 가죽으로 몸통을 감싸 내부의 공명을 일으켜 소리를 만들어 낸다. 반면 종은 금속이어서 치면 맑은 소리가 난다. 그런데 사람에게 닿는 지점은 다르다. 북은 가슴에 닿고 종은 머리에 닿는다. 그래서 북소리는 감정을 충동시키는 작용을 하고 종소리는 머리를 맑게 한다. 종소리는 몸을 멈추고 생각을 단조롭게 하도록 이끌어준다. 사람의 성향도 달라서 북 같은 사람도 있고 쇠종 같은 사람도 있다.

구산 스님을 생각해 봤다. 어쩌면 스님은 북을 닮았을지도 모른다는 상상을 해본다. 북은 거리와 상관없이 심장에 울림을 주고 끌어당긴다. 그러니 가슴에 북소리가 들리면 참을 수 없다. 그곳으로 가서 그를 보고 그와 함께 살고 싶어지는 것이다. 여러 나라의 외국인들이 스님을 따라 극동 반도의 끝 조계산에 모여들어 승가공동체에 함께 살았다. 그들을 불러 모은 것은 구산 스님이 울린 북소리였다. 그 북은 시공을 초월하여 영혼의 깊은 안쪽에 웅크리고 있다가 때가 무르익으면 갑자기 울리기 시작한다. 우리의 생각과 영혼이 비어있는 형태로 있을지라도 기실은 하나의 물질이어서 공명을 한다. 그래서 깊은 직관에 작용하여 행동을 이끌어 낸다. 외국인도 그렇고 행자들이 30여 명이 된 적은 송광사에 일찍이 없었다. 모두 먼 북소리가 울려 이 골짜기로 모여들었다.

구산 스님의 목욕 시중을 들기 위해 화엄전의 명성각으로 가서 세면장을 열었더니 따뜻한 물이 이미 욕조에 담겨있었다. 내가 저고리를 벗고 준비를 하고 있자 스님께서 오시는 소리가 들렸다. 아직은 9월이어서 찬공기가 느껴지지 않는 따뜻한 오후였기 때문에 문을 열어서 합장을 꾸벅하고 입구에 서 있자 스님께서 들어오셨다. 내가 큰스님의 옷을 하나하나 받아서 한쪽 받침대 위에 반듯하게 접어 올려놓은 사이에 "물이 따뜻하구나" 하시면서 몇 바가지 끼얹고는 물통 안으로 들어가셨다. 큰스님은 눈을 감고 한참을 계셨다. 난 그냥 있기도 뭐해서 욕실통에 있는 수세미를 꺼내 비누칠을 하고는 몇 번 주물럭거려 거품을 만든 후에 고무신을 닦기 시작했다. 그런데 어느 틈에 눈을 뜨신 스님의 말씀이 들려왔다.

"비누로 닦으면 고무신이 녹는다. 그냥 물로만 닦아도 된다."

처음엔 무슨 말씀인지 잘 알아들을 수 없었다. 그렇지만 큰스님 말씀대로 비눗물을 없앤 후에 그냥 고무신을 닦았다. 흰 고무신은 묵은 때가 앉기 시작하면 좀처럼 하얗게는 되지 않는다. 누렇게 변색이 되는 것인데, 새것처럼 하얗게는 되지 않지만 열심히 닦았다. 아마 비누칠을 해서 닦으면 하얗게 되는 것이 고무가 닳아서일 것이니 신발이 빨리 닳는다는 뜻으로 그렇게 말씀하신 듯했다. 고무신을 닦아 물이 빠지도록 벽면에 세워놓고 나니 통 밖으로 팔을 내미시며 좀 닦아보라 하셨다. 목욕 수건에는 비누칠이 연하게 되어있었다. 스님께서 그 정도 농도로 맞춰놓은 것이다. 나는 통 밖에서 스님의 팔을 가만히 받쳐 들고는 조심조심 천을 피부에 대고는 문지르기 시작했다. 난 노인의 몸을 처음으로 만져봤다. 박박 문질러도 되는 젊은 사람의 단단한 몸과는 사뭇 달랐다. 너무나 연약하고 부드러워 팔을 조금만 움직여도 잔물결처럼 살결이 흔들릴 정도였다. 그리고 깨끗했다. 도인의 몸이라고 생각하니 더욱 예사롭지 않았다. 피부는 이미 몇 번 씻은 몸처럼 하얀 빛이 돌 정도로 깨끗하여 심지어 투명하게 느껴질 정도로 피부가 고왔다.

"따갑다. 더 가만히 해라."

우리도 한참 선방에 있을 때는 피부가 예민해져 내복의 재봉선이 거슬려서 뒤집어 입곤 했다. 물론 당시는 그것을 이해할 정도는 아니었지만, 더욱 조심스럽게 팔과 등과 목과 가슴을 닦아드렸다. 다리는 내가 등을 문지르는 사이에 직접 하셨기 때문에 목욕 시간이 오래 걸리지는 않았다. 어떻게 마무리가 되었는지는 기억나지 않는다. 다만 "시원하다!" 한마디는 기억할 수 있다.

그렇게 목욕을 하신 지 얼마 지나지 않아 스님께서 미질을 보이기 시작하셨다는 말이 돌았다. 결과적으로 그날의 목욕은 밖에서 하신 마지막 목욕이었다. 다시 시간이 흘러 계절이 가을에 들어섰고, 행자실은 8개월을 상한선으로 하여 수계자가 갈렸다. 당시는 일 년에 한 번 수계식이 있었기 때문에 한 달 차이로 꼬박 일 년을 더 행자실에 머무르는 경우가 있었다. 나는 절묘하게 선 안에 들 수 있어서 "날짜를 맞춰서 입산한 거 아닌가?" 하는 농담을 들었다. 이제 수계 대상에 오르면 은사를 정해야 한다.

난 현호 스님을 은사로 하고 싶었다. 우선 젊고 스마트한 인상이 좋았다. 한번은 행자실 특강에서 "난 출가할 때 헤르만 헤세의 『싯달타』 한 권만 들고 들어왔다"라고 할 때 홀리듯 끌렸다. 실제 은사스님께도 그 말씀을 드린 적이 있다. 그런데 살면서 지켜보니 전통적인 분위기에서 자란 스님들이 그러하듯 경전이나 어록 외에는 일부러 책을 보지는 않았다. 한번은 내가 새 책이 나와서 드렸더니 이리저리 훑어보시고는 "자넨 어떻게 이런 말들을 다 아는가?" 하고 물으신 적이 있다.

"새겨들을 말을 만나면 항상 적어놓았다가 쓰는 것입니다."

나의 대답에 스님은 고개를 끄덕거리시며 혼잣말처럼 한 말씀 하셨다.

"법정 스님하고 영화관에 한번 같이 갔는데 그 어두운 속에서도 메모를 하시더니 너도 그렇구나."

원래 구산 스님은 당신의 정명은 6월이라고 말씀하신 적이 있다고 한다. 그런데 6월이 그냥 지나서 은사스님이 "스님 거짓말 하셨죠. 6월이 지났는데요?" 하고는 농을 거셨던가 보다. 그러자 구산 스님은 마당에 지팡이로 6자를 써 보이더니 "자네는 6자로 보이지만 나는 9자로 보이네"라고 하셨다는 것이다. 그래서일까… 추석을 지나 음력으로 9월에 이르자 큰스님은 예불에도 보이지 않으셨고 도량에서도 마주칠 일이 없게 되었다.

시간이 흘러 10월의 보름이 되자 동안거가 시작되어 선원대중이 입방하면서 일이 많아졌다. 큰스님의 건강이 호전되지 않아 결제법문이 생략되자 도량의 분위기가 한층 어둡고 무겁게 가라앉는 것이 피부에 와 닿았다. 대웅전에서는 큰스님을 위한 7일 신중기도를 주야로 올리기도 했고, 주기적으로 외부에서 의사가 들어와 체크를 했다. 산의 모든 것이 비워져 가는 느낌이 그런 것이었을까. 한 도량의 어른이 버티는, 얼마 남지 않은 마지막 육신의 불꽃이 사그라져 가는 듯한 음산하고 휑한 기분은 이미 도량에 전이되어 대중이 함께 앓는 기분이었다. 구산 스님은 몇 가지 당부를 하셨다. 그것은 입적을 앞둔 노선사의 기백이고 평소에 생각해 두었던 자신의 마지막 모습이었다.

내 몸에 주사하지 말라.
좌선의 자세로 장례를 치르어 달라.
화합해서 살고 선가의 가풍에 누가 되지 않게 하라.
자기를 속이는 중노릇 하지 말고 거듭 발심하여 실답게 정진하라.

절에서는 스님들 입적시에 대종을 108타 울린다. 한 수행자의 입적이 주는 고요함을 넘어 108타를 울리는 동안 산중에 퍼지는 소리는 더욱 크게 들리고 슬픔은 골짜기 구석구석까지 깊게 스며든다. 큰스님 입적이 저녁 예불 후에 이뤄진 일이라 밤늦은 시간까지 문중의 스님들이 들어오셨고, 다음 날부터 종단과 외부 인사들, 그리고 신도들까지 쉴 틈 없이 빈소에 사람들이 밀려들었다. 나는 그때 별좌 소임을 보고 있었기 때문에 행자들과 함께 손님들의 공양을 치르기 위해 밤낮없이 후원 일을 해냈다. 황망한 심정 속에서도 시간은 거침없이 흘렀고, 당시는 논밭이었던 지금의 큰스님 사리탑이 있는 자리에 다비장을 만들고 영결식을 준비했다. 좁은 도량에 수많은 대중이 운집하고 좌탈입망한 그대로 좌구 형태의 보기 드문 관을 만들어 장례를 치렀다. 영결식에서 당시 종정이신 성철 스님은 이렇게 법어를 보냈다.

조계산 깊은 골에 큰 바위 소리치니
사자는 머리 깨어지고 코끼리 목숨을 잃었도다.
그릇이 넓고 크며, 법을 씀이 높고 엄하니
가르침은 구주를 덮고 위엄은 사해를 진동하는도다.

마음 거울이 맑고 밝음이여 주관과 객관이 다 끊어졌고
환하게 비침이 걸림 없음이여 모든 모양이 뚜렷하도다.
두 손으로 놓아 보냄이여 허공이 무너지고
한 주먹으로 거두어 들임이여 마른 나무에 꽃이 피도다.
하하하
뱀의 마음 부처의 입 귀신의 눈동자이니
거룩하고 당당하게 무간지옥으로 들어가도다.

그 외 여러 스님들과 외부 인사, 신도 대표의 조사가 이어졌고, 색색의 만장이 대나무 깃대에 걸려 펄럭이면서 영결식의 분위기를 한층 끌어올렸다. 1984년 1월의 제37~8호를 보니 지금도 기억에 생생한 법정 스님의 행장 소개가 보여서 갑자기 울컥한 기분이 든다. 행장 소개도 법정 스님만의 문체와 분위기가 가득하여 '이 도량에 이런 분들이 계셨구나' 하는 애절함이 밀려든다. 행장의 서두와 후미만 소개하면 다음과 같다.

이 도량 안에서 금년 한 해에도 스님 세 분을 떠나보내면서 그때마다 가신 스님들의 자취를 소개하게 된 제 심경은 지금 말할 수 없이 착잡합니다. 생사와 열반이 둘이 아니라고들 하지만, 집안의 어른을 갑자기 잃게 된 저희로서는 이런 행사 자체가 도무지 실감이 나지 않습니다. 우리들의 살아가는 일이 새삼스럽게 허무하고 덧없이 느껴지는 오늘입니다. 구산방장 스님께서는 …(행장 소개가 이어지고)… 스님께서는 두 달 전부터 미질을 보이면서 일찍이 거르는 일이 없던 조석예불과 대중공양을 거르게 되었습니다. 곁에서 지켜보기에도 이 세상 인연이 다해 가는 듯 싶었습니다… 나흘 전인 지난 12월 16일 스님께서 처음 출가하여 5계를 받은 바로 그 방에서 문도들이 지켜보는 가운데 75년 생애를 조용히 거두셨습니다. 그때가 저녁 예불을 마치고 난 6시 25분이었습니다. 45년에 걸친 스님의 수도생활을 대강 살펴보면, 애써 정진하면서 가는 곳마다 절을 짓고 고치는 가람 수호에 힘쓰셨고, '일수좌'의 별명을 들을 만큼 잠시도 쉴 줄을 몰랐습니다. 그리고 항상 대중과 함께 예불하고 울력하고 공양하면서 동사섭의 덕을 닦았습니다. 이같은 수도정진과 근행은 우리 후배들이 본받아야 할 교훈으로 삼아야 할 것입니다. 스님은 또 효상좌의 소리를 들을만큼 은사를 모시고 섬기는 데 갖은 정성을 다 기울이셨습니다. 오늘날 스승과 제자 사이의 유대가 희미해져 가고 있는 교단의 현실을 볼 때 다 같이 반성할 일입니다. 그리고 항상 문호를 개방하여 누구하고나 만났고, 한결같이 '이뭣고' 화두로써 법문을 삼았으며, 많은 붓글씨로써 대중에게 불연을 깊게 하셨습니다. 말년에는 해외로 다니면서 이땅의 불교를 세계에 널리 선양하시기도 했습니다.

이제 스님의 육신은 오늘로써 우리들 곁에서 사라집니다. 스님께서 즐겨 읊으시던 게송 중에서 "돌은 흘러가도 물은 흐르지 않는다[石流水不流]"는 구절이 있는데, 스님의 낡은 육신은 우리 곁을 떠날지라도 여여한 본래면목은 항상 우리와 함께 할 것이며, "달이 밝아 비친 곳마다 그윽하다[月明照處幽]"고 하셨듯이 스님의 미소를 머금은 인자한 모습 또한 우리들 가슴마다 그윽하게 자리할 것입니다.

구산 사형님!

어리석은 저희들을 한결같이 지키고 보살펴 주십시오. 이 다음에도 우리는 부처님의 정법 안에서 다시 만나 금생에 못다한 일들을 마저 이룰 것을 믿습니다. 튼튼한 새몸 받아 어서 다녀오십시오. 마하반야바라밀.

1983년 12월 20일
법정 분향 합장

난 별좌 소임이어서 행사장에 있지 못하고 후원의 담장 너머로 스님의 행장 말씀을 모두 들었다. 평소 사람 앞에 잘 나서지 않는다는 분이 숫기를 아랑곳하지 않고 또록또록한 발음과 속도로 읽어 내려가시는 음성이 도량에 울려 퍼지던 그날의 분위기를 잊을 수 없다.

그리고 영결식과 다비식을 치르는 하루 내내 은사스님의 눈에서는 눈물이 물처럼 흘러내렸다. 산중의 깊은 겨울밤에 소리 없이 곱게 내려 쌓이는 눈처럼, 스님의 볼을 타고 흘러내리는 눈물은 흐느낌이 없었다. 그것은 한 제자가 경외하는 스승의 입멸에 드는 순간순간을 놓치지 않으려는 마음처럼 심연으로 심연으로 스며드는 것이었다. 한 도량을 가득 채우던 한 인물이 남긴 공허함은 상상 이상이었다. 누가 있어 그 공백을 채울 것인가는 어느 시대 어느 곳에서건 고민스러운 일이다. 더군다나 중창불사를 시작한 이 도량의 일이 어떻게 흘러갈지 나의 어린 마음에도 무겁게 내려앉았다.

밭에서 울력 중 소에게 채소를 주시는 구산 스님

무엇이 가고
무엇이 남는가

구산 스님의 입적은 나에게 일찍이 경험해 보지 못한 공허함을 남겼다.

아직도 엄동설한의 동짓달이고 설도 지나지 않은 시기라서 그랬을까. 연일 잿빛 하늘이 산중의 기운을 짓누르고 있었고 메마른 한겨울의 나뭇가지는 죽은 듯이 생기가 없어 보였다. 다비를 마치고 얻은 것은 영롱한 수십과의 사리였지만 큰스님의 빈 자리는 그 무엇으로도 채워질 수 없었다. 5일장을 치르면 이틀 뒤가 초재이기 때문에 멀리서 온 분들은 아예 초재까지 보고 가는 경우가 많아서 도량엔 사람들이 여전히 붐비고 후원은 일이 넘쳐났다. 초재를 모시고 나니 비로소 도량이 비워지고, 떠난 큰스님과 남겨진 우리의 거리도 점차 윤곽이 잡혀가기 시작했다. 그 거리는 점차 넓고 멀게 변해가는 것이고, 육신이야 떠나보냈지만 마음으로 큰스님을 떠나보낸 건 아니어서 도량의 춥고 서먹한 분위기가 좀처럼 가시지 않았다. 당시의 회보에는 서옹 스님, 일타 스님 외에도 제방에서 큰스님 입적의 아쉬움을 토로하는 추모의 글들이 실렸다. 또 외국인 제자들의 연이은 기고에서는 이별의 아쉬움과 장차 불일국제선원이 계승되기를 바라는 마음을 담은 것이라서 더욱 애절했다. 49재를 마치고 다시 100재까지 모시고 나니 이제 큰스님도 가실 곳으로 떠난 듯했고, 산중의 분위기도 점차 추스러져 갔다.

사중에서는 큰스님의 사리를 삼일암에 유리로 보관함을 만들어 참배객들에게 사리친견을 허락했다. 사리는 다시 하사당으로 옮겨졌고, 나는 그곳에서 거의 100재가 되기까지 큰스님 사리를 모시면서 지냈다. 다시없는 그런 호사도 어느 날엔가 더 이상 사리친견을 하지 않게 되면서 끝이 나고, 나는 강원에서 생활을 이어갔다. 내 마음은 여전히 선방 생각뿐이었다. 군대에 가기 전에 꼭 한번 선방에 살아보고 싶어서 은사스님을 조르기 시작했다. 그러던 하루는 백과사전 같은 두꺼운 『석문의범』(의식을 망라한 염불집)을 꿇어앉은 무릎에 내놓으시더니 이걸 외워서 바치라며 하신 말씀이 이 한마디였다.

"너는 어리니까 전부 배워야 한다."

혹 떼려다 혹을 붙인 격이었다. 그래도 선방에 가고 싶은 마음이 식지 않아 외우기로 마음먹었다. 독하게 달려드니 이상하게 술술 외워졌다. 하룬가 이틀인가 지나서 새벽종성을 외웠다고 말씀드렸다. 은사스님은 가끔 사람을 독하게 몰아붙일 때가 있다. 말하자면 시험인 셈인데, 한 번 외워봐라, 하시면 좋을텐데 석문의범을 들춰서 페이지를 몇 장 넘기시더니 "청산첩첩미타굴, 이 다음부터 해봐라" 하는 것이었다. 순간 얼마나 당황스럽던지! 난 그러면서도 눈을 깜박이며 외웠던 염불을 떠올리자 다행히 그다음 구절이 생각났다.

"… 창해망망적멸궁 물물염래무가애 기간송정학두홍" 그리고는 후렴구까지 "나무아미타불"을 서툴지만 염불조로 외워 보였다. 그래도 염불 시험인데 국어책 읽듯이 하긴 뭔가 자존심이 있어서 그렇게 했다. 그러자 스님은 아주 뜻밖의 말씀을 물어오셨다.

"너 어디서 염불 배워왔느냐."

이 말씀은 평생의 중노릇, 부처님 제자로 살아가는 자긍심을 심어주었다. 그때 속으로 너무나 기뻐하며 '아 그래도 내가 선근이 있는 놈이구나' 생각하니 말할 수 없이 뿌듯했다.

다시 이야기를 진행하자면 1984년 제41호에 '구산 스님 문집간행에 대한 자료수집공고'가 실렸다. 또 회보에는 석지현 스님에 이어 돈연 스님의 인도 성지순례 연재글이 보인다. 글은 법정 스님께 보내는 편지글에서 정리하였다는 알림글도 붙었다. 돈연 스님은 성지순례 중에 구산 스님의 열반 소식을 들었던가 보다. "… 대사관에 와 있던 불일회보와 편지들을 통해서 고국 소식을 들었는데, 거기 큰스님의 입적 소식이 있었습니다. … 산중의 선지식이 입적하신 마당에 멀리서 순례를 계속할 수밖에 없는 후학의 무례도 아울러 용서하십시오." 돈연 스님의 글은 제43호에 법정 스님께 안부 인사를 드리는 것으로 맺고 있다. 그 내용이 참 정성스러워서 끝부분을 소개하면 이렇다.

"… 인도음식은 어느 정도 입에 익었고 물, 잠자리 등도 별 불편이 없습니다. 작은 고추가 맵다는 말은 인도 고추를 두고 한 말 같습니다. 볼펜처럼 가느다란 고추가 맵기는 지독합니다. 음식의 다양성이랄까. 감칠맛은 우리 음식을 능가합니다. 웬 향료의 종류가 그리 많은지 굉장합니다. 여기 사람들은 요구르트를 여러 가지로 만들어 먹고 단 것을 좋아해서 인도식 후식의 종류가 족히 수십 가지가 되는 듯합니다. 채식도 이 정도의 채식이면 가히 천공(天供)과 같다고 할만합니다. 서민들의 음식은 또 성글기 짝이 없습니다. 불일암의 따스한 봄볕을 생각하며 이만 줄입니다. 늘 건강하시기 빕니다."

송광사에서 법정 스님의 존재는 팍팍한 산중생활에서 갖는 고달픔을 상쇄하는 민트 초컬릿 같은 스윗한 위안을 안겼다. 그래서 누구나 불일암을 찾았고, 또 스님과 정서가 맞는 분들은 스님께서 손수 끓여주시는 국수를 먹는 즐거움이 있었다. 은사스님이 전하는 말씀에 따르면 같이 여행을 다녀보면 여행지에서의 감흥을 적어 당신을 수신인으로 하여 불일암으로 엽서를 줄창 보내시더라고 했다. 그래서인지 밀봉한 봉투 편지보다는 엽서가 송광사 스님들의 풍류였고, 감흥이 일면 글을 써보려고 했고, 같은 사물도 법정 스님처럼 보려고 하는 분위기가 있었다. 아무튼 1980년대의 송광사가 가진 이런 일련의 분위기는 이 산중에서만 느끼는, 어느 정도는 우리만의 고유한 것이었다.

7월호인 제44호와 제45호에 스리 오로빈도와 그의 아쉬람을 체험하고 온 타골학회 번역위원이라는 윤희경의 글이 실렸다. 송광사는 국외의 정신 사상사와 수행에 대한 다양한 관점을 수용하고 있었기에 가능했다.

드디어 제45호에 사원건축의 불교적 의미라는 고정란에 사찰구성의 문화와 그 성격에 대한 연재가 실릴 것이라는 안내가 보인다. 법정 스님께서 말씀해주실 거라고 하는데 실제 스님께서 연재의 글을 전부 쓰셨는지는 확인할 길이 없다. 다만 체계적인 사찰 안내에 대한 사례가 드문 때에 불일회보에 실린 연재는 지금에 살펴봐도 참신한 측면이 있다. 그리고 이 연재에 이어 문화재전문위원 신영훈 선생의 송광사 도량 해설과 대웅보전 건립에 따른 불사기가 있다. 이런 자료는 수많은 불사가 이뤄지면서도 그에 대한 자세한 불사 기록을 찾아보기 어려운 실정에서 사료적 가치가 높다. 즉 불사가 어떻게 진행되었으며 건축의 세세한 안목이 어떻게 고려되었는지에 대한 기록이기 때문이다. 다행히 송광사 제8차 중창불사의 꽃인 대웅보전 불사에 참여한 신 선생의 연재를 통해 지금의 우리가 그 내면을 해부하듯 소상히 살펴볼 수 있게 된 것이다.

佛紀2528年 1月1日(日曜日)　　　佛日會報

◇구랍20일 오전10시 조계총림장으로 거행된 九山大宗師의 영결식장. 1만 5천여신도의 애도추에 다비에부쳐졌다.

悟道頌

深入普賢毛孔裡
捉敗文殊大地閑
冬至陽生松自綠
石人駕鷄過青山

깊이 보현의 터럭 속에 들어
가
문수를 붙잡으니 대지가 한가
롭구나.
동짓날에 소나무가 스스로 푸
르르니
돌 사람이 학을 타고 청산을
지나가네.

臨終偈

滿山霜葉이 紅於二月花하니
物物頭頭가 大機全彰이로다.
生也空兮 死也空하니
能仁海印 三昧中에 微笑而逝라

온 산의 단풍이 봄의 꽃보다
붉으니
삼라만상이 큰 기틀을 온통
드러냈도다.
생도 공하고 사도 또한 공하니
부처의 해인삼매중에

구산 스님 열반을 알리는 불일회보 지면 (1984년 1월 1일자)

九山大宗師涅槃

법정 스님은 영결식에서 구산 스님의 행장을 낭독했다.

구산 스님 49재 추모식에 모인 사부대중

구산선사 열반

우리의 눈에 고인 슬픈 눈물을 찬양의 감로

달 그림자 잠기듯 가시었지만
-구산스님을 기리며-

구산스님을 처음 뵙게 된 때는 지금부터 18년 전인 1966년 10월, 내가 대학 2학년 때였다. 표충사에서 입적(入寂)하신 효봉스님을 조계사에 모시었을 때 아버지, 어머니랑 동생 남매랑 같이 가서 분향하고 앉아계신 구산스님을 향하여 절을 하였다.

처음 뵈는 분이었다. 무척 작으시고 단정하시다는 것이 첫인상이었다. 그리고 4년후, 1970년 6월 5일 효봉스님 사리탑이 완성되었다고 하여 보성스님을 쫓아 후에 나와 인연이 그리도 깊게된 송광사로, 난생 처음 가게 되었다. 절 마당을 막 들어서는데 자그마하신 구산스님께서 지나가시다가 미소 지으시며 "어서 오너라" 하시는데 어찌나 반갑던지 이것은 절대로 한생의 인연이 아닌 것이 분명했다.

삼일암(三日庵)에 올라가서 스님께 삼배하였다. 그리고 제자가 되기를 청(請)하였다. "그런데 이 세상에서 제일 귀(貴)한게 무엇이지?" 다정하신 스님께서 내게 물으신 첫 질문이었다. "엄마요" 난 서슴치 않고 대답했다. 스님께선 빙그레 웃으셨다. "엄마랑 목숨 바꾸라면 바꿀래?" 그건 아니었는데…. 할 대답이 없었다. "아니요" "그럼 무엇이 제일 귀한고?" "나요"

스님의 법문은 시작되었다. 나는 등골이 시원해 지도록 환희에 찼던 그때의 일을 항상 기억하고 있다. 내 마음의 문을 열어 주시는 순간이었다. 그러시고 글을 써 주셨다.

대지진금미시진(大地眞金未是珍)
불조존귀비아친(佛祖尊貴非我親)
일대인연의수각(一大因緣宜須覺)
조계보월조침한(曹溪寶月照膽寒)

「어느때, 어디서나 공부는 잊어서는 안된다. 사람의 가치관을 평가하고 자신의 참나를 알아야 하니 명심하여라. "나"라는 재미로 살지만 어느 것이 참 나런고. 나에게 한 물건이 있으니 맘도 부처도 물질도 아닌 이 한 물건이 무엇인고? 잊지말고 깨치어서 완전한 인격을 성취하여라.」

무릎 꿇고 스님의 법(法)을 받았다. 그후 스님께선 만나실적마다 "참선 공부 잘 하느냐?" 물으셨지만 한번도 잘 한적이 없었다. 스스로를 인간의 행로(行路)를 물으면 방향을 가리키며 맞고 보내는 네거리 돌사라(街頭石獅子)라고 스님께선 말씀 하시었다. 나에게도 그 길을 일러 주셨고 가는 방향을 똑바로 가리켜 주셨다. 지혜란 캄캄한 밤길의 등불과 같은 것이라고 일러 주시면서 정진 열심히 하라고 만나면 일깨워 주신 스님의 은혜를 어찌 갚을 수 있을까? 오직 방법은

주기 추모 특집

다. 구산선사의 49재에 운집한 사부대중

참나(眞我)
―하기를 게을
― 밝은 못에
―리에겐 스님
―가 크게 남아
―가도 생각나
―우리 곁에 항
―보답하는 길
―라 생각한다.
― 인생의 행
―픔은 가슴속
―의 법연(法
―는 듯하고 아
―다. 왈칵 눈
―을 달래며 작
―을 매만지며
― 되어 작은
―되겠노라고
―에게 스님의
―하며 두손 모

合掌

구산 스님 다비식 | 현 탑전의 구산 스님 사리탑은 다비했던 자리에 모셔진 것이다.

현호 스님은 대웅보전 불사의 의미를 "과거의 문화재만 들먹일 것이 아니라 이 시대의 사상과 안목을 갖춘 문화재를 만들어서 후대에 전하고자 한다"라고 하셨다. 그만큼 정성을 다하고 각계의 문화재 전문가의 의견을 참고해 가며 쌓아 올린 것이다. 이야기의 구성 편의상 가독성을 고려하여 불일회보에 실린 중창불사 10여 년의 과정을 일차적으로 정리하고 사원건물의 의미와 대웅보전 불사기는 옛 향기가 밴 원문 그대로 읽어볼 수 있도록 하겠다.

'서 있는 사람들' 뒷 표지 법정 스님 | 나는 이 책을 고1 때 생일 선물로 받았다가 이 사진을 보고 출가를 꿈꾸기 시작했다. 한국 사회와 한국 불교사에 무소유라는 하나의 정신을 선물한 소중한 분이다.

무소유

누구나 그런 것은 아니겠지만 청빈과 무소유는 더러 하얀색 옷을 입고 싶은 충동처럼 우리의 마음 깊은 곳에서 순수한 삶을 자극한다. 평생 더 가져야만 한다는 강박관념 속에서 산다 하여 누가 뭐라 하겠는가. 삶이란 게 본인이 하고 싶은 것에서 출발하기 때문에 각자의 삶은 존중될 이유가 분명히 있다.

무소유가 무엇인가. 몇 해 전에 큰절 초입에서 불임암으로 올라가는 길을 '무소유 길'이라 하여 순천시에서 예산을 들여 길을 손보고 법정 스님의 책에서 뽑은 글을 나무판에 새겨 군데군데 세워놓았다. 스님 가신 지도 10년이 넘고 보니 스님을 기억하는 사람들도 나이가 들어가고 타인에 대한 기억보다도 자신이 잊힐 것을 염려해야 하는 처지가 되어간다.

행자는 돈을 지닐 수 없다. 주민등록증도 출가하는 날로 원주실에 맡기기 때문에 어디에 속한 사람도 아니다. 형체는 있으나 속이 빈듯한 존재가 행자다. 그래서 이곳에 평생 몸담고 살아야지 하는 사람은 그렇게 편할 수 없다. 행자 생활을 하다가 집으로 돌아가고 싶으면 원주실에 들러 주민등록증을 찾으면 된다. 내가 산에 들어와 처음으로 받은 공양금은 5천 원짜리 지폐 한 장이다. 그것은 받고 싶어서 받은 것이 아니다. 법당의 불기를 두 손으로 받쳐 한쪽 어깨 위에 올리고 후원으로 걸어가는 중이었다. 그런데 어느 신도가 "행자 스님 필요한 데 쓰세요" 하면서 적삼저고리의 주머니에 넣었기 때문에 거절도 못하고 받게 됐다. 나는 생각 끝에 일주문 앞 서점에 가서 『선관책진』 한 권, 그래도 돈이 남아서 무슨 시집 한 권을 사서 돈을 없애버렸다. 그래서 참선에 대한 옛 스님들의 법문을 모은 선관책진은 내 인생의 책 한 권이 되었다.

그렇게 행자 기간이 지나 수계를 하고서 강원에서 생활을 시작했다. 그때 보시가 5천 원이었다. 재무스님은 이 돈을 항상 신권으로 마련하여 속이 훤히 비치는 노란 봉투에 넣어서 나눠줬다. 그러면서 "기분이라도 좋게 신권으로 준비한다"라는 말과 함께.

사중의 상황은 열악했다. 어린 나이에 얼마나 배가 고프겠는가. 그래서 어떤 날은 반찬을 만들려고 씻어놓은 무우를 삼경종을 치고 난 밤에 후원에 들어가 행자들과 함께 먹기도 했다. 빵은 순천 H제과점의 옥수수 식빵을 주로 먹었다. 그것도 선방 스님들이 남겨서 내려보낸 것인데 강원으로 갔다가 다시 행자실로 올 때는 벌써 곰팡이가 앉기 시작한다. 그러면 행자들은 후원의 찌개를 끓이는 넓은 솥에 마가린을 두르고 식빵을 구워 먹었다. 지금은 H제과점이 역사가 있어 순천에서 모르는 사람이 없을 정도다. 순천 사람들이 그 집의 빵이 가장 맛있다고 사 올 때도 있지만 이상하게 손이 가지 않는다. 그 시절의 기억만으로도 갑자기 몸살이 날 것 같은 아련함이 되살아나기 때문이다.

옛 회보를 뒤적이니 살아있는 사람의 시간만 흐르는 게 아니고 과거의 시간은 더 빠르게 멀어져감을 느낀다. 1984년 4월 25일에 충무 용화사에 주석하시던 일각 스님께서 조계총림 방장으로 추대됐다는 기사가 제43호에 보이고, 서울 법련사 창건 10주년 기념법회법문 안내가 실려있다. 큰스님은 송광사에 오셔서 방장실인 삼일암에 들어가셨고 함께 따라온 상좌스님이 삼일암에 잇댄 응진전 하단의 시자실을 썼다. 나는 하사당에 머물면서 시자와 함께 큰스님을 보좌하며 한동안 생활했기 때문에 큰스님과 인연이 있다.

한편 1984년 8월 제45호에 사원건물의 불교적 의미라 하여 총 8회 연재가 실려 1985년 3월 제52회에서 마무리가 된다. 이 코너는 불자나 일반인들이 불교문화, 특히 사찰구성에 대한 바른 이해를 돕기 위해 기획된 것으로 보인다. 그리고 법정 스님께서 이 난을 맡아 말씀해 주실 것이라고 나오는데, 실제 얼마나 직접 관여하였는지 자세한 내용은 드러나지 않아 알기 어렵다. 다만 연재의 첫머리의 "절이 세워지기 전에 먼저 수행이 있었다"라는 구절이 "수행이 있고 나서 도량이 만들어졌다"라는 제8차 중창불사비의 첫 시작과 같은 맥락인 걸로 봐서 법정 스님의 손길이 닿았음을 짐작할 수 있다. 자세히 읽어보면 주로 송광사에 배치된 건물들의 이야기다. 지금의 누가 이 정도 교리적인 의미를 정확히 하여 설명할 수 있겠는가? 하는 생각이 들어서 그냥 넘어갈 수 없는 심경이 되었다. 그리고 이 책이 송광사의 역사, 그중에서도 대웅보전을 비롯한 중창불사가 이뤄진 1980년대의 다큐멘터리와 같아서 8회의 연재를 소개하려고 한다. 스님께서 친절히 일러주시는 사원에 대한 전반적인 이야기에 귀를 기울여 보자!

3.
사원건축의
불교적 의미

최초의 사원

절이 세워지기 전에 먼저 수행이 있었다.

수도(修道)가 있고 건물이 없는 것이 모든 불조의 도량이었다. 수행이 있으면 언젠가 시절인연을 따라 절이 세워지게 마련이다. 최초의 수행자들은 나무 아래서 혹은 동굴 속에 기거하면서 오로지 수도에만 전념하였다. 요즘처럼 옛 건물을 유지 존속시키기 위해 막대한 재물과 인력과 신경을 써가면서 골몰할 필요가 없었다. 건물을 구경하기 위해 찾아드는 관광객 때문에 수도에 방해 받을 일이 전혀 없었다. 그들은 자기 자신의 인간형성을 위해 마음껏 정진할 수 있었던 것이다. 그러다가 하나 둘 뜻을 같이 하는 사람들끼리 모여 공동체가 이루어지고 일정한 생활규범이 마련됐다. 마침내 공동생활을 이루기 위해 함께 거처할 집이 필요하게 됐다.

불타 석가모니에 의해 시작된 불교교단도 예외일 수 없었다. 절이 생기기 전 부처님과 초기의 제자들은 큰 나무 밑이나 숲, 혹은 묘지나 동굴 속에 살면서 수도하였다. 그리고 숲속에 있는 차이트야[石窟]에 거처하기도 했는데 이곳은 종파에 관계 없이 편력의 수행자들이 쉴 수 있는 곳이었다. 부처님과 그의 제자들이 이따금 이와 같은 차이트야에서 머물렀다는 기록이 경전에 나온다. 불교교단에서 이루어진 최초의 사원은 왕사성 밖에 세워진 죽림정사였다. 그 사연은 다음과 같다.

마가다의 국왕 빔비사라는 부처님이 고타마로 불려지던 수행자 시절부터 믿고 따르는 사이였다. 그 고타마가 도를 이루어 부처가 된 것도 바로 마가다국에서였다. 부처님의 성도 후 얼마 지나지 아니하여 많은 수행자들이 귀의하였는데, 따르는 제자가 1천여 명이 넘었다. 어느 날 왕은 부처님과 그 제자들을 식사에 초대했다. 부처님은 제자들을 거느리고 왕사성으로 들어가 공양을 받았다. 이때 빔비사라 왕은 부처님과 그 제자들이 거처할 집이 있어야겠다는 생각을 했다. 그때까지 그들은 앞에서 이야기한 차이트야에서 거처했던 것이다. 그들이 거처할 집은 마을에서 너무 멀지도 않고 너무 가깝지도 않은 곳이어야겠다는 데에 생각이 미쳤다. 다니기에 편리하여 찾아가고 싶은 사람은 찾아가기 쉽고, 낮이나 밤이나 고요하여 세속을 떠나 조용히 명상에 잠길 수 있는 그런 장소이어야만 했기 때문이다. 이와같이 생각한 왕은 한 대숲을 골라 그 안에 집을 지어 부처님과 교단에 기증하게 된 것이다. 이것이 불교교단에서 이루어진 최초의 절[精舍]이다. 말이 절이지 가진 것이라고는 바리때와 가사밖에 없는 수행자들의 모임이라 비바람을 피해 정진할 수 있는 지극히 간소한 건물이었을 것은 능히 상상할 수 있는 일이다.

대웅보전 새벽예불 | 새벽 공기를 가르고 문을 열면 불보살님이 반긴다.

일주문

　일주문은 그 절로 들어가는 첫째 문이다.
　일주문이란 기둥이 한 줄로 되어있는 데서 유래된 말이지만 다른 의미를 둔다면 한마음을 뜻한다고 할 수 있다. 항상 한마음을 가지고 그 마음을 드러내면서 수도하고 교화하라는 뜻에서다. 통도사 일주문 곁에는 다음과 같은 글이 새겨진 석주가 양쪽에 서 있다.

　　方袍圓頂常要淸規 (방포원정상요청규)
　　異姓同居必須和睦 (이성동거필수화목)

　머리 깎은 사람끼리 한데 살게 되었으니 반드시 화목하게 지내야 한다는 뜻이다. 이 글을 대할 때 출가수행자들은 다시 한번 자신이 선 발부리를 내려다보지 않을 수 없다.
　해인사 일주문에는 또 이런 주련이 붙어 있다.

　　歷千劫而不古 (역천겁이불고)
　　亘萬歲而長今 (궁만세이장금)

　즉 천년을 지나도 옛이 아니요, 만년에 뻗치도록 늘 지금이란 뜻. 우리가 인생을 사는 것은 어제도 아니요, 내일도 아니요, 바로 지금이라는 뜻이다. 지금 이 자리에서 최대한으로 살라는 법문이다.
　전각과 당우마다 붙어 있는 현판이나 주련들은 단순한 장식이 아니요, 보는 이를 깨우치게 하는 훌륭한 교훈들이다. 절구경 한다고 공연히 사진이나 찍고 스쳐간다면 관광의 목적이었든 신심의 발로였든 모처럼 자신에게 주어진 깨우침의 기회를 스스로 내팽겨치고 말게 된다. 항상 바쁜 세상을 살아가는 현실이기 때문에 때로는 마음 느긋하게 먹고 옛 사람들의 삶에 대한 진실에 귀를 기울일 줄도 알아야 할 것이다.

천왕문·해탈문

일주문을 지나면 대개 천왕문이나 해탈문이 있다. 천왕문에는 대개 사천왕상이 안치된다. 사천왕은 천상계 사천왕천의 동서남북 네 곳을 관장한다고 믿은 고대 인도의 신화적인 존재다. 그들은 수미산 기슭을 지키며 그곳 중생들이 바른 가르침에 따라 올바르게 살아가고 있는지를 살피고 그들을 바른 길로 인도한다는 천왕들이다. 이런 신앙은 리그베다(Rigveda) 등 인도의 옛 문헌에도 나타나 있어 불교 이전부터 있었던 것임을 알 수 있다. 천왕이 불교에 채택되면서 부처님의 교화를 받고 불법을 수호하는 호법천왕의 역할을 맡도록 된다.

동방은 지국천왕으로 손에 칼을 들고 있고, 북방은 다문천왕으로 비파를 들고 있으며, 서방은 광목천왕으로 탑을 들고 있고, 남방은 증장천왕으로 용을 붙잡고 있다. 해탈문을 들어설 때 세상의 온갖 근심걱정에서 벗어나 안락하고 자유로워진다는 뜻에서 이런 문을 세웠을 것이다. 일상에 반복되는 윤회의 고통에서 벗어나는 것을 해탈이라고 한다. 산스크리트어 목샤(moksa), 혹은 비목샤(vimoksa)는 '감옥에서 탈출한다'는 뜻이다.

일주문 | 선문에는 문이 없다.

종고루 | 운판 목어 법고 대종, 조석으로 울리는 이 사물의 소리가 뭇 생명들을 해탈케 한다.

범종각·종고루

절에 있는 종을 흔히 범종이라고 하는데 범은 '청정'의 뜻. 그러므로 청정한 사원에서 쓰이는 맑은 소리를 지닌 종을 가리킨다.

종각에는 대종·북·운판·목어가 비치되어 있는데 이를 사물이라고 한다. 사물은 조석예불 때에 울려서 사용한다. 물건마다 뜻과 염원이 담겨있다. 종은 지옥의 중생을 제도하기 위해 울린다. 종을 울리면서 염하는 중송은 이렇다.

聞鐘聲煩惱斷 (문종성번뇌단)
智慧長菩提生 (지혜장보리생)
離地獄出三界 (이지옥출삼계)
願成佛度衆生 (원성불도중생)

이 종소리 들을 때 번뇌 끊어지고 지혜 자라고 도심이 일어나서
지옥을 여의고 삼계에서 뛰어나 불도를 이루어 중생 건지옵소서.

북은 축생들이 그 소리를 듣고 해탈하라는 염원으로, 운판은 허공을 날아다니는 조류들이 그 소리를 듣고 해탈하라는 염원으로, 목어는 물 속에 사는 어류들이 그 소리를 듣고 해탈하라는 염원으로 치는 것이다.

대웅전

절(사원)은 더 말할 것도 없이 출가수행자들이 수도하고 교화하는 청정한 도량이다. 수도와 교화의 바탕에는 믿음(신앙)이 전제되어야 한다. 따라서 사원의 중심 건물은 자연 부처님의 형상을 모신 대웅전이 될 수밖에 없다. 일반의 혼동을 피하기 위해 먼저 법당과 불전을 구별할 필요가 있다. 흔히 대웅전을 가리켜 '법당'이라고 하거나 '큰법당'이라고 부르는데, 그것은 '불전'이라고 부르는 것이 옳다. 불상을 모시고 예불 및 불공 혹은 기도와 법요를 집행하는 곳이기 때문이다. 법당은 설법당의 약칭으로 법회를 위해 쓰이는 장소다. 불교가 흥성할 때는 불전보다는 법당의 기능이 훨씬 앞섰고, 쇠퇴해짐에 따라 불전의 기능이 두드러졌다. 후기에 와서는 불전에서 의례뿐 아니라 설법도 겸하게 되면서부터 그 명칭도 법당으로 불려지게 된 것 같다. 대웅전의 '대웅'이란 부처님을 가리킨 말로서 '진리를 깨달아 세상에 두루 펼친 위대한 영웅'이란 뜻이다. 원래는 석가모니 부처님 한 분만을 모시던 것을 가섭존자와 아난 존자를 좌우보처로 시립시키게 된 것이다. 가섭은 부처님의 상수제자로 부처님이 열반하신 뒤 사회자가 되어 경전을 결집할 만큼 덕이 높은 제자이고 아난은 25년 동안 부처님을 정성껏 모시고 다닌 시자다. 그는 기억력이 뛰어나 경전을 결집할 때 그가 일찍이 들었던 부처님의 설법을 송출하는 일을 담당했다. 따라서 선의 갈래는 가섭 존자에 의해 시작되고 교의 갈래는 아난 존자에 의해 시작되었다.

대웅전에는 불단을 중앙에 설치하여 그 위에 불상을 모시고 있다. 넓은 공간의 활용을 억제해 가면서 불단을 중앙에 설치한 데는 그만한 이유가 있다. 고대 인도의 예법으로 한 인물에 대한 예경은 그를 중심으로 세 번 도는

사시예불 후 공양을 위해 안행(雁行)하는 대중

일이었다. 이것을 요잡이라 한다. 시계바늘 방향으로 돌기 때문에 우요삼잡이라는 용어가 경전 도처에 나온다. 부처님을 한가운데 모셔 놓아야 그 둘레를 돌 수 있기 때문에 그렇게 안치시킨 것이다. 대개의 경우 대웅전뿐 아니라 모든 불전에는 출입문이 전면과 좌우로 배치되어 있다. 전면으로는 조실과 노덕 스님들이 드나들고 좌우로는 나이 어린 스님이나 신자들이 드나드는 것이 예절로 되어있다. 관광객들이 모르고 불전 문턱에 걸터앉는 수가 있는데 불전은 단순한 문화적인 유물을 안치한 곳이 아니라 신앙의 청정한 공간이다. 결례가 안 되도록 알아두어야 할 것이다.

대적광전·비로전

법신(法身), 보신(報身), 화신(化身)을 삼신이라고 한다. 법신은 보신·화신의 근본이 되는 몸. 그래서 법신불을 '청정법신비로자나(Vairocana)불'이라고 한다. 보신은 과보신으로 수도의 결과로 이루어진 몸이란 뜻이다. 화신은 응화신으로 역사적인 현재의 이 육신을 뜻한다. 그러므로 법·보·화가 별개의 몸인 동시에 한 몸이기도 하다. 청정한 법신인 비로자나불은 항상 고요와 빛으로 충만한 상적광토에서 법을 설한다고 화엄경에서 말하고 있다. 그래서 대적광전이나 비로전의 주불은 역사적인 존재인 석가모니불이 아니고 법신불인 비로자나불로 되어있다. 좌우로 보신불인 노사나불과 화신불인 석가모니불을 모시는 경우도 있고, 문수와 보현 두 보살을 모시기도 한다. 문수는 지혜를 상징한 보살이고 보현은 덕행을 상징한 보살이다. 달리 표현한다면 청정한 법신 안에는 지혜와 덕행을 갖추고 있다고 말할 수 있다.

그러면 항상 고요와 빛으로 충만한 그 상적광토는 어디에 있단 말인가?

멀리 찾아나설 것도 없이 본래부터 청정한 불성인 우리들의 마음이 곧 그곳이라는 것이다. 우리의 심성 안에 지혜와 덕성이 갖추어져 있다는 것이다. 그러니 우리가 사람답게 산다는 것은 이 심성을 일깨우면서 사는 일이다. 비로자나는 광명을 두루 비춘다는 뜻이다. 본래 청정한 우리 심성은 고요와 빛으로 온 법계를 비추고 있다는 것. 그래서 비로전을 일명 대광명전이라고도 한다. 불전에 안치된 비로자나불은 한낱 상에 불과하지만 우리 심성 그 자체는 항상 고요와 빛으로 충만한 법신불임을 명심할 일이다.

임제 선사는 이렇게 말하고 있다.
"그대들이 조사나 부처와 다르지 않으려면 결코 밖을 향해 찾지 말라. 그대들의 한 생각 위에 발하는 청정한 빛이 곧 그대들의 법신불이다. 그대들의 한 생각 위에 발하는 분별망상을 넘어선 빛이 곧 그대들의 보신불이다. 그대들의 한 생각 위에 발하는 차별이 없는 평등한 빛이 곧 그대들의 화신불이다. 이 삼종신은 그대들이 지금 이 자리에서 법을 듣고 있는 바로 그 사람임을 잊지 말라!"

설법전·무설전

제대로 격식을 갖춘 옛절에는 설법하는 전당이 따로 있었는데 요즘에는 설할 법이 없어서인지 다른 전각은 중건하면서도 설법전은 아예 세우려고 하지 않는다. 불교가 제 기능을 다 할 때는 불사보다는 법회가 성했던 것을 우리는 지나간 역사를 통해서도 알 수 있다.

물론 근대적인 설법은 반드시 법상에 올라가 전통적인 격식을 갖추어가면서 하기보다는 강단에 서서 자유롭게 하는 경우가 많다. 듣는 쪽에 친근감을 주기 위해서는 상당설법보다는 강단에서 하는 편이 좋기 때문이다. 승보사찰인 송광사에는 아직도 설법전이 있다. 불국사 복원 때에도 무설전(無說殿)은 빼놓지 않고 다시 세워 놓았다. 설법전을 가리켜 무설전이라고도 한 이유는 설한 바 없이 설하는 것이 진짜 설법이기 때문이다. 설법자가 설법이라는 관념에 걸려있거나, 청중이 또한 듣는다는 데에 집착해 있으면 제대로 법을 설할 수도 받아들일 수도 없다. 설한 바 없이 설하고, 듣는 바 없이 들을 때 법이 살아 움직인다.

『대품반야경』에 이런 이야기가 실려있다. 반야의 공한 이치를 불제자 중에서 가장 잘 이해하고 있던 수보리가 어느 날 나무 아래 앉아 좌선을 하였다. 자신도 천지도 텅텅 비운 일체공의 선정삼매에 든다. 이때 천신들이 꽃비를 내리면서 수보리를 찬탄한다. 수보리는 웬일인가 해서 묻는다.

"이처럼 공중에서 꽃비를 내리면서 저를 찬탄하는 분은 누구신지요?"
"우리는 인드라입니다."
"어째서 이처럼 찬탄하시나요?"
"우리는 존자께서 반야바라밀다를 잘 설하기 때문에 찬탄하는 것입니다."
"나는 다만 조용히 좌선하고 있을 뿐 반야에 대해서는 한마디도 말한 적이 없는데요."
"존자께서는 설한 바가 없고 우리들은 들은 바가 없습니다. 무설무문(無說無聞) 즉 설한 바 없이 설하고 들은 바 없이 듣는 이것이야말로 진짜 반야가 아니겠습니까?"

설법을 듣거나 경전을 펼칠 때 불자들은 이런 게송을 외운다.

가장 높고 심오한 법문
백천만겁에 만나기 어려운데
내가 이제 얻어듣고 지니오니
부처님의 진실한 뜻 바로 알게 하소서!

극락전·무량수전

극락전의 주불은 아미타불이다. '아미타'란 말은 산스크리트어 아미타유스(Amityus) 혹은 아미타바(Amitabha)에서 온 것. 아미타유스는 무한한 수명을 뜻하고, 아미타바는 무한한 광명을 뜻하므로 각각 무량수, 무량광으로 번역된다. 즉 무한한 생명은 자비를 가리키고 무한한 광명은 지혜를 가리킨다. 그러므로 '나무아미타불'이란 염불은 무한한 생명과 지혜를 지닌 부처님께 귀의한다는 다짐이다. 나무(南無namas, namo)는 돌아가 의지한다는 뜻이다. 『무량수경』에 의하면 우리가 사는 이 세계에서 서쪽으로 10만억 불국토를 지나가면 극락세계라고 하는 이상적인 정토가 있다는 것이다. 그런데 이상적인 세계는 법장비구의 48원에 의해서 세워졌다고 한다. 무량수경은 이렇게 서술하고 있다.

"세존이시여, 만약 제가 사는 불국토에 다음과 같은 일이 이루어지지 않는다면 저는 결코 부처가 되지 않겠습니다"라고 하면서 48원을 들고 있는데, 그중에서 몇 개를 골라보면 이렇다.

③ 내 불국토에는 지옥·아귀·축생 등의 삼악도의 불행이 없을 것
④ 내 불국토에 태어나는 중생들은 한결같이 훌륭한 몸매를 가져 잘난 사람, 못난 사람이 따로 없을 것
⑩ 내 불국토에 태어나는 중생들은 금생에 모두 성불할 것
⑮ 내 불국토에 태어나는 중생들은 영원한 수명을 누릴 것
⑱ 지극한 마음으로 불국토에 태어나려는 이는 내 이름(아미타불)을 염하여 왕생하게 될 것

여기에서 우리가 생각할 수 있는 것은 본래부터 어떤 세계가 이루어진 것이 아니고 지극한 원력이 세계를 건설한다는 사실이다. 그리고 아미타불에 귀의하는 것은 멀리 떨어진 서방정토에 계시는 부처님께 귀의하는 것 같지만 사실은 지혜와 자비로 이루어진 본래적인 자기 자신에게 돌아가겠다는 다짐이다. 불타 석가모니의 최후 설법에도 "자기 자신을 의지하고 진리를 익지하라"고 간곡히 타이른다. 자기를 등불 삼고 진리를 등불 삼을 것이지, 그밖에는 어디에도 의지하지 말라는 것이다. 아미타불의 좌우보처는 자비의 화신인 관세음보살과 지혜를 상징한 대세지보살이다. 정토가 어찌 서쪽에만 있으랴만, 고대 인도 사람들은 서쪽에 이상적인 세계를 가설했다. 풍토적으로 보면 이해가 갈만하다. 작열하던 하루 해가 서쪽으로 기울고 나면 숲에서 강에서 시원한 바람이 불어온다. 아마도 서쪽에는 안락한 세계가 있을 것이라고 상상할 수 있었을 것이다. 해도 달도 서쪽으로 서쪽으로만 가는 것을 보고 서쪽을 그리지 않을 수 없었을 것이다. 극락이라는 말을 청량, 안양, 안락으로도 표현한다. 부석사 무량수전에 아미타불상을 서쪽을 향하여 모신 것도 이런 뜻에서다.

관음전·원통전

관음은 관세음의 약칭인데 관자재라고도 한다.
『묘법연화경』 제25품 「관세음보살보문품」에 이런 구절이 나온다.

"일심칭명 관세음보살 즉시관기음성 개득해탈: 일심으로 관세음보살을 부르면 즉시 그 음성을 듣고 모두 해탈케 한다…"

관세음보살은 자비의 화신이다. 불가사의한 보문시현의 응화신으로 중생을 재난에서 건져주고 지혜의 방편으로 시방세계 어디에든지 몸을 나타내지 않는 곳이 없다. 32응·화신을 나타내면서 중생을 구제한다는 것이다. 관음신앙은 예전부터 우리나라에 민간 신앙의 형태로까지 널리 보편화되었다. 어려운 일을 당했을 때 '관세음보살'을 염하면 그 재난을 극복하고 복을 받을 수 있다고 믿어왔다. 그래서 관음신앙에 따른 영험력도 대단하여 오늘날까지도 변함없이 믿어져 온다. 그리고 기도 중 관세음보살이 현현한 도량으로 현재까지도 신자들 사이에는 존숭되고 있는 곳이 있는데 낙산사 홍련암, 강화 보문사, 남해 보리암, 여수 향일암 등이 그런 곳으로 믿어지고 있다.

끝없는 중생을 이롭게 하기 위해 서원을 세운 관세음보살은 불가사의한 위신력으로 무수한 몸을 나타낸다. 두 눈과 두 팔만 가지고는 많은 중생을 보살피고 건져줄 수 없기 때문에 천수천안 관세음보살이 등장하게 된다. 『삼국유사』에도 관세음의 영험에 대한 기록은 여러 군데 나온다. 관음전을 또한 원통전이라고도 하는데, 관세음의 위신력을 가리켜 이르는 말이다. 절대적인 진리는 모든 것에 두루 통해 있다는 뜻으로 주원융통(周願融通)의 약칭이다. 관

설법전

관음전 관세음보살님

세음보살은 이근원통의 성자이기도 하다. 귀로 듣는 일에 가장 뛰어난 보살이므로 원통은 관세음의 별칭이다. 중생의 소리를 듣고 가서 구원하는 대비보살에게는 성별이 있을 수 없다. 그러나 자비는 여성적이고 모성적인 면이 짙으므로 여성의 상으로 흔히 표현되고 그렇게 이해되고 있다. 우리나라 절 가운데 관음전 없는 절이 거의 없는 걸 보아도 관음신앙의 뿌리가 우리에게 얼마나 깊이 박혀 있는가를 짐작할 수 있을 것이다.

팔상전

팔상전은 석가모니 부처님의 생애를 여덟 부분으로 나누어 그린 팔상탱화를 안치하고 있다. 법주사 팔상전과 하동 쌍계사 팔상전, 양산 통도사 영산전에 안치된 팔상도 등이 그것이다. 그 여덟 가지 내용은 다음과 같다.

① 도솔래의상: 부처님이 중생을 교화하기 위해 도솔천에서 북인도 카필라의 정반왕궁으로 흰 코끼리를 타고 내려오는 모습

② 비람강생상: 비람은 부처님이 탄생한 룸비니 동산을 음역한 말. 정반왕비 마야부인은 산월이 되어 해산하기 위해 친정인 이웃 나라로 가던 도중 룸비니 동산에 이르러 태자를 낳는다. 태자가 이렇듯 길에서 태어난 것은 한 생애를 통해서 상징적인 의미를 갖는다. 그는 생사 해탈의 길을 찾아 출가, 갖은 고행 끝에 그 길을 찾는다. 그 후 45년 동안 여기저기 길을 다니면서 지혜와 자비의 길을 열어 보이다가 80세에 이르러 그 교화의 길에서 열반의 길에 든다. 길은 어디에나 있다. 사람이 가면 그 길이 열리게 마련이다. 태자를 낳은 마야 부인은 이레 만에 돌아가고 태자는 이모인 마하프라자파티에 의해

양육된다. 그러니 태자는 이 세상에 낳자마자 인생무상과 애별리고를 치른 셈이다. 태자를 길러준 이모는 훗날 출가하여 최초의 여승이 된다.

③ 사문유관상: 태자는 늙은 노인과 병들어 신음하는 환자와 죽은 시체를 각기 동·서·남쪽의 문에서 보았고, 북문으로 나가 출가사문을 만나자 출가를 결심한다. 이를 사문출유라고도 한다.

④ 유성출가상: 태자는 사랑하는 아내와 아들, 자기 앞에 기다리고 있는 왕위를 버리고 왕궁의 성을 넘어 29세 때 마침내 출가를 한다. 어찌 왕궁의 성뿐이겠는가. 온갖 집착과 갈등의 성을 뛰쳐나온 것이다.

⑤ 설산수도상: 그는 6년 동안 갖은 고행을 치르면서 스승을 찾는다. 그러나 본질적인 스승은 외부에 있는 타인이 아니라 자기 자신임을 알아차리고 니련선하가 내려다 보이는 가야의 보리수 아래에서 선정을 닦는다.

⑥ 수하항마상: 그가 선정에 들려고 할 때마다 미녀와 무서운 악귀 등이 나타나 유혹하고 괴롭힌다. 내면적인 갈등을 형상으로 그려 놓은 것. 결국 수도는 자기 자신과의 싸움이다. 그는 결사적인 용맹정진 끝에 마침내 도를 이룬다. 부처님의 생애 가운데 가장 중요한 사건인 성도가 따로 다루어지지 않고, 항마 다음에 곧 전법상이 나온 것은 무슨 까닭인가. 항마 그 자체가 곧 성도임을 말한 것. 이제는 눈뜬 부처로서 교화의 일이 있을 뿐이다.

⑦ 녹원전법상: 가야(뒷날의 붓다가야)에서 지혜의 눈이 열린 부처님은 오백리나 멀리 떨어진 베나레스의 녹야원까지 타박타박 걸어서 간다. 베나레스는 그 당시에도 많은 수행자들이 모여 있던 곳. 거기 녹야원에서 다섯 수행자에게 정각자로서 최초의 설법을 한다. 그들은 설법을 듣고 부처님께 귀의, 최초의 제자가 된다. 이들을 오비구라고 한다.

⑧ 쌍림열반상: 이때부터 45년 동안 인도 천지를 돌아다니면서 무수한 사람들을 교화한다. 그 설법의 내용이 오늘날 대장경으로 전해지고 있다. 80

세에 이르러 제자들을 모아놓고 그는 최후의 유훈을 남긴다.

제행무상 불방일정진!
모든 것이 덧없다. 게으르지 말고 부지런히 정진하라.

쿠시나가라의 두 그루 사라수 아래서 부처님은 장엄한 노을처럼 조용히 열반에 든다. 열반(nirvana)이란 불꽃이 꺼져버린 상태, 즉 영원한 평화를 뜻하는 말이다.

나한전·응진전

불전에는 대개 엄숙한 분위기가 감돌기 마련인데, 나한전에서만은 파격을 이루어 보는 이로 하여금 미소를 짓게 하는 수가 있다. 거기 모셔진 각양각색의 저마다 개성이 강한 특징있는 나한상 때문이다. 나한은 아라한의 약칭으로 산스크리트어 아르한(Arhan)을 음역한 말이다. 뜻으로는 응공, 응진이다. 공양을 받을만한 자격자, 진리에 응하여 남을 깨우치게 하는 자, 즉 성자를 가리켜 아라한이라고 한다. 물론 석가모니 부처님도 자신을 가리켜 아라한이라고 한 적이 있다. 이런 존칭은 불교에서만이 아니고 인도의 다른 종교에서도 성자의 뜻으로 사용되었다. 특히 불교와 같은 시대에 창시된 자이나교에서는 이 호칭이 후세에까지 사용되어 왔다. 불교에서는 당초에는 깨달은 사람, 요즘말로 하면 종교적인 이상을 실현한 사람을 아라한이라 불렀지만, 후세에 이르면서 개인적인 깨달음에 만족한 소승적인 수행자로 낮잡는 경향이 생기게 됐다. 자신의 깨달음을 뒤로 미룬 채 타인의 구제에 헌신하는 보살사상에서 형성된 것임은 물론이다.

　부처님이 열반에 드신 후 그의 설법을 결집하기 위해 상수제자인 마하가섭이 회의를 소집했다. 이때 모인 오백 명의 비구는 모두가 아라한의 경지에 도달한 제자들이었다고 한다. 이 모임을 제일결집 혹은 오백결집이라고 부른다. 오백나한도는 이를 근거로 그린 것.
　또 『법화경』 「오백제자수기품」에는 오백 명의 아라한이 부처님으로부터 미래에 부처가 될 것이라는 예언을 기록하고 있다. 이 밖에도 경전에는 부처님께서 오백 명의 비구와 함께 계셨다는 묘사가 자주 나온다.
　우리나라의 나한전에는 주불로서 석가모니 부처님을 모시고 그 좌우로는 가섭과 아난 두 제자를 비롯하여 16나한을 모시는 것이 관례처럼 되어 있다.

지장전·명부전·시왕전

　지장전이나 명부전, 혹은 시왕전의 주불은 지장보살이다. 다른 보살상은 한결같이 화관으로 장식되어 있는데 유달리 지장보살만은 승상(僧像)을 하고 있는 것이 특징이다. 지장보살은 지옥에서 고통받는 중생들을 남김없이 구제하겠다고 서원한 보살이다. 왼손에 든 쇠지팡이로는 지옥의 문을 두드려 열고, 바른 손바닥의 밝은 구슬로는 어두운 세상을 광명으로 비춘다는 것이다. 염라대왕의 업경대 앞에서 심판 받으러 온 중생들을 위해 변호해 준다는 자비의 보살, 지옥의 중생을 죄다 구제하기 전에는 자신도 지옥문을 나서지 않겠다고 지극한 원을 세운 보살이 대원본존 지장보살이다. 어둡고 우중충한 명부전이나 시왕전의 분위기도 지장보살의 이같은 지극한 비원으로 인해 밝

지장전 | 금호그룹에서 독시주하여 지었다. 지장전 외벽에는 부모은중경 열 장면을 그려 넣었다.
하단 사진은 반야용선·부모은중경·지장전 내부·금호 박인천 회장 내외를 모신 영단

아질 수 있다. 보살이란 본래 뜻이 타인의 구원을 통해 자신도 구원받는다고 한 것. 수많은 이웃과 함께 온갖 모순과 갈등 속에서 생을 영위하고 있는 우리들 자신도 이런 비원을 통해서 현실적인 고난을 극복할 수 있을 것이다. 시왕전의 십왕들은 지옥의 판관들이다. 물론 그 형상에서부터 중국의 도교적인 영향이 짙게 배어있다. 인도의 불교에는 없던 것이다. 지장보살 앞에서 행해지는 의식에 이런 가영(歌詠)이 있다.

    손바닥 위 밝은 구슬 영롱하여서
    비치는 빛깔따라 어김없어라.
    몇 차례나 친절하게 전해 주었건만
    어리석은 아이들은 밖을 향해 찾더라.

미륵전·용화전

미륵불은 미래에 나타날 부처님이다.
미륵불에 대한 신앙은 초기 불교에서부터 그 싹이 보인다.
"먼 미래에 미륵불이 출현할 것이며, 그때 이 세상은 낙토로 변할 것이고, 사람의 수명은 8만여 세나 될 것이다. 미륵불은 석가모니 부처님이 미처 제도하지 못한 중생들을 세 차례에 걸쳐 용화법회에서 모두 제도할 것이다"라는 것이 미륵신앙의 내용이다. 종교적인 의미는 크다. 사람들은 항상 미래에 대한 기대와 희망을 통해 현실적인 불만을 극복하려는 경향을 지니고 있다. 미륵신앙은 바로 이런 인간심리에서 발생됐을 법도 하다. 물론 미륵신앙은 경전들에 그 근거를 두고 있다.

『관미륵보살상생도솔천경』,『미륵하생성불경』,『미륵대성불경』 등 이를 미륵삼부경이라고 하여 중히 다루고 있다. 미륵의 원어는 산스크리트어 마이트레야(Maitreya)에서 음역된 것. 마이트레아란 인정이 깊다, 인정이 많다 등의 뜻이므로 한역에서는 자씨(慈氏)라고도 한다. 다시 말하면 미래의 부처도 인정이 깊은 사랑에 의해 중생을 제도할 수 있다는 뜻이다. 우리나라에서 미륵신앙이 언제부터 시작되었는지 그 초기의 사정에 대한 기록이 없어 자세히는 알 수 없지만, 중국의 영향이었을 것은 더 말할 나위도 없다. 이미 4세기에 고구려와 백제에서 미륵신앙이 성행했음은 그 수많은 미륵반가상을 통해서도 엿볼 수 있다. 그리고 고구려와 백제의 승려들에 의해 씨 뿌려진 일본의 초기 불교에도 미륵신앙의 흔적이 많은 것을 보아도 능히 짐작할 수 있다.

기록상으로 미륵신앙의 성행이 증명되는 것은『삼국유사』를 통해서다. 신라는 불교를 공인한 초기부터 미륵신앙에 많은 관심을 보였었다. 지금 발굴 중에 있는 익산의 광활한 미륵사지는 그 창건이 백제 무왕 때다. 금산사의 미륵전과 법주사의 용화보전 터전 위에 우뚝 선 미륵불상도 미륵신앙의 자취를 오늘에 전하고 있다.

조사전·국사전·영각

조사란 일종·일파를 개창한 선덕으로 후세 사람들의 귀의와 존경을 받는 스님을 말한다. 선종에서는 달마 스님이 곧 조사다. 조사전에는 흔히 그 절을 개산한 스님과 그 절에서 수행한 덕이 높은 고승들의 영정을 모셔두고 봄, 가을로 기재를 지내는 것이 관례로 되어 있다. 조사전이 없는 절에서는 영각이 있어 거기에 선사들의 영을 모시고 있다. 송광사의 경우는 조사전 대신 국사전이 있는데 고려시대의 지눌보조 국사를 비롯하여 이 절에서 주석한 16국사의 영정을 모셨다. 그리고 바로 그 곁에 영각을 따로 지어 송광사에서 지낸 고승들을 안치, 기재를 지내고 있다. 조사전이나 영각은 일찍이 그 절에서 어떤 인물이 살았던가를 보여준 그 절의 산 역사다.

응향각·향노전

절은 대중이 많거나 적거나 간에 공동체를 이루고 살아가는 출가 수행승의 도량이다. 주지로부터 밥을 짓는 공양주에 이르기까지 저마다 맡아서 관리하는 소임이 주어져 있다. 불전이나 법당을 관리하는 소임을 지전 혹은 노전이라고 하는데 그들이 거처하는 집을 가리켜 응향각 혹은 향로전이라 한다. 부처님께 아침 저녁과 낮으로 향을 사르며 예불드리기 때문에 향(香)자가 붙은 것이다.

해인사 응향각에는 '유이무념위종(唯以無念爲宗)'이라는 편액이 붙어 있었다. 육조 혜능의 법문인데, 오로지 무념으로써 종을 삼으라는 이 가르침은 온갖 집착에서 떠나 텅 빈 마음으로 살라는 것이다. 텅 빈 마음인 그 무심이 우리 눈을 밝게 한다. 무심이 곧 우리 본마음이기 때문이다.

삼묵당

식당과 욕실과 정랑을 삼묵당이라고 하는 것은 이 세 군데서는 말을 하지 말라는 뜻에서다.

스님들이 식당에서 공양할 때 외우는 오관게가 있는데, 이를 우리 말로 옮기면 대강 다음과 같다.

計功多小量彼來處 (계공다소양피래처)
村己德行全缺應供 (촌기덕행전결응공)
放心離過貪等爲宗 (방심이과탐등위종)
正事良藥爲療形枯 (정사양약위요형고)
爲成道業應受此食 (위성도업응수차식)

이 음식이 어디서 왔는고 내 덕행으로는 받기가 부끄럽네
마음에 온갖 욕심 버리고 이 육신을 지탱하는 약으로 알아
도업을 이루고자 이 공양을 받습니다.

강당

강당에서는 불교의 기초 교학을 배운다. 출가수행자로서 갖추어야 할 예절과 계율을 익히고 불타 석가모니가 말씀하신 45년 설법 중에서 가려 뽑은 경전을 일정기간에 걸쳐 배운다. 대표적인 경전으로는 금강경, 능엄경, 대승기신론, 원각경, 화엄경 등이다. 물론 그 강당의 특수한 교과과정에 따라 역사

국사전에 모셔진 16국사 영정

공양은 받는 즐거움 못지않게 지어 올리는 열락이 있다.

정혜사 큰 방 발우공양 | 이 음식이 어디서 왔는가 내 덕행으로는 받기 부끄럽네 마음의 온갖 욕심 버리고 육신을 지탱하는 약으로 알아 도업을 이루려고 이 공양을 받습니다(오관게).

와 종교 일반에 대한 지식, 나아가서는 비교종교도 배우고 있다. 이 강당에서 배우는 스님들을 흔히 '학인'이라고 부른다.

선원·수선사

　불교의 기초 교학을 거친 후 사교입선, 교학을 버리고 참선하는 것이 정규적인 수행과정이다. 강당에서는 부처님의 말씀을 배우고 선원에서는 부처님의 마음을 자기 것으로 몸소 체험하려는 것이다.

　선원에는 불상을 모시지 않는다. 예불할 때에도 선원에 거처하는 스님들끼리 마주보며 절한다. 어디에도 의존하지 않고 스스로 부처를 구현하고 부처의 행동을 실현하려는 것이다. 아무것도 가진 것 없이 한 장의 방석 위에 앉아 정진하다가 잘 때는 그 방석을 배 위에 덮고 딱딱한 목침을 베고 산다. 이래서 선원을 가리켜 선불장이라고도 한다. 불도를 배운다는 것은 곧 자기를 배움이다. 자기를 배운다는 것은 자기를 잊어버림이다. 자기를 잊어버릴 때 비로소 체험의 세계와 하나가 되어 해탈된 자기를 드러낼 수 있다.

연재를 마치며

　사원의 건물은 오로지 수도와 교화를 위해 세워진 것이다. 사람은 없고 건물만 서 있는 것은 사원이 아니다. 겉모양이 아무리 거창하고 문화재적인 가치가 있는 건물이라 할지라도 그 안에 수행승이 살지 않으면 혼백이 나가버린 차디찬 육신이나 다를 바 없다. 수행자는 없이 문화재만 남아 있는 오늘날 대부분의 사원을 이래서 슬퍼하지 않을 수 없다. 수도와 교화로써 도량을 장엄하는 일이 오늘날 한국불교의 과제다.

제16세 고봉국사 탑 | 송광사 뒷편에 산재한 국사님들의 부도를 따라 산행하듯 걸을 수 있도록 이어지는 길이 국사로다. 부도들은 한결같이 사람 키 크기 정도로 소박하다.

4.
사원건축의
공간과 미학

공간

공간의 정의

건축에서의 공간은 다양한 요소들의 상호작용을 통해 형성되는 영역으로 정의할 수 있다. 공간은 단순히 건축물이 제공하는 물리적인 차원을 넘어 그곳에 살아가는 사람들의 경험과 미적가치 등을 고려하여 설계될 것이며 공간을 사용하는 사람들에게 상상력을 불러일으키는 효과도 중요한 요소다. 더욱이 종교 건물로서의 땅의 공간과 건물 자체가 갖는 공간은 대중에게 장엄한 느낌을 줌으로써 스스로를 정화시키고 경배하는 대상을 더욱 성스럽게 보이도록 하여 그 위신력의 가피를 굳게 믿을 수 있도록 하는 기능이 배려되어야 한다. 그렇다면 건축에서의 공간은 어떻게 정의될 수 있을까.

우선 물리적인 차원에서의 공간은 가로·세로·높이가 차지하는 3차원의 크기이며 건물의 구조와 형태를 결정한다. 건물은 내부의 공간 외에도 외부에서 느껴지는 무형의 이미지도 있으며 특정 기능이나 사용 목적에 적합하게 만들어져야 한다. 또한 건축물은 자연환경이나 주변 풍경과의 상호작용을 통해 이미지가 형성되는 측면이 있다. 특히 산중 사찰은 산의 지세와 어우러지고 보합하면서 독창적인 형태를 갖춰 아름답고 신비하게 보일 수 있다면 그 가치가 더욱 높아질 것이다. 왜냐하면 주변 환경이나 풍광과 어우러지면 건축물 자체가 하나의 생태계를 형성하여 종교적인 기능도 확대되기 때문이다.

또한 미적가치의 측면에서 건축물의 공간은 색상·형태·조명·재료 등이 조합되어 사용자에게 특별한 경험을 제공하며 실내의 미적 분위기를 제공한다. 여기에 빛의 채광을 살린다면 건물은 더욱 장엄하고 아름답게 보일 수 있다. 특히 한옥이라는 목재 건축물은 마당의 채광이 실내의 분위기를 좌우하기 때문에 더욱 고도의 심미안적 안목이 필요하다. 이는 건축에서 중시하는 사용자의 심리적 효과와도 맥락을 같이 한다. 따라서 건축물은 편안함, 안락함, 안정감, 그리고 신비로운 경외감도 느껴지도록 설계되어야 한다.

무엇보다 건축물을 하나의 생물로 느껴지도록 하기 위해서는 그 공간에 사회적 커뮤니티 기능이 부여된다면 더욱 가치있는 일이 된다. 사찰은 규모가 극도로 작은 산신각부터 여러 크기의 전각들이 있고 대중이 운집하여 기도하고 설법을 들으며 상호교류의 공간으로 활용되는 대형 건축물까지 구성요소가 다양하다. 이제는 산중 사찰일지라도 대중과 소통하고 포교하는 공간으로서 더욱 적극적으로 활용되어야 하는 과제가 놓여있다. 이런 시대적 소임을 수행하기 위해서는 사찰공동체에 살아가는 대중이나 참배객의 동선을 편리하게 배려하고 이끌며 안전하게 머물 수 있도록 기획될 필요가 있다. 그렇게 함으로써 건축물은 개인의 종교적인 체험과 상호교류의 공간으로써 오래 기억되고 다시 찾고 싶은 의미있는 경험을 제공하는 것이라고 정의할 수 있을 것이다.

공간의 미학

미학은 예술과 아름다움에 대한 철학적인 연구를 다루는 학문으로 이 맥락에서 공간은 시각적, 감각적, 미적인 경험의 중요한 부분으로 간주된다. 미학적 의미에서의 공간에 대한 이해는 다음과 같이 설명할 수 있다.

시각적 공간(Visual Space)

화면, 그림, 조각, 건축물 등에서 시각적으로 체험되는 공간은 미학에서 중요한 역할을 한다. 조형적 요소, 색채, 빛으로 인한 음영 등이 시각적 요소를 형성하며 공간의 아름다움을 결정하는 중요한 요소다.

경험적 공간(Experimental Space)

내부 공간의 예술적 요소인 조형물과 회화적 요소들은 사람들에게 깊은 인상을 심어주며 개인의 감정과 인식에 영향을 미친다.

심리적 공간(Psychological Space)

미학은 종종 공간이 인간의 심리에 미치는 영향에 관심을 두는데 특정한 환경이나 공간이 감정이나 기분에 어떻게 영향을 미치는지를 다룬다. 심리적 요소는 곧 인간 정서에 작용한다.

사회적 공간(Social Space)

미학적 관점에서의 사회적 공간은 예술이나 디자인이 사회적 맥락에서 어떻게 작용하는지를 의미하며 사회적인 관계와 상호작용에 영향을 미치는 공간적인 측면을 포함한다.

이처럼 미학적인 관점에서 공간은 단순히 물리적인 차원을 넘어 감각, 감정, 인식, 사회적 맥락 등 다양한 측면에서 아름다움과 예술적 경험을 형성하는 중요한 개념으로 자리한다. 미학적 관점에서 공간을 인식하는 요소로는 시각, 청각, 체감, 인지 등의 차원으로 나눠 볼 수 있다. 시각적 공간인식은 공간의 형태, 크기, 깊이 등을 변별해 낸다. 청각은 소리의 방향과 강도의 인식이 우선하지만 공간이 갖는 공명도 감정에 영향을 끼친다. 체감의 부분은 공간에 따라 행동반경과 자세가 영향을 받기 때문에 무의식적으로 공간에 순응하는 자신을 발견할 수 있다. 그리고 여러 감각의 정보를 통합하여 적절한 행위가 이뤄지기 때문에 인지적 측면은 공간을 이해하고 활동하기 위한 중요한 역할을 한다.

공간의 정신

건축물의 내부 공간에도 정신을 부여할 수 있을까? 정신은 건물 자체가 가지는 가치이면서 그것을 향유하는 사람에게 영향을 미칠 수 있다. 따라서 어떤 실물이 가지는 정신은 정체성이라는 측면에서 탐구되는 근원적인 가치이기도 하다. 건축물의 내부 공간이 갖는 정신적인 경험은 해당 공간의 조형설계나 디자인, 재료, 조명, 색상 등 다양한 요소에 의해 형성된다. 이러한 내부 공간은 사용자들에게 감정적, 정서적 영향을 미치기 때문에 정신적인 측면을 고찰해 볼 수 있는 것이다. 여기에는 다음과 같이 여러 가지 요소를 살펴볼 수 있다.

편안함과 안락함

내부 공간은 편안하고 안락함을 제공함으로써 사람들에게 정서적인 안정감을 부여한다. 또한 공간 내에 머무르며 앉을 도구, 조명, 공간을 채우는 색감 등에 의해 기여도가 결정된다.

창의성과 영감

잘 디자인된 공간은 창의성과 영감을 부여하기도 한다. 예술적인 디자인, 독특한 형태의 조형물, 내부의 채광 등이 상상력을 자극한다.

집중과 고요함

정적이고 조용한 내부 공간은 집중과 고요함을 배가시킨다. 이는 기도와 참선, 독경에 이르기까지 경건함을 더하기 때문에 회광반조하는 수행의 측면에서도 깊은 인상을 줄 수 있다.

자연과의 연결

산중 사찰에서는 특히 자연적인 요소들이 내부 공간에 통합됨으로써 실내에서도 자연과의 조화를 체험할 수 있다. 자연적인 요소라면 햇빛, 바람, 소리 등이 자아내는 인위적이지 않은 자연 자체의 경이로움이다. 자연은 도시 생활의 긴장을 이완시키고 생각을 내려놓게 함으로써 자신이 해체되는 해방감을 안겨준다. 인간 심리의 평온은 이처럼 단순히 그 공간 내부에 들어가는 것으로도 쉽게 체득될 수 있다.

기억과 지속

인간은 기억과 상상력을 발휘하면 한층 더 높은 차원으로 도약할 수 있다. 기억은 감동의 깊이에 따라 각인되는 인상이 다르고, 상상력은 그 공간에서 얻을 수 있는 신비로운 영역이다. 공공의 것은 사적인 것보다 영속성에서 유리한 측면이 있다. 상상력은 인간의식을 확장하며 기억은 개인의 정체성을 좌우하는 토대가 된다. 우리가 다시 그 공간을 찾았을 때 마주하는 개인은 이미 과거의 자신보다 성장한 후이겠지만 그 기억 속에 존재하는 과거의 자신은 하나의 거울이 되어 반추해 준다는 것을 느낄 수 있다. 따라서 공간은 그 속에 참여한 사람에게는 하나의 정신으로 기능할 수 있다.

공간과 건축물을 대하는 자세

　공간은 건축물의 존립을 가능하게 하는 조건이고 건축물은 다시 내부에 공간을 제공함으로써 인간의 생활에 적극적으로 개입한다. 그렇기에 공간과 건축물을 대할 때에는 겸허한 마음을 가지고 대하는 것이 바람직하다. 개인 소유의 건축물은 개인에게 속하지만 공공의 것은 불특정 다수에게 공평하게 열린 공간으로써 사회적 기능을 극대화할 필요가 있다. 공공의 것은 개인에게 속하는 것이 아니기 때문에 소중히 다루고 존중감을 가져야 하며 후대에 전해지는 영속성이 무엇보다 중요한 자산이다. 따라서 역사와 문화적 요소를 통찰하여 디자인되고 잘 관리되어야 한다.

　사찰의 건물은 오랜 세월 존립해야 할 가치를 가지기 때문에 그 건립 과정에서부터 오류를 최소화할 것이며 혹시 모를 재난 상황에도 충분한 대비가 필요하다. 건물에 역사가 입혀지면 하나의 생물처럼 인간의 삶에 공명하며 영향을 미친다. 그리고 그 건축물에 담긴 의미를 조합하면 건물은 더 이상 과거의 산물이 아니라 오랜 연륜을 가진 노인처럼 인간 삶에 유익하며 위안을 주고 영혼의 평안을 제공한다.

　특히 대웅전 같은 본당은 사격을 담아내는 건축물로서의 여러 요소를 배려하여 디자인 되기 마련이다. 인간사회의 발전단계에 따라 공간에 대한 관념이 달라지기 때문에 규모를 어떻게 정할 것인지는 당해 시기 유무형의 역량을 총동원하여 판단될 필요가 있다. 종교 건물은 신자들 외에도 다양한 사람들이 둘러보는 곳이고 특히 사찰은 지역의 문화재로서 기능하는 측면이 있기 때문에 개방성을 고려하여 사회적 교류의 장으로도 활용할 수 있도록 해야 한다. 따라서 그곳에 살아가는 당해 대중들의 정신과 자세가 중요하며 공공재로서의 역할을 해낼 수 있다면 그 자체로 포교의 효과도 누릴 수 있다.

역사

역사의 정의와 의미

역사는 인간 활동과 경험의 기록, 연구, 이해, 전달을 포함하는 학문적 분야이자 개념이다. 역사는 과거의 사건과 사람들의 행동, 그리고 그로 인한 결과들을 다루는데, 이를 통해 현재와 미래를 이해하는 데 도움을 준다. 인류 역사에서 이 분야와 관련하여 시원을 찾는다면 고대 그리스의 헤로도토스가 자신의 저서에서 History라는 단어를 쓰기 시작한 것을 효시로 본다. 이 단어의 어원은 고대 그리스어에서 비롯되었다. History는 그리스어 ἱστορία(historía)에서 유래된 것으로 조사, 지식, 경험을 의미하며 특히 인간의 행동과 사건을 기록하고 연구하는 학문을 나타낸다. 역사가 가지는 다양한 측면에서의 의의를 다음의 몇 가지로 살펴볼 수 있다.

과거의 교훈과 경험의 전달

역사는 과거의 사건들로부터 교훈을 얻을 수 있도록 도와준다. 어떤 선택이나 행동이 어떤 결과를 가져왔는지를 통찰함으로써 우리는 미래에 더 나은 결정을 내릴 수 있다.

문화적 이해와 정체성 형성

역사는 특정 문화나 국가의 발전, 정체성 형성에 대한 통찰력을 제공한다. 특정 사건이나 인물이 어떻게 특정 문화나 국가의 정체성을 형성했는지를 이해할 수 있으며 역사는 인간 행동의 본성과 패턴을 이해하는 데에도 도움이 된다. 인간의 선택과 행동은 특정 상황과 맥락에 의해 영향을 받으며 이를 통해 우리는 인간 행동의 다양성과 일정한 패턴을 파악할 수 있다.

문화적 상속과 공동체 의식

역사는 특정 공동체나 문화의 상속을 의미하기도 한다. 어떤 가치, 신념, 전통이 어떻게 전해져 왔는지를 이해함으로써 공동체 의식을 형성하고 유지할 수 있어야 한다. 이런 맥락에서 역사는 사회와의 상호연결성을 이해하는 데 기여하는 바가 있다. 어떤 국가나 문화가 다른 국가나 문화와 어떻게 상호작용하고 영향을 받았는지를 알게 된다면 지역사회와 더 넓은 세계와의 관계도 파악되는 것이다. 따라서 송광사의 경우 불일 보조국사 이래 팔백여 년의 역사가 숨 쉬는 곳이기 때문에 각 전각의 배치와 도량의 변모 과정을 기록하여 후대에 전할 필요가 있다. 그렇지 않으면 과거에 대한 존중과 이해의 부족으로 인한 난개발과 수행 환경을 해치는 결과를 초래하기 때문이다. 시대의 역량이 달라지면 도량의 규모나 공동체 생활의 양상이 변하기 때문에 역사의 사료에 근거한 판단은 결코 간과되어서는 안 될 유의미한 과제라고 하겠다.

결론적으로 역사는 인간의 경험과 행동에 대한 깊은 통찰력을 제공하며 현재와 미래를 이해하고 가늠하는 데 도움을 준다.

역사 서술 방식

역사를 서술하는 방식은 다양하며 주로 역사학의 접근 방식, 목적, 대상 등에 따라 달라진다. 그 대상의 범위는 국가나 사회, 또는 민족 같은 광범위한 주제에서부터 공동체나 집단 같은 소규모의 역사를 다루는 경우를 예로 들 수 있다. 일반적으로 역사를 서술하는 데에는 몇 가지 공통적인 절차와 원칙이 제시된다.

연속성과 변화의 이해

역사는 특정한 시간의 연속성과 변화를 이해하는 데 중점을 둔다. 어떤 사건이 일어나면서 어떤 변화가 있었는지, 그리고 이 변화가 과거와 어떻게 연결되어 있는지를 이해하는 것이 중요하다. 근현대사의 격랑 속의 송광사는 일제강점기와 여순사건(1948년 10월 19일), 6·25전쟁 같은 격변기에 화재 등으로 전각이 연이어 소실되는 상황이 있었다. 따라서 불사는 일차적으로 복원에 중점을 두면서도 새로운 시대에 맞게 규모를 확장해야 하는 시대적 과제가 놓여있다. 그렇기에 연속성과 변화를 균형 있게 담아내는 것은 실로 간단치 않은 일이다.

주관성과 객관성의 균형

역사서술은 사료와 사실에 근거하여 이루어져야 하지만 동시에 작성자의 주관과 해석이 반영된다. 이 두 가지를 균형 있게 유지하여 역사적 사건을 정확하게 전달하는 것이 중요하다. 특정 사건에 대한 역사서술은 그 사건의 원인과 결과를 파악하여 선행되어야 한다. 어떤 시대적 배경 속에서 문화, 정치, 경제적 사건이 일어나고 사안의 판단과 결정이 내려졌으며 그 결과로 어떤 변화와 영향이 발생하였는지를 이해하는 통찰력도 요구된다. 왜냐하면 역사서술은 다양한 관점을 수렴하여 이해와 해석을 제시하는 기능이 있는 것이어서 객관성을 담보하는 노력이 있어야 한다.

원시자료와 참고자료의 활용

역사서술은 가능한 한 원시자료(Primary Sources)를 활용하여 이루어지기 때문에 서술 목적에 연관된 문서, 기록, 증거 등의 확보가 필요하다. 또한 참고자료(Secondary Sources)도 활용하여 다양한 시각과 해석을 종합적으로 고려해야 한다.

역사를 대하는 자세

역사를 대하는 자세는 역사를 이해하고 평가하는 데에 큰 영향을 미친다. 따라서 먼저 생각해 볼 수 있는 것은 객관성과 공정성이다. 특정한 견해나 편향된 시작에서 벗어나 모든 측면을 적절히 고려하는 것이 중요하다. 또한 역사를 보는 관점에는 주관적인 경향으로 흐를 개연성이 있기 때문에 다양한 관점을 존중하고 비판을 적극적으로 수용하고 풍부하고 폭넓은 안목을 길러야 한다. 그 이유는 역사의 서술 방식에서 언급한 것과 마찬가지로 연속성과 변화를 성찰하여 사건이나 인물의 경우에도 그 맥락을 파악하기에 유용하기 때문이다. 역사는 현장에서 목격한 것이 아니라 누군가의 기록과 사료에 의해 판단되기 때문에 그 인식 근거는 명확할 필요가 있다. 따라서 과거의 전적이나 유물을 보는 안목도 필요하고 분석해서 판단하는 안목도 중요한 요소다. 이런 일련의 과정에서 도출되는 비평적 사고와 지속적인 탐구학습에 대한 자세도 요구된다. 역사를 다룰 때는 필연적으로 비평적 사고를 할 수 있어야 한다. 단순히 주어진 정보를 받아들이는 것이 아니라 비판적으로 사고하고 자료를 분석하여 자신의 의견을 형성하는 것이다. 또한 역사는 계속해서 새로운 연구와 발견이 이루어지는 분야이기 때문에 지속적인 학습과 자기 계발을 통해 최신의 연구결과를 습득하고 계속해서 역사를 탐구하는 자세를 유지하는 것이다.

유산

유산이라는 뜻을 갖는 Heritage는 프랑스어 héritage에서 유래한다. 이 단어는 라틴어 hereditatem에서 유래하며 상속이나 유산을 의미한다. Hereditatem은 heres라는 단어에서 파생되었는데 상속인이나 계승자의 뜻이 있다. 헤리티지는 처음에는 주로 물려받은 재산이나 부동산과 관련된 법적인 의미에서 사용되었지만, 점차 보다 넓은 의미로 확장되어 문화, 전통, 지식, 가치관 등을 모두 아우르는 개념으로 쓰인다. 이 용어는 특히 과거의 유산과 현재 세대에게 전해져 내려오는 가치나 전통을 강조하는 데에도 사용되고 있다. 사찰은 유구한 역사를 가지기 때문에 인류문화의 유산이라는 측면에서 통찰되는 안목이 요구된다. 한번 훼손된 유물은 다시 복원하기 어렵기 때문에 특히 유의할 필요가 있다. 헤리티지는 물리적인 유산 외에 정신적이고 문화적인 가치도 포함하기 때문이다. 헤리티지는 다양한 형태를 포괄하여 유지된다.

문화적 헤리티지
언어, 음악, 미술, 춤, 의식 등과 같은 문화적인 측면이다.

역사적 헤리티지

특정 지역이나 문화의 과거 사건, 건축물, 유물 등의 역사적 유산이다.

공동체 헤리티지

가족이나 공동체의 전통, 가치관, 계보, 전승된 물건 등과 같은 세대 간에 전달되어 공동체의 정체성을 형성하는 데 기여하는 것 등을 들 수 있다.

따라서 헤리티지는 특정 지역이나 공동체의 정체성과 연관이 깊으며 이를 보존하고 전하려는 노력은 문화적인 다양성과 지속 가능한 발전을 담보하는 자산이다. 나아가 특정한 곳의 고유한 특징을 이해하고 존중하는 중요한 개념이다. 송광사의 경우 보조국사를 포함한 16국사로 전승되는 유형의 헤리티지 외에도 정혜결사와 목우가풍이라는 조계산문의 정체성을 가진 도량이다. 이 같은 역사성으로 인하여 송광사의 위상은 한국불교에서 그치지 않고 국가적으로도 소중한 가치를 지닌다고 할 수 있다. 따라서 후학들은 송광사의 헤리티지를 계승 발전하는 측면에서도 문화유산을 유지하고 계승하는 고결한 정신이 있어야 할 것이다.

기록

기록의 정의와 의미

기록은 사건이나 정보를 고스란히 남기거나 저장하는 행위를 의미하며 이러한 행위로 남은 결과물을 가리킨다. 어원적으로 기록은 라틴어 recordari에서 파생된 것으로 recordari는 다시 생각하다, 기억하다 등의 뜻이 있다. 따라서 기록은 과거의 사건이나 정보를 기억하고 남기는 행위를 나타내며 이러한 기억이나 정보를 담은 결과물을 기록이라고 정의할 수 있다. 이는 글, 음성, 이미지, 영상 등 다양한 형태로 나타난다.

선종에서 표방하는 불립문자의 영향인지는 몰라도 각 사찰에 전해지는 기록물은 많지 않다. 전적은 거의 개인의 어록이나 문도들이 스승을 기리는 마음으로 집록한 문집에 그치는 실정이고 논설류도 많지 않다. 특히 사찰의 역사를 적은 기록물은 찾아보기 어렵다. 당해 사찰에 전하는 기록은 불상의 복장이나 건물의 상량문, 또는 사적비 등의 비문에 전하는 정도이고 사찰의 역사를 전할 마음으로 집필된 기록물이 없는 것이다. 일제강점기에 그나마 송광사나 범어사 등 본찰의 규모를 가진 곳은 조선총독부의 명으로 전국 사찰의 비문을 망라하여 정리했고 사지를 편찬하는 붐이 일었다.

송광사의 경우 금명보정 스님이 개산 이래 산재한 사료들을 모으고 전해오는 말들을 모아 건물·인물·잡부·산림 등의 내용을 분류하여 4책으로 구성했다. 이것을 용은 스님이 정서하여 1928년에 『송광사사고』를 완성했다. 그 후 기산 스님이 1965년에 국한문 혼용의 『대승선종조계산송광사지』를 발간함으로써 역사 속의 송광사를 조망해 볼 수 있게 되었다. 그리고 금명보정 스님은 『조계고승전』을 집필하여 보조국사 이래 근대에 이르기까지 명망 있는 송광사

스님들의 열전을 남겨 후대의 사람들이 송광사의 역사를 인식하게 했다. 이처럼 사건이건 인물이건 당해 시기에 기록해 두지 않으면 사라지는 것이어서 이런 노력은 산문의 전통을 계승하는 측면에서 시사하는 바가 작지 않다. 기록은 문서, 기록물, 미디어 등 다양한 형태로 저장될 수 있는데 주요 의미와 중요성은 다음과 같이 정리해 볼 수 있다.

기록의 역사성

기록은 인류의 역사를 기록하고 전파하는 데 사용된다. 특정 지역에서 발생하는 사건과 변화를 기록함으로써 후대에 과거의 경험을 전달하고 역사적인 교훈을 얻을 수 있다.

기억과 추억

기록은 개인이나 집단의 경험과 기억을 담아내는 일이다. 일상적인 사건부터 중대한 사건까지 다양한 경험이 문서나 미디어로 남겨지면 그것은 훗날 생생한 자료가 된다. 따라서 어떤 사건의 발생 시에 문제점을 파악하고 해결하는 데 도움이 된다.

연구와 교육

기록은 연구자와 교육자에게 중요한 자료를 제공한다. 과거의 연구나 사건에 대한 기록은 현재와 미래를 이해하고 예측하는 데 도움이 되고 사회적 투명성을 확보하여 공공의 이익을 위해 운영되는 사회가 형성될 수 있다. 특히 기록물은 특정 문화나 고유한 특징을 보존하는 일에도 도움이 되기 때문에 인간 활동과 경험의 기록이자 문화적, 사회적 측면에서 중요한 자료가 되는 것이다.

기록의 행위 방식

기록에는 기록의 생성(Creation), 수집(Collection), 보존(Preservation), 관리(Management), 열람(Access), 업데이트(Update) 등의 행위가 수반된다. 이러한 행위들은 기록이 어떻게 생성되고 관리되며 활용되는지를 정의하는 중요한 측면들이다. 이러한 과정을 통해 기록은 그 의미와 가치를 유지하며 개인, 기관, 공동체, 사회에게 도움이 되는 자료로 발전할 수 있다.

역사적 기념물에 대한 기록을 대하는 자세

역사적 기념물은 특정 시대나 사건의 중요한 증거물로서 이를 적절하게 다루어 보존하고 관리함으로써 문화적 유산을 보호하는 역할을 한다. 특히 사찰은 종교의 시설이면서 공동체의 공공새이다. 따라서 후대에 물려줄 유산으로서의 가치를 지니기 때문에 세심히 살피고 배려하는 마음이 있어야 할 것이다. 여기에는 다음의 몇 가지로 그 자세를 생각해 볼 수 있다.

- 역사 기록의 정확성과 충실성이 중요한 이유는 사실의 왜곡과 과장이 역사의 왜곡으로 이어지기 때문이다. 기록을 작성할 때는 신뢰할 수 있는 자료와 출처를 사용하고 가능한 한 사실적으로 기술해야 한다.

- 보존과 관리의 측면이란 적절한 환경에서 보관되고 관리되어야 함을 말하며 필요한 경우는 보존 작업과 보수작업이 적절히 이뤄져야 한다.

- 접근성은 연구자, 교육자, 일반 대중 등 다양한 이용자에게 접근이 가

능한 것이어야 한다. 그리고 이런 일련의 과정을 통해 얻어지는 정보는 교육과 관람 등의 목적으로도 활용될 수 있다.

● 교육과 커뮤니케이션의 측면이 또한 배려되어야 한다. 문화유산은 소실되면 다시 복원하기가 쉽지 않다. 따라서 역사적 자료들을 관리하고 전승하는 안목을 교육 시키는 것이 중요하다. 또한 다양한 이해관계자와의 협력을 통해 유산이 보존되어야 한다. 이러한 자세를 통해 역사적 기념물에 대한 기록은 공정하고 신뢰성 있게 이루어질 수 있으며 문화유산을 보호하고 다음 세대에 전해지도록 해야 한다.

금명보정 스님 입적 3일 전 사진

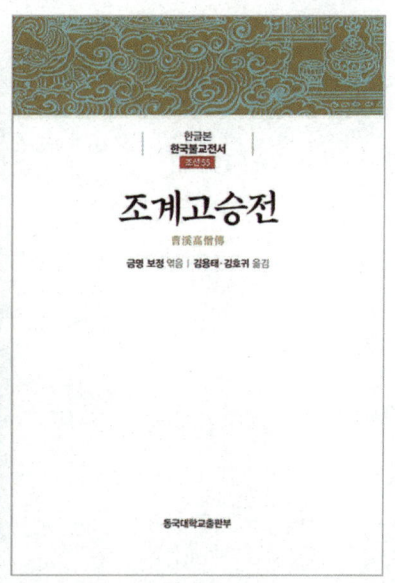

조계고승전 | 1930년에 금명보정 스님이 편술한 책으로 한국불교사와 송광사의 기념비적인 전적이다. 내용은 보조국사 이래 수선사와 부휴계보를 잇는 388인 중 97인의 생애를 담은 열전이다.

송광사 화엄전 판전

권수정혜결사문 목판

보조국사 수심결

금명보정 스님 진영 | 조계산 송광사는 800여 년을 이어온 산문이다. 역사서로는 금명 스님이 편찬·찬술한 조계산사고, 조계고승전 등과 기산 스님이 쓴 송광사지가 있다. 그리고 근현대 100년의 모습을 정리한 본 불사기 정도를 꼽을 수 있다. 송광사 산문의 역사인식이라는 측면에서 금명 스님의 업적은 실로 지고한 것이다.

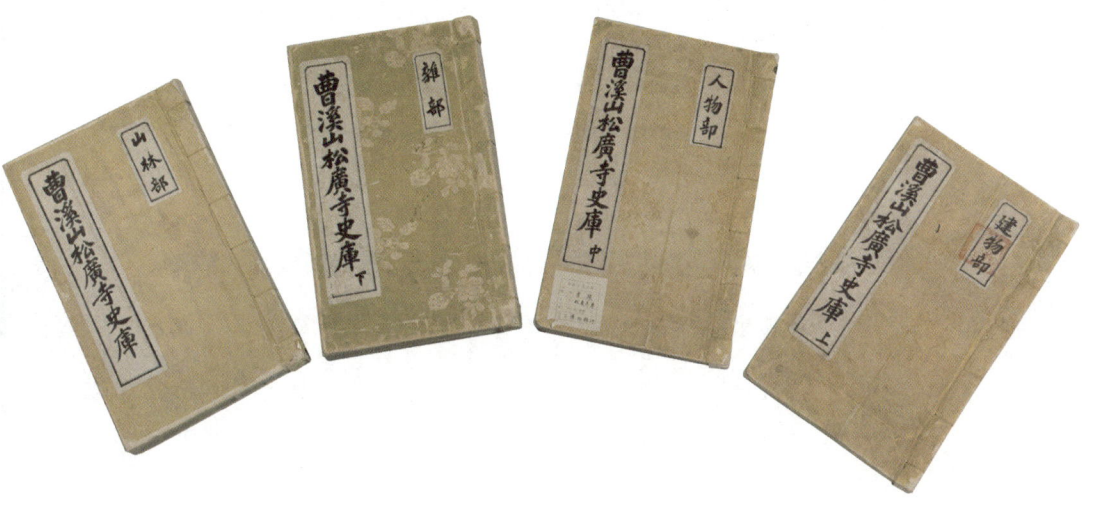

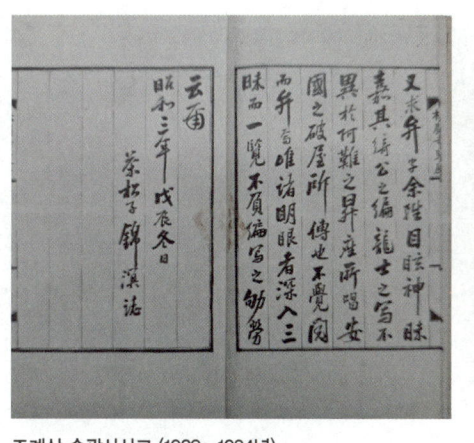
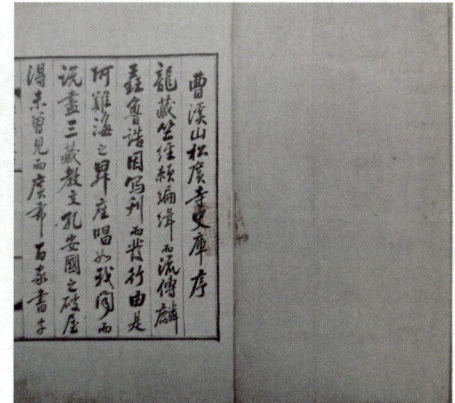

조계산 송광사사고 (1928~1934년)

5.
INTERMISSION

종교의 본령

종교에 있어서 가장 중요한 것은 교설이고, 이것이 가장 핵심이 되어야 할 것이다.

종교라고 불리려면 그들 3요소인 교주·교리·교단이 갖춰져야 한다. 교주는 그 종교만의 독창적인 주장을 펼친 인물이기 때문에 그의 사상은 태동기에 정교하게 갖춰지지는 않겠지만, 훗날 체계를 잡아간다. 그다음은 교리로서 이것은 시대와 전파되는 곳의 문화에 따라 바라보는 관점이 달라지기 때문에 교리에도 그 같은 영향이 미친다.

종교는 일단 자신들의 믿음과 신행을 펼칠 공간이 있어야 한다. 그리고 그 공간을 구성하는 미적, 예술적 안목은 그곳의 사람들이 수용할 수 있는 모습으로 구현되기 마련이다. 불교처럼 출가 수행승들이 공동체를 이뤄 살아가는 곳에서는 체계와 질서가 중요하고 수행자들 외에도 일반인들의 왕래와 편의를 고려하여 시설이 만들어질 것이다. 그 공간을 도량이라고 하는데, 크게 주불인 부처님과 기타 보살님을 모신 법당과 수행 및 교육시설, 그리고 식당과 후원, 화장실 등 대중생활에 필요한 요소들로 구성된다.

이 책을 써 나가면서 다시 읽어본 불일회보는 내용이 알차고 가치있는 것들이 적지 않다. 특히 불교문화나 기본교리 외에도 선과 외국의 수행환경에 대한 분위기를 소개하여 한국불교의 안목을 넓히려는 의도를 충분히 느낄 수 있다. 법정 스님의 글은 여러 형태로 실리고 있다. 에세이와 시론에 해당하는 날카로운 비평조의 글이 있고, 조사(弔詞)에 해당하는 몇 편의 글은 참으로 귀한 것이다. 나는 금석문에 관심이 많아서 입적하신 지관 큰스님의 신라·고려·조선 시기에 이르는 6권까지 나온 역대고승비문을 꼼꼼히 읽었다. 우리가 이런 옛 고문의 글을 읽는 이유는 여러 가지가 있겠지만, 그 시대의 목소리가 담긴 글이 주는 현장성을 살펴볼 수 있기 때문이다. 사원 건물에 대한 연재의 글이 법정 스님이 쓰신 것이 틀리지 않는다면 그런 사소한 부분까지 친절하게 안내를 해주시는 모습이 참으로 인상 깊게 다가온다. 위 연재의 마지막에는 '편집실'로 적혀있어서 그 저간의 사정은 알기 어렵다.

법정 스님은 당시 여기저기 설법이나 강론을 다니시고 조선, 동아 같은 중앙일간지는 물론 샘터 같은 교양지에도 고정란을 두고 기고를 하셨으니 매월 상당히 많은 양의 글을 쓰고 법문을 하고 책을 내셨음을 알 수 있다. 스님은 법문을 하실 때면 교탁처럼 높은 탁자에 선 채로 말씀하셨다. 그리고 대중 인사도 앉은 채로 합장 한 번만 하라 하셨다. 법상은 물론이고 의자에도 앉아서 하신 모습을 본 기억이 없다. 스님의 법문은 어떤 형식 어떤 내용을 담아내시더라도 수긍이 가고 감동을 주는 것이었다. 그것은 어쩌면 스님만이 누릴 수 있는 특권이었다고 생각한다. 스님께서 대중을 벗어나 홀로 지내기를 좋아하신다고 하여 절대 한가한 시간을 보낸 것이 아니었음을 말씀드리고 싶은 것이다. 송광사와 관련하여 불일회보에 에세이와 시론을 쓰기도 하고 송광사 여름수련회를 활성화하기 위해 수련원장의 직책을 맡는 등 송광사 일에 적극 참여했음을 깨닫게 된다. 사원은 다양한 용도의 건축물이 있고 각자 함의하는 바가 있어서 초심자에게 가장 우선적으로 설명되어야 한다. 따라서 다양한 해설서가 있기 마련인데 회보에 실린 내용은 간결하면서도 교리에 입각한 설명이 있어서 소개하고 싶었다. 그리고 일련의 흐름을 보면 대웅보전과 중창불사를 위한 사상여정과 같아서 앞으로 추진될 불사를 예고하는 의미로도 받아들일 수 있으리라 본다.

처음 구상된 대웅보전은 이런 모습이다.

기억이 주는 기쁨

사원 건물의 불교적 의미를 담은 연재가 이뤄지는 1984년 8월(제45호)~1985년 3월(제52호)에 중요한 내용이 보여서 그냥 넘어갈 수가 없다. 지금의 우리에겐 모든 것이 온전히 기억으로만 회상되는 것이라 빛바랜 느낌이 없지 않으나 지금의 송광사를 알기 위해서는 유념할 만한 것이다. 불일회보에 이은 불일출판사의 출범은 1980년대 불교 출판문화의 가장 앞자리에 놓이는 것들이다. 당시 회보에는 꾸준히 불교 관련 출판물을 소개하고 있다. 불일출판사에서는 소책자로 만들어 대중 앞에 선을 보이기 시작한다. 그 첫 산물은 법정 스님의 저작들이다.

    달이 일천강에 비추리(효봉스님 이야기: 제45호)
    진리의 말씀(법구경: 제49호)
    나누는 기쁨(보현행원품: 제50호)

그 외 제45호에 소개된 나카무라 하지메의 『불타의 세계』는 대단히 잘 정리된 불교 안내서와 같아서 스님들 사이에서도 상당히 인기를 끌었던 책이다. 그리고 제50호에는 벌써 구산 스님 1주기 추모행사에 대한 내용도 보인다. 그리고 제50호에 실린 『선 나의 선택』은 불일국제선원을 거쳐 간 외국인 스님들이 송광사에 들어와 출가수행자의 길을 걷게 된 이야기를 각자 수기 형태로 적은 것인데, 당시 상당히 이채롭고 이목을 끌었다.

불교나 사찰문화와 관련하여 한 가지 밝히고 싶은 이야기가 있다. 내가 출가했던 1980년대만 해도 연등은 철골조에 풀칠을 하여 종이로 씌운 후에 연잎을 말아 일일이 붙여서 만들었다. 제등행사 같은 일일행사로 쓰는 주름 등이 있기는 했지만 지금처럼 천이나 플라스틱으로 여러 해를 바꾸지 않고도 쓸 수 있는 것은 없던 때다. 그리고 연등은 행사가 끝나면 바로 거뒀기 때문에 봄꽃 피듯이 초파일에만 보이는 것이 연등이었다. 그런데 수계를 하고 인사차 법련사를 갔더니 법당 천장에 꼬마전구가 불을 밝히고 있는 연등이 있었다. 그렇게 연등을 천장에 달아 일 년을 둔 후에 이듬해 봄에 다시 만들어 새 등으로 교체하는 식이었다. 그것은 산중의 절에서는 어디에서도 볼 수 없는 광경이었다. 그리고 법당에는 천장에도 아름다운 단청이 있어서 그것을 가리는 연등을 달기는 애초의 건축 의도에 들어갈 수 없는 것이기도 했다. 그런데 언제부턴지 여기저기 큰절과 작은 절, 도시나 산중 할 것 없이 법당이건 불당이건 일년등을 다는 것이 하나의 문화로 정착되어 가기 시작했다. 한번은 은사스님께서 뜻밖의 말씀을 하신 적이 있다. 당신이 법련사에서 일년등을 단 것이 한국불교에 처음이었다는 것이다. 그 말씀을 듣고 내가 한 말이 이랬다.

"스님은 무량한 복을 지으셨네요."

그래서 어느 절을 가든 법당 천장을 가득 메우고서 밝게 빛나는 연등과 가족의 이름이 적힌 꼬리표를 보면 그런 발상을 하신 은사스님에 대한 감사한 마음이 드는 것이다. 물론 법당 건물의 천장을 가리고 있어서 건물의 아름다움을 보기가 어렵다는 아쉬움도 있지만 어찌하겠는가. 일득일실이구나! 하면서 감안하여 둘러보곤 한다.

사월 초파일, 부처님은 참 좋은 시절에 오셨다.

현 대웅보전 투시도

주지 취임일의 현호 스님 | 생각이 깊어지면 심연에 닿는다.

師弟之情
구산 스님과 현호 스님

조주 스님께 한 승이 물었다.
"어떤 것이 조주입니까?"
조주 스님이 말했다.
"동문, 서문, 남문, 북문이지."

석사자는 구산 스님의 별호다.
 화엄경 입법계품에는 사자빈신삼매에 대한 내용이 나온다. "세존이 모든 보살들을 여래의 사자빈신삼매에 들어가게 하려고 미간백호로부터 큰 광명을 놓는다." 사자빈신삼매는 사자가 포효하면서 기운을 뻗어 발산하는 것이다. 사자가 동물의 왕이듯이 이 삼매도 수행의 마지막 단계에 이르렀을 때 나오는 여러 삼매 중에서도 최고의 경지다. 이 힘은 오로지 일체중생을 구제하고자 하는 원력과 자비의 응축이다. 사자가 두려움이나 구애됨이 없이 나아가듯이 중생구제의 발걸음도 용맹하여 거칠 것이 없음을 비유한 것이다. 구산 스님은 사자를 좋아하셨던가 보다. 생전에 송광사에서 가장 큰 공간으로 계곡 가까이에 기둥을 세워 2층의 누각 형태로 지은 건물의 이름도 사자루. 수련회나 설법회 같은 거의 모든 집회는 이곳에서 이뤄졌다. 또 사자굴중무이수(獅子窟中無異獸, 사자굴에 다른 짐승이 없다) 라고 붓으로 크게 쓴 글씨가 있다.

그런 면에서 사자는 구산 스님의 정신이다. 정신은 명사적으로는 영혼이나 마음을 뜻한다. 이것을 좀 더 풀어보면 사물을 느끼고 생각하며 판단하는 능력이나 작용이고, 어떤 사람이나 집단이 고유하게 가지고 있는 근본적인 생각이나 사상으로서 어떤 사물의 근본을 이루는 의의나 이념이라고 할 수 있겠다. 그래서 사람은 자신의 정신을 사물에 비유하여 그 사물이 갖는 상징적인 면모에 자신을 투영하는 것이다. 우리는 누구를 이야기할 때에도 무엇에 비유하여 그를 말하고 그를 생각하게 된다. 그렇게 하여 돌사자는 숨을 쉬고 조계산을 지키며 우리를 만난다. 구산 스님은 『석사자』 초판의 서문에서 스스로를 이렇게 말씀하신다.

"나는 조계산 숲속에서 채소밭이나 가꾸다가 오가는 운수객들의 묻는 말에 응답이나 하고 동서양 각국인들이 찾아와 인간의 행로를 물으면 방향을 가리키며 맞이하고 보내는 네거리 돌사자다."

구산 스님은 단순히 석상으로서의 사자가 아니다. 네거리에서 마음을 찾는 이들을 따뜻이 맞이하는 자애로운 사자다. 글의 시작에 조주 스님에게 한 승이 물었던 것도 스스로 생각하기에 스님은 어떤 분입니까? 하는 뜻이다. 여기에서 조주 스님의 정신을 읽을 수 있다. 동서남북 사통팔달한 곳에서 연결되는 어디로든 통하는 문인 것이다. 그래서 대도무문(大道無門)인지도 모른다. 큰 도는 아예 문조차도 두지 않는다. 그러니 문이라고 해봐야 굳이 말로 하여 그렇다는 것이지 애초에 열고 닫을 것이 없는 문 없는 세계다.

구산 스님은 미래에 송광사가 불법의 주역이 되려면 도량의 함량이 기존의 것으로는 부족하다고 보셨을 것이다. 더 많은 것을 담아내려면 그릇을 키워야 한다. 사람에게도 아량이란 게 있어서 받아들일 수 있는 크기가 있듯이 도량도 커야 하고 법당도 커야 한다. 이 단순한 이치를 실행할 수 있는 사람은 그 또한 큰 정신의 소유자면 좋다. 남산에서 사자가 북을 치고 북산에서 춤을 추며 받아낼 위인이라면 호랑이 정도는 되어야겠지. 그런데 당신의 품에는 이미 호랑이가 들어있었다. 그것도 검은 호랑이다. 태어날 때의 태몽도 호랑이고 구산 스님과의 첫 대면이 있던 날, 좌선 중 졸던 사이에 받은 현몽이 검은 호랑이였다.

은사스님 말씀으로는 처음 출가는 곡성의 도림사였다고 한다. 도림사는 올라가는 계곡 자체가 돌이어서 흡사 시멘트로 덮어놓듯이 바윗돌이 깔린 곳이다. 그곳에서 지내다가 도인이 있다는 말을 듣고는 도망치듯 절을 나섰다. 그 도인은 효봉 스님을 일컬어서 하는 말이다. 그런데 그 스님의 제자인 구산 스님이 광양 상백운암에 계신다는 말을 듣고 중간 기착지 정도로 생각하고 우선 찾아갔던 것이다. 그때가 한겨울이라 해가 이미 뉘엿뉘엿 넘어가고 있어서 다음 날 올라가라는 마을 사람들의 말을 물리치고 올라가기 시작했다. 그런데 초행에다가 이미 눈이 가득 쌓인 산길을 찾아 올라가는 일은 애초에 어려운 일이었다. 길을 잃고 이미 밤이 되어버린 깊은 산의 암자를 어떻게 만날 것인가. 그때 구산 스님이 초저녁 정진을 하면서 졸던 틈에 검은 호랑이 한 마리가 허벅지를 꽉 무는 통에 깜짝 놀라 정신이 들었고, 백운산의 거친 바람에 실려 흐릿하게 외마디 사람의 외침을 들었다. 그래서 종망치를 들어 이 소리를 따라 올라오라는 뜻으로 간헐적으로 종을 치기 시작했다. 스님이 그 소리가 나는 곳을 더듬어 올라가자 조그만 토굴이 나타났고, 거기에서 홀로 정진하고 계시던 구산 스님을 뵌 것이다. 그리고 인사를 드리자 곧바로 "네 이름을 玄虎라고 하자" 하셨다고 한다. 순간 스님은 법명에 왠 호랑이가 들어가는지 궁금해서 여쭸다고 했다. 그러자 구산 스님은 "그냥 그렇게 알아라!" 하셨다는 것이다. 그 후 은사스님은 언제든 효봉 스님을 뵈러 떠날 생각뿐이었는데, 구산 스님이 그 속을 알고는 좀처럼 틈을 보이지 않아서 그대로 눌러있다가 봄이 오고서야 인사차 떠날 수 있었다고 회상하셨다.

태몽과 관련한 이야기도 스님께 직접 들었다. 은사스님의 모친께서 돌아가신 때의 일이다. 속가 출입을 일절 하지 않으신 스님은 애초에 갈 생각이 없어 보였다. 사중의 어른들까지 채근하셔서 내가 운전하여 나주 다시면에 모시고 갔었다. 은사스님의 속가 집은 마을 한가운데 넓은 마당을 가진 집이었다. 49재를 근처 산에 있는 복암사에서 모시기로 하여 인사차 그 절까지 올라갔다. 복암사는 조그만 절이었고 입구의 오른편에 큰 바위가 서 있어서 자연적으로 바위굴이 만들어진 형국이었다. 스님께서 그 바위를 가리키며 말씀하셨다.

"내 태몽이 호랑이란다. 노모가 저 바위에서 나뭇잎을 줍다가 새끼 호랑이가 굴 밖으로 나오길래 치마폭에 안아서 뛰어 내려오는데, 바위 안에서 대호가 왜 내 새끼 데려가냐고 크게 포효하더란다. 내가 구산 스님께 출가할 때도 그렇고 숙세에 호랑이인가 보다."

스님은 호가 석림이고 이것은 구산 스님께서 전법 게송과 함께 내려주신 것이다.
게송은 두 수다.

綠水奇巖疊又重 녹수 솟는 기암은 첩첩이 포개져 있고
古今幻夢破石林 고금의 헛꿈을 석림에서 깨트리네
金烏夜半飛上天 한 낮의 해가 야반에 하늘로 치솟았으니
無限禪類是爲宗 무한 선류는 이것을 종풍으로 삼으라

又

綠水石林藏道場 푸른물 흐르는 돌숲의 장엄한 도량이여
無量行客住禪房 끝없이 밀려들어 선방에 머무네
白月靑雲常不盡 백월청운이야 다할 날 없으리니
一句妙法十方明 일구의 묘법으로 시방을 밝히게나

　　은사스님은 구산 스님 사리탑을 모시고는 하단에 터를 다듬어 법당과 스님 머무시는 방이 들어있는 5칸 크기의 적광전을 세웠다. 그 외에도 문도들을 위한 여러 개의 방을 넣은 2층집인 무상각을 짓고, 입구에는 아홉 개의 기둥과 정중앙의 큰 기둥에 허리를 굽혀 들어갈 수 있는 통로를 낸 구산선문을 세워 탑전을 만들었다. 그러니 탑전에 살고 있는 나로서는 선대 스님들의 무한한 음덕 속에 살아가는 것이어서 송광사의 역사를 기록하는 일에 남다른 뜻이 있다.
　　구산 스님 입적 후에 일각 스님께서 후임 방장으로 오시고 도량은 다시 안정을 찾기 시작함과 동시에 중창불사도 서서히 탄력을 받기 시작했다. 은사스님은 불사를 하실 때는 항상 그 취지를 먼저 밝히고 추진 방향과 향후 도출될 결과까지 상세히 고려하여 청사진을 제시한다. 어찌 보면 일의 논리적인 측면이기도 하여 예측 가능한 방향으로 그림이 그려지는 것이다. 회보에서 보여지는 이 역할은 문화재전문위원인 신영훈 선생이 기고한 연재의 글에서 충분히 읽혀진다. 이제 이 이야기의 본론에 해당하는 중창불사에 즈음한 송광사 도량과 당우에 대한 고찰을 일차적으로 살펴보고, 이어서 대웅보전 건립에 담긴 불사의 건축적 예술미를 이해하게 될 것이다. 참고로 신 선생의 글은 오타만 정정하는 선에서 그치고 회보에 실린 그대로 옮긴다는 것을 밝힌다.

다만, 연재의 제목은 이번에 옮겨 쓰며 새롭게 붙인 것이다.

이제 신영훈 선생 연재를 읽어보자.

대목수 신영훈

1935년 개성 태생으로 2020년 향년 86세로 별세했다. 아호가 목수(木壽)인데 나무에 생명을 불어 넣는 사람이라는 뜻이다. 문화재 수리·보수 공사의 명장이던 임천 선생으로부터 전통건축을 배워 1959년부터 국보와 보물로 지정된 주요 건축물의 보수와 복원에 매진했다. 숭례문, 경주 토함사 중수공사 등을 감독했으며, 덴마크 국립박물관과 대영박물관의 사랑방을 공사해 해외에도 명성이 높다. 1962년 문화재관리국 발족과 함께 문화재전문위원으로 임명돼 1999년까지 소임을 다했다.

1985년 송광사 제8차 중창불사를 시작하여 회향까지의 전 과정을 단계별로 불일회보에 연재했다.

신 선생의 전통한옥에 대한 안목과 글이 없었다면 오늘의 이 책은 이뤄지지 못했을 것이다. 삼가 명복을 빌어드린다.

일각 방장 스님과 신영훈 선생

목우가풍 편액

구산 스님 오도처이자 현호 스님 출가지인 광양 백운산 상백운암

조사전 내 부처님과 구산 스님 휘호

삼월 춘설 속 상백운암 현 전경

좌선하고 독경하고…

구산 스님 30주기를 기념하여 상백운암을 찾은 외국인 제자들과 문도

6.
신영훈 선생의 송광사 순례

석사자의 환희

송광사에 가면 일주문에 가 봐야 한다.

문 앞에 돌층계가 있고 좌우에 소맷돌이 있는데 그 끝에 사자가 한 마리씩 앉아 있다. 방울을 목에 건 갸름갸름한 체구의 사자이다. 익산 미륵사지의 백제 때 사자만큼 살이 포동쏘동하지 못하고 체격도 그처럼 우람하지 못하다. 가냘픈 사자다. 그러면서도 정답고 소담스럽게 느껴진다. 그런 감각을 물씬 풍기고 있어서 끌리는지도 모르겠다.

두 마리 사자 중 한 마리가 앞발을 들어 턱을 짚었다. 마치 반가사유상처럼 턱을 고이고 생각 속에 빠진 그런 모습을 닮았다. 그래서 나는 '생각하는 사자'라고 부르고 있다. 나 혼자만의 즐거움이지만, 이 사자를 보고 싶어 송광사에 가면 우선 일주문부터 찾아간다. 생각한다는 것은 사람의 능력이라고들 말한다. 동물은 생각이 사람처럼 깊을 수 없다고도 한다. 그래서 축생은 무시되는 일이 보통이라고 말한다. 그런 사자가 생각하고 있는 것이다. 놀라운 일이다. 돌로 사자를 조각하되 그 모양은 생각하는 형상으로 만들어야 한다는 착상은 대단하다. 선지식의 원모(遠謀)가 아니고서는 생각해 내기 어렵다. 무식한 소인들로서는 감히 발상하기 어려운 일이다.

석사자가 생각을 한다. 석사자를 생각하게 하기 위해서는 인성을 부여하여야 한다. 인성이 되었을 때 비로소 생각할 수 있다고 우리는 믿고 있기 때문이다. 한국인의 무서운 특질 중의 하나가 무생물에 인성을 부여하는 능력이다. 그런 능력은 부처님을 웃게 만들 수 있었다. 인도, 중국, 일본의 불상들이 근엄한 데 비하여 우리 부처님들은 빙긋이 웃는 모습들이다. 심오한 데서 피어오르는 환희지심에서 저절로 밝아오는 흔쾌함이 입가에 번진 것이다. 이런 표현의 조각술은 조각하는 이의 경지가 그에 이르지 않고는 득의하기 어렵다. 이 깊은 생각과 능력에서 석사자를 생각하게 할 수 있었던 것이다. 부처님 앞아계신 뒤로 탱화(幀畫)가 걸렸다. 상단에 천상이 묘사되고 부처님이 임어(臨御)하시는 보궁들이 그려져 있다. 보궁의 모습은 인도의 건축 유형과는 다르다. 동양인들의 심상에서 구상된 형상이다.

  조선조의 불화들은 그 화의(畫意)가 매우 한국적이다. 마치 민화를 보는듯한 친근한 정취가 담겨있다. 백성들은 이상을 목표에 두고 살아간다. 가난하게 살다가 여유가 생기면 평소에 그리던 집을 짓고 산다. 어떤 집을 지을 것이냐는 생각은 각자의 개성에 따라 다르지만 제각기의 개성을 종합하여 보면 그동안 공통점이 있다. 그것을 한 시대의 이상형이라 말하는데 그렇게 정리된 개념이 사람마다의 심상으로 정리되어 이상의 목표가 분명하여지게 된다. 백성들이 그 임금을 좋아하면 궁실의 건축을 장려하게 지었다. 임금은 천자이니 지상에서 제일 격조가 높은 집을 지어 기거하게 하여야 마땅하다고 생각하여서 고구려 사람들은 열심히 그런 궁궐을 지었었다. 조선조에서도 그런 경향은 마찬가지였다.

  부처님의 법을 받고 가르치심에 환희를 느낀 사람들은 최고의 집을 지어 드려 기거하도록 해드리고 싶었다. 부처를 신봉하는 스님을 나라의 스승으로 떠받드는 처지이니 임금의 집보다 더 좋은 건물을 지어드리는 일은 마땅하다. 보궁은 나라에서 제일 가는 집으로 지어야 한다. 이상형의 최상급 건물로 조영하여야 한다. 그런 성격의 보궁이 탱화에 묘사되어 있다. 조선조에서는 가장 한국적 집이 채택되고 있다. 조선조는 임진왜란으로 치명적 타격을 받는다. 대부분의 사원들이 이 전쟁에 불타거나 무너졌다. 난 후에 일부가 복구되었지만 전란 전의 수준에는 미치지 못하였다. 파탄지경의 경제상태로는 옛처럼 장엄하게 지을 형편이 못되었다. 그래서 산사는 더욱 극도로 위축될 수밖에 없었다. 지금 남아있는 대부분의 절들이 이런 경향에 휩쓸려있다. 임진왜란 이전의 절터를 발굴조사하여 보면 건축물에 치장하였던 여러 가지 자재들이 출토된다. 그 쓰임조차 알 수 없는 문물들도 많다. 난 후의 경제 형편으론 하고 싶어도 도리가 없었다. 겨우 탱화나 닫집에 그 미련의 한 가닥을 들어내어 보면서 만족할 수밖에 없다. 이제 보궁들은 생각 속의 집이 되고 말았다. 식사자의 생각 속 집은 과연 어떤 모습일까? 그의 심상을 열어보고 싶은 충동을 느낀다.

오래 되어서 기억이 바랬다. 6·25전쟁에 송광사는 큰 피해를 입었다. 급히나마 요긴한 법당이라도 다시 세워야 하겠다는 생각들로 가득하였다. 경제 사정은 아직 좋지 못하였다. 나무 널빤지로 만들었다. 게시판처럼 널빤지판 위에 눈썹지붕 단 그런 것이었다고 기억된다. 그 널빤지판에 작은 못을 여러 줄로 박아놓고 시주하면 방명을 쓴 작은 패를 그 못에 달았다. 기와도 마당에 쌓고 대웅전 중건에 쓰일 경비를 모금하고 있었다. 그때에 국사전 보수의 일로 송광사에 방문하였다가 이 광경을 보았다. 그때만 해도 걸어야 절에 갈 수 있었다. 지금처럼 많은 사람이 드나들던 시절이 아니었다. 간 김에 며칠 묵으면서 『송광사사고』 등의 관계자료를 읽으며 불타기 이전의 사관(寺觀)과 보조국사 중창 당시의 일들을 궁리하여 보았다. 한동안 지낸 뒤에 송광사에 갔더니 마침 대웅전을 새로 짓고 회향식을 지낸 다음 날이었다. 스님들은 만족스럽게 여기고 있었다. 그러나 내 눈엔 그 집은 수명이 짧아 보인다. 그래서 스님에게 말씀드렸다. 애쓴 노력에 비하여 아깝게 되었다고 하였더니 즐겁지 않은 모습이었다. 결국은 얼마 전에 뜯어내었고 상당한 보완작업을 필요로 하였다.

임진왜란 이후는 경제적인 상태가 최악이었을 뿐 아니라 종사하는 기능자의 사망과 납치로 집안이 몰락되어 난 후의 중건에 큰 지장을 초래하였다. 이후로 기능은 내리막길에 접어들어 경복궁 중건 때만 하여도 기능인력 부족에 허덕인다. 일제강점기를 거치면서 이 상태는 최악의 지경에 이르렀고 6·25전쟁으로 더욱 조건이 나빠지게 되었다. 대웅전의 중건은 이런 악조건 속에서 진행되었기 때문에 그런 결과를 얻게 되었다.

건축물이 좋으냐 나쁘냐는 시운과도 관계가 있다. 지금 남아있는 좋은 건축물들은 그 창건될 때의 여건들이 비교적 좋았다. 집도 운세에 따라야 한다는 증거가 된다. 지을 수 있을 때 지어야만 집다운 집을 경영할 수 있다고 할 수 있다. 석사자의 생각 속에는 중창의 시운이 지금이라고 되어있다. 그래서인지 지금 송광사는 개산한 이래 여덟 번째의 중창하는 불사가 진행되고 있다. 삼척에서 이제는 마지막이라고 할 적송의 벌목이 있었다. 그만한 재목을 다시는 구할 수 없으리라 한다. 그런 재목이 고스란히 반입되었다. 불사가 시의에 맞았다는 의미도 된다. 임진왜란 이후로 위축일로에 있던 경제적인 상태가 이제는 상당한 수준으로 향상되었다. 심상 속에만 있었던 이상형의 보궁을 구현시켜 볼 기운이 도래하여 있는 것이다. 이른바 신명이 합일하였다는 호기에 이르러 있는 것이다.

송광사 일주문 돌사자

대웅보전 계단 사자상

관음전 계단 동물상

도력이 높은 스님들이 송광사에 모여있다는 일만으로도 그것의 성취를 알 수 있다. 그들 선지식은 중창불사에 경주되고 있다. 석사자의 생각 속의 집을, 탱화 속의 이상형 보궁을 이 도량에 건설하자는 정열로 충만되어 있다. 6·25전쟁 이후 응급으로 복구되었던 건물들을 정리하고 본격적인 가람의 배설을 의도하여야 한다는 주장이다. 16국사 배출이래 주춤하였던 조계산의 정기를 다시 응집시킬 그런 도량을 구도해 내어야 한다고들 한다. 수덕(水德)한 운기의 지세에 걸맞은 도량을 꾸며야 알맞다. 배산의 형세와 궁합하는 그런 건물을 지어야 마땅하다. 상부(相符)한가를 살피기 위하여 배설의 모형도 만들어 고찰하였고 기존의 건물들과의 조화도 살폈다. 애를 쓴 것이다. 이런 노력은 송광사에만 국한되는 것은 아니다. 임진왜란 이후 최대의 가람 조성의 경영이라는 건축사적 의미도 있다. 선지식들 능력이 그래서 이 일에 집중되어 있고 우리가 즐겁게 동참하는 까닭도 그런 사업의 성취에 환희가 있기 때문이다. 생각에 잠긴 석사자 얼굴에 어느덧 만족스러운 웃음이 번졌다.

 보경 스님의 손바닥소설

아무래도 신 선생이 옛날 분이어서 글 맵시가 지금의 것과 좀 다른 맛이 난다. 그렇지만 그대로의 느낌도 좋아서 거의 그대로 옮겨 적었다. 나도 그렇지만 이 글을 읽게 되는 사람들은 우선 일주문 계단 하단에 만들어진 사자가 보고 싶어질 것이다. 사자는 하도 많이 쓰다듬어 사람의 손길만으로도 매끈하게 닳아 간다. 돌사자도 나이를 먹어가는 것이다. 회보에서 이 글을 읽던 때의 기억이 난다.

왜냐하면 당시에는 석사자의 환희가 구산 스님의 환희로 읽혀졌기 때문이다. 그런데 지금에 와서 읽어도 나에게는 중창불사를 앞둔 시점에서 흡사 구산 스님의 혼령이라도 뵙는 듯이 신 선생의 눈에 돌사자가 예쁘게 들어온 것으로 받아들여진다.

당시 불사를 하면서 마당에는 새로 구워온 기와가 가득 쌓이고 있었다. 그래서 그냥 지붕에 올리는 것보다 사람들에게 소원과 가족의 이름을 적도록 하면 좋겠다는 의견이 모아졌다. 과문한 것일 수 있는데, 적어도 사찰의 불사현장에 기와에 글씨를 써넣는 것은 아마 송광사가 처음이지 않았을까 싶다. 지금은 전국 어디에나 불사를 하면 기와불사라 하여 이름을 적어 올리는 것이 하나의 불사 문화로 정착되었다. 그것은 불사에 동참하는 의미와 불사의 분위기를 돋우는 측면에서도 좋은 일임은 분명하다.

이 글보다 앞선 1984년 10월 제47호에는 불사의 진행 상황을 알리는 내용이 있다.

- 1983년 6월부터 84년 4월까지 불사에 필요한 자재구입 완료(40만 사이)
- 1984년 6월까지 불사추진 위한 제반시설 설치 완료(제재소, 인부숙소, 작업장 등)
- 1984년 7월부터 제재 및 목재가공 개시
- 1984년 8월 20일, 응향각 및 박물관 건물의 해체를 완료
- 1984년 말까지 기존 대웅전 건물 해체를 완료할 예정

한 가지 덧붙일 이야기가 있다. 불사에 쓸 다량의 목재를 구입한 것에 얽힌 이야기다. 이 목재를 전량 시주한 분은 한일합섬의 큰 며느리인 최관음행 보살이고 선친이 육당 최남선 선생이다. 이 그룹의 가족들은 명절이나 초파일에 대가족이

법련사를 찾아 참배한다. 그래서 개인적으로도 왕래가 있어서 알게 된 것이다. 큰 며느님이 갑자기 뭔가 처분한 돈이 들어왔는데 송광사 불사를 한다는 말을 듣고 당시 5억을 시주하셨다는 이야기를 본인에게 직접 들었다. 이렇게라도 추념할 수 있어서 다행으로 여기며 세세생생 무량복덕을 누리시길 기원드린다.

현재는 소실된 청진암에 모셔졌던 산신탱화

지장전 완공과 점안식
이곳은 법왕궁, 이 도량에서 안심하소서

제8차 중창불사를 추진해 오고 있는 송광사에서는 지난 7월 2일 지장보살을 모신 지장전 완공이 사부대중이 운집한 가운데 성대히 거행되었다. 2년 전 강원도에서 생산되는 춘양목을 골라 나무를 다듬기 시작했던 이 건물은 건평 35평, 주삼포 맞배집으로 장중하고 시원시원한 느낌을 준다. 사원건축에 있어 명부전은 대체적으로 작고 어둡고 좁은 공간양식을 추구해 왔으나 이번 송광사 지장전은 웅장하고 시원하면서도 넓은 공간을 지녀 실용성과 장중함을 겸비한 건물로 평가받고 있다. 특히 종래의 흙벽 대신 3면을 판벽으로 처리하였다. 때문에 기도할 때 목탁소리가 판벽을 울려서 되살아 나온다. 또한 축대의 돌놓임새도 매우 넉넉하게 쌓여져있다. 돌과 돌 사이의 이음새에 여백을 두고 쌓아 올라간 돌계단을 살피자면 이 건물이 매우 세심하고 정성스럽게 지어졌음을 발견할 수 있다.

한편, 이날 새로 지어진 지장전에는 역시 새로 조성된 지장보살 점안식이 함께 거행되어 봉안되었다. 오른쪽에 도명존자와 왼쪽에 무독귀왕을 거느린 지장보살은 지옥에서 고통받는 영혼들을 건져내기로 서원을 세우신 대승원력보살이다. 지옥에 한 명이라도 고통받는 영혼이 있다면 성불하지 않겠다는 지

지장전 | 구월 국화는 구월에 핀다. 영가들이여, 이 법왕궁에 청하노니 마음을 내려놓고 자리에 앉으소서.

옥중생 제도의 표상이다. 고통받는 모든 중생과 죽은 영가를 위해서 천도의식은 언제나 지장보살을 모신 지장전에서 행해진다. 지장신앙은 티베트와 중국, 그리고 한국과 일본에서 발달한 불교 신앙의 중요 형태다.

한편, 이 지장전과 지장전에 모신 삼존상은 광주 불일회 수석 부회장인 청신녀 이선행화의 단독 시주로 지어진 것인데 1년 전에 작고한 부군 금호거사 박인천 영가를 위해 설판했던 것. 이날 지장전에서는 금호거사 영가의 1주기 추모식도 함께 가졌다. 평소 매우 돈독한 신심을 지녔던 거사의 유훈에 따라 기업을 이끌어 가고 있는 장남 박성용(금호그룹 회장)과 가족들 그리고 금호그룹의 많은 사친들이 함께 참석한 추모식에서 조계총림 방장 일각 스님은 박인천 영가를 위해 무상의 법문을 설하시고 대중은 정진과 염불로 그의 영혼을 천도하였다. 이 지장전은 앞으로 세워질 대웅보전을 우측 중앙에 두고 승보전과 좌우대칭을 이루고 있다. 송광사는 이로써 제8차 중창불사의 핵심건물 중 이미 두 건물을 완성하였다. 장마시기가 지나면 대웅보전의 공사가 곧 시작된다. 대웅보전에 쓰여질 나무들은 이제 손질이 끝나기만을 기다리고 있다. 제8차 중창불사를 총지휘하고 있는 도감 현고 스님의 말에 따르면 승보전과 지장전을 거느리고 들어설 대웅보전이야말로 송광사 도량미학의 절정이 될 것이라고 말하고 있다. 이번 불사의 건축관계 기술자문을 맡고 있는 고건축 연구가 신영훈 씨는 목수들을 데리고 전국 각지의 유명 사찰을 순례하고 현장에서의 시각과 기술 교육을 통해 종교건축의 장중·우아함과 실용성을 살리는 데 중점을 두고 있다.

송광사 지장전은 공사 기간 2년, 공사비 1억 4천만 원(건물 1억 2천, 불상조성 2천)이 소요되었다. 도편수에는 이광규, 조편수는 조희환 씨가 맡았다. 〈편집실〉

보경 스님의 손바닥소설

위의 내용은 신 선생의 글이 아니고 편집실의 기사 형태로 제 57호(1985년 8월)에 실린 것이다. 대중이 이해하기 쉽도록 쓰는 글이지만 당시 송광사 기관지 격인 불일회보의 내용을 근거로 하기 때문에 혼동을 피하기 위해 날짜를 따라 적다보니 이 소식이 끼어들었다.

종교에서 중생의 마음을 편안하게 해주는 장치는 많이 있다. 종교는 힘든 세상을 살아가는 이들에게 의지처가 된다. 그렇다면 사후에는 어떻게 될까. 대부분의 종교에서 그렇듯이 선과 악의 과보가 다음 세상의 길을 만든다. 선은 공기와 같이 쾌활한 열락의 것이라 위로 올라가고, 악은 안개에 젖은 옷처럼 무겁고 암흑처럼 어두워 아래로 간다. 위는 천상이고 아래는 지하다. 그래서 아미타 부처님은 관음·세지 양대 보살의 좌우보처 속에 영혼이 머물 극락세계를 천상에 열었다. 우리가 만들어서 가는 것이 아니라 이미 시설된 불보살님들의 세계에 들어가기만 하면 된다. 그러니 그 세계에 들어가려면 선심으로 살아야 한다. 반대로 남에게 존중받지 못한 삶은 스스로에게도 만족을 주지 못한다. 자신이 만족하지 못하는 삶을 누가 있어 대신해 줄 수 있겠는가. 그런데 불교에는 있다. 과연 그런 일을 할 수 있는 위인이 누구란 말인가. 바로 지장보살이다. 지장보살은 땅을 벗어나지 않는다. 그리고 땅속 깊이 들어가 올라오지 못하는 영혼을 건져낸다. 그래서 기도는 관음보살이 다르고 지장보살이 다르다. 오랜 기도를 통해 가피를 체험한 분들의 얘기를 들어보면 확실히 차이가 있다. 관음보살은 원하는 바를 성취시켜 준다. 그런데 지장보살 기도를 잘 하면 하늘에서 쏟아지듯이 무량하게 가피가 폭발한다고 한다. 하긴 과일도 땅에서 열리고 감자도 땅에서 캐낸다. 석유도 땅에서 파내고 모든 광물도 땅속에 있으며 물도 땅이 받쳐 주니까 사라지지 않고 흘러갈 수 있다. 하늘만 올려보지 말고 땅을 내려다보라. 삶의 결실은 땅을 벗어나지 않는다. 그러니 지장보살은 당신의 성불을 미루고 철부지처럼 반복하여 허물을 지어가는 중생들을 건져내리라 서원을 세웠다.

한편 생각해 보면 하늘에서건 땅에서건 불보살님을 만날 수 있다는 것이니 불자들은 이것을 크게 위안으로 삼아 세상에 태어나고 죽는 일에 너무 두려워 말아야 한다. 사람이 태어나고 나이를 먹고 죽음에 이르는 일은 내가 정하는 것이 아니다. 내가 정한다면 나의 뜻대로 흘러가야 할 텐데 그렇게 되던가. 그러니 나고 죽고 나이를 먹는 이 일만큼은 내 직접적인 책임까지는 아니다. 누가 그 일을 하는가. 자연(Nature)이 한다. 그러니 자연을 존중하고, 시간이 나면 자연으로 나가서 하늘과 별과 바람을 느껴볼 줄도 알아야 한다.

내가 출가하고 처음 가정집에 들어가 본 것이 금호그룹 박인천 회장이 돌아가시고 나서 광주 금남로 송광사 포교당인 원각사 뒤편 골목에 있는 그분의 자택이었다. 마당이 조금 있고 집은 보통의 집보다 넓었지만 그렇다고 궁궐 같은 집은 아니었다. 흔히 말하는 재벌집을 또 가본 곳은 한일합섬 선대 회장님의 보살님이 계시는 서울의 집이었다. 역시 그 집도 조그만 마당이 있는 단층의 크지 않은 집이었다. 1990년도에 미국에서 잠깐 지낸 적이 있는데 어지간한 미국의 가정집은 대부분 마당이 있는 2층집이다. 미국의 대저택도 가보았는데 거기에 비하면 소탈하기 그지없는 자그마한 규모에 지나지 않는다.

금호그룹 회장님댁은 송광사뿐만이 아니고 은사스님과 인연이 대대로 각별하여 서울 법련사의 불사에 동참하고 범종을 단독 시주했다. 그리고 아시아나의 새

비행기가 들어오거나 외국에 새 항로를 개척하면 제일 먼저 은사스님이나 일타 스님 같은 분들이 첫 비행기를 타고 무사고를 기원할 정도로 신심들이 있었다. 송광사 지장전은 선대의 회장님이 돌아가시고 나중에 보살님까지 두 분을 모실 요량으로 영단을 따로 만들어 시주자가 보람을 갖도록 성의를 다하셨다. 서울 법련사의 지장전은 현대식 건물의 1층에 마련된 것이어서 규모가 송광사 지장전보다 크다. 거기에는 법화화 보살과 대우그룹의 선대 할머니와 장남 선재 군의 영단이 따로 있다. 은사스님은 지장전 불사를 하면 꼭 열 분의 시왕님을 모시고 좌우보처인 도명존자와 무독귀왕, 그리고 업경대까지 구색을 맞춰 조성을 하신다. 금호그룹 회장님의 영단에는 다음의 봉안게가 있다.

請入法王宮 영가여, 법왕궁으로 모시나니
安心坐道場 이 도량에 앉아 마음을 놓으소서

이 게송은 원래 49재나 천도재를 모시는 기간에 위패를 들여오기 때문에 그 기간 동안 편히 머물라는 뜻으로 하는 것이어서 生前有形質(살아서는 있던 몸이) 死後無從跡(죽음에 이르러 종적이 없네)라는 두 구절에 이어지는 전체 4구의 게송이다. 이렇게 정성들여 시주자를 대하니 누가 기쁘게 동참하지 않겠는가.

송광사는
16국사를 모신 도량(국사전)

　모두에게 알리거라. 모든 대중은 다 모이라 일러라. 새벽녘에 모두들 모여들었다. 3월 27일 날이 밝았다. 갑작스럽게 마련된 법회가 열렸다. 지눌 스님의 법문이 있었다. 돈오점수와 정혜쌍수를 주창하시던 정력으로 법문하셨다. 그리곤 그 법상에서 입적하셨다. 운집한 대중을 앞에 두고 임종한 것이다.

　고려의 왕 희종이 소식을 듣는다.
　만수가사를 보내드리며 간곡한 문안을 여쭙던 일이나, 송광산을 조계산이라 하고 수선사를 조계 종문의 종찰로 삼던 일들이 떠오른다. 그분에게서 많이 배웠다. 그분은 뛰어난 업적들을 이룩하셨다. 그런 일들이 되새겨지니 마치 광명을 잃은 듯한 아득함이 가득하다. 지눌 스님의 시호를 불일 보조국사라 정하심이 어떠하오신지. 불일이라 함은 곧 부처의 빛이오이다. 천년만년 어두운 동굴 속에서라도 부싯돌 그어대듯 불빛 한 가닥 켜지면 일시에 밝아지는 그런 빛이오이다. 보조라 함은 그런 빛을 온 누리에 골고루 비춘다는 의미이오니 가장 알맞지 않으리이까. 희종이 그렇다 여겨 불일 보조국사라 시호하고 탑호를 감로라 하였다. 보조국사가 우뚝이 높이 솟으니 그늘이 넓게 드리웠다. 이어 열다섯 국사가 계계승승 배출되었다.

공민왕 8년(1359)에 종찰의 창건주를 모실 국사전을 짓자고 하였다. 보조국사를 봉안하고 열다섯 국사님들을 배향하자는 생각이었다. 창건된 전각은 낡았다. 조선조 태종 4년(1404)에 세 번째로 중창한다. 오늘의 국사전(국보 제56호)이 이때의 건물이다. 정면 4칸 측면 3칸이나 실제론 측면이 2칸 정도 간격이다. 대략 8칸의 규모이다. 크지 않으나 고주 없이 내부를 꾸며서 아늑하고 차분하다. 공포 구성에 특색이 있다. 후대에 지은 상사·하사당이나 청운·백운당이 이를 본받았고, 전라도 일대의 유명 사원 법당들이 이를 모본으로 삼았다. 조계종의 종묘격인 격조가 있을 뿐 아니라 건축면에서도 한·양식을 대표하는 으뜸이 되었다. 국사전은 맞배지붕이다. 재미있게도 앞쪽은 겹처마이고 뒤편은 홑처마이다. 대칭에서 살짝 벗어난 것이다.

송광사의 삼월불사는 국사전 앞에서 봉행하는 종재로 절정을 이룬다. 보조국사의 재일을 맞아 지내는 제사이다. 금년에 775회를 받들었다. 구름같이 몰려든 스님과 신도들로 도량이 가득 차는 큰 행사를 치른다. 송광사는 오늘에도 보조국사 넓은 그늘에서 비호되고 있다는 느낌을 받는다. 그 보조국사께서 일주문 안에 고향수 한 그루를 심으셨다. 수선사[松廣寺]를 크게 중창하는 대 불사를 마무리하면서 기념으로 식수한 것이다. 나무를 심으면서 시를 읊었다.

    너와 나는 함께 살자꾸나.
    내가 죽으면 너 또한 숨죽였다가
    내가 다시 이 도량에 오면 너는 다시 잎을 피어
    나와 더불어 살자꾸나.

국사전(국보 제56호) | 16국사님이 여기에 계신다.

풍암영각 | 부휴 법손인 풍암세찰(1688~1767) 스님과 그 문하 스님들을 모신 영각이다. 지금도 부휴문손 영정이 모셔지고 있으며 매월 초하루에 이곳에서 선사제를 올린다.

보조국사가 입적하시자 나무는 점점 시들었다. 그 후로 800년 가까이 고향수는 그런대로 죽은 듯이 서 있다. 죽었으면 썩었으련만 아직도 성성한 채로 그 자리에 서있다. 여직 보조국사가 이 도량에 아니 오심인가. 언제쯤이나 잎이 돋고 무성해지려는고, 무심한 흰구름 한 가닥이 나무 위를 지나가고 있다.

* 이번 호부터 송광사의 중요한 건물들을 불교사적 의의와 미술양식 등으로 조명, 독자 여러분에게 소개하기로 하였습니다. 집필에는 고건축 연구가이며, 문화재 전문위원인 신영훈 선생이, 사진에는 작가 윤주심 씨가 각각 맡아 주시기로 했습니다. 〈편집자〉

국사전 현판 (1900년 이우희 씀)

진락대에
나무새가 내려앉다

불철주야 이레의 기도가 끝나는 새벽에 스님은 나무로 깎아 만든 새를 날려 보내려 한다. 퍼득 퍼득 퍼드득… 새가 난다. 새가 난다. 나무의 새가 난다.

날으는 새를 쫓아 스님은 뛰었다. 풀숲을 헤치며 새를 따라 뛰었다. 새는 슬몃슬몃 날아간다. 두 날개 가지런히 편 채 솔개처럼 유유히 창공을 난다. 새를 놓쳐서는 큰 일이다. 개울 건너 언덕 넘어 새를 뒤쫓아야 한다. 새가 날아가 앉은 자리를 꼭 짚어야 한다. 새가 날아가 앉는 자리가 둘도 없는 명당인 것이다. 몇 해를 두고 찾아 나섰었다. 전국의 명산을 다 뒤졌어도 보조 스님께서 진좌하실 마땅한 터전을 찾지 못하였다. 고심낙담 끝에 부처님 힘에 의존하기로 하였다. 나무로 극락조 한 마리를 깎았다. 그 새가 날아가 앉는 자리가 부처님이 점지하시는 명당일 것인즉 나무 새에 의탁하겠노라고 부처님께 지극정성의 일주일 철야기도를 드렸다.

마침내 새가 모후산을 떴다. 새가 하늘을 날기 시작하였다. 부처님이 갸륵하게 여기신 것이다. 달려라, 달려라, 어서 달리자. 저 새가 앉는 자리를 지켜봐야 한다. 새는 송광산으로 날아간다. 아늑한 골짜기를 지나니 넓은 터전이 나온다. 봉긋한 능선 끝에 새는 슬며시 내려 앉았다. 부처님 고맙습니다. 새가 내려앉았나이다. 부처님 지정하신 터에 새가 찾아와 앉았나이다. 이럴 수 있는지, 눈이 커졌다. 이런 터전이 다 있었다니, 분명히 도인들이 대성하겠구나. 이렇게 좋을 수 있나, 한달음에 달려가 알려드려야지.

보조 스님 지극히 돌아다 보시더니 과연 명국이로다 하신다. 새가 내려와 앉은 자리를 진락대(眞樂臺)라 하시니 뭇 대중들은 환희 충천한다. 정혜사(定慧社)가 개창되었다. 조계산이 되고 송광사가 되면서 사세가 번창하고 여러 국사님들이 이어 배출되니 지덕(地德)의 성함이 응험하였다고들 하고 후인들이 고맙게 여겨 진락대 바로 아래에 국사전 짓고 열여섯 분의 국사님들 영정을 모시니 오늘의 국사전이 바로 그 건물이다. 국사전은 작은 전각에 불과하지만 한국건축사에선 우뚝 솟은 가치가 있다고 말한다. 국사전은 국사전만으로 단순히 끝난 것이 아니라고 말한다. 국사전이 섰으므로 해서 그 전각을 본뜬 건물이 일대에 여럿 세워지게 되었다. 단순 작품이 아니라 한 유파의 조종이 되었다는 내용이다. 전남 일대의 여러 사찰에서 창건, 중건 시에 국사전의 법식을 따라 지으려 하였다. 국사전이 그만큼 좋아보였던 것이다.

송광사에서도 그런 경향은 마찬가지여서 청운당, 백운당, 하사당들이 후대에 경영되면서 국사전을 표본으로 삼았다. 평면 설정, 공간의 형성에 따른 비례법뿐만 아니라 주심포를 꾸미는 포작의 형상에서도 닮으려 하였다. 그만큼 국사전은 건축적인 면에서 큰 의미를 지닌다고 할 수 있다.

보경 스님의 손바닥소설

송광사는 상·중·하 삼단으로 나눠 볼 수 있다. 대웅보전을 중심에 놓고 시선을 넓히면 대웅보전 뒤편에 축대를 높이 쌓아 올려 터를 돋아 삼일암, 응진전, 설법전, 수선사, 하사당, 국사전, 풍암영각까지 그 안에 자리한다. 경계선을 따라 축대 위에 다시 담장을 쳤기 때문에 시각적으론 더 높고 가파르게 보인다.

보통은 대웅전 위에 대중이 사는 집은 없기 마련인데 통도사는 불사리탑이 있고, 해인사는 팔만대장경판을 모신 장경각이 있다. 그러나 송광사는 참선 대중이 산다. 그래서 도량의 배치도 불·법·승 삼보의 상징을 담아냈다. 진락대는 수선사와 국사전 사이로 보이는 봉긋한 동산 같은 기슭이다. 그곳에는 영산홍과 철쭉이 있어서 보조국사 종재를 모시는 3월에 더욱 붉게 피어난다. 멀리 모후산에서 나무로 만든 새를 날려보내 새가 앉는 곳에 불도량을 만들자는 뜻이 있었다. 그 나무새가 앉은 곳이 진락대다. 송광사가 가장 잘 조망되는 자리라 할 수 있다. 드론을 날려서 앉힌다 해도 그 포인트밖에 없지 않나 싶다. 도량 뒤쪽으로는 산불방지이기도 하고 경계를 짓는 뜻으로 숲 언저리에 도량을 감싸듯이 담장이 둥글게 쳐져 있다. 수선사 방향으로는 진락대를 파내듯이 건물이 앉아있기 때문에 장마철에 들면 진락대에서 쏟아져 내리는 물이 수선사 아궁이에도 스며들어 불을 지피기가 사납다. 수선사와 국사전 사이에는 담장과 쪽문이 있다. 그리고 선방 쪽 입구 안쪽에 물을 받는 쇠로 만든 철구가 있다. 지하수도 아니고 석간수도 아닌데 많지 않는 양이라도 쉬지 않고 졸졸 흘러나와 철구를 넘어 흐른다. 수선사 입구에서 나오면 바로 국사전이고 전돌을 깔아놓은 뜰이다. 여기에는 16국사 영정이 모셔져 있고, 국사전에 바로 잇대어 조선 중기 이후 부휴 문손이었던 풍암세찰 스님 이후의 스님들의 영정을 모신 풍암영각이 있고, 매월 초하루에 선사재를 모신다.

국사전 앞에 서서 저 멀리 송광사의 입구에 해당하는 방향으로 고개를 들어 올리면 모후산이 보인다. 이렇게 사방이 산으로 둘러싸인 한가운데에 앉은 도량이어서 넓은 국이 만들어지기는 애초에 어려운 형국이다. 그러니 풍광이 뛰어난 것도 아니고 지세가 높지도 않아 밖으로 거의 2km 정도만 나가도 벌교와 광주 방향으로 이어지는 큰 도로가 바로 나타난다. 답답할 것 같은 곳이 바로 송광사인데 정작 살아가는 입장에서는 절 안에 들어오면 밖에 나가고 싶은 생각이 들지 않는다. 이것은 비단 나만의 생각이 아니고 누구나 그렇게 얘기한다. 공부도 좀 답답한 듯해야 진척이 있는 법이다. 그래서 송광사에는 인물이 많이 나온다고 옛부터 그렇게 말했다. 선방구역에는 차안당(遮眼堂) 건물이 있다. 눈을 가린다는 것인데, 내가 출가했을 때는 법흥 스님께서 살고 계셨다. 나는 그 전각을 지날 때마다 항상 궁금했다. 왜 눈을 가리는 곳이라 했을까. 깨달음도 그렇고 각성도 그렇듯이 모두 눈을 뜨는 것인데 반대로 눈을 가린단다. 눈을 가리면 보지 못한다. 그런데 왜 가리라고 했을까? 이 의미가 깊게 다가온 것은 수십 년이 지나서였다. 외물에 눈뜨지 말고 내면을 보라는 뜻이었다. 사찰건축의 묘미는 건물의 모양새에도 있겠지만 그 건물의 이름을 음미하는 것이 그 건물이 가지는 마음이고, 그 마음으로 건물은 서있는 것이다.

국사전의 장엄

지그시 봐야 된다.

보조국사님 전에 대례 드린 뒤에 여러 국사님 전 차례로 뵙고 나서 양수거지하고 지그시 쳐다보면 된다. 나이 때가 꺼멓게 먹은 들보와 소란반자(천정을 바둑판처럼 꾸민 것)가 머리 위에 있다. 꺼멓대서 건승보고 말지만 자세히 바라다 보며 눈을 익히면 반자에서 문자주(文字呪)의 무늬가 보이고 들보 좌우에선 계풍(사이, 간격)에 생동감 넘치게 그린 별지화(계풍에 그린 그림, 단청 중에서도 생동감이 짙은 그림)가 눈에 들어온다. 눈에 뜨인다면 반은 성공한 셈이다. 들보의 이쪽 볼따구니와 저편 볼따구니에 각각 다른 모습의 짐승이 묘사되어 있다.

한쪽은 구름 속에서 여의주를 어우르는 모습이다. 채운(彩雲) 속의 운룡(雲龍)이 잔뜩 몸을 서렸다. 좌청룡에 해당하는 용이다. 또 한쪽은 유운(流雲)을 네 굽으로 박차며 힘차게 내닫고 있다. 우백호에 해당하는 호랑이의 웅자(雄姿)이다. 대들보 계풍에 청룡·황룡을 묘사하는 예는 조선조 단청에서 흔히 보는 일이어서 웬만한 법당에서는 으레 보다시피 하는 것이라 그 그림을 그린 금어(金魚)의 솜씨가 어떤 수준이냐를 두고 이야기가 되지만 그 일은 보편적이어서 그리 특기할 만한 성격이 되지 못하고 만다. 그래서 오히려 대들보 보머리 쪽 머리초의 구성을 더 주시하기 마련이다.

국사전은 다르다. 백호가 있기 때문이다. 다른 법당에서 볼 수 없는 아주 보기 드문 백호가 있는 것이다. 고구려의 고분 중에는 석실로 구조한 것이 있고, 그 석실 내면 벽엔 아름다운 채색으로 벽화를 그렸다. 벽 이외에 천장에도 빈틈없이 갖가지의 화제(畫題)로 그려져 있어 우리나라 상대(上代)의 놀라운 화적이 여기에 남았다고 해서 아주 귀하고 소중하게 여기고 있다. 그림의 소재는 매우 다양하다. 산도 있고 큰 나무도 있고 흐르는 구름과 졸졸거리는 물줄기도 있으며 치닫는 말 위의 기사가 도망가는 짐승을 사냥하는 수렵의 광경도 있다. 위세를 갖춘 수많은 사람들이 행렬지어 움직이고 있는 장면을 묘사한 장면도 있다. 씨름하고, 택견하고, 뛰어 놀고, 담소 나누고, 손님을 맞고 하는 일상적인 장면도 있으려니와 무덤 주인공의 생애 중 가장 빛나던 순간을 그림으로 그려 영원히 기록하려 하였던 의도도 있다. 한쪽에선 수렛간, 마구간, 육곳간, 우물, 디딜방앗간을 비롯하여 반빗간(별채로 만든 부엌을 말함)까지 생활풍습과 살림살이가 세세히 그려져 있어서 『삼국사기』 같은 역사책의 고구려 관계 기사를 마치 그림으로 읽는 듯한 흥미를 느끼게도 한다.

그중에 사신도(四神圖)도 있다. 벽 사면에 방위에 따라 신상을 그렸는데 사람의 모습이 아니라 짐승을 형상하였다. 서수(瑞獸)를 그린 것이다. 좌청룡 우백호라 우리가 일컫는 그런 짐승이 그려져 있다. 동쪽벽엔 청룡이, 서쪽벽엔 백호가, 남쪽벽엔 주작이, 북쪽벽에 현무가 있다. 이들은 기운생동하는 필치로 박진하게 묘사되어 있어서 지금도 화품(畫品)을 설명하는데 즐겁게 예로 들어낸다. 그중의 백호는 네 굽을 활달하게 놀리며 힘차게 달리는 모습이다. 괴호(怪

虎)의 얼굴에 서기가 어렸고 뛰는 발굽에선 유운이 흐르고 있다. 얼굴을 들어 앞을 멀리 내다보면서 마치 천리준총이 치닫는 듯한 자태로 기운이 넘친다.

고구려 벽화의 백호와 계통을 함께하는 자태를 이 들보에서 볼 수 있다. 고구려의 백호가 석실벽에 채화한 것인데 비하여 국사전 백호는 목면(木面)에 화금(畵金)한 것으로 기법상엔 차이가 있지만 기운생동한다는 점에서나 필치가 달필이라는 점에서나 그것이 신상(神像)으로 채택되었다는 점에서 큰 차이 나지 않는 내용을 지니고 있는 것이다. 흔히 고구려 고분벽화는 그 시대로 단절된 것이라고 말하지만 우리는 국사전의 백호를 통하여 조선조에도 고구려의 기백이 계승되어 있었음을 예시할 수 있다. 국사전에 가면 백호를 보아야 한다. 지그시 서서 찬찬히 보아야 한다. 이 그림 하나만으로도 국사전의 회화 사적인, 건축사적인 가치는 뛰어난 것이다.

진락대 위로 흐르는 구름이 뭉게로 피어 오른다.
아마 백호가 큰 하늘에 나타나려나 보다.

 보경 스님의 손바닥소설

송광사에 입산하여 지내기 시작하면서 달라진 생활환경에 적응하는 것이 중요했다. 나는 입맛이 짧아 누리고 비린 맛을 태생적으로 싫어했다. 그런 나에게 절 음식은 입에 딱 맞았다. 무엇이건 가릴 것 없이 고민하지 않고 다 먹을 수 있다는 것을 알고는 음식의 자유를 느꼈다. 법정 스님께서 효봉 스님을 찾아 충무에 갔더니 스님이 출타 중이셨고, 빈 방에서 기다리는데 횃대에 걸린 효봉 스님의 저고리를 입어봤더니 딱 맞더라는 이야기를 읽은 적이 있다. 내가 출가하고 뭔가 딱 들어맞는 듯한, '아 이곳에서 오래 살 수 있겠구나' 하고 느끼게 했던 것은 음식으로부터의 자유였다. 사람은 어디에서건 적응하고 살아야 하는데 음식이 맛있게 느껴지지 않으면 그곳에 정을 붙일 수 없다. 그래서 난 처음부터 신이 났다. 그리고 시간과 공간을 초월하여 신비감을 갖게 했던 것은 구산 스님께서 그해에 열반하실 거라는 말씀을 했다는 것, 그리고 고향수가 안고 있는 전설 등 두 가지였다. 세상에는 각 문화권마다 신화가 있어서 자신의 정체성을 주고 동질성을 이끌며 존재와 우주에 대한 상상력을 준다. 마찬가지로 송광사에는 어디에서도 보기 힘든 신화가 있다. 그 신화를 안고 있는 것이 고향수 한 그루의 나무다. 이것은 실물이고 눈에 보이고 만져볼 수 있다. 이 신화를 듣고 나면 나 자신부터가 다른 사람이 된다.

그래서 송광사에서 보조국사는 신화로도 존재한다. 국사전 같은 건물도 오직 송광사에만 있다. 건물도 낮고 아담하여 예쁘다. 재실로 쓰는 건물은 입구도 낮고 지붕이 높지 않다. 구산 스님 사리탑을 모신 탑전의 전각 두 채는 마루가 낮아서 한옥구조에 거의 빠지지 않는 댓돌이 없다. 그렇지만 마루에 걸터앉아 허리만 조금 굽히면 등산화 끈을 맬 수 있을 정도다. 그래서 생활하기가 참 편하다. 언젠가 내방객이 "스님, 탑전에는 댓돌이 없어서 신기하네요" 하는 말을 듣고 곰곰히 생각해봤다. 이곳이 탑전이고 재실과 같아서 모든 것을 낮게 만들었을 것이다.

당시 국사전 열쇠는 선방에서 관리했다. 그리고 해제하면 원주실에 반납하여 행자실에서 관리한다. 그만큼 일 년에 몇 번, 아주 특별한 날이 아니면 개방하지 않았다. 국사전은 특이하게 4칸이다. 흔히 홀수로 만들어 정중앙을 내는 정통적인 방식과 다르다. 그리고 국보여서 전선이 없고 전기가 들어오지 않는다. 내가 국사전을 처음 들어간 것은 겨울 안거를 마친 선방 스님들이 열쇠를 주고 떠난 후였다. 정월이기도 하고 해제 후 대청소를 하기 위해서였다. 선행자를 따라 청소도구를 들고 국사전에 올라가 문을 열었다. 실내엔 빛이 들지 않았고, 오래되다 못해 까맣게 변한 마룻바닥의 냉기가 얼굴에 닿았다. 약간은 흠칫 놀라는 심정으로 내부에 들어서자 정중앙의 보조국사를 중심으로 하여 빙 둘러 국사님들의 영정이 벽에 모셔져 있었다.

나는 벼르던 대로 고봉국사 영정을 찾아봤다. 왜냐하면 출가일 밤에 한 선행자가 "고봉국사 닮은 사람이 왔네" 하는 말을 들었기 때문이다. 그런데 국사님들 중에서 맨 끝자리, 고봉국사 한 분만 흰 유발의 모습이었다. 국사님을 닮았다는 것은 기쁜데 갓 출가자에게 유발은 달갑지 않아서 잠깐 보고 고개를 돌리고 말았다.

선종에서 마음을 쉬는 비유로 식은 재처럼 하라는 것이 있는데, 불기운 없는 식은 재를 담고 있는 향로는 이곳이 영각이라는 것을 굳이 설명하지 않아도 느낄 수 있을 만큼 온기라고는 찾아볼 수 없었다.

그 뒤 시간이 제법 흘러가는 중에도 국사전은 항상 가보고 싶은 곳이고, 한낮의 햇살이 좋을 때는 누가 시키지 않아도 방석을 꺼내 햇볕에 말리고 문을 활짝 연 후에 청소를 했다. 지금 신 선생의 묵은 글을 보면 내가 아직도 국사전을 잘 모르고 있구나, 하는 죄송스런 마음이 든다. 새봄이 오면 국사전에 다시 가봐야겠다. 그리고 백호도 보고 천장도 다시 봐야겠다.

수선사의 의미
승보가 승보인 까닭

　국사전 보조국사 외 열다섯 분 국사님들께 공경하는 정례를 드린 뒤에 삼일암으로 갈거나 하면서 북행하는 좁은 골목에 들어서면 멀리 하사당이 바라다보이는데 이 골목은 왼쪽으로 담장이 있어 대웅보전 뒤쪽 낭떠러지가 되고 오른쪽에는 좁은 길에 비하여 높은 고설(高設)의 축대가 솟았는데 그 모양이 구수하거나 너그럽지 못하여서 더욱 중압감을 주고 있다. 축대 위에 큼직한 집이 한 채 섰다. 요사처럼 생긴 건물이다. 서향하면서 이웃의 설법전과 거의 지붕을 맞대고 섰다. 수선사라 하였다.
　수선사는 정면이 6칸이다. 측면은 앞뒤 퇴간 반칸씩이 있는 2칸 통이어서 도합 18칸의 규모이다. 이웃한 설법전보다 오히려 크다. 수선사는 선방이다. 고지에 세워진 건물이어서 지금 살고 있는 분들이 그 집 짓는 것 보았다고 하니까 나이 별로 먹지 않은 젊은 건물이다. 수선사가 들어선 데는 까닭이 있었다. 보조국사께서 정혜결사 하시려고 거조사에 모였었다. 거조사는 비좁아 큰 일 할 만한 도량이 되지 못하였다.
　나라의 남쪽 지방에서 마땅한 터를 찾기로 하고 제자 되시는 수우 스님이 찾아 나섰었다. 천신만고 끝에 송광산에 길상사 터를 얻고 중창의 대업을 이룩한 뒤에 보조국사님과 대중들을 옮기시도록 하였다. 보조국사님은 잠시 지리산에 머무시다가 드디어 길상사에 이석하시게 되었는데 지금의 수선사 자리에 좌정하셨었다고 한다. 수선(修禪)하시던 거룩한 자리에 터를 다시 바로 잡고 진락대 뒷산의 혈을 맞추고 수선사를 지었던 것이다. 옛 조사의 정혜한 선풍을 이어 받고저 하는 간곡한 마음을 여기에 묻으려 하였던 것이다. 오늘도 동안거에는 대중들이 선방에 좌정하고 입정하여 있다. 오도의 길지에 들어앉은 것이다. 터가 좋은 일로 덕을 얻은 영험이 있는 것이라면 그간 득도한 스님들이 계신 것으로 보아 이 선방이 대길상에 속한다. 지나가면서 선남자와 선녀인들이 합장하고 기원하는 것이어서 득도하신 대덕들이 기라성으로 배출하셔서 불교 발흥에 기여하여 주십소사 함에 있다. 수선사에서 국사전으로 가자면 축대 남측의 층층다리를 통하여 내려가야 하는데 층계와 국사전 사이에 우물이 있다. 보조국사께서 수선사 터에 계셨고 물의 줄기가 예부터 거기에 있었다면 그 물은 수선에 요긴한 정수였다고 하겠다.

송광사에는 문적이 많은 중에 절의 역사를 간추려 기록한 값진 책도 있다. 『송광사지』도 그런 책인데 역저로 손꼽히고 있다. 기산 스님이 1965년 3월에 간행하신 책이다(1986년 8월에 불일출판사에서 중간, 송광사를 알기 위한 책으로는 가장 유익한 내용이 실렸다). 이 책에 6·25전쟁 이전에 있었던 여러 전각들까지를 망라한 본사배설도가 실렸다. 매 전각마다 번호를 부여하였는데 화엄전 일곽까지 합쳐 61동이다.

이 그림에서 보면 국사전은 44번인데 46번의 이웃에 43번이 있고 이 전각은 조사전이라 하였다. 그러니까 지금 12번 설법전보다는 규모가 작은 건물이었고, 설법전 앞쪽에 있었던 10번 청운당과 11번 백운당에 이어 조사전 앞에는 차안당이 있어서 이들은 하사당과 마찬가지로 동에서 서쪽으로 판을 차리고 앉아 남향하거나 대칭되어 북향하는 전각들이었다.

지금의 형국과는 전혀 다른 판도가 여기에 차려져 있었던 것이다. 그래서

인지 수선사는 아직 젊어서 옛 기록에서는 그 내력을 전혀 찾아볼 수 없다. 말하자면 옛터에 그 공덕을 기리는 마음에서 새로운 자국을 남긴 그런 셈의 건물이 들어선 것이다. 축대가 어울리지 않는 것은 옛사람과 새 사람의 생각이 부합되지 않았음에서 연유한다는 사실을 알게 되었다. 옛것에 새것 넣기가 그만큼 어렵다는 교훈도 된다.

 보경 스님의 손바닥소설

수선사는 선방이다. 지금의 건물은 구산 스님과 현호 스님이 화주하여 지은 것이다. 선방 안에는 원래 사면이 흰 벽이고 불상이나 기타 예경으로 삼을 만한 것을 두지 않는다. 즉심즉불! 이미 마음을 닦는 자체가 부처님의 행이어서 달리 마음 밖의 부처를 두지 않는다. 송광사는 전국에서 유일하게 정면 중앙 후벽에 큰 둥근 거울이 붙어 있다. 자개가 소박하게 몇 점 박힌 검정색의 테두리 속에 거울이 들어있다. 그곳에서 예불이라고 해봐야 죽비에 맞춰 절 세 번이면 끝이다. 그리고 앉아서 참선한다. 이 거울이 멀리서 보면 완전한 일원상이다. 선방이니 일원상 정도는 간명함의 극치로 통할 수 있다. 내가 살던 1980년대 당시는 보통 하루 10시간이나 12시간의 정진이고 가행정진에는 14시간을 앉는다. 송광사는 예나 지금이나 평균적으로 거의 10시간 정진이다. 선방에서는 50분 앉고 10분 경행을 한다. 수선사는 법당 윗단에 있어서 경행 시간에 선방 안을 빙빙 도는 것을 마당에서도 볼 수 있다. 5칸이나 되는 건물을 측면의 아궁이에서 불을 지펴 고루 덥히기는 애초에 불가능한 일이다. 당연히 아랫목은 설설 끓고 윗목은 냉골이다. 한옥의 아궁이와 구들은 시간이 지나면 내려앉기도 하고 재가 속으로 밀려 들어가면서 불이 들지 않기도 하여 몇 년에 한 번씩은 손을 봐야 한다. 이 일은 해제를 이용하여 거의 두 달 정도는 일을 해야 한다. 이런 일은 아무나 하는 일이 아니어서 어디에 누구! 하는 식으로 솜씨 좋은 사람을 찾아서 맡긴다.

난 따듯한 불이 좋아서 가능하면 화대소임을 맡았다. 가장 기억나는 때는 지리산 칠불암 아자방에서 살던 1년이다. 지금 선원으로 쓰는 운상선원 불사를 하는 동안 한 2년 정도 아자방을 열었는데 당시 현묵 스님이 6년 묵언 결사 중이어서 어려운 방부를 들일 수 있었다. 그 아궁이는 불을 한 번 때면 49일을 간다는 전설이 만들어진 집이다. 보통 아무리 불이 잘 드는 아궁이라도 저기압이나 비가 올 때는 아궁이가 불과 연기를 토해내서 불 지피기가 사나운데 아자방은 그런 게 없었다. 그리고 신문지 한 장이면 별다른 불쏘시개 없이도 불이 붙었다. 그때가 군대 다녀온 이듬해고 88올림픽이 열렸던 때다. 몇 해 전에 칠불암을 찾아 아자방에 다시 가보았는데 더 이상 선방의 분위기는 찾아보기 어려웠다. 내가 살 때는 법당 정면 하단에 누각이 있고, 누각 아래에 호두나무가 두 그루 있어서 다람쥐와 청설모가 가을이면 호두를 물어 나르느라 바삐 뛰어다니는 모습을 바라보던 기억이 떠올랐다. 그런데 지금은 나무를 좀 쳐내야 하지 않겠나 싶을 정도로 높이 자라서 비바람에 지붕으로 꺾여 떨어지진 않을까 하는 걱정을 하면서 내려왔다.

송광사 선원 수선사 참선 | 선방 한가운데 일원상처럼 보이는 것은 기실 거울이다. 선방 대중은 이 거울을 향해 죽비삼배로 조석예불을 대신한다. 전국 선방에서 유일하게 수선사만이 거울이 걸린 것인데, 마음을 반추하는 상징으로 거울이 으뜸인 까닭이 없지 않다.

강원 간경 시간 | 강원에서의 看經은 소리 내어 글을 읽는다는 의미다. 간경 소리를 들어보면 글을 얼마나 이해하고 있는지가 드러난다. 소리 내서 큰 소리로 많이 읽어야 염불도 좋아진다.

법은 설해져야 법이다

　수선사를 살펴보고는 당연히 다음 건물로 발을 옮겨야 되나 얼른 발이 떨어지지 않는다. 수선사라는 이름의 매료 때문이다. 수선사는 목우자 지눌인 보조국사께서 한국불교의 정통사상으로 불리우는 정혜쌍수로 불교중흥의 깃발을 들었던 곳이다. 보조국사께서 머무시던 당우가 조선조 말기에 조사전이 되었다고 한다. 고려의 건물이 이때까지 있었느냐는 것은 의문이다. 보여지는 사진자료에 따르면 조사전은 조선조의 건물이다. 보조국사님 당대의 건물이 아님을 알 수 있다. 그 건물이 고스란히 남았다면 국사전에 앞서 벌써 국보가 되었을 터인데 실상은 그렇지 못하다. 아쉬움이다.

　조사전에는 서른세 분의 조사영정이 모셔져 있었다. 당시 주지 스님이시던 해은 대사께서 도서실로 사용하던 대장전으로 옮겨 모시고 대신 부휴 스님의 영정을 봉안하고 있었다. 그러던 것이 1951년 큰 화재 때 불타버리고 말았다. 조사전 앞에는 백설당과 차안당이 있었다. 이들도 함께 불에 타버려서 지금은 볼 수 없게 되었다. 지금의 차안당은 1900년에 취용 스님께서 행해당 자리에 다시 세운 건물이어서 1951년에 불탄 건물과는 이름만 같을 뿐이다. 백설당은 청운당과 규모가 거의 흡사한 건물이었다. 하사당과 맥을 함께하는 유형에 속한다. 백설당은 하사당과 비슷한 시기에 세워진 건물로 알려져 있다. 임진왜란에도 병화를 면했다.

임진왜란에 불탄 건물은 수각, 임경당과 산중의 암자인 보조암, 천자암들이다. 다행히 절의 다른 건물들에는 피해가 없었다. 헌종 8년(1842) 3월 초이튿날 밤중에 지금의 도성당인 당시의 낙하당에서 불길이 치솟았다. 삽시간에 불길이 번졌다. 법당 다섯 곳, 요사채 여덟, 여타 열두 채 합하여 2,152칸이 이때에 타버리고 말았다. 대장전에 모셨던 금동부처님 한 분과 돌에 새겨서 조성하였던 돌부처 두 분도 불에 그을렸고 경판이 불탔다. 외향각과 함께 감탕나무로 만든 유명한 구유와 유기그릇, 곳간에 있던 수많은 그릇과 살림도구들, 그 외 여러 곳간에 있던 많은 재물들도 모두 불에 타버렸다. 다행히 대웅전 불더미 속에서 부처님 세 분을 모셔내고, 명부전의 지장보살상을 업어내고, 응향각의 금기(金器, 금그릇과 귀한 그릇들)와 종고루의 대종, 그리고 손쉽게 운반해 낼 수 있는 각종 보물과 귀중한 자료, 화엄경판 등을 불 속에서 건져낼 수 있었다. 이 큰불의 재난에서 대웅전 뒤편 상대의 여러 건물들은 피해를 면하였다. 조사전과 차안당, 백설당도 무사하였다. 철종 7년(1856)경에야 불탄 건물들이 거의 복구되었고 남아있던 건물들의 보수도 있었다.

1924년에서 28년 사이에 대대적인 보수공사가 시행된 바 있었는데 조사전, 차안당, 백설당도 크게 중수되었다. 설법전도 이웃한 이들 법당 건물들과 함께 역경을 겪는다. 광무 3년(1890)에 나라에서는 해인사의 팔만대장경을 칙령으로 영인하여 네 부질을 간행하였다. 한 부질은 흐트러서 전국의 여러 절에서 조금씩 소장하도록 하고 나머지 세 부질은 삼보사찰에 각각 한 부질씩 봉안하게 하였다. 승보사찰인 송광사에도 한 부질이 배당되므로 그것을 설법전에 모셔두었다. 설법전에는 원래 보조국사께서 쓰시던 설법상이 있던 건물이어서 대장경의 보관은 그 의미하는 바가 컸었다. 1951년의 화재 때 설법전을 비롯하여 법상, 팔만대장경 등 모든 것과 이웃의 조사전, 차안당, 백설당과 청운당, 진여문, 또 국사전 앞의 행해당과 그 남쪽의 요사채까지 연소되고 만다. 이때의 불로 약 20동이 소실되었다가 1968년 4월 30일에 설법전은 재건되어 지금과 같은 모습이 등장하게 된 것이다.

설법전은 구산 스님과 현호 스님의 화주로 중건되었다. 조사전 자리에 보조국사 당시의 수선사를 재현한다는 의도에서 1969년 지금의 수선사를 재건하였다. 이 공역에서 백설당, 차안당의 복구는 제외되었다.

수선사 | 국사전에서 설법전을 지나 하사당까지 이어지는 이 구역이 송광사 선원인 수선사의 공간이다.

물고기는
혀가 없어라

가장 높고 심오한 법문
백천만겁에 만나기 어려운데
내가 이제 얻어듣고 지니오니
부처님의 뜻 바로 알게 하소서

　옛날에는 옆집 건너마다 절이 있었다. 이웃에 살면서 보고 듣고 공경하니 저절로 절반쯤이나 스님 생활을 닮게 되었다. 스님 반, 속인 반이 합쳐진 꼴이라 해서 그런 대중을 스스로 절반이라 불렀다. 절반들은 낮이면 바쁜 생업에 종사한다. 해가 저문 뒤에 옷을 청결히 갈아입고 절에 모인다. 새로 오신 대덕께서 설법하신다고 했다. 들에 상단을 모으고 법석을 베푼다고 해서 야단법석이라 하였다. 그러자니 마련하는 쪽에선 분주다사할 밖에 없었다. 절반들이 들녘에 나가 밭 갈고 씨 뿌리고 하는 화창한 날씨에 좀처럼 지나가기 어려우신 큰스님께서 행차하신다는 통문이 돌았다. 한 번만이라도 친견하였으면 하던 분이 오셨다 가신다니 농부들은 마음이 들떴다. 뵙고지이다 하니 큰스님께서 잠시 머무시기로 하셨다. 어느새 모여들었는지 구름같이 모인 백성들이 들에 가득하다. 서둘러 상단의 법석을 마련하고 설법을 듣고자 한다. 야단의 법석이 만들어진 것이다. 갑작스러운 일이니 그 준비에 떠들썩하고 분주할 수밖에 없었다. 절반들의 야단법석에서 스님들 좋은 설법의 야단법석이 이루어진 것이다.

법정 스님은 이렇게 이야기하셨다.

"요즈음엔 설법할 말이 없어서인지 다른 전각은 중건하면서도 설법전은 아예 세우려고 하지 않는다. 불교가 제 기능을 다할 때 불사보다는 법회가 성했던 것을 우리는 지나간 역사를 통해서도 알 수 있다."

승보사찰인 송광사에는 설법전이 있다. 선을 닦는 수선사 옆에 있다. 무설(無說)의 선과 변설(辨說)이 나란히 있는 것이다. 불국사엔 무설전이 있다. 송광사엔 설법전이 있다. 듣는 말을 마음으로 하는 데는 말하지 않는 것과 말하는 것이 같다는 생각이었다. 설하는 바 없이 설하고 듣는 바 없이 들을 수 있는 경지에 있을 때 법은 살아 움직이게 된다는 생각이다.

법정 스님의 이야기는 계속된다.

『대품반야경』에 이런 이야기가 있다. 반야지혜의 공한 이치를 불제자 중에서 가장 잘 이해하고 있던 수보리가 어느 날 나무 아래 앉아 좌선하였다. 자신도 천지도 텅텅 비운 일체공의 선정삼매에 든다. 이때에 천신들이 꽃비를 내리면서 수보리를 찬탄한다. 수보리는 웬일인가 해서 묻는다.

"이처럼 허공에서 꽃비를 내리면서 저를 찬탄하는 분은 누구신지요?"

"우리는 인드라입니다."

"어째서 이처럼 찬탄하시나요?"

"우리는 존자께서 반야바라밀다를 잘 설하기 때문에 찬탄하는 것입니다."

"나는 다만 조용히 좌선하고 있을 뿐, 반야에 대해서는 한 마디도 말한 적이 없는데요."

"존자께서는 말한 바 없고 우리들은 들은 바 없습니다. 무설무문, 즉 설한 바 없이 설하고 들은 바 없이 듣는 이것이야말로 진짜 반야가 아니겠습니까?"

승보사찰 송광사에 무설의 수선사와 유문의 설법전이 나란한 까닭이 여기에 있다고 한다. 지금의 설법전은 수선사의 툇마루에 이어지고 있다. 드나들기 편리하도록 편의시설을 한 것이다. 설법전에 들어서면 내부가 넓직하다. 불단이 크게 자리를 차지하지 않아서 막힌 데가 없다. 여러 사람들이 편안하게 앉을 수 있도록 마루 위에 두툼한 초석(다다미)를 깔았다. 정면삼문은 전면에 네 짝 분합문을 달았다. 필요할 때 열어젖히면 마당에 이어진다. 마당에 여럿이 모여앉아 법문을 들을 수도 있다. 야단법석으로 이어질 수 있게 구조된 것이다. 설법전 법석은 야단법석에 이어지고 있다.

현묵 스님이 지리산 칠불암에서 결사중에 그림을 그려 보낸 것인데 당시 이 엽서가 대 히트를 쳤다(1988년 11월 제95호).

스승의 무릎 가까이 앉으라

쿵! 쿵! 보조국사님은 주장자를 두 번 울리셨다.
"천 가지 만 가지 일이 다 이 속에 있느니라."

크게 말씀하시더니 이윽고 꼼짝하지 않으셨다. 이미 열반하셨다. 문도들이 향을 사르고 등을 높이 걸고 한 이레를 공양하였는데 살아계신 듯이 안색이 밝았고 수염과 머리털이 자랐다. 이에 앞서 대안 2년 봄 2월에 모친을 천도하기 위하여 법연을 여신 지 수십 일이 되었을 때 문득 말씀하시길, "내가 이 세상에 머물면서 설법하는 일이 오래지 않겠구나. 부디 각자는 힘써야 마땅하리라" 하시더니 삼월 스무날에 병색을 보이기 시작하셨었다. 병색을 보이신 지 여드렛날 만에 돌아가셨는데 돌아가시기 전날에 시자가 게문을 청하면서 여러 가지를 여쭈었다. 목욕을 마치시고 방장실로 들어가셔서도 처음처럼 묻는 말에 대답하시더니 새벽에 문득 시각을 물으셨다.
"오늘이 삼월 스무 이렛날입니다."

국사께서 법복을 갖추어 입으시고 설법전으로 가시어 향을 사른 뒤에 법상에 올라앉으시니 평소에 하시는 바 그대로이었다. 대중들이 엄숙하게 자리

잡자 육환장을 쿵! 내리치셨다. 그런 후에 방장실에서 있었던 문답의 인연을 들어 말씀하셨다.

"선법의 영험이 불가사의하다. 오늘 그 속에 와서 대중을 위하여 모두 말하려 한다. 불매(不昧), 일착자(一著子)로 묻는다면 나 역시 일착자에 어둡지 않게 대답하겠노라."

그리고 좌우를 돌아보시고 가까운 이의 손을 만지시면서 말씀을 계속하셨다.

"내 목숨이 다 여러분 손에 달렸다. 가로 끌거나, 거꾸로 끌거나, 오로지 여러분에게 맡기노니, 근골이 있는 이는 나올지라." 하시고는 정좌를 푸시고 발을 뻗고 편히 앉으시어 묻는 대로 대답하시니 이치가 자세하고 말씀이 물 흐르는 듯하니 대중들이 다 감복하였다. 생의 끝에 이르렀을 즈음에 어떤 이가 여쭈었다.

"옛날 비야성의 정명(유마 거사)이 병을 보이신 바 있고 오늘에 조계 목우자께서 병색을 보이시니 같습니까 다르옵니까?"

보조 국사께서 가라사대, "너는 같고 다름만 배웠느냐." 하시고는 주장자를 두어 번 내려치시면서 "천 가지 만 가지 일이 다 이 속에 있느니라" 하시고는 입적에 드셨다. 대중들이 정성 들여 다비하여 큰 사리 30과와 무수한 작은 사리를 수습하였다. 수선사의 북쪽 산기슭에 사리탑을 세워 모시니 임금님이 소식 듣고 불일 보조국사라 시호하고 탑의 이름을 감로라 하였다. 설법전이 보조국사 이래 여러 국사님들과 대승과 고덕들께서 선법의 자리로 쓰셨더니 6·25전쟁 때 불에 타고 말았다.

쿵! 쿵! 주장자 소리가 다시 설법전을 울렸다. 구산 스님께서 법상에 높이 앉아계셨다. 재건한 설법전에서 첫 법문을 하셨다. 1969년에 수선사를 중건하면서 조계총림을 여셨다. 방장의 자리에 나아가 대중에게 설법하니 지눌 선사의 옛일이 되살아나는가 싶었다. 보조국사께서 향나무 한 그루를 일주문 안에 심으시면서 "내 죽으면 나무가 말랐다가 내가 다시 태어나게 되면 잎이 다시 무성하리라" 하셨다. 구산 스님의 보조 국사를 향한 지극한 정성은 천자암의 쌍향수를 전지하게 하였다. 여러 가지를 설법전 마당에 심어 키웠더니 그중에 마침 두 그루가 뿌리를 내리더니 이제 싱싱하게 자라기 시작하였다.

오시려는가.

비록 고향수의 잎이 돋은 것은 아니지만 지극한 정성과 바람에 부응하여 보조국사께서 이 도량에 다시 오시려는가. 모두들 자라는 나무를 들여다보고 있다. 설법전에서 주장자 소리가 다시 울리기를 기다리는 마음들이다.

 보경 스님의 손바닥소설

어느 책에서 읽었던 내용이 떠오른다.

스승이 어린 제자를 데리고 왕을 보여주기 위해 왕궁으로 갔다. 왕궁에 다다르자 큰 문 앞에 늠름하게 서있는 사람을 본 제자가 물었다. "저분이 왕입니까?" 스승이 대답했다. "그는 왕이 아니다." 이런 식으로 문을 통과할 때마다 제자와 스승은 묻고 답했다. 그러다 아홉 번째 문을 통과했을 때 제자는 더 이상 묻지 않았다. 거기에는 왕이 사람들 가운데 앉아 있는 것이 보였다. 누구라도 그가

왕이라는 것을 알 수 있었기 때문이다.

이 이야기는 진리의 세계를 비유적으로 말한 것이다. 아직 모를 때는 물어야 하지만 도달하고 나면 더 이상 물을 이유가 사라진다. 어떤 일에서건 가르침을 주는 존재가 있어야 한다. 모르는 사람은 그에게 지식을 전수받아 배우고, 그다음에는 다시 모르는 사람을 위해 아는 것을 전수하는 것이다. 스승과 제자는 가까워야 한다. 정신적으로도 물리적으로도 함께 존재해야 한다. 영적인 스승을 대하는 자세에 대한 이야기는 아마 인도가 가장 풍부할 것이다. 그들에게는 지식은 스승을 통해 배운다고 생각하는 전통이 있기 때문이다. 힌두교 이론과 사상의 토대를 이루는 철학 문헌들을 모은 것으로 우파니샤드가 있다. 우파니샤드를 베다의 끝 또는 베다의 결론이라는 뜻에서 베단타(Vedanta)라고도 부른다. 베다는 베다 시대 브라만교 및 그 후신인 힌두의 신화적·종교적·철학적 경전이자 문헌이다. 베다 문헌들은 베다 산스크리트어로 기록된 것으로 산스크리트 문학에서 가장 오래된 것에 해당하며 힌두교의 가장 오래된 경전들을 이루고 있다. 힌두교 경전은 크게 신으로부터 계시된 지식을 뜻하는 슈루티와 스승에서 제자로 전승된 지식을 뜻하는 스므리티로 나뉘는데, 전통적으로 우파니샤드는 슈루티에 속한다. 산스크리트어로 우파니샤드(उपनिषद्, Upaniṣad)는 가까이를 뜻하는 upa-, 적당한 장소에서 또는 아래에서를 뜻하는 ni-, 앉다를 뜻하는 ṣad에서 유래한 말이다. 따라서 문자 그대로의 뜻은 가까이에 앉는다, 가르침을 받기 위해 스승의 무릎 가까이에 앉는다는 것을 의미한다.

선종이 불립문자라 하여 참선하는 중에는 책을 보지 말라고 할 수 있는 것은 눈 밝은 스승의 가르침을 전제로 하기 때문이다. 만약 그런 설정이 가능하지 않다면 책을 봐야 한다. 설법전은 무설과 설법의 간극이 나뉜다. 신 선생의 글을 읽자니 정말 불국사는 모든 설법과 법회를 대강당 격인 무설전에서 한다. 93년 여름에 불국사 선방에서 한철을 살았는데 당시 조실인 월산 스님의 법문을 그곳에서 들었다. 말은 무설의 경지를 터득하고 나야 비로소 유설이 된다. 그런데 설법은 구경의 경지를 간 사람도 그렇고 초심자나 아직 그 경지에 이르지 못한 사람도 도외시하면 안 된다. 이유여하를 막론하고 우린 설법을 하고 설법을 들어야 한다. 수선사의 社는 寺가 아니다. 그러면 왜 그런 글자를 썼을까?

수선사는 보조국사의 정혜결사를 이념으로 하여 만들어진 곳이다. 禪도 마찬가지다. 이 말의 원래 기원은 봉선(封禪)이다. 봉선은 제왕이 하늘과 땅에 왕의 즉위를 고하고 천하의 태평함에 감사하는 의식이다. 이는 고대 중국에서 비롯된 것으로 진의 시황제 이전에 72인의 제왕이 이 의식을 행했다고 『사기』에 전한다. 사기의 주석서인 사기삼가주(史記三家注)에 따르면 "사기정의(史記正義)에는 태산 꼭대기에 흙으로 단을 쌓아 하늘에 제사하고 하늘의 공(功)에 보답하는 것이 봉(封)이며, 그 태산 아래에 있는 작은 산의 땅을 평평하게 골라 땅의 공에 보답하는 것을 선(禪)이라고 한다(正義此泰山上築土 壇以祭天, 報天之功, 故曰封. 此泰山下小山上除地, 報地之功, 故曰禪)"라고 적고 있다. 社는 장소의 의미도 있지만 결사 같은 이념을 함께하는 사람들의 공동체를 가리키기도 한다. 그런 면에서 선수행을 하는 수선사 선방 옆에 바로 설법전을 배치하는 의미가 상당하다.

구산 스님께서 그 건물을 얼마나 자주 사용하셨는지는 모른다. 다만 일각 스님께서는 방장으로 부임하신 첫해의 여름부터 선방스님들을 앉혀놓고 강설을 했다. 얼마 후 나는 다른 곳 선방으로 갔다가 군대를 갔기 때문에 결제 중에 강설하는 자리가 얼마나 이어졌는지는 모르겠으나 여러 해가 지나서 다시 수선사에 살게 되었을 때는 더 이상 강설을 하지 않았다. 현재는 여름 안거철에 비구계 포살을 설법전에서 갖기 때문에 건물만 서 있는 것은 아니다. 설법전은 송광사 건물 배치로는 가장 높다. 설법전의 뜰에 서면 오른쪽 측면으로 방장실인 삼일암과 응진전이 보이고 한 단 아래 하사당이 있다. 지금은 대웅보전의 지붕이 높아서 설법전의 모서리 정도까지 빠져나와야 멀리 모후산이 조망된다. 그리고 모후산을 붉게 물들이며 넘어가는 석양의 노을도 볼 수 있는 자리다. 유럽의 수도원은 서향으로 잡는다 하고 실제 유서 깊은 수도원은 모두 서향이라고 한다. 남향을 선호하는 우리와 달리 그들은 일몰처럼 모든 것이 소멸하고 사라지는 서향에서 다시 생의 시작이 있다고 보기 때문이다. 해가 떠오르는 동향과 달리 서향은 그런 의미를 두고 보아야 하는 것일지도 모른다.

원감국사 보명탑 | 스님은 보조국사 이래 제6세 국사다. 탑은 국사로 중간지점에 있다. 매번 산행길에 잠깐 앉아있는 곳인데 "저를 예뻐해 주세요"하며 인사를 올린다.

응진전 내부 | 주불인 석가모니불과 문수·보현 좌우보처 보살 외에 16나한상과 금강역사상이 모셔져 있다.
(보물 제1367호)

응진전의 영험

불꽃이 튄다. 미친 듯이 타오른다. 돌연한 일이다. 아귀들이 달려들어 죄 없는 집에 분풀이를 하고 있었다. 화광이 충천하고 연기가 산중에 가득 찼다. 1951년 5월 10일이었다. 산비(山匪)들이 불을 질렀다. 대웅전을 비롯한 중요 전각들이 화염에 휩싸인다. 상단으로 번진 불에 수선사, 설법전까지 연소되었다. 어쩌면 좋단 말이냐. 사내의 온 대중이 달려들고 송광면민들이 진력했으나 쉽게 불길이 잡히지 않는다. 악전고투가 거듭되면서 겨우 진정되었고 마침내 불을 잡았다. 이미 절의 심장부에 있던 중요 전각들은 다 타버렸고 터전에서 연기만이 모락거리며 오르고 있다. 기막힌 노릇이다.

응진전은 설법전 이웃에 있었으나 다행히 재화를 면하였다. 다행한 일이다. 이를 두고 전각에 모신 나한님들의 영험에서 그렇게 되었다고 수희찬탄하는 일을 잊지 않았다. 정월 초사흘 날이면 겨울 동안 수련한 선방의 스님들이 지극한 기도를 시작한다. 한 이레 밤낮을 쉬지 않고 계속한다. 잠시도 목탁소리가 멎지 않는다. 동안거에서 기른 법력이 여기에 경주되는 것이다. 기도는 한 이레 만에 끝이 난다. 이 기도는 매년 이어지고 있다. 구산 방장스님께서 시작하신 제도인데 회광 방장스님께서도 계속하고 계신다.

무엇을 기원하시는지요. 송광사 도량을 위한 기도이지. 모든 재앙이 걷히고 사부대중들이 부처님 법을 능히 깨달아 더욱 복되게 정진할 수 있게 해줍소사 그렇게 축원하지… 영험이 대단하시다면서요. 영험이란 의미는 여러 가지로 해석되겠지만 우리 스님들에게는 기도를 드리면 일념이 되는 일이 쉬워지지. 쉽게 일념에 드는 효과를 얻는다는 의미가 된다네.

　　보통 때는 방장스님이 주로 응진전에 출입하신다. 조석과 사시인사도 친히 드린다. 삼일암이 응진전 시봉의 처소인 셈이 되겠다. 응진전의 터는 봉이 알을 품은 듯한 지세이어서 알이 늘 부화되고 있다고 한다. 부화된 봉의 새끼는 격을 갖춘 스님을 지칭하는 것이라고 지리가들은 설명한다. 그래서 대대로 송광사에선 큰스님들이 배출되고 있다 한다. 응진전은 자그마한 법당이다. 정면 3칸 측면 2칸의 규모이다. 송광사 상대의 제일 깊은 곳에 자리 잡고 있어서 보통사람들 눈엔 잘 띄지 않는다. 이런 일도 있었다. 어느 외국인이 지정된 국가문화재 목록을 살피더니 송광사 응진전이 왜 빠졌느냐고 묻는다. 그분은 옛날에 이 전각의 건축사적인 가치에 주목하고 자기의 글에 언급한 적이 있어서 응진전을 잘 알고 있는 분이었다. 얼른 대꾸할 수 없었다. 실책이 나에게 있었기 때문이다. 몇 해 전 문공부에서 전국 사찰을 조사하였었다. 누락되어 있는 건물 중 마땅히 국가문화재로 지정할 대상이 있느냐를 점검하는 일이었다. 이때에 나는 전남지방을 맡아 사찰을 조사하고 다녔다. 이때 나는 늘 송광사에 드나들고 있던 시절인데도 그만 깜빡하였다. 응진전이 눈에 들어오지 않았던 것이다. 그 작업이 다 끝난 뒤에야 깨닫고 후회한 적이 있어서 그분의 힐난에 얼른 대꾸할 수가 없었다. 지정되었느냐의 여부에 따라 행정적인 조치가 있을 뿐만 아니라 대중들의 인식도 달라져 그 가치 판정의 기준처럼 이해하고 있는 수가 많다. 지정이 되지 않았으면 수준 이하라고 믿는 것이 보통이다. 그러나 공부하는 사람의 입장에서 보면 여기 응진전처럼 지정 안 된 전각 중에도 뛰어난 건물들이 많이 있다.

응진전의 공포구조

응진전에는 부처님 좌우로 16나한상이 죽 둘러앉아 계신다. 이렇게도, 저렇게도 혼연하게 앉아 즐기고 계신 모습들이다. 또 인왕상과 동자상도 단하에 자리 잡았다. 법당에 가서 뵈면 부처님이나 보살님들은 빙긋이 웃는 인자한 모습이긴 하여도 자세에는 흐트러짐이 털끝만치도 없다. 마치 활줄을 당긴 듯한 근엄한 모습이다. 뵙는 사람들도 저절로 경건하게 하여야 마땅해진다. 응진전의 경우는 조금 다르다. 가운데에 계신 삼존불께서는 역시 곧은 자세로 흐트러짐이 없으시지만 좌우 단상에 앉아계신 열여섯 분의 나한님들은 아주 혼연하셔서 뵙는 이를 안심시켜 준다. 이렇게 앉으시기도 하고 저렇게 앉으시기도 하였는데 생각하는 모습이기도 하고 편안히 쉬시는 듯도 하며 넉넉히 즐기신 뒤에 몸을 가다듬으시려는 듯하기도 해서 우리들 몸놀림에 방불하다. 그래서인지 가깝게 가 뵈어도 될 것 같고 할아버지에게 하듯 어리광을 부려도 받아주실 듯이 느껴지기도 한다. 그렇긴 하지만 범접할 수 없는 그분들의 기상에 눌러 가깝게 가서 쓰다듬어 보기보다는 얼른 엎드려 기쁜 마음의 절을 올리는 편이 대부분이다.

기산 임석진 편(編)의 『대승선종조계산송광사지』라는 귀한 책이 있다. 181페이지에 부록 중 기일(其一) 소상(塑像)의 일람표가 실려있다. 첫 번째 칸에 대웅전 삼존상이, 두 번째 칸에 16나한상이 기록되어 있다. 봉조(奉造)한 연원일을 기록하게 된 난에 '인조원년계해춘시 갑자동종'이라 썼다. 그 아래의 화사(畫士)의 난에는 관여한 스님이 '응원 등'이었다고 하였다. 맨 끝 란에는 이 나한상이 "정유재란 때 일본병의 훼상을 인하야 중조함"이라 썼다. 이 기록뿐이어서 나한님들이 어느 전각에 모셔져 있었는지가 밝혀져 있지 않지만 현재로 보아서는 응진전에 모셔져 있는 분들에 관한 기록이라고 이해된다.

이 기록을 쉽게 풀어 읽으면 인조께서 등극한 1623년에 절의 스님 응원 등이 여럿의 힘을 모두어 열여섯 분의 나한님을 조성하였는데 봄에 시작한 일이 이듬해 겨울(1624)에 끝이 났다는 것이다. 동자나 금강역사상들도 이때에 함께 조성되었던 것으로 해석하게 된다. 원래 나한님들은 옛부터 계셔서 이때에 처음 모셔진 것이 아니었다는 기록이 맨 끝 란에 적힌 내용이다. 선조 30년인 정유년(1597)에 왜병들이 다시 전란을 일으킨다. 먼젓번에 호남지방을 석권하지 못하여서 패전하게 되었던 전철을 회복한다는 의도에서 이번엔 호남지방을 집중 공격하기 시작하였다. 그 병화가 송광사에도 미쳐서 나한상도 피해를 입게 되었던 것이다. 상한 지 20여 년 만에야 응원 스님 등에 의하여 나한님들이 다시 모셔지게 되었다. 오늘의 응진전 나한님들이 이때에 탄생하셨다고 보여지는데 그렇다면 이분들의 연세가 금년 들어 363세가 되셨겠다. 그러니 응진전 건물도 이만한 나이가 아니고서는 저런 나한님들을 모실 수 없었으리라 생각하게 된다. 응진전이 세워진 나이도 이 정도에 방불하리라 여겨지는 것이다. 그런 나이가 법당의 가구(架構)된 구조물의 법식과 기법에도 드러나 있다.

법식이란 말은 집 짓는 법도를 일컫는다. 기둥을 어떻게 세울 때 공포(기둥 위에 서서 하중을 받게 된 구조물)를 어떻게 하고 그에 따라 가구하되 물매(지붕의 경사도)를 얼마 만큼으로 하느냐의 내용이다. 지금 말로 하면 설계가 된다. 기법은 어떤 솜씨로 어떻게 다듬었느냐를 가늠하는 말이다. 지금의 기술을 의미한다. 응진전의 가구법에서 보면 임진왜란 이전의 흐름이 아직 흘러내리고 있음을 알 수 있다. 후대에 변형되어 버리는 추세에서 보면 귀중한 시대적 의미를 지닌 작품으로 주목받게 된다. 응진전의 가구된 학문적 가치가 이 점에 있다.

 보경 스님의 손바닥소설

응진당은 응진전 또는 나한전이라고도 하며 내부에는 16나한상과 16나한도가 봉안되어 있다. 나한은 아라한의 줄임말로 소승불교에서는 수행자가 오를 수 있는 가장 높은 단계에 있는 자를 의미한다. 또한 대승불교에서는 최고의 깨달음을 얻은 성자로서 부처님으로부터 불법을 지키고 대중을 구제하라는 임명을 받은 자를 말한다. 중국의 당송시대에 유행했던 나한신앙은 우리나라 삼국시대 후기부터 소개되어 고려시대에 크게 유행했다. 특히 고려시대에서는 국가적인 행사로 나한재(羅漢齋)가 행해졌고 조선시대에 복을 주는 복전의 의미로 신앙되어져 서민들과 가장 친숙한 존재로 여겨졌다. 송광사 응진당의 창건에 대한 확실한 논거가 그동안 없었으나 2000년 응진당을 수리하는 과정에서 종도리와 장혀에서 초창연대를 밝힐 귀중한 자료가 발견되었다. 종도리 밑 장혀의 묵서명 기록에 의하면 응진당 초창은 1504년(연산군 10) 2월 13일 상량되었다. 이 응진당은 초창 후 1623년(인조 1) 대대적인 보수를 했고, 이후 보존에 힘써 현재도 처음 모습을 잘 간직하고 있다. 2001년 6월 5일 전라남도 유형문화재로 지정되었다.

다른 건물은 몰라도 응진전에 대하여 여기저기 자료를 찾아보니 문화재적인 설명은 이 정도 요약할 수 있었다. 응진전은 설법전과 삼일암 사이에 있는 건물이고 더군다나 선방구역이어서 방장스님을 뵈러 오는 신도들이 참배하는 외에는 일반인들이 보기 어려운 불당이다. 응진전 뜰에 올라서면 오른쪽으로 10m도 채 되지 않은 간격을 두고 산신각이 있다. 이 일대는 설법전과 수선사 뒤뜰이고 산기슭의 담장 내에 있는 공간이다. 이 기슭엔 계절에 따라 영산홍과 철쭉이 있고 상사화가 붉게 수놓는 계절을 만나기도 한다. 언제부터 자리를 잡았는지 모르겠지만 목단밭이 가꿔지고 있어서 이런 꽃들이 피어날 때는 한참을 꽃밭에 머무르게 된다. 응진전은 방장스님께서 큰법당 예불에 가기 전에 먼저 찾아뵙는 곳이다. 내가 구산 스님 사리를 모시고 삼일암과 하사당에 머물며 시봉하던 때에도 응진전을 각별히 관리했다. 응진전의 부처님과 문수·보현 양대보살 외에도 목조 16나한상과 금강역사상이 있고 후불탱화도 조선 영·정조 시기의 작품이다. 원래 나한신앙은 즉각적인 가피가 있다 하여 민중과 친근한 성격을 갖는다. 따라서 나한상은 엄격한 형식에 구애되지 않고 자유로운 발상으로 조성을 하기 때문에 삼천갑자를 지낸 신선이나 할아버지 같은 모습으로 해학적인 요소를 곁들여 모셔진다. 그렇기에 새벽이나 밤중도 그렇지만 오후 햇살이 들어오는 한낮에 들어가면 나한님이 먼저 말을 걸어오실 것만 같은 기운을 항상 느낀다.

특히 송광사 응진전의 후불탱화는 나에게 각별한 의미가 있다. 보조국사와 진각국사 두 분을 제외한 16국사 영정 도난 후에 본·말사의 귀중한 불상이나 탱화를 본사 박물관 수장고로 옮겨 모시면서 기존의 자리에는 사진을 찍어 틀에 넣어서 대치했다. 이 사진작업을 한 분이 이경택 거사다. 예전에 고려불화특별전을 하면서 일본에 반출되어 국보 대접을 받는 고려불화 여러 점도 건너와 전시된 적이 있다. 그때 도록을 만들기 위해 오백나한도와 월출산 도갑사의 관세음보

응진전 석가모니불

응진전 나한상 | 응진전은 나한전의 다른 이름이다. 내부에는 소조 형식의 16나한상이 모셔져 있다. 나한상의 천진무구한 모습은 불법의 대자유를 상징적으로 보여준다.

살 32응신도 등 모든 불화를 사진으로 남겨 보관하고 있는 분이다. 오백나한도는 서울 법련사 2층 강당에 모셔져 있어서 감상할 수 있다. 그중 내가 구한 것은 월출산 도갑사의 관세음보살 32응신도와 응진전의 후불탱화 사진이다. 나는 이 영인된 탱화를 가는 곳마다 모시고 다닐 정도로 경외한다.

선방 스님들은 정진 동안에는 염불을 하지 않는다. 물론 법당의 예불이나 지장전에 영가를 위한 천도에서 특별한 경우를 제외하면 그렇다. 전국 어디에서건 이건 통례다. 그런데 오직 송광사에서는 동안거의 정초 7일기도를 주야로 그치지 않고 선방스님들이 목탁을 치고 염불을 한다. 이것은 구산 스님께서 나한님들의 가피로 한 해 도량의 모든 일이 무탈하기를 바라는 뜻으로 시작했다. 요즘은 정초기도에 삼일암 마당에 응진전 높이에 맞춰 임시단을 설치하고 비닐로 하우스를 만들어 난로까지 놓기 때문에 기도의 열의가 한층 높아졌다. 응진전에 진해지는 영험담도 여러 번 들은 바 있는데 여기서는 이만 줄인다.

미소실
진리는 심각하지 않기에

하사당의 시자에게 가서 상사당의 큰스님 뵈러 왔노라고 통기하면 구산스님 영정을 지키던 방에서 나와 층계를 올라가 삼일암에 가서 여쭙는다. 들어가라는 전갈을 받고 댓돌에 신발 벗고 툇마루에 올라서서 띄살문을 열면 넓은 방이다. 들어서면 칸막이 저쪽 아랫목에 큼직한 나무뿌리 책상이 놓였고 그 동편에 너그럽고 인자하신 일각 방장스님이 서쪽을 향하고 앉아 계신다. 참배 드리고 나서 다가앉으란 말씀에 무릎걸음으로 가깝게 가 앉고 보면 북쪽 벽에 달마스님의 영정이 걸렸다. 남쪽 벽은 문짝이 달려있어서 밝은 기운이 가득하다. 거기에서 들어오는 빛이 희게 도배한 벽에 올려서 방안을 맑게 해준다. 방안에는 별다른 세간살이나 장식이 없다. 불자(拂子)가 보이고 죽비인가가 걸렸고 윗목 한쪽에 등의자와 전화기가 있다. 선실의 조용한 맛이 천근인 듯 가라앉아있다.

"지원 거사(신영훈 문화재전문위원)도 이 방에서 하룻밤 자 보라구. 자고 나면 고만 날아갈 듯이 개운하단 말야. 저만큼 내려가서 다른 방에서 자 보면 여기서 만큼의 상쾌한 맛을 느낄 수 없단 말야."

그리곤 웃으신다. 일각 방장스님의 설명이다.

"옛날에 효봉 노스님도 그런 말씀하셨더랬어. 이 방의 기가 맑다고 말이지."

건물 위치에 따라 각기 지니는 풍미가 다르다는 것인데 유별나게도 삼일암은 정신을 맑게 해준다고 한다. 그래서 고승들이 나셨는가 싶기도 하다. 송광사를 대상(臺上)과 대하(臺下)로 나누어 보기도 하지만 가람이 배설된 법으로 보아 상·중·하단의 삼단으로 나누기도 한다. 중단엔 부처님의 보궁들이 있다. 대웅보전, 지장전, 영산전, 약사전 등이다. 하단엔 법성료 등의 요사채들이 있는데 상단엔 수선사, 설법전 등 스님들의 수행좌기처가 자리를 잡았다. 삼일암도 상단에 있다.

보조국사님도 상단에 계셨던 듯하다. 열다섯 분 국사님들도 그리하셨을 것이다. 이분들은 지금도 상단의 국사전에 머무신다. 그 후의 고승대덕들두 그렇게 하셨을 듯하다. 삼일암의 전설로 봐서도 그렇다. 아홉 번째 조사스님은 담당국사이셨다고 한다. 보조국사님의 사리탑을 모신 대의 아래쪽에 영천이 있는데 이곳의 물을 마신 지 사흘 되는 날에 오도하셨다. 얼마나들 흥쾌하고 기뻤는지 이후에는 여기를 삼일암이라 불렀다. 담당국사께서는 천자암에서 수도하고 계셨었다. 큰 절에 내려오셨다가 상사당에 머무시게 되었는데 그때에 물을 마시셨고 그래서 그런지 사흘 만에 오도하게 되셨던 것이다. 이로 인하여 그 물을 삼일영천이라 하고 상사당의 별호를 삼일암이라 하게 되었던 것이다. 효봉 스님 때만 해도 상·하사당에서 여럿이 좌선하기도 하셨었다고 한다. 상사당에는 어른들이 머무셨고 하사당에는 아직 젊은 스님들이 모여 수선하였었다고 한다. 수선사가 세워지고 송광사에 총림이 결성되면서 상사당인 삼일암이 방장스님이 거처하시는 미소실이 되었다고 한다.

미소실은 정면 3칸 측면 3자의 조촐한 건물이다. 남향하여서 서향한 응진당과 일곽을 이루는 듯이 조치되었다. 응진당보다는 한 단 낮은 터에 있다. 삼일암에서 마주 바라다보이는 남쪽에 설법전이 있는데 설법전은 응진당보다도 더 높은 자리에 건축되어 있다. 설법전, 응진당, 상사당이 ㄱ자형을 이루는 듯이 자리 잡고 있는 중에 삼일암은 제일 낮은 자리를 차지하고 있다. 그만큼 질박한 성격의 건물이라고 할 수 있겠다. 그렇긴 해도 상사당은 하사당보다는 높은 터선에 있고 상사당의 뒤편은 높은 축대를 이루고 있어서 뒤에서 보면 상사당은 축대 위에 덩그러니 올려진 듯이 보인다. 축대 낭떠러지 아래에 삼일영천이 있다.

상사당
높고 낮음이 어우러져

상사당에 앉으면 삼일영천을 슬며시 내려다보는 작은 문이 둘 있다. 작은 방 쪽의 문 언저리엔 전화기가 놓였는데 그쪽 벽 중방 위로 효봉 스님의 큼직한 사진이 걸렸다. 가사를 입어 정장하신 채로 석장 짚고 서 계신 모습이다.

"우리 효봉 노스님의 은사스님은 택이라 법호 하셨지. 속명이 임석두이신데 금강산 도인이시라고 유명하셨지. 이분에겐 일화가 있어. 젊어 스물댓 되었다지. 당시 해인사 주지스님은 이회광 스님이셨는데 회광 부처님이라고 떠받들 정도로 대단하셨어. 그 어른이 어느 날 법문을 하셨는데 '모든 부처가 내 입에서 나온다'고 하셨대. 임석두 스님이 대중 속에서 일어서며 '부처님은 스님 입에서 나오지만 스님은 어디에서 나오셨소' 하고 물었대. 갑작스러운 물음에 회광 주지스님은 얼른 대답하지 못하고 우물쭈물하자 달려나가 회광 스님이 앉은 법상을 흔들어 버리곤 금강산으로 입산하고 마셨대. 그런 보택 스님께 가르침을 받고자 효봉 스님이 금강산을 찾아가셨는데 유점사에서 자고 이튿날 신계사엘 가셨더란다. 인사드리자 임석두 스님이 이윽고 바라보시다 '몇 걸음에 왔노' 하고 물으셨단다. 효봉 스님이 자리에서 일어나 방안을 한 바퀴 휘돌고는 다시 제자리에 앉았대. 방안의 여러 스님들이 10년 수행한 사람 못지않다 하였고, 석두 스님께서 제자 되길 허락하셨어. 후에 모시고 있다가 석두 스님 따라 송광사에 스님의 적을 두셨지. 보조국사께 심취하셔서 10년을 송광사에 사셨어."

손수 차를 달여 주시면서 일각 그 독특한 웃음을 빙긋이 웃으신다. 그리고 앉으신 뒷벽을 가리키신다. '목우가풍'이란 편액이 걸렸다. 염재라는 분이 쓰신 것인데 필치가 활달하다. 무슨 뜻인 줄 알겠느냐고 하신다. 실명해 주시길 부탁드렸다.

"송광사의 전통적 가풍을 일컫지, 선수행을 하는데 마치 소먹이는 듯이 하라고 하셔서 그에 따라 소먹이기의 가풍이 수립되었지. 목동이 소를 먹일 때 들판의 풀을 뜯으면 고삐를 풀어주지만 밭의 곡식을 먹으려 하면 조여 잡아 먹지 못하도록 하는 일이 보통이야. 목동의 소먹이는 태세가 공부하는 이들의 선수행에 가장 적절한 방법이라 하시고 보조국사께서 스스로 목우자라 하신 것이지. 그분이 이룩하신 이 목우자의 가풍은 곧 지악양선(止惡揚禪), 악한 것 그치고 선한 것 드날리는 것을 선수행의 기본으로 삼아야 한다는 데에 있어. 소먹이는 목우자 가풍의 골자는 다름 아닌 돈오점수의 법문이지."

말씀이 점입가경인데 마침 손님이 오셔서 말허리가 잘리고 말았다. 미련이 남아 얼른 일어서 물러나지 못하고 작은 방에 옮겨 앉았다. 무심하게 바라보다가 아랫목 왼손 편 귀퉁이에 걸려있는 큼직한 붓이 눈에 들어왔다. 자루가 내 키만큼이나 족히 되겠다. 붓을 보면 생각나는 일이 있다. 구산 스님께서 이 방에서 연비해 주시고 지원이라 이름 지어 주시면서 '이뭣고'를 생각하라고 하셨다. 그리곤 화선지 제 크기 가득한 자리에 큼직한 붓으로 '是甚麽(시심마)'라 쓰시고는 타우자(打牛子)라 서명하시고 낙관까지 찍어 잘 접어 봉투에 넣어 주셨다. 그 때의 환희지심이 가슴 가득히 떠올라서 앉아 있는 마음이 후끈해진다. 잠시 툇마루에 나선다. 나서는 걸음에 기둥에 얹힌 포작이 눈에 뜨인다. 주두 위에 두공 없고 주두 아래 헛첨차를 끼웠다. 주심포인 듯한 구조이나 주심포는 아니다. 외목도리가 없다. 그러면서도 익공계의 공포인가 하면 재주두가 없다. 의공계도 주심포계도 아닌 절충형이다. 아주 미묘한 구조인 것이다. 송광사엔 여러 가지 유형의 공포들이 있다. 마치 공포 박물관인 듯한 맛이 짙게 풍긴다. 공포 사이의 좁은 틈새로 푸른 하늘에 떠있는 하이얀 구름이 보인다. 점점 피어오르는 뭉게구름이다.

삼일암
사방으로 1장의 방에 앉아

방장스님은 손님이 돌아가신 뒤에 송알송알한 포도를 권하며 다시 이야기를 시작하신다.

"문득 깨치고 점점 수행하는 방법을 돈오점수라 해. 우선 문득 깨쳐야 하지. 우리의 본성이 낳았다 죽었다 하는 것이 아니지. 낳았다 죽었다 하는 것은 육신뿐이지. 육신만을 보면서 사는 것 하지 말고 여지없이 본성을 깨달아서 알아야 한단 그 말이야. 본성이란 말은 본래의 성품이란 뜻이지. 마음이 생긴 곳. 즉 생각이 일어나는 자리를 일컫는다고 하는 것이지."

내 손에 쥐어져 있던 송알송알한 포도송이가 벌써 반이나 축이 났고 기승스럽게 울던 매미가 잠시 소리를 멈췄다. 일각 방장스님 말씀은 계속된다.

"우리의 마음은 어디에서 생겼느냐? 우리의 생각은 어디에서 생겼느냐? 이런 의심을 가지면 마치 물거품은 어디에서 생겼느냐? 물에 뜬 달은 어떻게 생겼느냐? 이것을 소소령령히 알아내듯이 우리의 마음자리를 꿰뚫어 자각하여야 비로소 돈오의 경지에 도달해. 이를 문득 깨닫는다고 말하는 거지. 본성을 확연히 깨닫고 난 뒤에 수행해야 진정한 수행이지 돈오하지 못한 채로 수행만 한들 고작 헛수고에 불과해. 또 돈오한 뒤에 가만히 있다면 그것은 수행이 끝났다는 뜻이 되지만 수행에는 끝이라는 게 없어. 얼마든지 수행해야 할 여지가 있음을 목우자(보조국사)께서는 설파하신 것이지. 깨우친 뒤에 수행을 계속해서 구석구석에 미치는 곳 없어야 한다는 말씀이 점수의 참 의미야."

송알송알한 포도송이가 이제 하나도 남지 않게 되었다. 요란한 벌레들 울음소리가 다시 들리기 시작한다. 참 어렵다. 말씀은 쉬운데 터득하기가 난감하다. 나 같은 목수야 집 짓는 일이 고작이니 선지식들의 말씀을 선뜻 이해하긴 어렵다. 눈치를 채셨다.

"서울에 한번 발 디딘 시골 사람이 서울 생활을 잘 모르면서 서울사람이라고 우쭐대지. 그야 살기 시작하였으면 서울사람이지만 환하게 아는 사람에게는 미치지 못하는 법이지. 서울사람 된 것을 확연히 깨달은 것을 돈오라 하면 구석구석을 알기에 노력하는 일을 점수라 하는 거지. 그래야 진짜 서울사람 되는 것 아닌가."

생각나는 일이 한 가지 있다. 현호 주지스님과 협의할 일이 있어 송광사에 갔다. 몇 번 뵙기는 하였지만, 그날도 삼일암에 올라가 구산 스님께 인사 여쭈었다. 단정히 차려입고 계셨다. 부축해 드리긴 하였지만 매무새에 흐트러짐이 없으셨다. 따뜻한 손으로 꼭 잡아 주신다.

"스님, 지원 거사가 대웅보전 짓는 일에 전심하겠다고 합니다."

현호 주지스님의 아룀이었다. 한 번 더 따뜻한 손으로 힘껏 잡아주신다. 사흘 뒤에 입적하셨다는 소식 듣고 되짚어 내려가 뵈어야 하였다. 전하는 말을 들었다. 1년 전부터인가 이리저리 정리하시면서 "내년에는 내가 옷 갈아입어야 해" 하시더니 정말 훌훌 벗고 떠나셨다고 한다. 대웅보전 짓느라 태백산에서 베어온 아름드리 소나무로 우선 당신 들어가실 법당부터 지으셨다. 자그맣고 아담한 법당이었다. 앉으신 채로 들어가실 질박한 건물이었다.

돈오점수의 실천이 그런 것인가. 목우자 가풍이란 저런 것인가 여겨 보지만 내겐 아무래도 어렵고 무겁다. 마지막 뵙던 모습이 떠오르니 눈시울이 바들거린다. 말씀 잘 듣고 물러갑니다. 깊게 삼 배하고 얼른 방장실에서 나왔다. 대웅보전 지붕 위에서 기와 잇는 와공들 소리가 왁자지껄하다. 가신 분의 뜻을 좇아 지금도 중창의 불사는 성의껏 진행되어 가고 있다. 툇마루에 나서다 보니 서까래와 부연을 건 겹처마가 보인다. 단청은 모로 하였다. 간결한 무

상사당 현판

삼일암에 머무르셨던 효봉 스님, 보성 스님(상) 일각 스님(하)

삼일암 앞에서 현호 스님과 보경 스님

방장실에 앉은 일각 스님

(1984)
불기 2528년 갑자하안거 결제기념 음 4. 15

1984년 하안거 결제 대중 | 일각 스님 방장 부임 후 처음 맞는 결제였다.

산신각 설법전 응진전 그사이로 보이는 삼일암 하사당이 한 구역을 이룬다.

삼일암을 중심에 두고 응진전(상) 하사당(하)이 고즈넉하게 서있다.

늬로 채색한 것이다. 신발 신고 마당에 내려와 올려다보니 지붕은 팔작 기와 지붕이나 용마루 등엔 큰 장식이 없다. 전체적으로 봐서 조선조 후기에 다시 지은 건물이다. 삼일암 오른쪽에 3칸 건물이 하나 더 있다. 옛날엔 땔나무 등을 챙기던 헛간이었는데 고쳐서 지금은 시자실로 사용하고 있다.

 보경 스님의 손바닥소설

삼일암·미소실·상사당, 그리고 방장실은 이명동당이다. 삼일암은 담당국사, 미소실은 구산 스님, 상사당은 도량 배치에서 연유하는 말임을 신 선생은 세 차례의 연재에 적고 있다. 이 건물은 총림의 어른인 방장스님께서 주석하시는 곳이다. 방을 반으로 나눠 미닫이문을 달았다. 구산 스님은 밤에는 미닫이문을 달아 안쪽에 주무시고 시자가 바깥방에 자도록 하여 함께 생활하셨다. 시자를 봤던 사숙님들의 이야기에 의하면 9시 취침에 들 시간이면 스님은 앉아서 정진을 하셨고, 3시에 일어나 보면 벌써 앉아계시더라는 것이다. 이런 분… 다시 없을 어른이셨다.

한편, 방장의 어원이랄까, 용례는 유마 거사가 거처하는 방이 사방으로 1장(丈) 즉 (가로·세로)약 3m 넓이의 방이었다는 고사에서 연유한다. 부처님 당시의 유마 거사가 병이 들었을 때 그가 거처했던 사방 1장의 방에 문병 온 3만 2천의 천신 대중을 모두 사자좌에 앉게 한 데서 방장이라는 말이 생겨났다. 유마경에도 나오는 것이지만 부처님은 보살들을 차례로 문병을 보냈다. 그런데 경지가 높은 유마 거사를 감당하기 어려웠다. 드디어 지혜의 상징인 문수보살이 찾았다. 유마 거사는 자신의 병의 원인을 이렇게 설명했다.

"아득히 먼 과거부터 생사를 거치면서 중생이 병들었기에 나도 따라서 병이 든 것입니다. 그러니 중생이 낫는다면 나도 나을 것입니다. 만약 중생이 병과 고통을 벗어난다면 모든 보살들도 다시는 병이 없을 것입니다. 자식이 병들면 부모도 병들고 자식이 나으면 부모도 낫습니다. 보살도 마찬가지입니다. 중생이 병들면 보살도 병들고 중생의 병이 나으면 보살도 낫습니다."

다시 말해 보살은 중생의 병이 내 병이고 나의 아픔이며 중생의 병과 고통이 사라져야 비로소 나의 안락도 얻어질 것이라는 동체대비의 법문이다. 중생이 아프기에 나도 아프다는 말은 여기에서 유래한다. 그리고 사면으로 크기가 3m인 방에 3만 2천의 보살과 대중들이 앉았다. 보통의 방은 사람 크기와 수에 비례하여 제한적으로 들어가지만 유마의 방장은 그렇지 않다.
노자의 말이 떠오른다.

그것은 보아도 보이지 않는 것이어서 형체도 없는 것[夷]이라고 부른다.
그것은 들어도 들리지 않는 것이어서 소리도 없는 것[希]이라고 부른다.
그것은 만지려 해도 만져지지 않는 것이어서 미밀한 것[微]이라고 부른다.

이 셋을 넘어야 도의 세계에 들어간다. 가장 넓은 것은 끝을 몰라야 하고, 가장 작은 것은 속이 없어야 한다. 유마 거사의 한 평 밖에 되지 않는 방에 3만의 대중이 들어가고도 남았다. 그래서 방장은 큰 방이고 큰 그릇이다. 아직도 부족하여 뭐든 더 채우고 싶은 부족한 마음의 그릇은 결코 아니다. 삼일암은 겉에서 보면 세 칸 집이다. 원래는 안쪽의 한 칸에는 불을 지피는 아궁이가 있었다. 그런데 일각 스님께서 생활공간이 부족하다고 느껴 그 칸에 방을 넣어 사용하기 시작했다. 또 방장실은 방 중간에 미닫이가 있는 두 칸의 방인데 한 칸의 크기가 유마 거사의 방장처럼 사방 열 자의 방이라는 설명을 들은 적이 있다. 모든 것을 화려하고 권위적으로 꾸며가는 세상에서 그래도 삼일암은 그 크기를 존엄하고 있다.

프랑스의 문호 빅토르 위고의 말이 새삼 신선하게 다가온다.

"바다보다 넓은 것은 하늘이고 하늘보다 넓은 것은 인간의 마음이다."

하사당
낮아서 좋은 집

이 건물이 언제 창설되었는지는 모르겠으나 오래된 집일래라. 그간에 여러 번의 수보가 있었으련만 다시 비가 새고 용마루가 흩어지고 기둥이 기울어졌으니 그냥 두기 어렵게 생겼다. 하물며 상사당의 스님들 시중을 받들어 성불하시기 일념하시게 해야 할지니 하사당의 소임이 적다 하기 어렵다. 이에 여럿이 의논하여 일을 시작하니 각기 소임에 따라 진력하였다. 비로소 옛 모습 찾아 말끔히 재현되니 심히 기쁘기 한량없고나.

1899년(고종3)에 하사당이 중건(크게 고치어 새롭게 완성시킨 큰 역사)되고 금명 스님이 '하사당중건상량문'을 지어 기록을 남겼다. 하사당은 그 후에 다시 수리된다. 1960년대인데 문공부의 국고금을 받아 승주군에서 행한 해체수리의 큰 공사였다. 조원재라는 도목수 겸 공사 수주업자와 최용완이란 감독관이 작업을 주관하였다. 이 해체작업이 완료되었을 때 말썽이 생겼다. 지금의 부엌 자리가 옛 모습에서 달라지게 되었고 지붕 위의 환기통이 자취를 감추게 돼 있었다. 다른 나라에서 들여온 나무로 기둥을 바꾸는 등의 일도 벌어졌던 것이다. 기회 있을 때마다 문제로 제기되어서 결국은 부엌과 환기통은 옛 모습을 다시 되찾게 되었다. 문화재의 보존사업이 얼마나 어렵고 조심스러운 것이냐를 말해 주는 하나의 증좌라고 할만하다.

하사당은 방장스님 계신 삼일암의 서쪽에 있다. 한 단 낮은 터전에 있으면서 남향하였다. 상사당과 더불어 송광사의 서쪽 구역에 자리 잡으면서 남향한 몇 채의 건물 중의 하나이다. 지금까지 조사된 바로는 하사당은 조선조 초기인 1500년대에는 이미 창건되었던 것으로 알려졌다. 이 시기에는 우리나라에 현존하는 중요 건축물들이 조영된 시절이기도 하다. 그중에 이름난 건물들을 손꼽는다면 절집을 비롯하여 문묘와 살림집에 이르기까지 그 내용이 다양하다.

개성 관음사 대웅전, 곡성 관음사 원통전, 안동 봉정사 고금당, 개목사 원통전, 창녕 관룡사 약사전, 홍성 고산사 대적광전, 춘천 청평사 극락전과 회전문, 팔공산 환성사의 대웅전과 심검당, 그리고 관아에서 지은 해주의 부용당과 장수 땅의 문묘 대성전, 또 살림집 중의 안동의 충효당과 월성 양동의 향단, 무첨당, 관가정 등이 이때의 유명한 집들이다. 하사당도 이들 중에 속한다. 이들 건축물은 불타서 없어진 것과 이북 땅에 있는 것을 제외하고는 거의 국가에서 보물로 지정하여 보호하고 있다. 하사당은 보물 제263호로 지정되어 있다.

하사당의 규모를 현대인들은 정면 3칸, 측면 3칸이라 부른다. 9칸이 되는 셈인데 실제로 이 집을 지었을 때의 개념으로는 한 칸 넓이의 방과 앞쪽의 퇴간 반 칸이 달린 두 칸과 부엌을 두 칸이라 해서 다섯 칸 집이 된다. 더 정확하게 말한다면 옛날엔 부엌은 칸 수에서 제외하였으니까 두 칸의 부엌을 뺀다면 하사당의 실제 규모는 삼 칸 집이 되는 것이다. 한 칸짜리 방, 두 칸과 반 칸짜리 퇴가 한 칸이 되어 도합 세 칸이 되는 것이다.

기둥은 둥구리나무를 배흘림 두거나 민흘림 두어 깎았고 기둥머리에는 주삼포의 화두아(花斗牙)를 설치하였다. 이른바 주심포의 공포를 구조한 것이다. 단청은 베풀지 않아서 말쑥한 백골로 나이 먹은 때가 묻어 세월을 말하여 주고 있다. 처마는 앞은 겹처마 뒤쪽은 처마이며, 지붕은 기와 얹은 맞배인데 부엌의 용마루 위에 눈썹지붕을 따로 설치하여 배기공을 삼았다. 다른 건물에서 볼 수 없는 특징 있는 외형이다.

잘 짜인 집

하사당은 1923년에 한 번 더 중수된다. 명성각, 화장루, 진남문, 시기문과 여관(이상의 건물들은 지금 남아있지 않음)을 중건하고 백설당, 청운당, 하사당을 중수하였다. 또 부도암 비림의 일각문을 새로 세웠다. 이 일을 맡아 한 도목수는 고창식이다. 이분은 향목(지방에서 주로 활약하던 목수들)이었다. 같은 해 봄에 용화당을 중수한 도목수는 임배근인데 이분은 경목(서울을 비롯한 중앙무대에서 활약하던 목수)이었다. 임배근 도목수는 나도 생전에 뵌 적이 있었다. 수원의 화성 동장대를 1959년도에 보수할 때 직접 관여하신 바 있었고 1962년도부터 시작된 서울 남대문 중수공사 시에도 잠깐 관여한 바 있었다. 나도 남대문 공사에 감독관으로 종사하고 있어서 만나뵐 수 있었다. 그분의 아드님은 지금도 현업에 종사하는 임덕창 씨인데 부친을 닮아서인지 건강하게 고령의 세월을 지내고 있다.

임배근 도목수는 조선조에서 마지막으로 경영한 대규모 공사이었던 서울 동대문 공사에도 관여하였던 분이다. 그의 스승은 최원식 도편수인데 그분은 경복궁의 중건역(고종 2년에 흥선대원군에 의하여 진행된 당시 국내 최대의 역사)에서도 도편수의 소임을 맡은 바 있다. 도편수는 좌·우편수를 거느리고 좌·우편수는 각기 능력에 따라 편성된 대목들 수십 명을 다스린다. 도편수가 지휘하는 이들이 집 짓는 일에서 중추적인 기능을 발휘한다. 도편수가 되면 나라에서 벼슬을 준다. 행수라고도 부른다. 수는 나무일, 돌일, 대장간 일들을 구분하여 각 분야마다에서 우두머리로 뽑는 것인데 소임에 따라 목업행수·석업행수 등등으로 부른다. 이들 행수들은 지유(指諭)의 지휘를 받는다. 목업지유·석업지유 등등의 직책인데 이 중에서 가장 급이 높은 것이 목업지유였다. 목업지유에 의하여 경복궁과 같은 공역은 총지휘 되었던 것이다. 임배근 씨는 이 시절에 어린 나이로 대목이었는데 목수라 통칭되는 대목도 능력에 따라서 여러 단계의 수준으로 나뉘어져 있었다고 한다. 그런 도대목이 송광사의 작은 건물 중수에 참여하였던 것이다. 그만큼 송광사의 집들은 격조가 높았던 것이라고 할 수 있겠고 향목인 고창식 대목도 수준이 꽤나 되어서 송광사 큰일에 발탁되었던 것이라고 할만하다. 이들이 관여한 건물들이 현재 국가의 중요문화재로 보존되고 있다. 하사당도 보물로 지정되어 있다. 창건 당초의 모습에 변경이 없었기 때문에 학문적인 가치가 높이 평가되었던 것이다. 그것이 1960년대 해체 중수 시 일부에 손상이 초래된다. 몹시 아쉬운 노릇이다.

하사당에서 주목되는 학술적 가치는 그 가구법에 있다. 기둥 외부분에서 어떻게 도리를 걸어 서까래를 받게 하느냐의 법식이 가구법에 나타난다. 이 법식은 집을 짓는 기본골격의 형성을 논리화시킨 방식인데 어떤 법식을 따르느냐에 따라 집의 가구는 제각기의 특성을 나타내게 된다. 하사당은 외부도리가 있는 집이다. 앞의 외목도리에서 뒤편 외목도리 중심까지의 길이의 1/2이 외목도리와 중도리 사이의 간격이 된다. 그 간격의 1/3이 종도리와 중도리 사이의 넓이가 된다. 이 중도리의 위치는 짧은 서까래의 자꺾음장예(직각삼각형 빗변의 각도)를 얼마로 잡느냐와 장연(긴서까래)의 물매를 어떤 각도로 잡아 처마의 짜임새를 어떻게 하느냐에 절대적인 요건이 된다. 중도리 위치를 두고 여러 가지의 법식이 논리화되어 있다. 조선 초기의 건물들이 어떤 법식을 채택하고 있었느냐의 탐색에서 하사당의 가구법은 그만큼 중요한 자료가 된다. 이 점은 목수의 능력이 어떠하였느냐와 직결된다고도 할 수 있다. 창건 당초의 목수는 비록 알 수 없으나 중수한 목수의 방명을 알게 되므로 해서 이 기법의 유형은 더욱 그 값을 받게 된다고 할 수 있다.

나무는 집이 되어 두 번 산다

희끗희끗 하면서도 나이 먹어 가무잡잡한 백골집의 아름드리 둥근 기둥이 탐스러워 슬며시 안아 본다. 그놈 한번 잘 생겼구나, 한 번 더 쓰다듬어 본다. 나잇살이 손바닥에 압축된다. 기록에선 아직 찾지 못하였지만 옛날엔 조계산 숲이 아주 좋았던 듯하다. 임진왜란 이전까지만 하여도 울울창창하였던 듯하다. 그러나 병화를 겪고 더구나 말기가 되면 숲은 이미 많이 피박되어 현종 8년(1842) 3월 2일에 2,152칸이 불에 탄 것을 중건하기 위하여 재목 구할 때쯤에는 산 내의 소나무만으로는 부족하여 인근 여러 곳에서 소나무 재목을 구해다 써야만 할 정도가 되어 있었다. 이 시절엔 소나무가 재목으로서는 으뜸이라 여겼다. 그렇긴 하여도 조계산엔 밤나무 숲이 무성하였다. 이 밤나무로 인하여 송광사는 큰 덕을 본 적도 있었다.

1842년에 불탄 것을 이듬해 중건할 때에도 그 덕을 보았다. 원래 조선조는 숭유하여서 유난히 조상숭배에 진력하였는데 조상 위패가 집집에서 제일 가는 보배이었다. 나라에서도 마찬가지이어서 임진왜란 때 종묘의 위패를 모셔낸 신하를 크게 상주어 포상하는 정도이었다. 위패는 꼭 밤나무로만 만들어야 하였다. 주척으로 한 자 길이의 밤나무 패가 신주가 되는 것이다. 수없이 죽는 임금과 왕족, 그리고 배향되는 공신과 성현들을 위하여 수 다한 위패가 제작되어야 하였다. 이것을 국가에서 공급하는 것이 제도이었다. 이를 위하여 전라도에서도 식년을 정하고 밤나무를 봉산하게 되면 불편한 일도 있지만 산과 관리하는 절에는 적지 않은 이득도 있게 된다. 그래서 은근히 봉산되기를 희망하든가 더러 교섭하기도 한다. 그러나 우선 밤나무 숲이 좋아 적정하다는 봉상시의 판정이 있어야 결정된다. 산의 나무는 수영에서 관장한다. 수사의 지휘를 받게 되므로 고을의 관리들은 간섭하지 못한다. 이 일은 잡역세가 탕감되고 부역에서 면제되는 특전이 뒤따른다. 오히려 인근 여러 고을의 장정들을 예속받아 지휘할 수 있어서 음으로 양으로 상당한 이득과 권위를 누릴 수 있어 더욱 좋다. 1843년의 중수는 이 봉산의 덕을 톡톡히 본 셈이었다. 봉산은 그 후 철종 12년(1861)에 한 번 더 이행된다. 이때 이래의 식생인지는 알 수 없으나 지금도 조계산에 들어가 보면 소나무보다는 잡목이 월등히 무성하다. 최근 (1923년)에 중건한 건물들에서는 재목 중에 소나무 아닌 것이 눈에 뜨인다. 하사당에서도 소나무 아닌 재목들이 지목되고 있다.

옛적엔 소나무보다는 산유목이 재목으로는 으뜸이라고 손꼽혀왔다. 지금

하사당(보물 제263호) | 상사당인 삼일암 아래에 있어서 붙여진 이름이다.

은 재목 중 소나무를 제일로 치지만 옛적엔 산유목 없을 때나 격조가 그만하지 못한 집에서나 소나무를 썼었다. 소나무는 일반 용재에 보편적으로 쓰인다. 특수 부분엔 딴 나무를 재목으로 쓰는 수가 적지 않다. 하사당도 그런 예의 결구를 보이는 고급의 건축물이다. 하사당은 상사당의 시봉처이다. 지금도 삼일암의 방장스님 모시는 시자 소임의 스님이 거처하고 있다. 삼일암에 가려면 하사당 시자에게 연통하고 그가 방장스님 거취를 살펴 통기해주면 비로소 올라가 뵙게 마련되어 있다. 지금의 하사당 시자스님은 전의 방장이시던 구산 큰스님과 삼일암 현 방장스님을 모셔야 한다. 하사당에는 구산 큰스님의 영정과 함께 사리가 보존되어 있다. 영정각과 사리탑이 세워지기까지엔 여기에 안주해 계실 참이다. 시자는 두 방장스님 모시는 일에 공력을 다하고 있다.

 보경 스님의 손바닥소설

난 하사당에 잠깐 살았다.

하사당은 상사당의 방장스님을 보좌하면서 내방객을 관리하여 삼일암으로 안내하는 곳이다. 선종사에 의거하자면 중국에서는 주지가 곧 방장이다. 중국 선종사 최초의 주지이자 방장은 칙수백장청규라는 총림의 생활에 대한 규칙을 제정한 백장회해를 든다. 그는 청규에서 총림대중의 소임과 역할에 대하여 상세히 적고 있다. 그런데 당시의 선원청규나 칙수백장청규에도 방장의 직함은 없고 공식적인 대표 소임자는 주지였다. 당송시대 주지의 취임을 개당설법 또는 승좌설법이라 하여 법을 설하는 것에 의미를 두고 있었다. 참선수행자는 방장(주지)화상을 뵙고 공부를 물어야 한다. 공부 상태를 점검받는다는 의미인데, 1:1 대면을 독참이라 하고 스승의 방에 들어가 지도를 받는다는 뜻에서 입실이라 한다. 즉 독참, 입실이 선종 특유의 수행문화이고 모든 대중은 의무적으로 5일에 한번씩 독대하여 공부를 점검받아야 한다. 점검은 주로 화두참구나 공안에 대한 것이었다. 그리고 문답은 10분 이내에서 비교적 간략하게 이뤄졌다. 인간사회는 교육을 통해 체계를 만들고 학습함으로써 각기 정체성과 후대의 전승을 용이하게 하는 방식을 추구해 왔다. 그러나 선종은 스승과 제자라는 사람 중심의 체계였기 때문에 제도적으로 사람을 양성하기 어려운 문제가 있다. 사람이 항상 현명하거나 공평하기는 어렵기 때문이다. 그리고 공동체 내에서 불필요한 경쟁과 반목이 얼마나 조직을 쉽게 와해시킬 수 있는지는 명약관화하다.

하사당에 대한 글이 회보에 실린 날짜가 1987년 1월이고 보면 내가 아직 군대에 있을 때다. 그때도 하사당에서 구산 스님 사리친견이 이뤄지고 있었음을 비로소 알게 된다. 이 건물에 대한 건축적인 의미는 신 선생이 세 번의 연재에서 누구나 쉽게 이해할 수 있게 설명이 되었다. 우리는 일반적으로 소나무가 건축재로 쓰였으리라 생각하는데, 보다 옛날에는 밤나무가 쓰였고 소나무는 밤나무 다음으로 활용되었음을 알겠다. 위의 글에서도 밤나무는 위패를 써서 모시는 일에 사용되었다.

『논어』「팔일」편에는 이런 대목이 나온다.

애공이 사에 관하여 묻자 재아가 답했다.
"하후씨는 소나무를 썼고, 은나라 사람들은 측백나무를 썼고, 주나라 사람들은 밤나무를 썼습니다. 밤나무를 쓴 것은 백성들로 하여금 전율케 하려 함이옵니다."

공자께서 이를 듣고 말했다.

"내 이미 이루어진 일은 말하지 않으며, 끝난 일은 간하지 않으며, 이미 지나가 버린 일은 탓하지 않겠다."

[成事不說, 遂事不諫, 既往不咎.]

재아는 밤나무 율(栗)이 두려워할 율(慄)과 음이 같아서 사람들을 다스리기 위해 밤나무를 쓴 것이라고 이해했다. 이 말을 들은 공자는 본래의 의미와 상관없는 말을 재아가 섣부르게 해버렸으니 이미 소용이 없음을 지적하신 것이다.

위패를 만드는 나무가 달라진 이유는 토양의 습기에 따라 잘 자라는 나무가 다르기 때문이다. 또 시대에 유행하는 나무도 있을 것이다. 주희는 이 부분에서 토질에 적당한 나무를 심어 신주목으로 활용한 것이라는 주석을 달았다. 그렇게 보면 건물에 쓰이는 나무도 환경에 따라 달라진다는 것을 새삼 알게 된다. 옛 사료를 보는 즐거움이 이와 같다.

관음전
누가 이 건물을 알아볼 것인가

　　1951년 5월 10일에 송광사에 큰불이 났다. 6·25전쟁 끝의 대참사이었다. 중앙구역의 중요한 전각들이 일조에 사라지고 만 것이다. 불타버린 채로 그냥 지날 수만도 없는 노릇이었다. 1957년 12월에 중건의 역사를 시작한다. 경제적인 상황이 아주 불리한 역경에서의 어려운 사업이었다. 취봉 스님이 화주가 되고 금당 스님이 주지 소임을 맡고 청은 스님이 감독의 일을 맡아 이 일을 감당하기로 하였다. 이 일은 1963년도까지 계속되는데 이때에 대웅전을 비롯하여 명부전, 종고각, 응향각과 박물관이 준성된다.

　　송광사에는 국보, 보물로 지정된 유물뿐만 아니라 뛰어난 유물들이 상당수 유존되고 있다. 이것들의 보존 관리가 급선무이었다. 이번 중건역에서 제일 먼저 착수되어야 할 일이 박물관의 창건이었다. 1957년 12월 27일에 불감고 자리에 관음전을 헐어낸 재목을 이용하여 박물관을 짓기 시작하였다. 관음전은 정면 3칸의 열두 칸짜리 아담한 전각이었다. 관음전은 정조 9년(1875)에 중건된 바 있다. 낙천 스님이 화주를 하고 인우 스님이 별좌를, 국민 스님이 도감의 소임을 맡아 진력하는 중에 도목수 윤수 스님이 애를 써서 진영당

관음전 | 호설편편(好雪片片) 눈송이가 떨어질 곳에 떨어지듯 관세음보살은 나의 소리를 듣고 응하신다.

관음전 내부 벽화 | 송광사 관음전은 본래 성수전으로서 왕실의 안녕을 기원하던 곳이다.

(원래 보현전 옆에 있던 것을 지금과 같이 국사전 남쪽으로 옮겨 지었다)과 함께 조성하였다. 이때에 중건된 관음전 위치는 지금도 제자리를 지키고 있는 대지전(1951년에 불타지 않음)의 남쪽에 있었다. 이때의 관음전 남쪽엔 응향각(지금의 대웅보전 북쪽의 응향각과는 다른 건물)이 있었다. 또 관음전의 동편에는 성수전이 있었다. 또 그 서쪽에는 마당이 열렸고 마당 남쪽으로 불감고(佛監庫)가 있었다. 지금의 관음전 주변과는 전혀 그 상황이 달랐던 것이다. 1957년도 중건 시에 이 관음전을 헐어내었다. 이 재목을 이용하기로 하고 불감고 자리에 박물관을 신축하기 시작하였다. 정면 3칸이었던 관음전에 1칸을 더한 규모로 박물관은 완성되었다. 이 박물관 건물은 1986년도에 다시 현 대웅보전의 북쪽으로 이건되고 응향각이라 편액된다.

관음전이 1957년도에 훼철될 때에 관음보살 좌상과 후불탱화는 성수전으로 옮겨졌다. 원래 성수전에 봉안되어 오던 고종황제의 위패는 그 서슬에 밀려나고 만다. 임금의 춘추가 성수망륙(육십의 나이를 바라다보게 된 시기, 즉 쉰한 살이 되는 해)이 되면 그의 장수를 기원하기 위하여 명산의 대찰을 지정하여 성수전을 짓고, 궁인들을 파견하여 천수만세를 기원하게 하는 노릇이 제도였다. 고종황제의 성수망륙의 기념이 발의되었을 때 송광사가 지목되었다. 1902년의 일이었다. 그러나 막상 성수전이 송광사에 경영된 것은 이듬해인 1903년 12월이었다. 성수전은 왕실의 원당이고 임금의 위패만 봉안하고 축수하며 일반 신도의 출입이 엄격하게 통제되고 있어서 사원 내에서는 이질적인 요소에 속하였다. 이 이질의 요소는 그것을 지탱하던 권위가 상실되면 당장에 거부반응을 받을 그런 여지가 있었다. 대한제국이 멸망하고 왕실의 권위가 실추되자 성수전의 가치는 상실되기에 이르렀고 드디어 1957년 10월에 관음전으로 바뀌고 말았다. 이질적인 요소의 제거와 동시에 사원건축의 일원화를 위한 조치인 셈이다.

관음전으로 바뀌긴 하였지만 성수전 당시의 구조와 형상이 아직도 태반이나 남아 있어 옛 모습을 찾아볼 수 있다. 이 점은 매우 중요한 사항이며 왕실의 원당건물이 어떻게 형용되고 설비되었던 것인가를 알려주는 좋은 자료로서 학문적인 가치가 매우 높다. 이 유형들이 이제는 아주 보기 드물게 되었기 때문이다. 송광사엔 영조의 모후인 숙빈 최씨를 위한 원당을 경영한 바도 있었으나 1803년 용흥사로 옮겨감에 따라 그 자취는 사라지고 말았다. 지금의 관음전은 그만큼 흥미 있는 건물이다.

역사적 건물은 자기의 이야기를 가진다

지금의 관음전은 바로 보조국사 사리탑 아래 양지바른 터전에 있다. 반듯하게 쌓은 대가 있고 앞마당이 만들어졌다. 나무와 꽃 사이로 가면 돌로 쌓은 댓돌이 있고 그 중앙에 돌층계가 놓였는데 좌우에 소맷돌이 있다. 소맷돌 머리에 짐승머리가 새겨져 있는데 아주 어리숙하게 생겨서 용머리인지 다른 짐승인지도 쉽게 구분되지 않는다. 보통은 용머리를 새겨 두는 수가 많다. 관음전은 정면 3칸이고 측면이 3칸이다. 굵은 둥근 기둥이 장중하게 섰고 바깥으로 2출목한 공포가 결구되었다. 공포에는 지나치게 머리가 커진 나무용이 우악스럽게 장식되어 있고 용꼬리가 길쭘하게 법당 내부로 뻗쳤다. 아름다운 형상이라고 하긴 어렵다. 처마는 처마이고 추녀 아래엔 받친 활주가 있으며 지붕은 팔작지붕인데 기와골 끝의 암막새에는 드림새 무늬를 용으로 새겼다. 이 암막새는 궁의 전각 등에서 볼 수 있는 것에 속한다. 성수전을 지을 당시에 관급되었던 것으로 보인다.

관음전 바닥엔 우물마루를 깔았다. 중앙간 뒷벽에 관음보살 좌상이 모셔져 있는데 1902년에는 고종황제의 위패가 놓였었다. 위패를 위한 장엄으로 신주(神主)처럼 꾸몄던 것이 지금도 그냥 남아있다. 뒷벽 신주 좌우에는 붉은색으로 칠한 둥근 해와 흰색으로 칠한 둥근 달이 그려져 있다. 색색의 구름과 서기가 서린 하늘에 두둥실 떠있다. 신주는 닫집과 기둥 바깥둘레의 난간으로 장엄되었는데 난간에도 용머리를 조각하였다. 목각한 솜씨가 뛰어난 것은 아니나 질박하고 구수하다. 신주 외곽은 감실이다. 감실 앞쪽 윗부분은 닫집이 보이도록 열었는데 개구부 가장자리 따라 용이 장식되어 있다. 용 장식 아랫부분은 전부 개방되어 들여다 볼 수 있게 되었으나 좌우는 벽체로 차단되어 있다. 벽체는 가운데 기둥으로 나뉘었는데 토벽이나 판벽하지 않고 종이로 두껍게 앞뒤를 발라 지벽하였다. 그 종이벽에 윤곽을 두르고 괴석과 잘생긴 나무나 꽃을 그려넣었다. 앞뒤의 네 면씩 좌우 여덟 폭의 그림이 거기에 있다.

관음전 전면 3칸은 모두 분합문으로 개방되었고 측면의 앞 퇴간에도 외짝문을 달았다. 나머지 칸에 토벽을 쳤는데 그 벽의 안쪽엔 벽화를 그렸다. 벽화를 그릴 수 있는 벽체는 중방과 중깃으로 해서 작은 화면으로 나누어져 있는데 좌우측벽은 중방 상하에 4면씩이고 뒷벽은 좌우협간에만 그려넣게 되어 있다. 중방 위로 3면식이고 중방 아래로도 3면식이다. 합하여 모두가 28면이 되는데 그중 중방 이상의 1면에는 화조도를 그렸고 중방 이하의 세 면에는 관복과 조복을 입은 정승들을 국궁한 모습으로 그렸다. 좌우의 뒷벽 6면에는 정일품이라 쓰고 금관조복을 갖추어 입은 정승들이 감실 쪽을 향하고 국궁하였다. 좌우벽에는 사모 쓰고 판복 입은 이들이 역시 국궁하였는데 정일품, 정이품, 종일품이라고 각각 써넣었다. 정일품이 1원(員), 정이품이 3원, 종일품이 4원으로 여덟 명이다. 고종황제의 위패를 모시면서 거기에 경배하는 관원의 우두머리들을 벽화로 그렸던 것이라 보인다. 1902년 당시의 특정인의 모습이라고는 할 수 없으나 정일품의 대관이 국궁하고 있다는 데서 이 건물의 격조가 월등하였음을 알아볼 수 있다. 보는 이에 따라서는 해석이 다를 수 있으나 조선조 왕실의 원당이 비교적 온전하게 보존되어 있고 벽화와 감실과 신주까지가 구존되고 있다는 점에서 관음전은 학술적인 가치가 매우 높다고 할 수 있다.

불교가 억압받던 한 증거가 아니겠느냐 해서 흔적 없이 개조한 대부분의 사례로 이젠 아주 보기 드물게 된 한 유형이 송광사에는 고스란히 남아 있다. 승보사찰로 송광사가 손꼽히고 대중들의 식견이 놀랍다는 칭송은 이런 측면에서도 받을 만하다. 중요 자료를 온존하게 해준 역대 조상님들께도 감사드리는 절을 삼 배 올린다.

관음묘지력 능구세간고

관음전에는 열 폭이나 되는 좋은 탱화들이 봉안되어 있다. 그중에 산신탱화도 한 폭 있다.

연구하는 학자들이 국내 제일의 작품이라 손꼽는 그런 명품이다. 베[紵布]로 보이는 바탕에 당채로 그린 불화기법의 극채색 탱화이다. 지금은 나무틀에 표구하여 빳빳하게 만들어져 있는데 그 높이가 120cm이고 폭이 102cm가량이다. 화폭의 윗부분에 푸른 소나무의 가지와 잎이 가득한데 그 위에 구름이 둥실 떠서 대부분을 가렸다. 소나무 등걸은 화면 왼쪽 상단에 대각선 긋듯이 표현되어 있는데 천 년이나 묵었는가 마치 바위를 그린 듯하였다. 구름과 소나무가 맞닿은 한쪽 끝에 호랑이 꼬리가 솟아올라 있다. 하늘까지 뻗친 호랑이 꼬리가 대단하다. 꼬리에 비하여 갸름하며 나약해 보이는 호랑이가 산신의 무릎 아래에 나부죽이 엎디었는데 그 얼굴은 잘 길들여진 고양이의 어리숙한 모습을 닮았다. 얼굴에 비하여 몸체는 풍성하여서 화면 전부를 차지하다시피 하여서 중앙에 앉은 산신이 호랑이 품에 안긴 듯이 보일 정도이다. 호랑이 등무늬는 좌우로 파도치듯 하여 참 호랑이인 듯이 표현되어 있는데 극히 일부분, 앞에 선 동자 머리둘레의 천의자락 사이에서만은 개호랑이의 둥근 무늬를 나타내었다.

슬쩍 왼편을 바라보고 있는 산신님의 얼굴은 인자하기 이를 데 없다. 혈색 좋은 동안에 하이얀 머리카락과 수염이 나부낀다. 남색의 끈이 좌우로 늘어져 어깨에 닿은 머리수건 같은 것을 뒤통수에 가볍게 올려 썼다. 법의는 흰빛 연꽃을 무늬 놓은 붉은색 바탕의 비단이다. 허리에는 나뭇잎으로 만든 두툼한 것을 둘렀고 끈을 매어 고정시켰다. 법의 아래 받쳐입은 바지는 흰색이고 신발은 남색에 흰색 창을 바친 편상화처럼 생겼다. 산신은 호랑이 등에 기댄듯이 앉았다. 오른쪽 다리는 바닥에 깔고 왼쪽 발은 무릎을 세웠다. 편안한 자세이다. 왼쪽 세운 무릎 위에 왼손을 얹고는 손가락으로 장단을 치고 있다. 즐거운 마음이 드러난 손장난이다. 산신 왼쪽 무릎 앞으로 동자 둘이 섰는데 왼쪽 동자는 분청사기 문주 같은 큰 그릇에 천도 두 개를 담아 두 손으로 받들고 섰고 오른편 동자는 홍의 입고 왼쪽 겨드랑이에 두루마리 한 축 끼고 오른손으로 청의동자의 어깨를 짚었다.

그림 아래로 연기문이 있는데 "전라도 순천 송광사 청진암 산신영탱"이라 하고, 시주질에 "기포시주 조성모 처 박씨 주영갑 처 오씨"라 하고, 탱화 그린 금어는 도순 스님이라고 하였다. 그 끝에 "함풍팔년무오오월"이라 제작연대를 밝혔다. 함풍팔년은 조선조 철종 9년(1858)에 해당한다. 지금으로부터 130년 전에 완성된 작품임을 알 수 있다.

    송광사에는 설법전 뒤편에 산신각이 있다. 단칸의 작고 질박한 건물이다. 산신각은 대부분 그 규모가 작다. 그리고 가람배치와는 관계없이 가람에서 제일 깊은 자리에 있다. 산기슭이나 기슭 위 언덕에 있는 것이 보통이다. 법도 있게 사는 살림집엔 가묘가 있다. 선조의 위패를 모시는 사당이다. 사당은 집의 뒤편 산기슭에 있다. 산이 지닌 정기를 제일 먼저 받는 자리에 있다. 가묘를 거쳐 살고 있는 가족에게 정기가 이어지고 있다. 산신각의 위치는 가묘와 같은 자리를 가람에서 차지하고 있다. 그만한 까닭이 인정되고 있어 용납되는 내력을 지녔다고 이해된다. 가람에서 산신각이 집의 가묘 같은 위치에 모셔지는 까닭은 솔거의 단군성조가 산신각의 주인으로 그 잔형을 이어오고 있는 데서 비롯된 것이 아닌가 하는 추정을 낳게 한다. 산신각과 산신탱화는 다른 나라의 가람에서 찾아볼 수 없는 한국불교의 독특한 존재이다. 이들을 유심히 살피는 까닭은 그 독자성을 규명해 내려는 데서 비롯되고 있다. 그만큼 중요한 의미를 지녔다고 할 수 있다.

 보경 스님의 손바닥소설

관음전은 관세음보살님을 모신 법당이다.
불교 경전은 대부분 방대한 분량이어서 특정 부분만 분리하여 독자적인 경전처럼 신앙의 근거를 삼곤 한다. 법화경 중에서 관세음보살보문품을 떼어 내어 독립적으로도 독송된다. 이같은 경전 활용의 예를 여럿 찾을 수 있다. 원각경에서 보안보살장, 화엄경에서 보현행원품이 있고, 금강경은 대반야바라밀경 600권 중에 577권인 능단금강분에 해당한다. 인도의 고대신화를 다루는 바가바드기타도 마하바라타에 포함된 것이다.

관음전의 정면 기둥에는 주련이 걸려 있는데, 관세음보살의 권능은 이 게송에서 모두 드러난다.

具足神通力 (구족신통력)
廣修智方便 (광수지방편)
十方諸國土 (시방제국토)
無刹不現身 (무찰불현신)

관세음보살님은 신통력을 구족하셔서 널리 지혜방편을 펴시고, 시방의 어느 곳이라도 몸을 나타내지 않은 곳이 없다는 내용이다. 이것을 줄여서 관음묘지력 능구세간고라 하여 관세음보살의 묘한 지혜신통력은 능히 세간 중생의 괴로움을 구해주신다고 한다. 관세음보살의 위치는 아미타 부처님의 좌우보처로서 대세지보살과 협시한다. 그렇지만 관세음보살을 독립하여 관음전에 모시고 기도를 한다. 흔히 관세음보살 기도처는 파도소리가 들리는 바닷가에 있다. 홍련암, 보리암, 향일암 외에도 이 기도는 바다를 끼고 앉은 관음전에서 기도를 올린다. 왜 그럴까? 수행의 단계에서 이근원통의 경지가 관음기도의 특징이다. 관세음 자체가 세간 중생의 기도를 듣는다는 의미다. 그 중생이 원하는 바가 무엇인지, 왜 이곳에 와서 절박한 마음으로 찾는지를 알려면 일단 들어야 한다. 그런데 바다는 파도가 그치지를 않아서 사람의 소리가 파도에 묻힌다.

한번은 법련사 신도들과 강원도 사찰순례에서 홍련암을 갔었다. 조그만 법당을 참배하고 나와서 난간에 기대어 바다를 바라봤다. 그날은 파도가 심해서 바로 옆 사람과 대화를 하기도 어려울 만큼 파도소리와 바람소리가 귓전을 때렸다. 그런데 신기하게도 귓속이 시원했다. 그리고 전혀 시끄러운 느낌이 들지 않았고 들으면 들을수록 마음은 더욱 고요해졌다. 귀가 통하고 열리면 무슨 소리라도 심각하거나 걸림이 없을 듯했다. 한국불교는 관세음보살님이 없었으면 이처럼 오래 존속하지 못했을지도 모른다. 혼자서 독백하듯 어떤 상황에서도 뵐 수 있는 분이 관세음보살이다. 홍련암도 그렇지만 남해 보리암의 관세음보살님도 낮은 천장 아래에 약간은 구부정한 모습으로 누구라도 품에 안을 수 있을 만큼 자그마한 크기다. 그 굽은 듯한 모습은 다른 부처님의 근엄한 모습과는 근본적으로 다르다. 상대의 이야기를 경청하는 자세이기도 하고 더 가까이 오라는 마음의 표현이다. 난 칠불암 선방에 있을 때 남해 보리암으로 대중이 소풍을 간 적이 있다. 법당을 참배하고 다도해를 바라보고 있자니 이곳이 영험 있는 기도처로 사랑받는 이유를 알 것 같았다. 법당의 관세음보살님은 벽장에 들어갈 만큼 작은 크기였지만 법당을 등지고 다도해를 바라보면 이 불상의 크기는 상관이 없었다. 크기와 모습으로의 형상은 그 미밀한 마음이 닿는 모든 곳에서 현현하고 있었기 때문이다. 그렇게 해서 우리는 형상뿐만이 아니라 심상마저도 초극할 수 있다.

관음전 목조관세음보살좌상(보물 제1660호) | 관세음보살의 신통묘력은 능히 중생의 괴로움을 구제한다.

관음전에서 축원 기도하는 모습 | 관음전에서는 소리를 내어 기도하고 소원을 말해야 한다. 관세음보살님은 소리를 통해 중생의 소원을 듣기 때문이다.

소박하여 좋아라

후원에서 넉넉히 공양을 받고 즐거운 마음으로 원불당 쪽으로 나선다. 땔감이 충분히 마련되어 있는 중에 잠시 남쪽을 바라다보면 징검다리 있는 쪽으로 가는 마당에 허름한 건물 한 채가 꼬리처럼 툭 튀어나와 가로막고 섰다. 얼른 보아 대단한 것 같지 않지만 눈여겨보면 3칸의 문처럼 생겼다. 지긋이 보아하니 그 생김새가 재미있어 자세히 다가선다. 원래는 단칸이었던 것을 지금처럼 3칸으로 개조한 듯이 보이고 원래 이 건물은 문으로 조성되었던 것임을 알 수 있다. 『송광사지』에 소진남문이라 하였다. 사지에는 진남문이 하나 더 있었던 것으로 기록되어 있다. 광복 당시 경내에 존재하던 건물의 일람표 중에 행해당 쪽에 두 칸의 통행용 진남문이 있었다고 등재되어 있고 경내배치도에는 사감고 남쪽에 동떨어져 있으면서 개울에 가설된 다리와 통하는 길에 연결되어 있는 형상으로 표현되어 있다. 사감고와 이 진남문은 1951년도의 대화재 시에 재해를 입지 않은 지역에 있었던 것으로 표시되어 있다.

이 지도가 표시하고 있는 자리엔 지금 문이 없다. 개울가에 다리도 없다. 옛날과 달라지면서 없어진 것이 아닌가 해도 1951년에 피해를 입지 않았으니 없어질 까닭도 없다. 다시 살펴보니 현존하는 단간통의 두 칸 건물로 남향하고 있는 것은 지금의 주지실 뿐이다. 찾아 들어가 현호 선사께 삼배하고 삼가 물었다. 이것이 진남문이었다는 대답이다. 그러면서 구산 스님이 써주셨다는 현액을 가리킨다. 1982년에 쓰신 시인데 현호 스님이 주지에 임명되고서 거처로 이 건물을 택하자,

因聽溪聲成三昧 (인청계성성삼매)
但看月色證菩提 (단간월색증보리)

계곡의 물소리 듣고 도리어 삼매를 이루고
달빛을 보고서 보리를 증득 하게나.

라고 이 시구를 지어 그 소회를 베푸셨다는 내용이다. 마침 동석한 옆의 스님에게 조용히 물었더니 좋고 마땅한 번듯한 방사 다 놔두고 개울가 초라한 집을 택하여 주지실로 사용하려는다는 그 갸륵한 제자의 생각에 감복하시어서 지은 글귀라고 슬며시 귀띔해 준다.

"1951년에 큰불이 났었지. 여러 말들이 많았어. 그중에 진남문 밖에 산판 한다고 나무다리 건너질렀는데 이 가교가 남쪽의 불을 건너오게 하였다는 거야. 없애야 마땅하다고 해서 다리를 헐어버리니 진남문도 저절로 쓸모가 없어지게 되었지. 1967년에 해인사에서 이리 왔는데 와보니 진남문은 나뭇간으로 이용되고 있더군. 1969년에 조계총림이 발족하자 사내에 목욕탕이 있어야 여럿에게 편의하다 해서 진남문을 고쳐 목욕탕을 만들었지. 서쪽 한 칸이 목욕간이고 나머지 두 칸이 탕의실이 되었어. 1975년에 떠나 34개국 돌고 1976년에 귀국해서 절에 와 목욕하다 보니 너무 초라해 보여. 전국 불일회의 힘을 얻

어 목욕탕을 신축하게 되었지. 지금의 자리에 세운 것인데 8차 중창불사의 도감스님인 현고 스님이 이때 첫 작품으로 만들어 내었어."

목욕탕이 옮겨가자 별당채로 개조하여 노스님들이 기거하게 되었더란다. 여기에서 입적하신 스님도 계셨다. 이때의 주지실은 차안당이었다. 1983년에 주지가 되면서 현호 스님은 이 진남문 자리를 주지실로 삼았다. 얼마 전 한 여류시인이 내방하였다. 엄청난 불사가 진행되고 있음을 보고 놀라워하였다. 더욱 놀라워했던 것은 주지실을 보면서였다고 술회한다. 제8차 중창불사의 대원을 이룩하는 산실이 여기 이 작은 건물일 줄은 정말 몰랐다는 감탄이다. 주지실의 질박함에서 송광사의 진면목을 본 것 같아 감회가 깊었다는 소회이기도 하였다.

請看東流水 (청간동류수)
滾滾無停時 (수수무정시)
參禪若如是 (참선약여시)
見性何得遲 (견성하득지)

저 동쪽에 흐르는 물을 보게나
졸졸거리며 멈출 때가 없어라
참선을 이와같이 해나가면
견성이 어찌 더디겠는가

효봉 스님은 이렇게 읊으셨다. 노스님들 기거할 때 이 별당에 자주 드나드셨다. 개울 소리 맑고 바람 소리 도도한 중에 앉았으면 마음도 몸도 더욱 청정하게 되어간다. 아마도 현호 주지스님은 이 이치에 따라 초라한 이 집에 주지실을 만들었는지도 모르겠다. 이 집이 이제 곧 헐리게 되었다. 급히 이 글을 쓰는 까닭은 자취를 남기기 위함이다.

진남문

주지실 | 소박해서 좋은 집

곳간도 세월이
흐르면 변한다

　　소진남문을 1926년에 해체 중수할 때의 기록을 보았었는데 상량기에 고종 6년(1869) 4월에 상량하였는데 도편수 임정 스님과 부편수 영오 스님이 일을 맡아 하였다는 기록이 있더라고 전한다. 지난번엔 지금 주지실로 사용하고 있는 대진남문에 대하여서도 이야기하였다. 대진남문은 원래 임진왜란 이전인 중종 28년(1533)에 처음 세워졌던 것이라고 한다. 정월 스무엿샛날 시역하여 사월 초사흘날 입주하여 열아흐렛날에 상량하였다. 이때의 도편수는 희열 스님이셨다. 정조 9년(1785)에 관음전을 중창하면서 영자전(影子殿)도 옮겨 짓는다. 이에 따라 진남문도 이건하게 되었다. 현존하는 주지실의 진남문 잔형은 이 이건되었을 때의 문이라고 할 수 있다. 공터의 북쪽 끝은 낭떠러지이다. 길을 사이에 두고 지장전에 연하여 있다. 그 낭떠러지 가까이에 나즈막하고 허름한 건물 한 채가 있다. 정면 4칸 측면 1칸 반의 규모인데 홑처마의 맞배지붕 건물이다. 이 건물을 『송광사지』에서는 사감고라 하였다. 그리고 설명하기를 "절의 도감용의 쌀과 여타의 것들을 장치하던 곳간"이라 하였다. 그 이외에 언제 세워졌는지 어떤 내력을 지녔는지에 대하여는 전혀 언급이 없다.

　　지금 연탄창고로 사용되기도 하는 이 건물은 벽체가 사면 모두 판벽이고 북향한 정면에 연 문짝들도 4칸의 것 전부가 넌출문이다. 넌출문은 두 짝이면서 울거미를 틀고 그 안에 얇은 널빤지를 끼워 만든 것인데 제작된 기법은 다분히 근대적이다. 1920~30년대에 유행하던 형용으로 만들어진 넌출문이라고 할 수 있다. 두 짝 문을 열고 들어서면 바닥에 마루를 깔았다. 장마루인데 역시 당시에 보편적으로 설치하던 방식에 따랐다. 목재의 표면엔 칠을 하지 않았고 백골짐의 상태이어서 재목의 질을 볼 수 있고 당시에 다듬었던 기법들도 알아낼 수 있으나 고급스러운 것은 못 된다고 할 수 있다. 송광사에는 여러 채의 곳간들이 있었다. 요역고(徭役庫), 세대승고(細大繩庫), 지사고(指事庫), 불량고(佛糧庫), 동변고(東邊庫), 서변고(西邊庫), 객량고(客糧庫), 유기고(鍮器庫), 등촉고(燈燭庫), 남초고(南草庫), 유고(油庫), 진말고(眞↑庫) 등이 그것인데 어떤 규모의 건물이었는지는 잘 알 수가 없다.

『송광사지』에 실려있는 '보조국사 당시 건물 명칭 일람'이란 조항에 실려있는 글 중에 유동루양(鍮銅樓椋)이란 이름이 보인다. "삼간 병향 하동족주십이 각장칠척오촌 상주팔 각장오척육촌 전퇴주사각고사척삼촌 복사 각장십이척 양신병십이 통내각장십척육촌 광십일척 전계고육촌후고삼촌"이라는 규모의 내용이 설명으로 부기되어 있는데 경(京)이라는 이름과 함께 이 건물이 다락으로 꾸며진 곳간임을 알 수 있게 한다. 경은 고구려 시대의 부경(桴京)과 마찬가지로 집안에 조영한 곳간들인데 절에도 만들어지는 것이 보통이었다. 이런 경의 오래된 모습을 우리나라에서는 지금 볼 수 없지만 일본에는 동대사의 정창원처럼 만들어진 고형들이 남아있다. 기둥을 세워 다락을 꾸미고 그 위에 귀틀로 발을 짜듯이 곳간을 지은 구조인데 한 지붕 아래에 쌍창(雙倉)을 만들었다. 이 귀틀집 곳간은 일본의 재래형이라기보다는 삼국시대에 수입해 간 것이 아직도 남아 있는 것이라고 하는데 이것의 조형은 고구려에서 볼 수 있다.

실물은 남아있지 않지만 고구려 고분에 그려진 벽화에서 찾을 수 있는데 역사기록에 남아있는 부경이 곧 그것이라 한다. 쌍창을 삼창(三倉)으로 바꾼 정창원에는 신라시대 이래의 유물이 보존되어 있어 유명하다. 우리나라에서도 절마다 이런 곳간들이 있었을 터이지만 이제는 단 하나도 볼 수 없게 되고 말았다.

송광사에 있는 여러 채의 곳간도 다 없어지고 이제 유일하게 남았던 사감고도 곧 사라질 운명에 닥쳐 있다.

 보경 스님의 손바닥소설

남악회양 선사의 제자인 마조도일이 강서에서 사람들에게 설법을 하면서도 소식 한번 전해오지 않았다. 스승인 남악은 제자가 어떻게 지내는지 궁금해 사람을 보내면서 상당하여 법문을 시작하면 다른 말 하지 말고 그냥 어떻소! 이렇게 물으라고 일렀다. 그가 마조 회상에 가서 상당하기를 기다렸다가 시킨 대로 물었다. 그러자 마조가 답했다.

"오랑캐 난리가 있은 지 30년 동안 일찍이 염장이 부족한 적이 없었다."

마음에 부족한 것이 없음을 은유적으로 한 것인지 실제 살림에 부족한 것이 없었음을 말하는지는 해석하는 사람에 따라 다르게 볼 수 있다. 말 그대로 받아들이면서 거기에 평상심의 의미를 더하면 좋겠다는 생각을 한다. 왜냐하면 송대 개암붕 선사는 이 문답에 평을 하면서 "원두야, 날씨가 좋으니 나와 함께 물을 길어다 시금치 밭에 물을 주자"라고 한 것이 있다. 마조 이후로 선종에서 선을 평상심이 도라는 입장에서 물 긷고 나무 하는 것이 도 아님이 없다는 일상성으로 더욱 낮게 친밀하게 다가서던 시기임을 생각하면 가히 어긋난 이해는 아니라고 본다.

진남문과 사감고를 읽으며 회보에 실린 흑백의 옛 사진을 보니 모두 기억이 난다. 특히 진남문은 은사스님이 주지실로 개조하여 내가 시자생활을 한 곳이어서 감회가 깊다. 내가 법명을 받은 곳도 그 방에서의 일이다. 그런데 구산 스님께서 그 건물을 주지실로 택한 은사스님을 기특하게 여기셔서 게송까지 써주셨다는 것은 이제서야 아는 사실이다. 그런 면에서 은사스님은 탑전의 방이나 서울 법련사의 방도 크지 않게 만드셨다. 도공은 언제나 깨진 잔에 마신다는 말처럼, 불사를 하는 입장에서 모든 것이 시주물이라 생각하면 검약하게 살 수밖에 없는 심정도 있을 것이다. 그 건물은 전체 4칸의 작은 집이었다. 그나마 한 칸은 아궁이가 있는 부엌, 가운데 두 칸은 방이었고, 마지막 한 칸에는 작은 냉장고와 옷장, 그리고 불사 관련 기록물인 비디오 테이프와 기타 물품들로 빼곡히 차 있었다. 은사스님은 목침상을 썼는데 그것이 효봉 스님께서 쓰시던 것이라고 했다. 지금도 이 침상은 탑전의 은사스님 방 다락에 보관되어 있다. 스님은 가운데 방에서 손님을 맞았다. 방이라야 찻상 앞에 스님과 마주하여 앉으면 세 사람만 들어가도 틈이 없어서 이중 삼중으로 겹쳐서 앉아야 했다.

나는 누구의 방이라도 주인 없는 빈방에는 들어가는 게 내키지 않아 설사 은사스님 방일지라도 청소하고 찻그릇을 씻는 외에는 마루에 앉아서 은사스님을 기다렸다. 기억으로는 담장 너머로 오동나무 두 그루가 지붕보다 훨씬 높게 가지를 뻗고 자리하고 있었다. 늦가을에는 이 오동나무 잎이 지는 소리를 자주 들을 수 있었다. 오동나무는 큰 잎의 줄기가 꺾이면서 떨어지기 때문에 툭- 하는 소리가 한밤중에는 제법 크게 들린다. 당시 이 건물의 이름은 인월정사다. 앞 계곡에 많든 적든 사시사철 마르지 않고 물이 흐른다. 그 소리도 결코 작은 소리는 아니지만 목전의 오동나무 잎이 지는 소리는 듣기 좋았다.

이 인월정사 위쪽에 목욕탕이 있었다. 절에서는 보름에 한 번씩 대중목욕을 한다. 욕두 행자는 목욕 전날부터 청소하고 보일러를 돌려 물을 덥히느라 바빴다. 당시는 예불 공양을 빠지면 안 되는 것이 철칙이던 때라서 욕두 행자가 보름마다 갖는 이틀간의 열외가 그렇게 부러울 수 없었다. 보일러실은 지하에 있었고 구석에 침상이 있어서 욕두는 그곳에서 잠을 잔다고 했다. 나도 한두 번 들어가 보았는데 머리맡에 신문과 책 몇 권이 놓여 있었다. 저 침상에 누워 책 보다가 잠들면 얼마나 행복할까, 하면서 부러워했다. 목욕은 사중의 어른 스님들이 7시에 시작하고 그다음에 선방 스님들이 했다. 강원에서는 윗반은 오전에 하는 것이 가능했고 하반은 점심 후, 행자는 강원 스님들이 하고 나면 비로소 목욕을 했다. 물은 점차 식어가기 마련이어서 오후로 넘어가기 시작하면 마음이 바빠진다. 그렇게 스님들과 행자들이 마치고 나면 직원들이 했고, 사하촌의 사람들도 더러 이용했다.

장작을 쌓아놓고 살던 시절에는 지붕과 기둥만 있고 문은 없는 곳간이 처소 곳곳에 있었다. 그곳에 장작 외에도 연장이나 빗자루 등을 보관할 수 있었다. 가만 생각해보니 사감고는 내가 입산하던 시기가 마지막으로 존속하던 때였음을 알겠다. 지금 승보전 건물이 현 대웅보전을 짓기 전에는 대웅전 터에서 대웅전으로 앉아있던 건물이다. 당시는 대웅전 오른쪽에 물이 찰랑거리는 연못이 있었고 그 한

가운데에 배롱나무가 있었다. 이 물은 도량의 화재 시에 쓸 수 있는 요긴한 것이다. 사찰 조형이나 목재 고택에 바짝 붙어 있는 연못은 대부분 이런 일을 대비하여 만든다. 일본의 정원 연못은 또 다르다. 일본 여행에서 알게 된 것인데, 습한 곳에서 연못을 만들어 놓으면 집안의 습기가 연못으로 몰리기 때문에 실내는 습하지 않다고 했다. 그 말을 듣고 들어가 보니 정말로 실내는 쾌적했다.

일본 이야기를 하자니 생각나는 이야기가 있다. 바닷가 절에 고승으로 추앙받는 한 스님이 있었다. 하루는 약국에 다녀올 일이 있다면서 어린 사미승에게 손님이 오면 잘 맞이하라 당부하고는 절을 나섰다. 시간이 얼마나 지났을까, 손님 한 분이 찾아와서 스님을 찾았다. 사미승은 스님이 약국에 가셨다고 말했다. 그러자 그 손님은 "아니 큰스님도 약을 드시나?" 하면서 실망하고는 그냥 돌아서서 나가버렸다. 잠시 후에 스님이 돌아와서는 누구 찾는 사람이 없었는지 물었다. 사미승이 손님이 다녀간 사정을 그대로 말했다. 그러자 스님은 빨리 나가서 그분을 모셔 오라고 시켰다. 손님이 멀리 가지 못했던지 곧 사미승을 따라 절로 들어왔다. 스님은 이렇게 한 마디 했다.

"해녀도 바닷가까지는 우비를 입는다네."

신비감을 가지고 보는 입장에서 큰스님은 약도 병도 없어야 했다. 그러나 삶이 그런가. 몸은 몸이고 아픈 것은 아픈 것이다. 아프면 약을 먹고 치료도 받아야 한다. 이 어찌할 수 없는 것에서 삶이 우리를 잡아 흔든다. 사고(寺庫)가 무엇인가. 잡동사니 살림도구를 넣어두는 곳이다. 생각해보니 그 곳간엔 연탄도 들어 있어서 문밖으로 까만 연탄부스러기가 흘러나왔다. 사람이 살아가는 곳에는 살림도구가 늘어가는 법이다. 그뿐인가 옷에, 가전용품에, 아이들 장난감까지 잠시라도 치우지 않으면 전쟁터로 변한다고 하지 않던가. 아무리 청빈하게 도를 닦고 살아가는 무소유의 부처님 도량이라도 잡동사니는 필요하고 또 관리를 해야 한다. 그런 면에서 사고는 어느 건물 못지 않게 소중한 시설이 된다. 그러나 시절이 바뀌면 많은 것이 달라진다. 더 이상 장작을 쓸 일이 없고 먹거리는 텃밭이 아니라 시장을 봐서 살아갈 수 있게 되었다. 심지어 목욕과 화장실도 이제는 각 방에 넣어야 하는 세상이 되었다. 지금 주지실로 쓰는 목우헌이 사감고가 있던 자리다.

이것은 내가 보고 기억하는 것이니 짧은 시간에 많은 것이 달라졌다는 것, 그리고 나도 옛 사람이 되어간다는 것을 생각하면 마음이 복잡해진다.

사감고(寺監庫)

약사전
작아서 더욱 좋은 집

송광사 법당 중에서 산신각 말고는 그 규모가 단칸인 것은 약사전이 유일하다. 어느 절에 가보아도 역시 단칸 평면의 법당은 보기 쉽지 않다. 그런 면에서 본다면 약사전은 국내에서 드문 유례에 속하는 독특한 조영물이라고 할 수 있다. 그런 면만은 아니지만 이런 특성도 있고 해서 국가에서는 보물 제302호로 지정하여 중시하고 있다. 약사전은 지장전 서쪽 끝 마당 한쪽에 엉거주춤하게 서 있는 듯이 불안정해 보인다. 이는 창건 당초와 지금의 주변 상황이 달라졌기 때문에 초래된 현상이다. 원래 6·25전쟁 이전, 큰 화재로 중심곽이 불타버리기 이전까지만 하여도 약사전의 동쪽 마당엔 동서로 길게 가로지르는 듯이 포치된 용화당(사지엔 130칸 규모라 하였고, 6·25 이전에 찍은 사진에서는 툇마루에 난간까지 두른 거대한 건물이었다. 사중의 대중회의 등을 여기에서 하였었다)이 있었다. 용화당은 마치 대웅전 일곽과 후원과를 나누는 경계인 듯이 자리 잡았고, 더욱이 용화당에 이어 그 동편에 다시 135칸(사지에 수록된 기록에 의함) 규모의 심검당이 이어져 있어서 구획하는 듯한 감이 짙었었다. 약사전은 그런 경계에서 약간 남쪽으로 치우친 자리에 있었고 이웃에 역시 보물로 지정된 영산전이 나란하여서 그런대로 주변은 아늑한 편이었다.

지금 약사전 북쪽은 넓은 마당이고 저만치에 종고루가 있을 뿐이나 서쪽엔 바로 거대한 요사채인 법성료가 있어 앞을 가로막았다. 약사전 남쪽은 영산전이다. 영산전과 약사전은 서쪽을 향하고 서 있는 좌향이어서 대웅전과 지장전 쪽에서 바라다보면 돌아앉은 듯이 뒤통수가 보인다. 이는 법성료가 서향인 점이나 종고루, 사천왕문 그 앞의 우화각 등이 전부 서향하고 있는 것과 같은 맥을 지닌 것이긴 하여도 얼른 느끼는 맛은 돌아앉아 있는 외톨이인 듯하다. 평면이 단칸이어서 기둥은 합하여 넷뿐이다. 서쪽 주간(柱間)에는 사분합(띠살무늬)이 달려 전각을 개방하게 되었고 역시 띠살무늬의 외짝문이 토벽인데 뒷벽도 밀폐되었으며 토벽은 분벽하고 긋기 단청하였다. 기둥머리에 창방을 짜돌리고 얹어 머리를 우물짜듯이 하였다. 이렇게 평방을 두는 일은 다포의 공포를 설치하기 위함인데 기둥 위의 공포 이외에 두 틀의 공포가 중간에 더 자리하고 있다. 공포는 포작이 바깥으로 이출목이고 안쪽으로는 삼출목이다. 이러한 출목의 포작수를 두고 밖을 오포작, 안을 칠포작이라 셈한다. 이는 우리들이 만든 공식이 있어 쉽게 계산할 수 있다. 공식은 출목의 수에 2배하고 1을 더하면 되는데 말하자면 이출목이면 2×2+1=5포작이 되고 삼출목이면 3×2+1=7포작이 된다. 사출목, 오출목 등에 따라서 각기 계산해 낼 수 있다.

출목은 집의 격조에 따라 설정된다고들 생각하는 것이 보통이며 대웅보전을 가장 격조 높은 집으로 보았을 때 버금가는 전당들은 그 출목수에 비하여 적은 수로 잡는 것이 일반적이라고 여겨 왔다. 그런 의미에서 약사전의 오포작과 칠포작의 내외공포구조는 상당한 수준의 것임을 알게 된다. 집은 비록 단칸의 최소 규모이지만 집의 격조는 당당하게 해서 번듯한 전각을 이룩하려 하였던 데에 어떤 의미가 있었으리라고 우리는 해석하고 있다. 그 내용에 약사전이 조영된 까닭이 있을 것이기 때문이다.

약사전이 송광사 약사전류(類)가 되다

단칸 규모는 내부 구성이 아주 미묘하기 마련이다. 더구나 다포집이어서 공포의 안통 구조가 내부 천장을 가득하게 차지하고 말면 그 여백의 처리에 대목들은 고심하게 된다. 그런데다 추녀가 사방으로 뻗어나가 힘받이를 해야 하므로 추녀뒷몸을 단단히 잡아주어야 하는 기능적인 요구까지를 만족시켜 주어야 한다. 이 일은 그렇게 간단하거나 쉬운 일이 아니다. 그래서 고심이 생기게 마련이다. 공포의 구성에서 내부의 천장은 井자와 흡사한 윤곽이 생기게 되었다. 여기에 네 귀퉁이로 추녀의 뒷몸이 엇갈린다. X자형이 등장하게 된다. 진석들이 이루어내는 미묘한 무늬가 형성된 것이다. 이런 무늬가 연속되면 소슬빗살무늬라 부른다. 잘생긴 창살의 무늬에서 볼 수 있고 나이 먹은 질그릇의 표면에서도 알아볼 수 있다. 옛부터의 고급스러운 무늬인데 이것이 약사전 내부 가구에 채택되어 있다. 대목들의 고심에서 득의의 작품이 탄생한 것이다. 송광사는 이런 집을 완성시킬 수 있었을 뿐 아니라 사찰의 운영에서도 모범이 되어 왔던 것으로 알려져 있다. 한 예를 흥천사의 주지 상총 스님이 상소한 글에서도 볼 수 있다. 이 상소문은 태조실록에 실려있다. 그 대략의 내용은 다음과 같다.

"선즉불심이고 교즉불어입니다. 이를 받드는 일은 임금이 뛰어나고 나라가 편안하여 백성들이 안온하는 데 있으니 곧 둘이 아닙니다. 이제 서울을 한양에 정하시고 궁궐과 관아 등을 정돈한 후에 창립불사하시고 흥천이라 이름짓고 수선본사를 삼으셨습니다. 불조를 경신하여 망보용천 하시려는 임금님의 깊은 뜻을 삼가 받들게 되었습니다. 더구나 보잘것없는 소승에게 주지를 맡기시니 정법을 홍양하는 일에 진력할 따름입니다. 고려시대엔 선종과 더불어 교종도 장려하였습니다. 마침내 명찰을 차지하려 다투게 되었습니다만 선종은 그중에 두세 곳을 겨우 유지할 수 있었습니다. 이는 국가에서 비보를 위하여 절을 이룩하였던 근본 취지에서 벗어난 것입니다. 진각조사께서 말씀하셨습니다. '선도인즉 바로 국조를 연장하고 이웃나라의 무도함을 억제하는 힘의 근원인데 그를 알지 못하는구나' 하셨습니다. 지금 선교의 두 종중(宗中)에서 유능한 이들을 골라 중외(中外)의 명찰들을 나누어 맡기시면 제각기 힘을 다하여 국가에 이바지하고 정법을 선양할 것입니다. 중외의 명찰 중에서 본사를 선정하여 두는 제도를 정하십시오. 이는 고려시대에 송광사를 본사로 삼고 다른 절들을 소속시켰던 전례에 따르면 됩니다. 절들을 본사에 예속시키고 규찰을 엄격히 하면 작법이 융성해질 것입니다. 신이 헤아려 살피건대 송광사의 조사이었던 보조국사께서 유제를 남기신 바 있습니다. 돈오하고 점수하는 일을 상법으로 삼으라 하셨습니다. 이에 따라 승도들이 중수를 아침저녁으로 쉬지 않으면 머지않아 전하의 홍도지은에 보답하게 될 것이고 이 일을 전국에 반포하여 모범삼게 하신다면 국가에 이로움이 또한 크리라고 생각되옵니다."

태조가 다 듣고 좋은 이야기라고 받아들였다. 약사전 단칸의 작은 집도 송광사답게 타의 모범이 되고 있어 분류하는 방식에서 '송광사 약사전류'라고 하게 된다. 약사전은 지금의 위치에서 북쪽으로 약간 옮겼으면 자리가 안정되어 보일 것이란 이야기를 듣고 있다. 현재의 포치상이 사세를 그렇게 조성하고 있다는 내용이 된다.

옛날에 비하여 송광사의 배설에 달라진 바가 생겨났다는 의미이기도 하다.

보경 스님의 손바닥소설

약사여래는 동방정유리(東方淨瑠璃)세계의 교주로서 중생의 질병을 치료하고 재앙을 소멸해 준다. 왼손에는 약병을 들고 오른손으로는 수인을 맺고 있는데, 이 수인은 두려움을 없애주는 시무외인(施無畏印)이다. 과거세에 약왕이라는 이름의 보살로 수행하면서 중생의 아픔과 슬픔을 소멸시키기 위한 12가지 대원을 세워 그 공덕으로 부처가 되었다. 이 대원 속에는 중생의 병고를 구제하는 일만이 아니라 의식주 문제까지도 포함된다. 팔공산의 갓바위 부처님이 바로 약사여래불이다. 그리고 동화사에도 약사대불이 모셔질 만큼 그곳은 약사기도와 특별한 의미를 갖는다. 부처님은 스스로를 의왕(醫王)이라고 비유를 들어 설하신 적이 있다.

초기 불교 교설의 핵심은 사성제였다. 고·집·멸·도가 그것이다. 고(苦)는 이 세상 자체가 고인데, 그 까닭은 무상하고 덧없기 때문에 본래로 불안정하고 괴로움과 고통의 바다인 것이다. 집(集)은 괴로움의 원인과 쌓임으로서의 고를 말한다. 고의 원인은 갈애에 있다. 흡사 목마르고 배고픈 사람처럼 욕망을 갈구하여 쉴 줄 모른다. 따라서 쉼 없이 갈구하는 것이 중생들에게 고의 가장 큰 원인이 된다. 다음은 멸(滅)의 진리인데 갈애를 알아차림으로써 고의 그침과 소멸이 생긴다. 그리고 도(道)는 팔정도의 길을 걷는 것이다. 이것이 초기불교에서 설하는 고와 고의 소멸에 대한 진리다.

중생은 아프다. 이 풍진 세상을 살아가려면 가슴부터 멍이 든다. 그리고 끝이 없다. 이 일을 어찌할 것인가. 부처님 품으로 뛰어들어야 한다. 이왕이면 약사여래

약사전(보물 제302호)·영산전(보물 제303호) | 사물은 앞태와 뒤태의 느낌이 같지 않다. 약사전과 영산전은 송광사에서 뒤태가 고운 건물로 꼽을 수 있다.

불 품으로 가보라. 부처님은 의왕이자 약왕이어서 모든 병을 치유하듯이 중생의 병고액난을 풀어주신다. 그 직접적인 일은 약왕보살인 약사여래불이 하신다. 내가 서울 법련사에 있을 때 은사스님께서 노지에 약사·미륵·지장 삼대보살입상을 세우고 뒤로는 천불을 모셔서 약사전을 조성했다. 그후 약사전 다기물을 직접 올리고 수각의 물도 매일 갈아주었더니 뜻하지 않게 새들이 물을 먹고 놀기 위해 쉼 없이 내려앉곤 했다. 신도들도 지극히 참배하고 기도를 했는데, 신기하게도 나 자신도 그렇지만 기도한 분들은 꿈에 약물을 받아 마시는 현몽을 많이 받았다.

송광사 약사전은 건물도 작지만 부처님도 자그마한 크기라서 법당에 들어가면 독대하는 기분이 든다. 기도하는 스님이 무릎을 구부리고 앉으면 스님을 중심으로 하여 너댓 명이나 들어갈 수 있을지 모를 만큼 작은 공간이다. 그래도 정사각형의 법당에 있으면 일단 마음부터가 안온하게 가라앉는다. 신 선생은 송광사 약사전이 하나의 본보기가 되었기에 '송광사 약사전류'라고까지 불리게 되었다고 적었다. 법당이 꼭 크고 화려해서만 중생들의 마음을 녹여주는 것은 아니다. 작고 소박한 가운데 지극정성으로 모시는 사람들이 있다면 그 자체가 영험을 불러오는 것이다.

팔상전
부처님을 팔상으로 펼치다

영산전은 요사채인 해청당과 약사전 사이에 서향하고 있는 소담한 전각이다.

약사전과 바싹 다가서 있다. 해청당과도 접근해 있다. 좁은 터전에 비집고 서 있는 듯한 인상이다. 그만큼 절실한 때에 바로 그 자리에 경영한 법당이라고 할 수 있다. 그렇긴 하지만 아주 비좁다. 비좁은 대로 맞추어 짓는 수밖에 없다. 이때 대목의 궁리는 깊어질 수밖에 없다. 이때의 대목은 손호였다. 그분은 궁리가 깊고 궁량이 활달하였던 듯하다. 영산전은 그 창건 화주를 법흠 스님이 감당하였다. 법흠 스님을 보좌한 별좌는 철은 스님이었다. 손호 도편수와 더불어 불사를 낙성시킨 것은 인조 15년(1637)이었다. 영산전은 정면 3칸에 측면이 2칸인 6칸 집의 평면인데 사지에는 5칸이라 기록하고 있다. 어쩌면 셈하는 법이 지금과 달랐는지도 모르겠다. 영산전은 단층전각이다. 자연석 주초 위에 둥근 기둥을 세웠는데 기둥간살에 비하여 기둥 높이를 높게 설정하는 방식을 채택하였다. 손호 대목의 궁리인데 좁은 터전에서 훤출해 보이게 하려면 기둥을 높이는 쪽이 유리하다. 그 대신 주간(柱間)은 좁아서 정면 3칸 전체의 넓이가 21영조척에 불과하다. 다른 전각에서는 보기 어려운 척수이다.

전각의 앞부분 3칸은 모두 개방하고 칸마다 분합문을 설치하였다. 중앙의 어간 분합문은 빗살로 문살무늬를 구성하였고 좌우 협간의 분합문 문살은 띠살무늬이다. 약사전 쪽의 측면 벽 앞퇴간 쪽에 외짝의 문짝을 달아 출입하게 하였다. 그리고 전부를 토벽을 쌓아 막았다. 바닥에는 나무로 우물마루를 짰다. 평면이 좁은 집에서 격식은 차려야 하였고 격조를 높이려니 다포계의 법식을 도입해야 하였다. 손호 대목의 궁리는 여기에서 다시 깊어졌다. 출목의 수가 많으면 기둥과 처마와의 사이가 벌어진다. 그만큼 훤출해 보이는 맛을 풍긴다. 손호 대목은 이 결과를 기대하였고 결국 성공을 거두었다. 손호 도편수의 궁리는 여기에서 끝난 것이 아니다. 밖의 출목을 3출목으로 잡으면서 안쪽의 출목은 반대로 하나를 줄여 2출목으로 하였다. 보통은 서까래가 지니고 있는 물매로 인하여 자꺾음장예에서 경사가 고려되게 된다. 경사진 서까래를 떠받게 하기 위하여 외목도리를 낮게 내목도리를 높게 걸어야 한다. 이 도리를 떠받는 기능의 공포는 그에 따라 외목도리는 낮게 받치고 내목도리는 높게 받치도록 되어야 한다. 그러기 위하여 바깥의 출목수에 비하여 안쪽의 출목수를 하나 증가해 주는 것이 일반이다. 그 약점을 덜어주기 위하여 공포의 구조를 이렇게 파행시키는 법식으로 하였다. 궁리가 깊지 않고서는 이룩해내기 어려운 착상이다.

궁리가 깊더라도 수의수처할 수 있는 성취의 능력이 없으면 좋은 결과를 얻을 수 없게 된다. 손호 도편수의 득의에 찬 지혜와 능력이 여기에서 마음껏 발휘되었다. 처마는 겹처마이고 지붕은 기와를 이어 팔작이다. 목재에는 무루 단청하여 장엄하였는데 안쪽의 단청은 고래하는 옛것이고 바깥 부분은 최근에 새롭게 개칠하여서 무늬도 색감도 서로 다르다. 손호 도편수의 특이한 작품을 높이 평가하여서 1959년 1월 23일에 나라의 보배 제303호로 지정하였다. 그만큼 중요한 의미를 지닌 법당임을 이로써 공증한 것이다.

약사전 약사여래불 | 약사부처님 무릎 위의 병이 중생의 병고를 치료하는 약병을 뜻한다.

약사전 약사불탱

영산전 석가모니불탱

영산전 팔상탱 | 도솔래의상

영산전 팔상탱 | 쌍림열반상

영산회상의
재회를 기원하며

흔히 집 짓는 일이 소임인 사람은 집 짓는 일이 끝나면 손 털고 일어나는 것이 보통이나 절집 짓는 일에서는 꼭 그럴 수만도 없는 수가 있다. 아마도 영산전을 지은 대목도 그랬으리라는 생각을 나는 가졌다. 절집은 법당이냐 요사냐의 성격이 분명해서 그에 맞게 지어야 한다. 법당 중에서도 그것이 대웅전이냐 아니면 딴 전각이냐에 따라 궁리를 달리한다. 팔상의 탱화를 모셔야 하는 영산전이라 할 때 대목은 또 생각을 거듭하게 된다. 부처님 생애의 여덟 가지 단계를 팔상이라 하고 그것을 그림으로 그려 구상시킨 것을 팔상도라 부른다. 그림 대신에 조각상으로 입체적인 구도를 하기엔 너무 어려운 점이 많으므로 일반적으로 그림을 그려 탱화로 모신다. 대목의 입장에서 보면 탱화는 너무 평면적이다. 입체적인 부피가 없이 벽면에 밀착되는 일로 만족된다. 이 점이 고심의 대상이 된다. 부처님 한 분만 주존으로 모시고 나머지 공간은 평면적인 그림으로 채워야 한다. 자칫하면 전각의 내부가 창고처럼 썰렁하게 느껴질 공산이 크다. 그런 감각을 막아야 한다. 손호라는 분이 대목의 우두머리이었다. 도편수인데 이분은 영산전의 바깥모양에서도 깊은 생각을 하였을 뿐만 아니라 내부에 대하여도 '이뭣고'를 하였던 듯하다.

팔상도만의 단조로움을 보완하려 하였다. 변화의 중점을 내부 천장에 둔다는 원칙을 세운다. 목조건축에서의 내부는 공포의 뒷부분 구조와 천장을 어떻게 형상시키느냐에 따라 장중하게도, 변화하게도, 단순하게도 구성된다. 닫집과 불단이 화려한 구조로 될 때엔 내부 구성을 단조롭게 하는 편이 유리하다. 반면에 그 운용이 평면적이고 간결한 것이면 내부 구조를 조금쯤 화려하게 꾸며주는 일이 효과 면에서 이득이 크다. 손호 도편수의 궁리는 화려하고 장중하게 구성하는 편으로 정리되었다. 다포계의 공포는 그 구조가 아무래도 번화하다. 그 맛과 천장의 장중한 분위기를 교묘하게 조화시켜 단조로움에서 벗어나는 득의를 얻었다. 영산전의 팔상탱화의 마지막 그림은 석가여래께서 열반하신 모습이 중심이 되었다. 아직 다비하기 이전이다. 가사와 함께 들여와 나누어 모셨다고 하였다. 그 이후에도 불골이나 사리가 중국 등지에서 반입된다. 고려 예종 15년(1120)에도 송나라에서 불아와 불골이 들어온다. 이를 외제석원(外帝釋院)에 모셨다가 산호정(山呼亭)으로 옮겨 모신다. 명종 12년(1182)에도 불골이 들어와 시원전(十員殿)에 모신다.

그런데 이번엔 국내의 사리들이 중국으로 나가는 일이 생겼다. 조선조 태종 때의 일이다. 명나라의 황제가 사리를 구하는 사신을 보냈다. 태종은 사리를 구하기 위하여 각 도에 사람을 보낸다. 충청도엔 조유문이 갔는데 45매(사리 단위를 枚라 하였다)를, 경상도엔 하지곤이 갔다가 164매를 얻어 돌아왔고 전라도엔 김위민을 보냈더니 155매를, 강원도에는 이당이 가서 90매를 모셔왔다. 이때 수습된 사리에 태상왕(太祖)이 보장(寶藏)하고 있던 사리 303매를 내놓는다. 이어 태종이 소장하였던 100매와 각도에서 거두어들인 사리 454매를 합하여 800여 매를 중국 사신 편에 보낸다. 보내기 위하여 옥합에 사리를 담고 그 옥합을 다시 도금한 은합에 넣었다. 그 은합을 다시 은제 작은 함에 담고 그것을 초금황라 보자기에 싸고 다시 채단으로 만들어 수놓아 치장한 보자기에 싸서 정중하게 보낸다. 이를 받아 보고 황제는 대단히 기쁘게 여기고 사람을 보내어 사례하는데 이렇게 많은 사리를 보낼 수 있을 만큼 넉넉한 사리가 국내에 있었다는 점이 매우 놀랍다. 도대체 정례를 받고 있는 사리가 국내에 얼마나 될까 슬그머니 궁금해진다.

 보경 스님의 손바닥소설

이번 호가 송광사 순례의 마지막 순서다.

약사전과 영산전은 옆으로 나란히 있는데 크기가 다르다. 만물은 동일하면 변화를 알아차리기 어렵다. 그렇듯이 이 두 건물이 크기가 같았다면 오히려 밋밋하고 송광사의 많은 전각들에 가려서 존재감도 흐릿했을 것이다. 그런데 사방 한 칸인 약사전에 비례하여 영산전은 세 칸의 크기이니 변화를 줌으로써 건물에 생동감을 불어 넣었다. 그래서 가장 작은 약사전이 신비롭고 영험하게 다가오는 것이다. 약사전에는 사람이 없는 날 혼자 들어가서 홀로 있어야 느낌이 온다. 우리는 왜 아플까? 존재를 온전히 받아들이면 달라질 수 있다. 그것은 자신이 누구인지를 아는 것에서 시작한다. 루미의 아름다운 이야기를 들어보라.

어린 완두콩이 끓고 있는 뜨거운 냄비 밖으로 폴짝 뛰어올랐습니다.
"왜 제게 이런 짓을 하는 거예요?"

요리사는 뛰어오르는 완두콩을 국자로 툭 쳐서 다시 집어넣었습니다.
"뛰지 마라. 너는 내가 너를 부숴버린다고 생각하지만, 사실은 내가 너에게 향기를 불어넣고 있는 거란다. 너는 온갖 양념과 쌀과 섞여서 사람들을 위한 좋은 에너지의 원천이 되는 거란다. 밭에서 비를 마시던 때를 생각해보아라. 그때부터 너는 지금을 준비하고 있었던 것이란다."
결국 이 어린 완두콩은 요리사에게 이렇게 말하게 될 것입니다.
"저를 더 끓여주세요. 저를 주걱으로 갈아 부수어 주세요. 전 혼자 힘으로는 할 수 없어요. 나는 힌두로 돌아가는 꿈을 꾸는 코끼리. 조련사의 뜻에 따를 뿐입니다. 당신은 요리사, 나는 조련사, 나를 존재로 이끄는 이, 나는 당신의 요리를 사랑합니다."
요리사도 말합니다.
"나도 한때는 너처럼 대지의 신선함이었다. 그리고 때가 되어 나는 끓어 올랐단다. 그렇게 두 번 격렬하게 끓었단다. 나의 야생의 영혼은 힘을 더해갔고, 나는 수행으로 그놈을 길들였다. 더 끓이고, 더 끓이고… 그러다 어느 때 그놈을 넘어섰단다. 그리고 이렇게 네 스승이 된 것이란다.

우리가 어린 완두콩이라면 끓어올라야 한다. 밭에서 비와 시원한 바람을 맞으며 생장했던 까닭을 아직도 모르는가. 우리는 우주의 에너지로 변해야 할 때가 있다. 오늘이 그날일지도 모르고 내일이 그날일지도 모른다. 단지 삶을 사랑하는 사람만이 그 이유를 알고 유감없이 끓어오를 수 있다. 이 지혜와 가슴을 열 수 있는 곳, 송광사엔 약사전이 있다. 약사전에 가서 생명을 얻어보라!

해묵은 회보에서 신 선생의 글을 읽고는 반드시 다시 살려내고 싶었다. 그런 결심을 한 지도 꽤 오랜 시간이 지났다. 다시 정리하면서 생각해 보면 이 도량에서

계곡을 따라 새벽안개가 도량을 감고 흘러간다.

수십 년을 살면서도 무심코 흘려보내고 말았던 모든 것이 새롭기만 하다. 누군가는 우리의 이야기를, 송광사의 이야기를 시대마다 써나가야 하지 않을까 하는 마음이 간절하여 이야기에 이야기를 덧붙이고 있다. 이제 본격적인 송광사 제8

차 중창불사의 백미인 대웅보전 불사의 이야기를 적어가기에 앞서 송광사 순례 연재를 이어가 보자. 이것은 대웅보전 이야기의 준비과정이기도 하다.

7.
천년을 내다보고 짓는 도량
송광사

새는 양 날개로 난다

한자의 非는 새가 나는 모습에서 기인한다.

새는 양 날개가 있다. 非는 문장에서 아니다, 그릇되다 등의 부정의 의미로 쓰인다. 새의 양 날개는 균형이 잡혀야 한다. 그렇지 않으면 날기도 어렵고 오래도록 멀리 난다는 것은 더더욱 어렵다. 그래서 非는 좌우 날개의 균형이 맞지 않은 새를 가정하여 부정의 뜻으로 쓰였다. 선종에서 가장 해묵은 쟁론은 선과 교의 균형에 대한 것이다. 이 중심에는 언어문자의 세계가 있다. 언어문자는 이지적인 세계라서 학습해서 터득하고 지식을 넓혀가야 한다. 그 도구는 말할 것도 없이 언어문자이고 그것을 통하지 않고는 지식의 습득과 전달도 어려워진다. 그런데 선이나 기도 같은 행위는 직관에 의한 초월의 세계를 추구한다. 그래서 언어문자에 의지하지 않고도 단박에 정신적인 초월을 이룰 수 있다고 주장한다. 그렇지만 부처님의 경전이 모두 깨달음과 보살행에 대한 가르침이고 안내서이기 때문에 그 교설을 모르고서 그 세계를 아는 것이 또한 가능하지 않다. 그래서 선과 교를 보는 입장은 사람마다 일정하지 않다. 인도에서는 종교가 이미 철학의 단계로 넘어가기 때문에 이지적인 단계를 무시하지 않는다. 이런 면은 유독 선종에서 딜레마를 준다.

중국불교사를 보면 역경(譯經)의 과정이 마무리되어 가면서 이런 선교융합에 대한 문제가 더욱 두드러졌다. 그래서 나온 말인 사교입선(捨敎入禪), 선교겸수(禪敎兼修), 선교일치(禪敎一致) 등이 수나라 이후 당송대를 관통하는 주요 주제가 된다. 사교입선은 교를 먼저 섭렵한 이후에 선에 몰두하는 것이고 선교겸수나 선교일치는 선과 교를 병행하는 것을 말한다. 선종이 중국불교와 문화를 주도하기 시작하면서 어떻게 하면 문자의 터널에서 직관의 세계로 끌어낼 것인지가 선승들의 고민이었다. 그래서 벽암록을 불태우는 등의 행위가 상징하는 의미를 잘 이해할 필요가 있다. 한반도로 건너온 선은 비교적 선종의 초기부터 선교일치를 이념으로 삼았다. 그 시기가 고려 광종 때다. 그리고 보조국사와 진각국사를 거치면서 송광사가 선교일치의 이지적인 분위기에 앞장섰고, 돈오점수와 정혜쌍수를 이념으로 하는 결사까지 이뤄진 일련의 과정이 모두 선교에 대한 인식의 차이가 불러온 양상이었다. 그리고 한국불교는 중국의 종파주의적인 분위기와 달리 이런 통불교적인 불교로 흘러간다. 그래서 선종에서 염불을 하고 정토신앙 같은 사후의 불국정토에 왕생하는 등 불교의 신앙과 수행의 전통들이 혼재하며 긴 생명력을 보였다. 한국불교는 보조사상이 항상 근간을 잡아 주었으며 그 중심에 송광사가 있었다. 송광사를 알려면 이런 과정을 기본적으로 공부해야 한다. 따라서 송광사는 보조사상의 현창을 중심으로 하여 승보의 요람으로서 정혜결사라는 교단의 자기정화를 통한 순수불교운동을 선도해 나아가야 할 필요가 있다.

앞에서 공간과 역사, 그리고 기록의 의미를 시작으로 하여 80년대 송광사의 모습을 당시의 송광사 기관지인 불일회보를 보면서 되짚어 보고 있다. 당시 사찰 회보로서는 海印지와 불일회보가 두드러지는 때이기도 하지만, 불일회보는 불교문화와 세계불교를 망라하여 당시의 현황을 많이 소개하고 출판

동향을 친절하게 실어주었다. 또 사원건물에 대한 정리와 송광사순례 난에 송광사에 있는 유의미한 전각들을 소개하는 과정이 있었다. 무엇보다 구산 스님의 생애 마지막 시기이기도 하고, 법정 스님의 활약과 더불어 현호 스님이 주지를 맡으면서 제8차 중창불사를 추진해가는 과정이 소상히 적혀있어서 그 기록을 바탕으로 한 현장감 있는 이야기를 구성해 볼 수 있다. 특히 송광사는 하기수련대회를 개최하고 외국인 수행자들을 위한 불일국제선원을 운영하는 한편, 사찰 자체의 학술연구단체인 보조사상연구원을 개설하여 중창불사와 균형을 맞춰나갔다. 그리고 불일출판사와 전국불일회의 구성 등 안팎으로 송광사의 위상이 드날리던 시절이었다.

선교겸수, 정혜쌍수는 외형의 중창불사와 내형의 수행가풍 진작의 일환인 보조사상연구원의 설립으로 그 상징성을 갖는다. 중창불사의 시발점으로부터 이 글을 쓰는 시점까지는 거의 40여 년의 간극이 자리한다. 따라서 불사만 있고 보조사상연구원 개설이 없었으면 혼이 없는 일과 같고, 반대로 연구원만 만들어지고 사상을 담을 외형물이 빈약하다면 실질이 확보되지 못한다는 문제가 생긴다. 내 자신이 은사스님을 보필하면서 법련사 주지소임 시에 연구원을 지원하고 그 후 연구원 원장을 거쳐 지금은 은사스님으로부터 이사장 소임을 물려받아 운영하고 있다. 따라서 정혜쌍수라는 이 양익의 새는 사려 깊게 태동하고 균형을 잡아 역사 속을 날아갈 수 있는 정신을 가졌다는 자긍심이 크게 다가온다.

신영훈 선생의 송광사 순례는 중창불사에 앞서 기존 도량 구성의 의의와 가치를 환기시키는 측면이 있다. 이어서 제8차 중창불사의 백미인 대웅보전 건립의 이면을 문화재전문위원의 안목으로 소상히 일러주는 연재가 회보에 실려있다. 그 사이사이에 빼놓을 수 없는 일이 보조사상 현창에 대한 준비과정에 해당하는 다방면에서 조명되는 기고와 기사가 끊임없이 실리고 있다는 사실이다. 그리고 불사의 과정을 사중행사와 연계하여 기록해 놓았기 때문에 시간이 이만큼 흐르고 당시의 과정을 기억하거나 일러주는 이가 없어도 그 연대기를 충분히 추론하고 엮어갈 수 있다. 이제 대웅보전 불사 진행전모와 도량의 이런저런 이야기를 소개한 후 신 선생의 대웅보전 불사기를 옮기고 보조사상연구원 태동의 과정을 소개하겠다.

승보전 심우도 벽화 | 송대 임제종 문하 곽암이 깨달음의 단계를 심우도(혹은 십우도)라 하여 10단계로 도식화 했다. 마음을 소에 비유하여 그려지는데 심우-견적-견우로 시작한다. 송광사의 수행 가풍이 돈오점수의 목우가풍이라서 이 벽화를 넣었다.

대웅보전 기단을 놓는 모습

대웅보전의 기와를 얹고 있다.

대웅보전의 공포(栱包)를 구조하는 모습

단청이 다 된 승보전(좌)과 단청 중인 대웅보전(우)

佛日會報

서기 1986년 6월 1일 제66호

삼월불사 원만히 회향

송광사 대웅보전에 모셔진 본존불 봉안식 광경.

지난 5월 2일부터 4일까지 조계총림 송광사에서는 2000여 사부대중이 운집한 가운데 삼월불사와 제776주 보조국사 종재를 성대히 봉행하였다.

이번 불사를 기해 대웅보전 본존불 및 사리탑 봉안식을 봉행했는데 대웅보전 본존 석가모니 좌불상의 상호는 삼십이상(三十二相) 팔십종호(八十種好)를 두루 갖추신 원만상(圓滿相)으로 이루어져 있다. 이는 아자탑과 형(亞字塔婆形)의 웅장하고 미려(美麗)한 대웅보전 건물 크기와 모습과도 일치되어 보이는 이로 하여금 극락세계에 온 듯한 느낌을 준다. 부처님의 좌대(座台)는 진신사리탑(眞身舍利塔)으로 되어 있고, 법당 뒤로 돌아가면 사리탑에 예배할 수 있게 했다. 앞으로 본존불 옆에 삼세불(三世佛)과 사대보살(四大菩薩)을 모두 모시고 승보전의 천이백오십 성상(聖像)이 완성되면 이천오백년 전 부처님 당시의 회상(會上)이 재현(再現)될 것이다.

불일회 회원들은 이러한 성역화(聖域化) 작업이 하루빨리 이루어지길 기원하며, 제17회 전국 불일회 정기총회를 사자루에서 개최하였다. 임원회의를 거쳐 총회에서는 임기가 만료된 총회장 현호스님을 앞으로 2년간 총회장으로 다시 선출하였다. 현호스님은 취임시에서 "회원 모두가 혼연일체가 되어 역사적인 제8차 중창불사가 원만히 회향될 때 총림의 발전과 총림의 발전이 바로 불교의 중흥과 직결되므로 뜻을 모아 정진(精進)하여 자성(自性)을 밝히자"고 말씀하셨다.

이번 총회에서는 다음과 같은 회칙 변동이 있었다. 제5조 2항「본회는 본회의 운영을 총관하는 총회장단을 두며 총회장 한 명과 부회장 약간 명, 사무장 한 명을 둔다」를 〈각 지회장은 자동으로 총회 부회장이 되고 총회에 사무국을 두어 사무장을 사무총장으로 한다〉로 개정하였으며, 제7조 2항「본회의 각 지회 회장단 임원의 임기는 3년으로 하되 재임할 수 있다」를 〈임기 3년을 임기 2년〉으로 개정하였다. 또 제9조 1항「적립된 회원의 기금은 총림대표 방장과 각 지회대표 회장의 공동명의로 각 지구에 소재한 은행에 예치한다」를 〈공동예치 명의(名義)의 총림대표 방장과 각 지회대표 회장을 총림대표 총회장과 각 지회대표 회장〉으로 개정하였다. 이번 회칙개정은 각 지회 회장의 총회참여를 강화하는 한편, 본회의 발전에 있어서 사무국을 확장하고 지회의 활성화를 위하여 개정의 필요성을 인정하여 만장일치로 개정에 찬성하였다.

아울러 이번에 김해 불일회가 발족되었다. 김해 수인사 주지스님을 지도법사로 모시고 신심이 돈독한 허 일룡행 보살님을 회장으로 하여 총회에 보고함으로써 정식발족을 보게 되었다. 이제 불일회는 국내 21개 지회와 국외 3개 지회로 모두 24개 지회가 된다. 불일회는 지회간의 거리를 좁히고, 건설적인 의견을 서로 교환, 모범 지회를 탐방하는 등 활성화를 위하여 노력할 것을 다짐했다. 또 지난 한해 동안 불일회원으로서 회의 발전에 공로가 큰 30명에게 표창패가 수여되었다.

아울러 불일회보가 편집과 운영의 합리화를 기하여 불교교양지로서 발전하는데 협조하기로 의견을 모았다.

대웅보전에 모셔진 본존불의 봉안식 소식 (1986년 6월 1일자)

송광사 삼월불사, 기쁨과 감동이 넘쳐 흐르다

"...의 몸이여, 학이 둥지에서 나고 ...의 마음이여, 거울에 티끌이 없도다. ...산(下柯山)이여, 길을 열었고 ...사여, 멍에를 벗었도다. ...의 물이여, 맑아 물결이 일지 않고 ...의 등불이여, 빛나 밤이 아니로다."

지금부터 777년 전, 1210년 보조국사 지눌(知訥)스님이 입적하면서 읊으신 임종게 구절이다. 정혜결사(定慧結社)를 맺어 ...로운 불교운동을 전개한 조계산의 송광사 ... 였다.

스님의 입적 이후, 수선사(修禪社) 계 주(社主) 진각혜심(眞覺慧諶) 이래로 ...을 배출. 고려 후기불교의 불교본연의 ... 회복케 했다. 뿐만 아니라 오늘의 승보 ...寶宗刹)이 있게도 되었다.

...로 오늘날 한국불교계의 상황에서 역사 ...에 굳건히 기반하면서 시대적 흐름을 ... 이 시대의 요청에 부응하고자 하는 ... 찾기는 어려운 듯 하다. 수많은 천년고 ...지만 개산조(開山祖)나 중흥조(重興 ...대한 뚜렷한 인식을 갖고 선대 조사스 ... 얼과 혼(魂)을 수행자의 내면을 살펴우 ...資糧)으로 삼고자 하는 곳을 송광사 ...서는 보기 어려운 듯 하다.

...에도 보조국사 777주기 종재를 맞이한 ...사(주기:玄虎스님)에서는 4월21일부 ...까지 3,000여 대중들이 운집(雲集)한 ... 환희와 감동속에서 회향했다.

...禪師가 1969년 조계총림을 설립한 이 ...外護緣)으로서 불일회(佛日會)를 ...고 이듬해 1970년부터 삼월불사가 처 ...시행하게 된다. 이후 해마다 계속되니 ...로 열어덟 번째다.

...결사의 정신을 계승하기 위해서 총림이 ... 이후 보조이념에 대한 재인식과 계승 ... 종재의 봉행이라는 의례(儀禮)로써 ...함으로써 대중적 확산을 기도하게 되 ...

참여한 여러 대중들이 "여러번 삼월불사에 동참해 보았지만 이번 만큼 감격적이고 뜻있었던 적이 없었다"고 한다. 삼월불사의 주요 프로그램은 보살계수지(受持), 효봉선사의 영각(影閣) 상량, 사대보살상 점안(點眼), 법요도 돌이와 전국 불일회의 임원회의 및 정기총회도 열렸다.

4월 22일 오전 11시 108평 아자탑파형(亞字塔婆形)으로 새로 지은 대웅보전에서 있는 사대보살상 점안식에서 주지 玄虎스님은 인사말씀을 통해 "九山큰스님의 원력으로 시작된 제8차 중창불사가 만 4년에 이르는 오늘에 이르기까지의 고통과 어려움은 이루 말로 표현할 수 없었다"고 하시며 지나간 어려움이 다 시금 되새겨지는 듯 눈시울을 붉히며 에써 오열을 삼켰다. 숙연해진 만장의 불자님들은 우뢰와 같은 박수로 스님의 노고에 감사했다.

이어 방장 회광(廻光)큰스님은 법어에서 "어떠한 것이 진정한 그대들의 사대보살인가?"라고 물으시고, "우리 모두가 문수, 보현, 관음, 지장이 되어야 한다"고 정진을 촉구했다.

한편, 이날 대웅보전의 삼세여래인 연등불, 석가모니불, 미륵불의 좌우보처로 봉안된 4대보살상은 주불(主佛)과 보처보살의 배치가 우리 불교미술사상 초유(初有)의 독특함을 자랑하고 있다. 불상연구의 권위자인 간송미술관의 崔完洙선생이 고증과 감수를 하고 불모(佛母) 朴用心거사가 일심으로 기도하면서 모시게 되었다.

이번 삼월불사에서 느끼는 두드러진 변화와 희망은 전국 불일회의 변화해가는 모습에서였다. 불일회는 조계총림의 외호연으로 출발하여 세계적으로 25개의 지회를 갖고 있는 조직으로 성장했다. 그러나 이번 모임에서는 이제까지의 창립취지는 어느 정도 완수해 왔다고 평가하고 내실을 기하면서도 조계총림의 범위를 초월하여 한국불교에 이바지하고 이웃들을 이익케하는 활동을 적극 전개키로 했다.

70여 임원들이 참석한 임원회의에서의 결의사항은 다음과 같다. 첫째, 매년 가을 새롭게 태어나는 불일회의 활성화를 위해 임원들의 질적 향상을 도모하는 임원수련대회를 개최한다. 둘째, 기금은 공동예치한다. 세째, 회원들의 동태(이사, 사망등)를 파악하여 조직을 강화한다. 네째, 각 지회 불일회와 불일장학회를 구성하여 운영한다. 다섯째, 송광사 중창불사의 원만한 회향을 위해 최선의 협조를 다한다.

기타사항으로, 나주 불일회 인준, 대구 불일회의 장학회 구성, 그리고 온양 불일회의 회관 건립 부지 확보 등의 소식을 서로 전해들은 참석 임원들은 환희했다. 불법의 태양[佛日]이 널리 비추기[普照] 시작했다는 뿌듯한 느낌을 금할 수 없었다.

보살계는 삼사(三師)에 회광큰스님, 일타큰스님, 고산큰스님과 칠증사(七證師)에 보성스님, 활안스님, 법흥스님, 도견스님, 도천스님, 구암스님, 오현스님을 모시고 이들에 걸친 보살계 심지(心地)법문과 용맹정진으로 다져진 신심의 마음밭(心田)에 부처님의 종자를 깊게 심었다.

23일 오전 11시 국사전에서의 보조국사 종재를 봉행하는 3,000여 대중의 마음속에는 "기필코 보조이념의 계승으로 한국불교의 새로운 지평을 열고야 말겠다"는 다짐이 메아리치고 있었다. (송광사 — 김 호성기자) ✱

불사의 기쁨이 이와 같다 (1987년 4월 1일자)

역사적인 대웅보전 상량에 즈음하여

초대의 말씀

    귀의 삼보하옵고, 송구영신의 계절에 불보살님의 지혜와 자비 속에 두루 청안하시기를 기원합니다. 천년 고찰인 승보종찰 송광사는 800여 년 전 불일보조 국사의 중창 이후 유사 이래 가장 뜻깊은 중창불사를 진행하고 있습니다. 이는 안팎으로 시절인연에 부응할 수 있는 역사적인 대작불사를 통해 여법한 수도도량의 면모를 일깨워 불조의 전통을 이땅에 실현하려는 염원입니다. 3년 전부터 추진하여 오던 중창불사의 계획에 따라 승보전, 응향각, 행해당, 지장전 등을 옮기고 세웠으며 이제 송광사의 상징적인 중심건물이자 탑파형의 대법당인 대웅보전의 상량식을 맞이하게 되었습니다. 전 방장이신 구산 스님의 두 번째 추모법회를 기하여 이 뜻깊은 대웅보전 상량식을 다음과 같이 봉행하오니 많은 동참을 바랍니다. 그리고 이 불사에 수희동참하여 주신 사부대중께서는 이 인연공덕으로 하시는 모든 일이 뜻대로 이뤄지고 가내가 태평하고 건강하오며 희망찬 새해가 되기를 삼보전에 합장하옵니다.

상량식 봉행일시: 1985. 12. 24.

방장 일각

주지 현호 합장

천년을 내다보고 짓는 도량
송광사

천년의 고찰 조계산 송광사. 8백 년 전 불일 보조국사께서 기울어가던 고려 불교를 다시 일으키기 위해 정혜결사운동을 벌인 이래 16국사를 비롯 수많은 고승대덕을 길러 낸 승보의 빛나는 도량이다. 한국불교 3대 명찰 중의 하나며 독자적인 전통이 이어져 내려오고 선불교의 조계가풍이 계승된 곳도 바로 이곳 승보사찰 송광사다. 이렇게 한국 불교의 승통을 지켜오고 그 명맥을 유지해 오던 송광사는 민족상잔의 비극 6·25전쟁으로 도량 중심부의 대웅전을 비롯 크고 작은 건물 26채가 하루아침에 잿더미로 변해 버렸다.

비 한 방울 맞지 않고도 대웅전부터 가람을 돌아볼 수가 있었던 고건축의 극치를 이룬 송광사의 옛 모습은 사라지고 말았다. 수복 후 타다남은 암자들을 뜯어다가 일부 건축들을 세우고 창건 이래 여러 차례 불사를 치렀지만 옛 모습의 그대로는 아니었다. 하지만 이제 그 원형이 복원된다. 송광사 성역화에 큰 뜻을 세우시고 열반하신 전 방장이신 구산 스님께서는 여타의 사찰이 수도원으로서의 청정한 본래 모습을 잃어버리고 유흥지로 전락해 가는 모습을 걱정하시면서 송광사만이라도 자체적인 성역화 불사를 촉진, 새로운 의미의 국민정신을 함양하는 교육도량으로 가꾸기를 염원하셨다. 구산 스님의 유지를 받들어 송광사의 전 대중과 주지 현호 스님의 원력으로 지난 83년 6월부터 총 공사비 20억 원이 드는 어려움에도 불구하고 성역화 불사를 시작하여 앞으로 2년 만인 1987년 말경에는 송광사의 새로운 모습을 보게 될 것이다. 또한 옛 모습만 되찾는 게 아니다. 그 모습은 새로움이 아니다. 우리의 마음속에 살아있는 '도량 송광사'이다. 이런 어려움 속에서도 '뜻'으로서 극복하고 있는 주지 현호 스님은 이렇게 말씀하신다.

"10여 년 전부터 송광사는 출가 수행자의 종합수도원인 조계총림으로 발족된 뒤 구산 스님의 지도 아래 나라 안뿐만 아니라 세계 각처에서 발심한 수행자들이 모여드는 국제적인 수도원으로 국내외에 널리 알려지게 되었습니다. 신라 말 창건되어 보조 국사께서 중창한 고찰로 역사적 와중에서 몇 차례 신축 복원되었으나 이번 불사는 고려 진각 국사 이래 8백 년 만에 이루어지는 최대 규모의 성역화 작업입니다. 뿐만 아니라 한국 고건축의 대표적인 미를 한껏 살리려는 염원으로 제8차 중창불사에 임하고 있습니다. 때문에 고건축과 불교문화에 조예가 깊으신 황수영 씨, 진홍섭 씨, 김수근 씨, 조언과 실무 쪽으로 신영훈 씨(문화재 전문위원), 김동현 씨(문화재 연구 보존실장), 인간문화재 이광규 씨(대목)를 비롯, 불상 부분 최완수 씨(간송미술관 학예연구실장)와 탱화 부분 석정 스님, 그리고 대목을 이으려는 조희완 씨 등 전통기법을 그대로 재현하려는 많은 전문인들로 구성하고 있습니다. 이 모든 분들과 함께 천년만년을 내다볼 수 있는 불교 건축의 한 장을 펴려고 합니다."

송광사의 불사가 돋보이는 것은 이렇게 전통 한국건축양식을 지키고 있기 때문이기도 하다. 대웅보전을 사찰 중심부에 장엄하게 들어서게 하여 주위 전체 가람구조와 조화를 이루게 하였다. 또한 승보사찰로서의 특성을 살리기 위해 부처님 당시의 10대 제자를 비롯, 국내 최초로 세워지는 승보전에 1천2백5십성상을 봉안하여 영산회상을 이 땅 위에 재현시키고자 하였다. 지금의 대웅보전 터에 대지 2백4평을 돋우어 건평 1백8평의 대웅전을 다시 세우는 불사 현장에는 신도들의 기도가 끊이지 않고 이어지고 있다.

"어서 빨리 이뤄지게 하소서."

신축 대웅보전의 지붕은 팔작이나, 정방형과 장방형의 두 집을 복합한 탑과 형(亞형)으로 지어진다. 종전에 대웅전들은 부처상이 법당의 뒤편에서 3분의 1지점에 안치되어 활용할 면적이 매우 작았다. 그러나 이번 신축 대웅보전은 집 한 채를 더 포갠 것처럼 정·후면을 달아내어 부처상을 후면에 바싹 붙여 안치해도 어색하지 않게 했다. 법당 안을 최대한 넓게 이용하려고 설계된 대웅전은 백팔번뇌를 상징하는 108평의 공간을 활용할 수 있게 공간미학을 살렸다. 주지 현호 스님은 "대웅보전은 승보전과 지장전을 거느리고 자연환경과 잘 조화가 이뤄진 불교 건축양식으로 한껏 멋을 자아낼 것입니다. 전통 목조지붕양식에 맞배·우진각·팔작의 세 종류가 있습니다. 이 세 가지 유형들을 이제 다시 송광사에서 모두 볼 수가 있게 된 셈입니다"라고 말을 전한다. 또한 현호 스님은 중창불사에 참여하는 신도들에게 불일마트가 있는 청자매듭길이를 기증한다고 한다.

문화재 전문위원인 신영훈 씨는 "한국불교사에 남는 필생의 역작을 남기고 싶다"라고 한다. 인간문화재 이광규 씨는 "적송을 찜통에 찌고 말리고 그을려 천년이 가도록 유지되는 가람을 내 마지막 작품으로 생각하고 불사에 임하겠습니다"하면서 그의 대를 이를 후배들이 전통 건축기법을 배우려고 모여들어 더욱 기쁘다고 한다. 송광사의 옛 모습을 복원하려는 대중과 불자들의 오랫동안의 뜻이

일색(一色)이면 보지 못한다 하나 백설천지에 서면 자연의 소리가 들린다.

천년만년을 지킬 주춧돌과 대들보와 함께 길이 후손들에게 이어져 이 땅에 한국 불교의 빛을 전하는 요람으로 남을 것이다. 〈편집부〉

1985년 12월의 회보에 '초대의 말씀'이라는 제호의 안내문이 하단에 실렸다. 그것은 대웅보전 상량식에 대한 안내와 참여를 청하는 내용이다. 그리고 본 난에 '천년을 내다보고 짓는 도량 송광사'라는 기사 형태의 편집부발 소개가 자세히 나와 있다. 이 기사만 봐도 중창불사와 대웅보전 불사의 의의를 헤량할 수 있어서 기사 전문과 초대의 말씀까지 옮겨 적었다.

상량식의 모습은 알기 어렵다. 은사스님에게서 효봉·구산 스님의 유품과 당신이 보관하고 있는 사진이나 비디오 등의 자료는 아직 물려받지 못했기 때문이다. 회보의 1986년 2월호에 구산 스님 2주기 추모법회와 상량식을 원만히 거행했다는 기사와 함께 대웅보전 앞마당을 가득 메우며 운집한 대중의 사진이 당시의 분위기를 가늠할 수 있게 해준다.

대웅보전에 불사리탑을 모시자
진신이 강림하네

"병인년 새봄을 맞이하여 불자님들의 가정에 부처님 가피가 더욱 충만하시기 바랍니다. 승보종찰 송광사에서는 역사적인 제8차 중창불사의 일환으로 진행하는 대웅보전 본존불 점안식과 부처님 사리탑 봉안식을 봉행코저…"

대웅보전 건립이 쉼 없이 진척되었던가 보다. 불일회보 1985년 12월 제60호에 터를 닦아 하얀 주춧돌이 질서정연하게 놓여있는 흑백사진 한 장 정도만 보였다. 그런데 1986년 4월 제64호에 본존불 점안식 및 사리탑 봉안식을 알리는 안내문이 실렸다. 은사스님은 송광사나 법련사의 불사에서 대웅보전의 불보살님들을 모실 때 항상 과거·현재·미래의 삼세불인 과거 연등불·현세 석가모니불·미래 미륵불, 이렇게 세 분을 모신다. 그리고 부처님 사이사이에 문수·보현·지장·관음 등의 사대보살을 입상으로 모신다. 인간이 살아가고 만물이 존재하는 근원에는 시간이 있다. 그 시간은 잠시도 머물지 않고 흘러가기 때문에 고정된 실체로서 존재하는 것이 불가능하다. 시간은 과거·현재·미래가 거의 동시적으로 맞물려 있다. 그래서 이 삼세의 관계에서 시간이 파악되듯이 부처님의 세계도 과거불·현재불·미래불의 삼세를 상징하는 부처님이 계신다.

이것은 불교의 시간관과 관계가 있다. 우주가 과거·현재·미래를 기본으로 하여 펼쳐가듯이 부처님의 세계도 과거·현재·미래의 삼세 부처님을 상징적으로 모시는 것이다. 왜 그럴까? 우주의 항구적인 세계처럼 불교도 영속적으로 이어지기를 바라는 염원의 표현이다. 경전이 사라지는 것을 염려하여 석경(石經)이라 하여 돌에 새기기도 하지 않던가. 은사스님이 삼세불을 모시는 염원은 그런 의미를 가진다. 그리고 사대보살은 신앙으로서의 귀의처가 되도록 하는 완벽한 구성이다. 만물은 숫자가 많으면 장중하고 조화가 잘 어우러지는 느낌을 받는다. 전각이 유래 없이 108평이라는 큰 규모에 지붕이 아자형의 구조라서 높은 천장과 화려한 닫집에 조화를 이루려면 독불로는 구성미가 부족했을지도 모른다. 대웅보전에 들어가면 불단이 더없이 정갈하면서도 높고 튼실하다. 그렇기에 여러 부처님을 모신다 해도 절제된 속에서 웅장한 위용을 드러낸다. 또 삼세불의 뒷벽에 모셔신 탱화는 그 공간이 천장에 잇대어 만들어진 판벽이라서 그 높이를 감당하기 어렵다. 그런데 석정 스님께서 일생의 역작으로 장엄했다.

후불탱화 세 점은 독립적으로 그려지지 않고 본존불을 중심으로 하여 일체감을 갖도록 배려되었다. 좌우 양 벽의 후불탱화가 연등불과 미륵불을 장엄하는 모습이 아니라 본존불을 향하도록 하여 전체가 중앙으로 집중되는 한 세트의 의미로 모셔진 것이다. 다시 말해 탱화 구성이 중앙을 향해 쏠린 것처럼 되어 있어서 세 점의 후불탱화를 한 주제의 구성으로 바라보아야 그림이 맞춰진다는 뜻이다.

불일회보가 월 1회 발행되기에 중창불사도 그렇지만 사중의 일들을 소상하게 적어놓지는 않았다. 그래서 가끔은 이야기의 전개에 있어서 상상력을 발휘해야 할 필요가 있다. 회보를 여러 장 넘기다가 "송광사 대웅보전 모습 드러내"라는 기사를 봤다. 사진으로 보기에는 아직 지붕에 기와를 얹기에 앞서 먼저 송판으로 지붕 전체를 덮어 놓아 하얗고 매끈한 모습이다. 다음 장에 대웅보전 건립에 얽힌 내용을 신 선생의 연재로 소개할 터이지만 부처님 세 분과 사대보살까지 모셔진 불단의 무게를 감당할 일이 난제였다. 논의 끝에 본존불을 떠받치는 하단에 불사리탑을 모셔서 직각으로 무게를 받게 하고 주위에 금강경 전편을 목각으로 조성했다. 그래서 불단 밑에 아담한 동굴법당이 만들어지고, 독경을 하거나 좌선을 한다 해도 어울릴 법당 속의 법당이 들어서게 되었다.

은사스님은 무슨 불사를 하면 그에 관한 연기문 쓰는 일을 제일 먼저 생각한다. 그러니 연기문을 보면 그 불사를 봉행하는 이유와 염원이 훤히 드러난다. 은사스님은 일을 치밀하게 하시는 분이라 관련한 자료를 없애지 않고 모아두기 때문에 탑전이건 법련사건 스님의 방에 많은 것이 들어있을 것인데 아직 캐비닛을 열어보지 않아 그 전모를 알지 못한다. 부처님 조성의 연기문은 대부분 복장에 넣었기 때문에 아주 훗날에야 그 내용을 알 수 있을 것이다. 그래서 불사가 마무리되고 난 후일지라도 관련자료를 분류하여 정리하기가 쉽지 않다.

다행히 회보에 실린 이 기사는 "송광사의 중심 건물이자 대법당인 대웅보전이 드디어 그 모습을 드러냈다. 108평 규모에 탑파형 건물인 이 법당은 지난 3년 전부터 착공하여 오늘에 이른 것이다. 매년 음력 3월 26일 불일보조국사의 종재일을 맞이하여 송광사에서는 가장 큰 행사의 하나인 삼월불사를 봉행하는데 금년에는 본존불인 석가모니 부처님과 불사리탑 봉안식을 거행하게 된다. 아울러 승보종찰을 상징하고 부처님 당시 영산회상의 대비구중인 1250성상을 모시는 승보전의 좌우보처인 가섭존자와 아난존자의 성상도 함께 점안식을 갖게 된다. 이에 송광사의 제8차 중창불사의 취지와 의의를 요약한 불사리탑 연기문을 간추린다"라는 내용이다. 이어서 조계산 송광사 대웅보전 불사리탑 연기문이라 하여 그 내용을 요약하여 불사의 취지를 알 수 있게 했다. 기사가 전하는 연기문은 다음과 같다.

연기문

조계산 송광사는 1200여 년 전 신라 말엽 혜린 선사께서 창건하여 송광산 길상사라 이름하고 화엄종지를 펴시었다. 그 후 고려 중엽 불일보조국사께서 정혜결사문을 영포하고 수많은 종도들과 함께 이곳으로 이주하여 대가람을 중창, 수선사라 개칭하고 불교의 정법을 중흥시켜 조계종풍을 크게 선양하였다. 이로부터 제2세 진각국사 등 16국사와 고승석덕들이 속출하여 동방제일도량이자 조계종의 근본도량인 승보종찰로서 그 정맥을 유지계승하여 오늘에 이르고 있다.

우리나라 역사와 함께 흥망성쇠를 같이하여 오면서 많은 병란과 화재로 제6차 중창을 거쳐오다가 6·25전쟁으로 인해 도량의 중심건물인 대웅전, 설법전 등 크고 작은 건물 20여 동이 애석하게도 소실되자 본사 스님들의 피나는 노력으로 제7차 중창을 이루게 되었다. 그리고 승보의 빛나는 도량을 다시 일으키려는 사부대중의 간절한 염원과 구산 대선사의 원력으로 1969년부터 조계총림을 발족하여 수선사를 재건하고 전국에 불일회를 결성, 분원과 불일국제선원을 개설하는 등 국내외에 조계종풍을 널리 선양하게 되었다. 그러나 전쟁 후의 어려운 환경 속에서 일부 복구된 도량의 면모가 총림의 규모나 시대의 요청에 부응할 수 없었다. 이를 산중대중과 뜻있는 불일회원들이 안타까워하다가 1983년 봄부터 제8차 중창불사의 원을 세우고 안팎으로 두루 갖추어진 수도도량의 면모를 일신하여 불조의 혜명을 잇고 광도중생할 수 있는 역사적인 대작불사를 진행하고 있다.

이 중창불사 계획에 따라 승보전, 지장전, 응향각, 행해당, 인월암 등은 이미 옮기고 새로 세웠다. 이제 송광사의 상징적인 중심건물이자 탑파형의 108평 법당인 대웅보전에 삼세여래와 사대보살상을 모시는데 불단 내부 중앙에 부처님 진신사리탑을 세우고 그 탑신 위에 본존불인 석가모니불을 봉안하도록 했다. 여기에 모신 불사리는 10여 년 전 산승이 동남아 불교성지순례 중 스리랑카에 들러 모셔온 것으로서 불일중휘하고 법륜상전하며 승풍대진하여 조계총림의 선풍이 길이 빛날 것을 발원하면서 이 탑을 세운다.

이 인연공덕으로 이 대법당을 짓고 불상과 탑을 조성하고 송광사 제8차 중창불사에 수회동참한 대공덕주와 화주시주 등 전국 불일회원은 물론 법계중생이 일체종지를 이루고 다 함께 성불하여지이다.

나무 삼계도사 사생자부 시아본사 석가모니불

三千年前眞法身
今日降臨道場新
親見功德重無盡
金色光明照人天

삼천년 전 부처님의 진신이

오늘 강림하시니 도량이 더욱 새로워라
진신사리 친견공덕 중중무진하여
금색광명 사람과 하늘에 두루 비치네

심우도 | 소를 얻는 득우, 소를 길들이는 목우

불사의 이모저모
형식이 서면 내용이 채워진다

흔히 좌우 균형에 대한 비유로 가장 많이 드는 것은 수레의 두 바퀴, 그리고 새의 양 날개다. 인류 역사에 수레가 등장하고는 무거운 짐을 멀리 쉽게 나를 수 있게 됨으로써 공간에 대한 인식이 확장되어 행동반경이 넓어지기 시작했다. 그래서 불교의 옛 경전에 수레의 비유가 많이 나오는 이유는 부처님 당시 인도에서 실재적으로 수레나 마차를 사용하고 있었기 때문이다. 그것은 중국의 경우도 마찬가지여서 이 비유는 실로 유용한 개념이다. 번뇌나 괴로움을 두카(duhhka)라고 하는데 이 말은 덜컹거리는 수레에 앉아있는 불편함을 비유로 든 것이다. 불사와 함께 보조사상연구원의 태동도 이뤄지는 시기여서 이 부분에 다루려고 했는데 이야기의 전개상 신 선생의 대웅보전 연재를 다룬 후에 마지막 부분에서 소개하도록 하겠다. 불사는 본격적으로 이어지고 있다. 1986년 6월 제66호에는 대웅보전 본존불 및 사리탑 봉안식의 기사가 다음과 같이 실렸다.

지난 5월 2일부터 4일까지 조계총림 송광사에서는 2000여 사부대중이 운집한 가운데 삼월불사와 제776주기 보조국사 종재를 성대히 봉행하였다. 이번 불사를 기해 대웅보전 본존불 및 사리탑 봉안식을 봉행했는데 대웅보전 본존 석가모니 좌불상의 상호는 32상 80종호를 두루 갖추신 원만상으로 이루어져 있다. 이는 아자탑파형의 웅장하고 미려한 대웅보전 크기와 모습과도 일치되어 보는 이로 하여금 극락세계에 온 듯한 느낌을 준다. 부처님의 좌대는 진신사리탑으로 되어 있고, 불단 뒤편으로 돌아가면 사리탑에 예배할 수 있게 했다. 앞으로 삼세불과 사대보살을 모두 모시고 승보전에 1250성상이 완성되면 2500년 전 부처님 당시의 영산회상이 재현될 것이다. 불일회 회원들은 이러한 성역화 불사가 하루빨리 이뤄지길 기원하며 제17회 전국불일회 정기총회를 사자루에서 개최하였다. 임원회의를 거쳐 총회에서는 임기가 만료되는 총회장 현호 스님을 앞으로 2년간 총회장으로 다시 선출하였다….

당시 전국불일회의 위상은 불교계에서도 초유의 것이면서 잘 조직되어 선도적 입장에 있었다. 총회는 항상 보조국사 종재일에 했고 본사 주지스님이 당연직으로 총회장이 되었다. 불일회의 첫 시작은 대구불일회였다. 송광사의 열악한 수행환경에서 살림에 보탬이 되고자 만들어져 확장되어 갔다.

1986년 7월 제67호에는 미국 L.A.고려사의 국제불교회관 개원기념법회에 관한 기사가 보인다. 주소가 4269W. 3Rd St. L.A.로 되어있는데, 그곳은 1980년 12월 21일 첫 개원법회를 했던 곳이다. 그다음이 1986년 3월 27일 Ingraham St.으로 이전불사를 했고 세 번째로 옮긴 곳이 2003년 9월 14일에 체코문화원을 인수하여 개원한 현 고려사다. 나는 Ingraham 시절에 1년여를 살았다. 이 기사에는 대도행 보살을 소개하는 내용이 있다. 서울 대원각을 20여 년 운영하다 미국으로 이민하여 지내던 중에 은사스님을 만나 미국에 한국불교를 알리는 불사를 시작한 것이다. 내가 살던 90년대에도 그랬지만 매달 건너오는 불일회보는 교포사회에 인기가 있어서 신문이 나올 때는 너나 할 것 없이 회보를 받으려고 기다렸다. 그 가장 큰 이유 중의 하나는 법정 스님의 글이 실렸기 때문이다. 타국에서 살아가는 사람들에겐 고국의 산사에서 보내주는 맑고 청량한 스님의 글이 무척 위안이 되던 시절이었다. 당시 고려사는 송광사 스님들이 많이 거쳐가면서 소임을 봤고, 그때 건너간 이들은 모두 캘리포니아 운전면허를 얻었다.

불사가 진행되는 동안 광고 형태의 업체 소개들이 있다. "불상-탱화-단청-개금을 정성들여 만들어 드립니다"라는 카피의 태성불교사, "모든 석재관계는 정성드려 해 드립니다"라는 현대석재, "송광사 제8차 중창불사의 모든 기와는 저희가 만들었습니다"라는 강남요업사의 광고가 이채롭다. 태성불교사는 내가 군대에 있을 당시 광주 무각사의 부처님을 모실 때 광주 증심사에 모신 부처님의 금형을 조금 손봐서 모셔준 일도 있었다. 보는 사람마다 "부처님이 참 잘나셨네"하고 찬사했다.

이해 10월 제70호에 효봉 대종사 추모법회 및 미륵존불 봉안법요식 안내가 실렸다. 대작불사를 시작한 지 3년이 지났다는 것, 그러면서 대웅보전 내 미륵존여래불을 금동불로 조성하여 그 점안과 봉불법요식을 봉행한다는 내용이다. 그리고 11월 호에 미륵존불 봉안에 따른 자세한 내용이 있다. 이 자리에서 현호 스님은 중창불사의 추후 계획을 다음과 같이 밝혔다. 그 기사는 다음과 같다.

제8차 중창불사 계획 밝혀

송광사 주지 현호 스님은 미륵존불 봉안식에서 "역사적인 대작불사를 시작한 지 3년이 지났고 사부대중의 지극한 신심과 원력에 힘입어 마무리 단계에 이르렀다"고 말하고 앞으로의 남은 불사계획을 발표했다.

첫째, 대웅보전의 좌보처인 연등불은 돌아오는 12월 14일(음력 11월 13일) 구산 대종사 제3주기 추모법회를 맞이하여 봉안하고

둘째, 대웅보전의 사대보살인 문수·보현·관음·지장보살의 입상을 역시 청동금으로 1987년도 3월불사 때까지 조성, 봉안하며 후불탱화와 신중탱화, 닫집, 불단조각 등 나머지 불사를 마무리지어 1988년 삼월불사 때까지 회향하겠다고 발표했다. 또한 제8차 중창불사에 수희동참하신 사부대중 여러분의 원불인 승보전의 십대제자·십육성·오백성·영산회상 당시의 천이백오십 성상 역시 1988년 삼월불사까지 조성, 봉안할 계획이라고 말하고 이 역사적인 대작불사가 원만하게 회향되도록 전국 불일회원 여러분은 물론 사부대중의 적극적인 성원이 있으시기를 거듭 바랐다.

그리고 2층 건물은 연건평 150평으로 1층에는 유물보존실, 2층에는 전시실로 사용할 성보박물관 상량식을 갖는다는 내용이 있다. 총 공사비 5억 원 예정이며 외형은 옛스러운 사원건축의 하나인 우진각 다락집형으로 정부보조금 1억 1천만 원에 사중 자체 예산으로 건립된다는 자세한 설명을 실었다. 다시 눈길이 멈춘 곳은 구산 스님 3주기 추모법회와 연등불 점안 봉불식 안내문이다. 불사의 진척이 속도를 더하면서 느끼게 되는 환희심이 고스란히 전해지는 글이다. 이를 통해 불사에 임하는 마음을 살펴볼 수 있다. 다시 초대의 말씀이다.

초대의 말씀

또 한해가 저물어 가고 새해를 맞이하는 송구영신의 계절입니다. 산정에 오르고 나면 환희에 찬 마음뿐인 것처럼 송광사 제8차 중창불사도 그 어려움과 역경을 이겨내고 이제 마무리 단계에 이르게 되니 수희찬탄할 뿐입니다.

800년 만의 역사적인 대작불사가 기쁘게 동참하신 사부대중의 성원에 힘입어 그 위용을 드러내고 있습니다. 이는 불조의 혜명을 계승하고 정법을 선양할 뿐 아니라 이 시대에 부응할 수 있는 내외가 겸비한 청정한 수도도량인 승보종찰로서의 면모를 갖추시겠다던 전 방장이신 구산 큰스님의 뜻에 따라 현전대중과 국내외 불일회원들의 간절한 신심과 원력의 결정체임에 틀림없습니다. 구산 큰스님의 세 번째 추모법회를 맞이하여 108평 탑파형 대웅보전에 모실 삼세여래 가운데 과거불인 연등불을 조성하여 그 점안봉불식을 다음과 같이 갖고자 하옵니다. 스님의 뜻을 기리고 이 불사에 수희동참하신 인연있는 불자들께서는 두루 참석하시어 필경 바른 깨달음 얻어 복된 삶이 될 수 있는 법연을 맺고 희망찬 새해를 맞이하시기를 삼보전에 간절히 축원하나이다.

이제 불사의 다음 차례는 삼존불이 원만히 모셔졌기 때문에 사대보살 봉안으로 이어진다.

사자루 수련대회 발우공양 | 송광사 수련회는 1980년대 불교대중화의 최고 히트상품이라는 평이 있었다.

불사에 속도를 내다

　미래 세계에 불법을 장엄할 미륵부처님을 모시고 나자 다음은 연등부처님을 모실 차례가 되었다. 우리나라 사찰의 법당에 모시는 부처님과 보살님은 그 도량의 지세나 성격에 맞춰 구성요소가 달라진다. 그러면서도 주불과 좌우 협시하는 보살상을 전각에 맞춰서 모신다. 본존불과 협시보살의 관계는 본존불의 권능을 협시보살이 대변하는 것으로 표현된다. 양 협시보살은 자신의 특징을 가지면서도 서로 보완하는 관계다. 예를 들면 석가모니불의 경우 문수·보현이 양대 협시보살이고 때로는 가섭·아난 두 존자를 양쪽에 시립하여 구성한다. 대적광전에는 본존불인 비로자나불을 중심으로 하여 노사나불과 석가모니불이 좌우에 있다. 극락전의 아미타불은 관세음보살과 대세지보살이 좌우보처이고, 약사여래는 일광·월광 보살이 좌우협시한다. 주불과 좌우보처도 의미가 확장되어 보살이 주불이 되는 경우는 협시가 낮아지는 방식을 채택한다. 관음전은 남순동자와 용왕, 지장전은 도명존자와 무독귀왕이 시립한다.

　또 이런 형식에 구애받지 않는 경우도 있다. 구례 화엄사 각황전 삼존불은 석가모니불에 아미타불과 다보불 구성이고 불국사는 석가모니불 좌우에 미륵보살과 갈라보살이 협시불로 등장한다. 갈라보살은 과거불인 정광여래의 보살 때의 명호다.

이처럼 법당에 부처님을 모시는 것도 일정하지 않고 변용되거나 의미가 적극적으로 활용된다. 은사스님은 송광사나 법련사 대웅보전에 주불인 석가모니불의 좌우에 미륵불과 연등불이 앉는 방식으로 조성했다. 연등불이 모셔진 경우는 흔치 않은 것이어서 이런 경우가 불사 주관자의 뜻과 안목이 현장에 반영되는 예라고 하겠다. 1987년 1월(제73호) 회보에 연등불 점안식(86년 12월 14일)을 가졌다는 내용, 제75호에 조계총림 최초의 강원 졸업식 외에도 1987년 송광사에 와서 정진한 덴마크 추광이 코펜하겐대학교에서 〈신라구산선문연구〉로 박사학위를 받았다는 기사가 이채롭다. 그리고 고우영 화백의 '선사이야기' 카툰 연재가 또한 반갑다.

당시 한국 사회에서 인기있는 화백이 회보에 만화를 연재한 것으로 이것을 보면서 경전이나 선종사의 내용을 얼마든지 재밌게 각색할 수 있겠다는 생각을 했다. 스즈키 순류의 『선심초심』이 번역되어 전편이 실리기도 하는데, 당시 불일회보가 얼마나 신선하게 불교 대중화의 한 획을 그었는지 새삼 되새기게 된다. 내친김에 하나 더 언급하자면 민희식 선생의 '불교와 서양사상'이라는 연재물이 총 23회 있었다. '법구경과 쇼팬하워의 의지와 표상으로서의 세계'를 시작으로 하여 토마스 머튼, 칸트, 베르그송, 톨스토이, 헤세, 바그너, 쇼펜하워, 융, 야스퍼스, 헤겔, 하이데거, 사르트르 외에도 지난 세기부터 근현대에 이르기까지 서양의 대표적인 철학자와 문학 속의 불교사상을 탐색하는 내용이다. 만약 지금 같으면 이런 깊이 있는 내용을 싣기 어려울지도 모른다. 세상 모든 분야가 쉽고 흥미있는 주제를 찾아나서는 요즘같은 세상에는 그같은 과거의 학문에 대한 열정이 보이지 않기 때문이다.

 회보상으로는 이즈음부터 보조사상연구원의 발족에 즈음하여 본격적으로 보조사상 현창의 노력이 경주되고 보조 관련 논술이 지속적으로 회보에 실리고 있다. 앞에서 주지하였듯이 이야기의 구성상 보조사상과 연구원에 관련해서는 글의 마지막 장에 소개하겠다. 1987년 4월(제76호)에는 보조사상연구원의 창립을 알리면서 대웅보전 내 삼세여래의 좌우보처인 문수·보현·지장·관음 사대보살 봉안법요 및 점안식을 갖는다는 안내문이 보인다. 세월이 지났지만 현장감을 위해 안내문을 옮겨본다.

안내의 글

 귀의 삼보하옵고

 정묘년 새봄을 맞이하여 불자님의 가정에 부처님의 지혜와 자비광명이 더욱 충만하시기를 기원합니다. 6·25전쟁으로 소실되기도 한 천년고찰 송광사는 빛나는 승보종찰의 면모를 더욱 새롭게 하고자 도량의 중심부인 대웅보전을 복원하는 등 제8차 중창불사의 원을 세운 지 어언 4년이 되었습니다. 여러분의 도움으로 그 장엄한 가람의 모습이 다시 예처럼 드러나고 이제 마무리 단계에 이르고 있습니다. 또한 내적 중흥불사의 일환으로 지난 1987년 2월 22일 보조사상연구원을 창립하여 이번 제777주기 보조국사 종재봉행은 더욱 더 뜻깊게 되었습니다. 아울러 대웅보전 삼세여래의 좌우보처이신 사대보살상을 금동입상으로 새로 조성하여 그 봉안법요 및 점안식 등 삼월불사를 다음과 같이 봉행합니다.…

 그리고 이해의 삼월불사에 효봉영각 상량식이 있었다. 보통 한옥은 홀수로 칸을 만들어 중앙에서 좌우로 넓혀가는 형태로서 안정함을 갖도록 한다.

그런데 특이하게 국사전은 짝수인 4칸의 건물이다. 효봉영각은 국사전을 모본으로 한 정성어린 건물이다(효봉영각은 5칸이다).

대중생활에서는 소리가 말이다.

달리는 말은
뒤를 돌아보지 않는다

　사람의 일은 탄력을 받으면 달리는 말처럼 뒤를 돌아볼 겨를이 없다. 불사가 진행되는 과정을 회보를 통해 살펴보니 점점 가파른 고개를 넘는 느낌도 있고, 반대로 내리막길에서는 달릴 필요가 없다는 선종의 법문처럼 순탄하게 흘러가고 있다는 생각도 든다. 아마 시기적으로 은사스님이 1987년 7월 8일에 송광사 주지 재임을 받았다는 기사가 있어서인지도 모른다. 1983년 6월에 주지 임명을 받았고, 다가오는 1988년 3월에 중창불사 회향을 계획하고 있어서 더욱 그렇게 느껴진다. 1987년 9월(제81호)에 주지실인 목우헌과 응접실인 영월루의 상량식을 가졌고(8월 14일), 불사공덕비의 석물작업 마무리, 우리나라 초유의 승보전 1250성상을 모시는 것과 동참자는 성상의 복장에 새길 가족 축원명단을 종무소로 보내고 확인하라는 기사도 보인다.

　그리고 그달의 회보에는 대시주자 무상각 보살의 기사가 지묵 스님의 글로 실렸다. 후원 한쪽에 원불당이라고 하여 기거할 곳을 만들면서 인터뷰를 한 것이다. 홀로 평생을 살면서 모은 정재를 희사하여 생의 마지막은 송광사에서 보낼 원을 세운 터였다. 송광사 불일장학회에 2억, 보조사상연구원에 1억, 부산 보덕사 창건, 효봉영각과 구산 스님을 모신 탑전의 법당, 탑전 입구의 해탈교, 서울 법련사의 불사에도 희사한 내용이다. 이 기사 후로도 탑전 입구의 2층 건물인 무상각은 본인의 이름을 따서 세운 전각이고 나머지 정재는 모두 은사스님께 위임하여 보조사상연구원에 희사하신 대 공덕주다. 전체 액수는 모르겠지만 거의 수십 억에 달하는 것으로 알고 있다. 그리고 생애 마지막에는 탑전에서 보냈고 현재는 적광전에 위패와 영정이 모셔져 있다. 영단에 있는 또 한 분은 보경화 보살이다. 효봉, 구산, 현호, 그리고 우리까지 4代를 시봉해 준 분으로 99세에 돌아가셨고, 탑전 적광전에 모셨다.

10월 24일의 효봉 스님 추모제는 무상각 보살이 시주한 새 영각이 마련되어 처음 행사를 치렀고 지장전 단청불사 회향과 지장탱화 점안식이 있었다. 법정 스님은 이날 행장 소개에서 "스승을 죽이기도 하고 살리기도 하는 것은 제자들이 어떻게 하느냐에 달려있다"라고 하셨다는 기사, 그리고 그해의 구산 스님 추모제가 신년 1월 2일이지만 신도들의 편의를 위하여 12월 27일로 일주일 앞당겨 모시겠으며, 석가모니불 후불탱화와 104위 신중탱화를 모신다는 기사도 있다. 1988년 1월(제85호)에는 "송광사 제8차 중창불사 공덕비문"이 실려있다. 이 비문과 아울러 구산 스님 사리탑 건립에 대한 모연문도 행사의 이모저모를 적은 후에 다음 장에서 따로 소개하겠다. 이해 4월에 조계총림 율원을 개원한다는 소식이 있다. 비로소 총림의 구성인 선원·강원·율원·염불원의 체제가 갖춰진 것이다. 그리고 L.A.고려사가 금융가인 Ingraham으로 이전한다는 기사도 보인다. 이어 5월호에는 중창불사가 5년이 경과되었으며 승보전 10대 제자와 16성상 점안 법요식을 갖는 기사가 있다. 또 1988년 10월(제94호)에는 효봉 스님 추모일에 대웅보전 연등불, 미륵불 후불탱화 점안식 안내문이 있고, 12월의 구산 스님 추모법회에 지장전 시왕상 점안식 안내도 보인다. 1989년 4월(제100호)에 제8차 중창불사 회향이라는 칼라 지면 특별판에서 불사의 전모를 정리하여 사진과 함께 실렸다. 이것도 불사 정리의 차원에서 원문 그대로 소개하겠다. 그리고 회향불사를 기념하여 회향식과 국제고승법회를 갖는다는 내용, 대웅보전 내 진신사리탑 봉안 및 역대전등 탱화와 승보전 1250성상 점안식이 있다는 내용이 실렸다.

합본의 제2권이 거의 끝나가는 지점이기도 한데, 1989년 10월(제106호)에 중창불사를 시작한 지 6년의 세월이 지났으며 그 대단원인 구산 스님 사리탑과 탑전 기공식을 봉행한다는 안내문이 보인다. 그리고 『보조전서』 출판기념회를 1989년 11월 4일 세종문화회관 대회의장에서 갖는다는 소식도 있다. 앞에서 언급하였듯이 도량의 중창불사와 그 정신인 보조사상연구원 설립과 학술대회의 개최는 수레의 두 바퀴, 새의 양 날개 구현이라는 측면에서 더할 나위 없이 완벽하게 갖춰지고 있음을 알 수 있다.

이제 소개할 내용은

송광사 제8차 중창불사 공덕비문
구산 스님 사리탑 모연문 – 사리탑 내 소탑 봉안의 의미
중창불사 회향에 즈음한 불사전모 등이다.

신 선생의 대웅보전 구성에 관한 내용은 이어서 써가도록 하겠다.

대웅보전 단청
건물에 옷을 입힌다는 것

　조계총림 송광사의 여덟 번째 중창하는 대역사가 1988년 3월의 회향을 목표로 그 막바지 작업을 서두르고 있다. 이미 승보전의 단청 및 벽화불사를 마치고 지장전의 단청도 장엄한 모습을 드러냈다. 송광사 도량의 중심부에 우뚝하니 자리하고 있는 108평 대웅보전의 단청불사를 찌는 듯한 복더위 속에서도 강행군하고 있다. 단청은 목조건축이나 기타 건조물에 채색무늬나 그림을 그려 장엄하는 것을 말하는데 한국의 전통건축에서 가장 특이한 것의 하나로 평가되고 있다. 원래 단청은 단벽(丹碧)·단칠(丹漆) 또는 진채(眞彩)·오채(五彩)·당채(唐彩)·화채(畵彩) 등으로 불리는데 황색, 적색, 녹색, 청색 및 백색과 흑색, 기타 여러 색을 써서 문양이나 그림을 도채(圖彩)한다. 고구려의 고분벽화 등에서도 그 흔적을 엿볼 수 있을 만큼 오랜 역사를 가지고 있는 단청은 왕실의 궁궐이 아니면 사용이 불허된 적도 있었다. 조선 문종 때에는 관청과 절은 단청을 해도 좋다는 허락을 얻었으며 예종 때에는 "사찰 이외에 단청을 하는 자에게 장(杖) 80을 벌로서 때렸다"고 한다.

　단청의 기능은 익히 알다시피 재질의 조악성을 은폐하는 미화의 목적도 있고 또 습기나 비바람으로부터 부재를 보호한다는 화학적 기능도 있다. 뿐만 아니라 절과 같은 경우에 있어서는 단청을 해야 할 그 건물이 거의 대부분 신앙의 대상인 부처님이나 보살님들을 모시는 전각이 된다. 그러므로 화려하게 장엄함으로써 신심을 더욱 증장시키는 종교적 의미도 띠게 된다. 불교 디자인이라고 할 수 있는 단청을 올바르게 이해하기 위해서 다음에서 단청을 어떻게 하는지 그 과정을 적어본다.

우선 각 부재에 그려질 무늬를 건물의 성격에 맞게 디자인하여 문양별로 초상(草像), 즉 도본을 만드는데, 이 작업을 출초(出草)라 한다. 초상은 모면지나 분당지, 저장지에 묵선으로 무늬를 그려놓고 그 무늬에 따라 돋바늘로 일정한 간격의 구멍을 뚫는다. 부재면에 무늬를 연속하여 옮길 수 있게 고안된 것이다. 가장 중요한 것은 채색 무늬가 들어가기 전의 목재의 처리이다. 목재 바탕면은 밀타승(密陀僧) 흰색 안료 산화연을 바른다. 마른 뒤에는 마포를 써서 문질러낸다. 두껍게 발라진 부분이 깎이면서 터진 나무틈에 들어가 메워진다. 그 위에 뇌록(磊綠, 밝은 나뭇잎 색깔)의 안료를 아교물에 끓여 가칠한다. 이러한 가칠은 물건이나 건물의 목재를 오랫동안 보호하고 채색의 탈락을 방지하므로 여러 번 힘들여 칠하고 문질러서 면을 고르게 하는 힘든 작업이다. 그래서 본래는 가칠장(假漆匠)이 따로 있어 전문적으로 이일을 도맡아 하였다. 가칠이 완료된 후 그 면에 초지(도안된 그림)를 대고 분가루가 든 주머니로 두들기면 뇌록바탕에 바늘구멍을 따라 무늬가 옮겨진다. 이를 타분(打粉)이라 한다. 주로 암채(岩彩)의 안료는 아교를 중탕하여 끓인 물에 개서 화제(和劑)하는데 아교가 굳지 않게 뚝배기에 안료를 갠다. 화공들은 무늬대로 각 채색을 분담하여 들고 기화(起畫)하는데 각기 지정된 자리를 메워 나간다.

채색이 다 끝난 마무리는 먹이나 분으로 그어 윤곽을 뚜렷하게 하는 작업이다. 이 작업을 계화(界華)라 한다. 여기서 흰 선을 가늘고 도드라지게 긋는 방법을 고분법(高粉法)이라 하는데, 아주 잘 치장된 사찰 대웅전의 내부에서 찾아볼 수 있다. 이렇게 기본무늬가 채색되고 나서 양쪽 머리초 사이의 여백 계풍(界風)에 별화(別畵, 별지화)를 그린다. 용, 백호, 천마가 그려지고 또 빗천장에는 주악비천이나 화불이 그려지고 또 벽체에도 여러 불화가 그려진다. 단청이 완료된 후에 표면에는 백반과 아교가 혼합된 물을 뿌린다. 이것은 풍화와 해충의 피해를 막고 채색이 탈락되는 것을 방지하는 것이다.

송광사 대웅보전의 단청은 한석성 선생이 담당하고 있다. 단청전문가로서 40여 년간을 단청의 외길을 걸어온 그는 불화·동양화·벽화 등에 많은 공적을 남겼으며 현대건축에 응용할 수 있는 단청문양과 도채법을 개발했고 상고대(上古代) 단청의 현대적 재현에 힘쓰고 있다. 뿐만 아니라 문화재전문위원이신 임영주 선생이 문양을 감수하여 미래의 국보급이 될 명작을 탄생시키고자 비지땀을 흘리고 있다. 많은 불자들의 전통적 불교문화에 대한 깊은 이해와 관심, 그리고 동참은 직접 불사에 종사하는 분들의 정성과 노고에 못지않게 원만한 회향을 위해서는 소망스러운 일일 것이다. 〈편집부〉

보경 스님의 손바닥소설

사람은 세상을 눈으로 본다.

즉 사물을 보는 것은 눈이 하는 일이다. 그렇다면 눈은 사물을 어떻게 구분하고 알아보는 것일까? 가장 우선적으로 인식하는 것이 형태일지 색깔일지는 모르겠지만 색의 구분은 사람의 감정에도 영향을 미친다. 그런데 엄밀하게 말하면 색과 빛은 다르다. 색의 삼원소는 Cyan(청록)·Magenta(적색)·Yellow(노랑)이고, 빛의 삼원소는 Red(빨강)·Green(녹색)·Blue(파랑)다. 색은 감산혼합이어서 색을 합하면 검정색이 되고 빛은 가산혼합이라 하여 흰빛이 된다. 색은 물질의 영역이어서 실질적이지만 빛은 실질이 아닌 가상의 것이다. 빛은 보고 느끼고 알 수 있지만 만지거나 물들일 수는 없다. 그런 면에서 건물에 색을 칠하는 단청은 실질적인 것이며 염료가 있어야 한다. 염료는 자연에서 만들어진다. 염료를 추출할 수 있는 대상은 식물도 있고 광물도 있다. 이 둘은 어떤 성질의 차이가 있을 것인데, 석정 스님께서는 송광사 법당의 탱화를 석채로 하시길 원하여 일본에서 구해왔다는 은사스님의 말씀을 들은 적이 있다. 석채는 오래가고 색도 아름답다는 이유를 말씀하셨다.

옷이 날개라는 말이 있다. 사람에게는 옷이 단순히 몸을 치장하는 것에서 그치지 않고 자신을 표현하는 중요한 가치를 지닌다. 이탈리아 사람들이 패션을 중시한다는 말들을 하는데, 내가 국제선원에서 같이 지내본 이태리에서 온 태리 스님은 쉬는 시간이면 항상 바느질을 하고 옷도 다림질해 입었다. 인간은 삶의 가치를 의식주의 해결에서 그치지 않고 예술과 철학으로도 탐구하는 존재다. 그래서 같은 값이면 아름답고 효율적이며 시간이 흘러도 그 속에서 생활하는 사람에게 유용할 수 있어야 한다. 사람은 옷과 장신구 외에도 집과 자동차 같은 소유물로써 행복을 느끼려고 하며 또 남에게 드러내 보이고 싶어하는 본능적인 무엇이 있다. 건축물이나 주변 자연환경도 고유한 언어를 가지고 있다. 그래서 그 구조물을 보면 동일한 느낌을 이야기하며 감상하고 매료된다. 한옥이라고 모두 채색을 하는 것은 아니고 궁궐 등 공공건물이나 사찰의 경우는 단청을 한다. 단청은 나무기둥을 효과적으로 보존하는 기능이 있어서 벌레가 먹거나 습기로 인해 부식되는 것을 방지하는 효과가 있다. 그리고 예술로서의 미적감각을 들 수 있다.

산중에 오래 살면서 자연스럽게 깨닫게 되는 것이 더러 있는데 단청도 마찬가지다. 산중 사찰은 자연 속에 존재한다. 자연의 속성이 무엇인가. 난 자연의 야성미를 들고 싶다. 야성적이라는 말의 뜻은 주로 자연의 순수하고 본능적인 특성을 의미한다. 이것은 인간이나 다른 생명체가 자연의 법칙에 따라 행동하거나 살아가는 것으로서 복잡한 문명적 규범이나 제약이 아닌 자연의 질서에 따른 순수한 형태를 뜻하기도 한다. 다시 말해 동물이나 식물이 자연스러운 방식으로 행동하거나 생존하는 것을 설명할 때 사용될 수 있다. 또한 사람이 자연 속에서 간단하고 순수한 형태로 살아가거나 행동할 때도 감각적이고 본능적인 측면을 강조하여 기술이나 인간의 개입이 적은 상태에서의 자연의 순수성을 찾을 수 있다.

일본의 산중 사찰을 가보면 건물이 대부분 나무 본래의 상태 그대로 있고, 칠을 한다 해도 단색으로 칠한 경우가 많다. 그러니 시간이 흘러가면서 자아내는 고색창연한 분위기는 있을지 몰라도 한국 사찰의 건물이 갖는 화려함과는 분위기가 많이 다르다. 그 분위기의 차이는 단청에서 비롯된다. 울긋불긋 화려한 단청을 입은 건물이 자연의 거친 기운을 상쇄한다고 할까…. 송광사 대웅보전 같은

대웅보전에 모셔진 삼세여래 사대보살

대웅보전에서 법회를 여는 모습

건립 중인 대웅보전 앞에 선 현호 스님

대웅보전 현판 (1988년 일중 김충현 씀)

새벽예불을 맞이하는 각 전각

겨울 산사는 한층 정결한 모습으로 아침을 연다.

좋은 집은 다양한 얼굴을 가진다. 대웅보전이 그렇다.

자신이 지은 집과 자신이 모신 부처님 앞에 서면 무슨 생각을 하게 될까.

제8차 중창불사 공덕비를 바라보는 현호 스님

큰 건물에 단청이 없다면 밋밋하고 무거워 보일지도 모른다. 물론 도량의 중심 건물로서의 위용도 그만큼 충만하지 못할 것이다.

단청작업을 지켜본 적이 더러 있다. 단청은 그냥 그리는 것이 아니라 본이 있고, 그 종이는 그림의 선을 따라 조그만 구멍이 뚫렸다. 단청자는 밀가루 같은 흰 분을 헝겊주머니에 담아 솜방망이 치듯 종이 위를 가볍게 톡톡 치면 나무에 선이 나타나고 그걸 따라 채색을 한다. 그래서 아무리 큰 건물도 문양이 어긋나지 않고 잘 짜여진 상태로 옷을 입는다. 천장을 보며 그리는 것은 고개를 뒤로 젖히고 팔을 위로 올려서 붓질을 하는 일이라서 말할 수 없이 고된 노동이다. 미켈란젤로의 전기 영화에서 벽화를 그리는 또 다른 일면을 본 적이 있다. 사람 신체의 특성상 움직이기 어려운 것은 누구에게나 고될 수밖에 없다. 이런 단청은 옆에서 화공의 손을 따라가며 지켜보는 것만으로도 숨이 차오른다.

송광사 제8차 중창불사
공덕비문

먼저 수행이 있고 나서 도량이 마련되었다.

인도 마갈타국의 왕사성 밖에 죽림정사가 세워진 것이 불교교단 최초의 절이다. 조계산 송광사는 신라 말 혜린 대사에 의해 창건된 작은 절이었는데 그때 이름은 길상사이고 산 이름은 송광산이었다. 지눌 보조국사께서 기울어가던 고려불교를 다시 일으키기 위해 정혜결사운동의 도량으로 이곳을 선택, 전후 9년에 걸쳐 사옥 80여 칸과 불전, 법당, 승료 등을 차례로 세워 결사도량의 면모를 새롭게 하였다. 1200년 신종 3년 국사께서 공산 거조사에서 이곳으로 옮기신 후 11년 동안 청중을 거느리고 선정을 닦으며 지혜를 일깨우는 정진을 함께하니 그 명성을 듣고 찾아오는 사람들이 헤아릴 수가 없었다. 그중에는 세속의 명예와 지위, 처자, 권속을 버리고 결사에 동참한 식자층과 왕족, 권문세가 인사들도 수백 명에 이르렀다. 그 시절의 송광사는 명실공히 동방제일도량으로서 찬란한 빛을 발했었다. 국사께서는 사람들에게 금강경을 독송토록 권했고 법을 세우고 뜻을 풀이할 때는 육조단경을 교재로 삼았으며 좀 더 깊이 이치를 밝힐 때에는 이통현의 화엄경과 대혜어록을 새의 두 날개처럼 여기었다. 그리고 성성적적·원돈신해·경절의 삼문을 열어 교화하니 여기에 의지하여 수행하고 오입(悟入)하는 이가 많아 일찍이 볼 수 없었던 선학의 황금시대를 이루었다. 희종은 태자 시절부터 국사를 흠모해 왔었는데 즉위하자 송광산 길상사를 조계산 수선사로 고치도록 손수 글씨를 써서 제방을 내렸다. 그 후 본산의 옛 이름을 따라 송광사로 고쳐 부르면서 목우가풍을 크게 선양하였다. 이 결사로 인해 16국사를 비롯 수많은 고승대덕이 배출되어 승보의 빛나는 가람을 이루었으며 또 한국불교의 근본도량으로서 독자적인 전통이 마련되고 선불교의 조계종풍이 면면이 계승 발전되었다. 1210년 3월 국사께서 53세로 입적하시니 진각 혜심국사가 제2세 주지의 법석을 이었고, 이후 청진에서 16세 고봉화상에 이르기까지 국사의 결사정신을 계승하였다. 조선조에 이르러 휴정 대사와 쌍벽을 이루던 부휴 대사와 취미, 무용, 영해, 풍암, 묵암 화상 등이 숭유배불의 모진 풍상 속에서도 청정한 승보의 자리를 다져왔었다.

현대에 이르러서는 1937년부터 10년 동안 효봉 선사가 삼일암선원의 조실로 머무르면서 수많은 후학들을 길러 냈었다. 민족상잔의 비극은 승보의 요람에도 미치었디. 1951년 4월 7일 밤에 산비들의 만행으로 대웅전과 설법전을 비롯 크고 작은 당우 20여 동이 하룻밤 사이에 불에 타 잿더미가 되고 말았다. 6·25전쟁 후의 심히 어려운 여건 아래서 취봉화상과 금당화상 등 사회대중이 발원 동분서주 갖은 고생 끝에 대웅전과 박물관, 명부전, 응향각, 설법전 등을 다시 세우니 이것이 7차 중창이다. 1969년 4월 조계총림이 발족, 방장으로 구산 선사가 추대되자 한동안 침체되었던 도량이 활기를 되찾아 선원에서는 다시 입방선의 죽비소리가 울리고 강원에서는 독경소리가 메아리쳤다. 총림 후원단체로 불일회가 조직되고 수선사와 종고루가 신축되며 문수전, 사자루, 화엄전, 도성당 등 낡은 집들이 중수되고 감로암, 천자암, 불일암 등이 중창될 뿐 아니라 해마다 삼월불사를 봉행하게 되었다. 한편 국제선원을 개설하여 국외의 눈푸른 납자들이 모여들고 국내외 여러 곳에 총림의 분원을 설립하니 송광사는 그 이름이 더욱 널리 떨치게 되었다. 1983년 3월 현호 스님이 주지로 취임하면서 구산 방장화상의 지도 아래 제8차 중창불사가 시작되었다. 그러나 그해 11월 구산 방장께서 세연이

다해 입적하시니 그 유지를 받들어 문도들이 뜻을 모으고 힘을 합해 불사계획을 다시 세웠다. 현호 주지의 원력과 집념, 여기에 사계전문가의 자문과 기능인들의 노력 또 수희동참한 신심있는 불자들과 불일회원들의 성원으로 5년간 불사 끝에 회향을 보게 되었다.

108평 아자형 대웅보전과 36평 맞배집 지장전이 세워지고, 그 전 대웅전을 옮기어 옛 박물관 터에 승보전으로, 박물관을 옮겨 응향각으로, 명부전을 옮기어 행해당으로 만들었다. 160평 우진각형 2층 성보각과 주지실로 45평 목우헌을 신축하고 인월암, 원불당, 정랑, 세심각, 진여문, 불일문, 효봉영각과 선열당을 세우고, 우화각 등을 보수, 경내의 석축과 층계를 정비, 도량의 면모를 일신시켰다. 대웅보전에 석가모니불, 연등불, 미륵불과 문수, 보현, 관음, 지장 등 삼세여래와 사대보살상을 금동으로 조성 봉안하였다. 지장전에 지장보살상과 지장탱 좌우보처와 시왕상을, 승보전에 석가모니불과 영산회상의 가섭, 아난 등 10대제자 16성과 1250비구성상을 모셨다. 대웅보전에 후불탱과 104위 신중탱, 역대전등 조사탱을 마련하고 불전 뒤편에는 석가모니불 진신사리탑을 봉안했으며 그 상면에 열반, 설법, 보살의 벽화를 그렸다.

이와 같은 대작불사와 함께 또 한편으로는 수련원을 개설하여 일반인에게 정신계발의 수련을 쌓도록 하고 불일회보, 불일출판사를 만들어 문서포교와 불교의 생활화를 꾀하며 불일장학회를 설립, 젊은 불자들을 양성하고 보조사상연구원을 개설하여 불일 보조국사의 뛰어난 사상을 오늘에 다시 살피고 알리어 불일이 더욱 빛나고 법륜이 항상 구르기를 염원하다.

애써가꾼 도량보니 눈부시어라
조계산의 예전달이 다시돋는가
법당마다 새로모신 부처님들이

무슨말씀 하시는지 귀를기울게

불기 2535년(1991년) 3월
조계후학 법정 짓다

 보경 스님의 손바닥소설

1988년 1월 불일회보 제85호에 중창불사 회향을 앞두고 공덕비문이 미리 소개되었다. 전체 글은 은사스님이 짓고서 법정 스님께 윤문을 부탁드려서 다듬어진 것이다. 법정 스님은 은사스님의 맏형과 목포상고 동기여서 속가 때부터 알던 관계라고 했다. 그래서인지 비교적 두 분은 허물없이 지내고 시대정신이 통하는 바가 있어 케미가 좋았다. 또 효봉·구산 스님 문집 같은 중요한 출판물을 내실 때면 법정 스님과 의논하곤 하셨다. 이 공덕비의 내용이 얼마만큼 고쳐진 것인지는 알지 못하나 아무튼 은사스님이 하신 말씀이 있다.

비문의 하단에 "현호 주지의 원력과 집념…" 부분을 눈여겨 보시라. 한번은 은사스님을 모시고 도량을 둘러보는 한가한 시간이 있었다. 그때 공덕비 앞까지 와서 말씀하신 것을 기억하고 있다. 은사스님이 법정 스님께 윤문을 부탁드렸더니 다른 것은 자구 정도 다듬는 것에서 넘어갔는데 유독 그 부분에서 의견이 갈렸다고 한다. 원래의 글에는 신심과 원력이었지만 법정 스님은 원력과 집념으로 고치자고 했다. 은사스님 또한 집념이란 부분이 맘에 다가오지 않아서 누차 신심과 원력으로 하면 좋겠다고 했다. 그러자 법정 스님은 원력과 집념으로 하지 않을 거면 내 이름을 빼달라고까지 하셔서 결국 그렇게 되었다는 것이다. 비문에 가까이 다가가서 그 부분을 보니 정말로 원력과 집념으로 새겨져 있었다. 그래서 내가 "집념이란 표현이 어쩌면 더 살갑고 따뜻하게 느껴질 수도 있지 않습니까?" 하고 여쭸다. 그랬더니 은사스님은 "그 말은 좀 속스러워서 내키지 않는다"라고 하셨다. 그 말씀 끝에는 여전히 아쉬움이 배어 있었다.

이 공덕비는 일주문 아래 하마비가 있고 계곡을 가로지르는 다리 부근에 세워져 있다. 중창불사에 동참한 이들의 이름이 새겨진 여러 개의 비석과 몇 개의 신남신녀를 기리는 공덕비가 있는 앞자리에 우람하게 서 있는 비가 바로 그 공덕비다. 공덕비 제막식은 철제 의자를 깔아 공덕비를 마주하고 앉은 상태에서 이뤄졌다. 나도 그 현장에 있어서 그 분위기를 기억한다. 은사스님은 요즘 같이 정부 보조금을 받지 않고 거의 신도들의 시주를 받아 불사했다. 그것은 당신의 자존심이었고 불사성취에 대한 굳건한 믿음이 있지 않으면 어려운 일이다. 그날 은사스님은 공덕비문을 직접 낭독하면서 중간에 감정이 복받쳐 올라서인지 말씀을 잇지 못하고 잠시 숨을 고르고 가사로 눈을 한 번 훔치고는 낭독을 이어갔다. 40대의 한 출가수행자가 선사의 유훈을 받들어 대작불사를 마친 감동을 지켜본 터라서 지금까지도 그 장면들이 마음속에 남아있다. 지금도 가끔 비림 앞을 지날 때에 공덕비의 '원력과 집념'을 바라보면 숙연한 마음이 든다.

법정 스님은 한 도량의 일이기도 하지만 타자의 입장에서 현호 스님을 보며 꼭 그렇게 표현해야만 할 뜻이 있었을 것이다. 그렇지 않으면 시간이 흘러가고 모두의 기억도 희미해져 갈수록 누가 일일이 비문을 올려보거나 하겠는가. 그리고 그 까만 오석(烏石)에 끌을 넣어 새긴 것이라 그냥 비석이 주는 느낌으로 받아들일 뿐 이

한 글자에 얽힌 이야기를 알지 못한다. 그날 공덕비 제막식에서 은사스님은 비문 그대로 읽으셨다. 당연히 '원력과 집념'으로 읽었을 것이다. 설령 내키지 않은 것이라도 내색하지 않고 일의 자초지종을 따랐던 심사가 남다르게 다가온다. 시경의 국풍에는 이런 시가 하나 있다.

知我者 謂我心憂 (지아자 위아심우)
不知我者 謂我何求 (불지아자 위아하구)
悠悠蒼天 此何人哉 (유유창천 차하인재)

나를 안다는 사람은 내 마음에 근심 있다 하고
나를 모르는 이는 내가 무엇을 구한다 말한다네
아득히 푸른 하늘이여 이것이 누구 닷인가!

식자의 우울함을 누가 알겠는가. 나를 안다고 하는 사람들은 수심에 잠겨있는 모습을 안타까운 마음으로 지켜보는 것이고, 나를 모르는 사람은 뭐라도 입신양명을 펴지 못해서 괴로워하는 것으로 본다. 그렇지만 어느 누구도 속마음을 헤아리지 못한다. 그것이 인간세의 고독과 우울의 근원일 터, 푸른 하늘을 올려다보며 내 마음 몰라준다고 누구를 탓할 수도 없지 않느냐는 심정을 노래했다.

내가 무슨 위인이라고 이런 시구에 마음을 실어 읊조릴 것인가. 촌로들만 그런 말을 하는 건 아니고 절집에서도 '내 나이가 되어 보면 안다' 하는 말을 더러 들었다. 새삼 내 인생의 20대를 보낸 송광사의 80년대의 의미를 생각해 보면 좋은 분들의 품속에서 우후죽순처럼 무럭무럭 자라고 있었음을 알겠다. 그 은혜에 무한한 사랑과 감사의 마음을 느낀다.

제8차 중창불사 공덕비

구산 스님 사리탑
모연문과 소탑 조성의 신기원

모연문

    조계산 송광사는 지난 5년 동안 뜻있는 여러 불자님들의 물심양면의 동참과 한결같은 성원에 힘입어 제8차 중창불사를 착실히 진행해 왔습니다. 그 결과 백팔 평 아자형 대웅보전이 우람하게 세워지고 승보전과 지장전이 들어섰으며, 응향각과 행해당과 2층 성보각이 신축되었습니다. 그리고 효봉영각과 목우헌, 길상헌, 선열당을 새로 짓고, 이 밖에도 여러 채의 전각과 당우 등이 새로 지어졌거나 보수되었으며, 경내의 석축과 층계를 정비하여 승보종찰 조계총림답게 도량의 면모가 일신되었습니다. 여러 가지 어려운 여건 속에서도 큰 탈 없이 이 역사적인 대작 불사를 이끌어온 것은 불보살의 가피력이라 생각하면서 여러 불자님들께 진심으로 감사드립니다.

    머지않은 장래에 제8차 중창불사의 회향을 앞두고 한 가지 마음 아픈 일은, 처음 이 불사를 발원하신 전 방장 구산 큰스님께서 저희와 함께 불사의 회향을 보지 못하시고 세연이 다해 떠나신 것입니다. 저희 문도 일동은 남은 불사를 마무리 짓고 마지막으로 스님의 사리탑과 행적비를 세우고 그 곁에 탑전을 지어 큰스님의 은혜에 조금이나마 보답하고 스님의 뜻을 길이 계승코저 합니다. 이 불사가 원만히 회향 되도록 뜻있는 사부 대중과 평소에 큰스님과 인연 맺은 불자님들, 그리고 전국 불일회원 여러분들께서 저희 뜻에 기꺼이 동참해 주시기를 간절히 원합니다. 이 인연공덕으로 다 함께 불보살의 가호 아래 바른 깨달음을 이루십시다.

나무 본사 석가모니불

불기 2532년 5월 10일(제778회 불일보조국사종재일)
송광사 주지 현호 합장

소탑 공양 재현하는 구산 스님 사리탑

승보종찰 송광사에서는 구산 스님 제5주기를 맞이하여 스님의 뜻을 길이 전하고 계승하기 위하여 적광탑이라 불리울 대형 사리탑을 건립한다. 이 적광탑은 높이 8m, 넓이가 6m의 장중한 크기로서 문화재전문위원인 신영훈 씨에 의해 설계되었다. 탑 내에는 백자로 구워서 만든 작은 소탑들을 봉안하게 되며, 소탑 안의 복장으로는 구산 스님과 인연이 있는 모든 사람들이 공양하는 다라니경이 모셔지게 된다. 사상이래 최초로 소탑 중에서 백자소탑이 조성되었으며 이 백자탑을 장엄보탑이라 부른다. 전통의식과는 다르게 소장품을 마련한 것은, 장엄보탑은 그 수가 많을수록 중심(衆心)이 많이 동참하는 일이 되므로 그만큼 공든 탑이 되도록 한 것이다.

한편 구산 스님 다비장에 건립될 이 적광탑은 척박한 현대문화를 재정리하고 전통의식을 계승하면서 크게는 조국과 인류평화를 위하고 작게는 개인의 소망을 담아 온 불자들이 혼신의 힘으로 이루고자 하는 것이다. 그러므로 사리탑 조성의 취지는 구산 스님의 법, 법호, 법명 등을 상징하게끔 설계되었다. "불일 보조국사로부터 이어진 구산 스님의 법이 더욱 중흥하기를 기원하면서 스님의 사상을 나타내려고 노력하였다"라고 신영훈 씨는 말한다. 구산 스님의 구산이란 호는 삼라만상이 깃드는 마음의 세계인 것이다. 구산은 마치 구품과도 같으므로 상품에서 하품에 이르는 모든 인연이 서로 연관되어 있다고 해석하였다. 그래서 사리탑의 삼단기단을 상·중·하의 구품으로 보아 구산을 상징하도록 설계하였다. 그 기단은 아자형으로 하여 구산선법이 시방세계에 널리 전승되기를 기원하였다. 이는 마치 다보여래가 석가여래의 불법을 증명하고, 그 뜻이 시방세계에 선양되도록 한 불국사 다보탑 기단에 석계를 사방에 둔 것과 같다.

사리를 모실 감실의 구성은 구산 스님의 법호인 수련을 거룩하게 형상하여 사리탑의 탑신으로 삼았다. 수련의 탑신은 보주형(寶珠形)이기도 하다. 둥글어서 천원(天圓)의 이치도 지녔다. 수련탑신 둘레에는 8각의 순란(循欄)을 돌렸다. 천·지·인의 원리 중 8각은 인에 해당한다. 수련보 주탑신이 천원이 되고 구산기단이 지방이 된다. 이는 바로 천지조화의 이치와 우주생성의 원리를 말하는 것이다. 또한 구산 스님의 호는 석사자이다. 수련탑신 둘레에 석사자 네 마리를 동서남북에 배치하였다. 법왕의 법을 시방세계로 포효하라는 의도인 것이다. 수련의 사리탑 위에 8각의 보개(寶蓋)를 얹고 그 정상에 상륜(相輪)을 시설하였다. 이는 팔정도를 닦아 진리의 세계인 해탈의 완성을 위함이다.

이렇듯 설계된 이번 불사는 어느 한 쪽도 치우침 없이 스님과 신도, 시공자들의 조화로 이루어진 땀의 결실인 것이다.

구산 적광탑의 높이는 서 있는 사람 키의 네 길이나 된다. 기단도 장중하게 자리 잡고 있다. 전국의 돌산들을 찾아다니며 큰 돌을 떠다 조성하였다. 이화여자대학교 도예과 조정현 교수가 이번 불사에 참여하였으며, 주지 현호 스님은 소탑조성을 위하여 여러 탑들을 답사하였다. 이 소탑 형식은 7세기에서 9세기까지 신라시대 때 유행하던 소탑 공양법식을 이어받은 것이다.

　한편 승보종찰 송광사에는 아직 문화재적인 가치를 지닌 석조물이 없었으나 이번 구산 선사 적광탑의 완성으로 이제 미술사에서 손꼽을 만한 사리탑이 조성된 것이다. 순수한 하나의 예술작품으로도 역사적인 문화재로서도 길이 남을 적광탑의 완공과 함께 목우가풍을 계승한 구산 스님의 뜻이 오늘날 한국불교 중흥에 일익을 담당하여 주체적인 민족문화를 꽃피울 수 있도록 기원해 본다.

(엄승혜 기자)

 보경 스님의 손바닥소설

　모든 일에는 순서가 있고 법식이 있다. 자연의 법은 규칙성을 알아내는 것이고 과학적 발견의 주요 관점이 된다. 반면 인간사회는 문화라는 게 있어서 그곳에 살아가는 사람들의 존재 양태를 읽을 수 있다. 문화나 사회적 전통이 과학적 진실은 아니지만 그것 나름대로의 법식이 강제되기도 하며 그로 인해 인간사회의 관습은 하나의 체계를 만드는 방식으로 진화한다. 사찰은 공동체 모두의 것이면서 일반 대중들도 함께 호흡하는 공간이기 때문에 전통을 사수하고 계승하는 일은 그 의의가 간단치 않다. 그리고 누가 한곳에서 장기간 내려온 관습을 기억하고 인식시키며 존중하는 자세를 갖도록 하는 일도 어렵다. 그래서 역사의 기록과 문화를 기록으로 전하는 것은 그곳에 생명력을 불어넣는 일이자 미래의 사람을 불러들이고 다시 역대전등의 사명을 다하는 일이다.

　은사스님의 불사를 지켜보면 나름의 법칙이랄까, 일의 논리가 있는 분이라는 걸 알 수 있다. 그래서 사람의 의중은 자신의 내면에서 숙성되어 표방되기 전에는 알 수 없지만 시절인연이 무르익어 시작할 단계가 되면 은사스님은 제일 먼저 모연문을 적는다. 모연문은 그 뜻에 동참할 인연들을 일깨우는 일이다. 겨우내 긴 잠에 들었던 초목은 차갑지 않은 맑은 바람과 촉촉히 대지를 적시는 봄비로 인하여 깨어난다. 그리고 찬란히 미소지으며 봄의 행렬에 어우러지는 것처럼 모연문도 사람에게 잠자고 있던 불성의 인연에 숨을 불어넣어 싹을 틔우는 의미가 있다.

이 모연문은 예전 같으면 화주책 맨 앞에 적어서 시주하도록 하면서 보여주는 것이다. 그리고 각자 열의가 있는 사람 하나하나가 화주가 되어 불사금을 모연한다. 이 화주시주의 공덕이 작지 않다. 그래서 천도재나 각종 재, 그리고 축원을 할 때도 주지나 대덕 스님들을 부르지 않고 "화주시주 도감별좌 불전내외 일용범제집물 사사시주 각 열위열명영가…" 이렇게 한다. 화주자를 시주자 앞에 부르는 것도 그 공덕을 기리기 위함이다. 그 도량이 창건되어 오늘에 이르기까지 불사에 동참한 이들의 공덕을 빌어주는 것이다. 그러니 자기가 시주할 능력이 부족하면 다른 사람들에게 권선하여 동참하도록 하는 일이 중요하지 않겠는가. 취지문 성격의 모연문이 지어지면 다음엔 불사인연의 자초지종을 적어 후대에 전하는 연기문이 있고, 그 불사의 성격에 따라 연대기 비슷한 의미의 것들이 만들어진다. 그리고 마지막에 공덕비를 세우거나 뜻을 기리는 표식을 세웠다.

은사스님은 불사를 할 때에 그 분야의 전문가에게 자문을 구한다. 그 전문가의 전문성을 존중해주고 마음을 움직여 그 사람의 손과 안목으로 불사가 이뤄지도록 한다. 송광사나 법련사의 불상은 전적으로 간송미술관의 최완수 선생의 조력을 받았다. 물론 전체적인 구상과 담아내고 싶은 방향을 두고 논의에 논의를 더하여 결정을 한다. 그런 후에는 좌고우면하거나 임의변경 같은 의외성을 줄여

가면서 진행하기 때문에 일이 시작되면 정해진 시간 내에 별 잡음없이 대단원을 볼 수 있다. 그리고 창의적인 안목이 뛰어나서 과거의 답습보다는 이 시대의 안목과 정신이 담긴 창의물을 남기겠다는 굳은 마음이 있었다.

적광탑은 1980년대까지의 사리탑으로는 최대 규모였고 탑의 외형 또한 사상 유래가 없는 독특한 모습이었다. 탑 속에는 고구려·신라·백제 탑의 특성을 살린 20cm 가량의 하얀 백자 소탑 3,000기를 안치했다. 위의 글에서도 보듯이 이런 초유의 문화재적 가치를 배려하여 불사가 이뤄질 수 있었던 것은 가능하면 충분한 전문가의 자문을 구하여 임하였기에 그 가치를 부여할 수 있다.

내가 해인사 선방에서 살 때가 1989년 성철 스님 계시던 시절이다. 해인사에는 용성 스님 사리탑을 모신 탑전이 있다. 그곳을 지칭할 때도 그냥 탑전이라고 했다. 나는 탑전이라는 말이 이상하게 끌렸다. 나도 '탑전' 같은 큰스님 사리탑을 모신 곳에서 선대 스님들을 모시면서 잔잔하게 살고 싶은 로망이 생기는 것이었다. 예전 중국 여행에서 곡부의 공자 묘를 참배한 적이 있다. 나는 공자 묘도 그렇지만 한 쪽에 벽돌로 지어진 창고 같은 조그만 벽돌 건물이 더 눈에 들어왔다. 공자 사후에 제자들은 그 자리에서 3년상을 치렀다. 그리고 모두 떠났는데 자공은 그곳에서 다시 3년을 더 머물렀다. 그래서 그 벽돌집 안에 들어가 봤다. 어쩌면 나의 운명일 수도 있겠는데, 지금 구산 스님 사리탑을 모신 탑전에서 새벽에 다기물을 올리는 것에서 시작하여 마당을 쓸고 여름 내내 늦은 오후면 잔디밭에 잡초를 뽑으며 지낸다. 그 잔디밭이 오래되어 잡풀이 잔디를 먹어들어가면서 점점 잔디의 모양이 거칠게 변하고 있다. 예쁘게 전돌을 깔까 아니면 잔디 갈이를 할까 생각을 해보는데, 선뜻 흙 한 줌 파헤치기가 조심스러워서 고민을 하고 있다.

구산 스님 사리탑과 탑전

구산 스님 추모제 후 탑돌이를 하는 사부대중

나는 저녁 시간이면 사리탑을 돌면서 앞 산마루로 해가 넘어가는 석양을 바라보는 시간이 소중하게 느껴진다. 갈수록 산중에 출가하는 사람이 줄어드는 상황이라 몇십 년 전의 과거를 기억하여 얘기해줄 수 있는 사람도 없고 그런 열의들도 보이지 않아 안타까운 심정이다. 그러니 이 정도라도 송광사와 중창불사의 이야기를 되살려 놓는다는 점이 탑전에 사는 사람으로서 선대의 스님들을 뵐 면목도 있고 좀 뿌듯한 마음이 든다.

구산 스님 백자 소탑 | 소탑은 고구려 백제 신라 삼국의 탑양식을 반영하여 각 1천 기씩 총 3천 기를 적광탑 속에 모셨다.

탑전 입구 구산선문(九山禪門)

8.
제8차 중창불사
회향

회향의 노래

모두들 놀라워 하였다.

국사전 앞에서였다. 앞쪽 축대를 손질해야 하였다. 묻힌 부분을 파내다 보니 바로 거기에 고려시대 석축 흔적이 남아 있었다. 새롭게 그 자리에 쌓으면서 다들 말하였다. 신기한 일치가 여기에 있다고 하였다.

또 한 번 놀래었다. 성보각 지을 터를 닦았다. 다락집 구조이어서 대웅보전 앞마당에서 한 단 낮은 자리에 주초를 놓게 된다. 그러니 경계에 석축을 쌓아야 정리가 마감된다. 석축 쌓을 차비를 하였다. 마당 끝을 수직으로 다듬어 내는 작업을 하는데 이상한 울림이 왔다. 흙을 헤치고 보니 수백 년 묵은 석축이 거기에 있었다. 급히 흙벽을 제거해 나갔다. 놀랍게도 아직도 생생한 고려시대 석축이 병풍처럼 우뚝 선 채로 자태를 드러내었다. 수백 년 그렇게 숨어있다가 때를 만나 다시 출현하였다는 일을 두고 반드시 인연이 있기 때문일 것이란 이야기가 나왔다.

보조국사께서 팔공산 거조사에서 송광사로 옮겨오신다. 송광사의 새로운 시대가 열린다. 그분을 1세라 치면 그로부터 오늘에 이르기까지 359세가 면면히 이어졌고 이번 제8차 중창불사를 맡은 현호 스님이 360세의 주지가 되었다. 360의 한 바퀴 돈 정원의 고리가 맞물리게 된 것이다. 이때에 이르러 오늘의 중창역사가 방창하였으니 이 일도 또한 우연이 아니라고 하겠다.

보조국사께서 입적하신 지 777년 되던 해에 바로 때맞춰 보조사상연구원이 송광사에서 발족하였다. 6·25전쟁 때 스물여섯 채의 크고 작은 건물들이 불에 탔다. 이번 8차 중창기간에 "상량이오!" 하는 소리가 스물여섯 번 도량에 메아리쳤다. 없어진 수만큼의 회복이 이루어진 것이다. 햇수로 만 6년의 세월을 돌이켜보면 모든 스님과 수많은 신도님들과 불일회원 여러분들의 적공에 의하여 이만한 도량이 이룩된 것이다. 보조국사 이래 정혜결사의 근본 터전으로 완연한 새 국면을 맞이하게 되었다. 누굴 부여잡고 따로 칭찬할 것 없이 모두가 돌아가며 수희찬탄하며 치하해서 서로의 노고를 상찬해야 마땅하다. 어디에 견주어도 손색이 없는 그런 가람이 조성되었다. 그러나 가람의 외관만으로 만족되어서는 부족하다. 선원에서 정혜쌍수의 선풍이 진작하고 강원에서 부처님 말씀 배워 간경삼매에 들며 국제선원의 성세로 한국불교의 정수가 세상에 퍼진다. 때맞추어 발족한 보조사상연구원 활동과 수련원 등으로 내실마저 다지게 되니 내외관이 비로소 충족되기에 이르렀다. 이를 두고 말한다. 불일이 더욱 빛나고 법륜이 상전할 시절의 좋은 인연이 다시 찾아온 것이라고.

글 신영훈

일곱 번까지의 중창역사

송광사는 신라 말엽 혜린 대사가 아담한 절을 지어 개산한 이래로 이번에까지 여덟 번의 중창사업이 있어 왔다.

보조국사께서 주석하자 사방에서 모여든 사람들로 대단하였다. 미리 예견하였다. 벌써 한 해 전에 공사에 착수하였다. 1197년의 일이었다. 1198년에 보조국사가 팔공산 거조사에서 옮겨왔고, 1205년에는 큰 공역이 마무리된다. 9년간에 걸친 장중한 사업이 준성되면서 동방 제1도량으로서의 면모를 갖추게 된다. 이 일을 제1차 중창불사라 이른다.

보조국사 입적 이후 진각국사가 법을 잇는다. 희종은 사람들을 보내어 작은 것 크게 고치고, 낡은 집 바로 잡고, 부족한 전각 새로 짓는 일을 하였다. 1210년의 일이다. 제2차의 중창사업이다.

1399년에 낡은 건물 고쳐 짓는 일에 착수한다. 3동을 짓고 나니 힘이 부쳤다. 1424년에야 재개된다. 1428년에 완공된다. 5년의 세월이 흘렀다. 제3차의 중창이다. 지금도 중요 건축물로 지정되어 있는 국사전(국보 제56호)과 하사당(보물 제263호)이 이때에 완성되었다고 알려져 있다.

1597년의 정유재란으로 송광사는 피해를 당한다. 큰절뿐만 아니라 산내의 암자들도 불타거나 무너졌다. 난 후의 복구는 매우 어려웠다. 그럼에도 1601년에 공사에 착수한다. 부휴 선사께서 문도 400여 인을 지휘하여 복구사업에 참여하였다. 1612년에야 사실상의 준공을 보게 된다. 10년이 넘게 걸렸다. 제4차 중창불사이다.

　미진한 부분이 있었다. 1637년에 영산전(보물 제303호)이 새로 지어진다. 또 1751년에는 약사전(보물 제302호)이 완공되었다. 필요에 따라 진행된 공역이었다. 1842년 3월에 큰불이 나서 서쪽 절반가량이 불타버린다. 곧 복구공사가 진척된다. 2,150여 칸이 재건되었다. 제5차의 중창사업이라 부른다.

　1923년 벌목해서 팔아 마련한 자금으로 낡은 집을 헐고, 다시 짓거나 고치는 일을 시작하여 1928년에 완공한다. 제6차의 중창이었다.

　1951년 4월 7일 밤에 산비(山匪)들이 짓쳐들어와 불을 지른다. 대웅전을 비롯한 중심곽의 26동이 잿더미가 되었다. 뒤이어 벌어진 난국으로 어지러운 중에서도 중건공사가 시작되고 완성되었다. 제7차의 중창역사이었다.

대웅보전의 경영

　송광사의 삼월불사 때에는 전국에서 스님과 신도들이 허다하게 모인다. 큰 도량에 가득 찰 정도이다.
　수십 명이나 백여 명 모일 것으로 예견하고 지었다. 조선조의 전각들이 대부분 그렇다. 많은 신도들이 모여들게 되면서 기능의 문제가 대두되었다. 부족하다는 생각에서 증대의 필요성이 절실하게 되었다. 기왕에 완성되어 있는 가람에서의 증대는 참으로 어렵다. 난감한 일이기도 하다. 감히 엄두내기조차 어렵다. 그러나 궁리하였다. 언젠가는 난관이 극복되어야 한다면 시도조차를 포기할 수는 없는 노릇이다. 구산 스님은 깊은 생각을 하였다. 어렵더라도 새로운 규모의 대웅보전을 지어야겠다는 뜻을 세운다.
　다보탑의 기본구조는 평면을 +자형으로 하는 데 있다. 시방으로 두루 불법이 퍼져 나가라는 의도이다. 두 가닥이 만나는 교차의 초점은 시방의 중심이다. 시방이 우주라면 그 중앙에 부처님이 진좌하여 계신 것이다. 부처님 머리 위에 닫집을 짓는다. 큰법당을 그렇게 지을 형편은 못되지만 극락보궁의 으뜸가는 법전을 본딴 건물형상을 닫집으로라도 표현하여 그 집에 계신 양으로 꾸민다. 형편이 닿기만 하면 어느 때이고 그런 이상형의 전각을 지어드리고 싶다는 의도이기도 하다. 대웅보전을 새로 지을 바에야 다보탑이나 보궁을 지어드려 이상형을 실현시키고 싶다고 구산 스님은 의도를 굳히셨다. 많은 분들과 의논하고 1/10 규모로 모형을 제작해 보기도 하였다. 마당을 너무 차지할 것이란 판단이 섰다. 앞뒤로 돌출한 부분을 생략하는 선에서 새로 지을 대웅보전의 평면을 매듭지었다. 탑파형의 이상형 보궁으로 정한 것이다.

마침 강원도 삼척의 높은 산에서 마지막 원시림을 벌목한다는 소식이 왔다. 구산 스님은 현호·현고 스님을 파견하였다. 즉시 전부를 인수하였다. 돈보다 귀한 적송(이른바 춘양목)을 다량 확보하는 행운을 얻었다. 인간문화재로 지정된 도편수 이광규 옹이 잘생긴 소나무로 마련하기 시작하였다. 귀기둥은 괴목이라야 좋다고 하면서 도감 소임 맡은 현고 스님이 용하게 구해 들여다 알맞게 썼다. 귀한 나무로 정성 들여 짓는 집이니 이후로 천 년의 수명을 누려야 한다는 생각에서 여러 가지 조치를 하였다. 신식의 건축자재들이 충분히 활용되었다. 혹시 지붕에서 물이 샐까 봐 여섯 번 이상의 방수처리를 하였다. 스리랑카에서 모셔온 부처님의 진신사리가 있었다. 대웅보전 주존불 대좌에 사리장치를 하기로 하였다. 대좌를 돌로 만들었다. 8각형 편면으로 만들었다. 감실을 형성하고 보장하는 사리탑의 모습을 닮게 하였다. 단단하게 기초한 바닥부터 쌓고 팔각 중대석을 넓게 만들어 올려놓았다. 본존상을 거기에 좌정하게 하였다. 다른 곳에서 볼 수 없는 특색이 하나 더 첨가되었다. 쇠장석 하나에 이르기까지 현대인들이 오늘에 할 수 있는 모든 것을 투여하였다. 후인들에게 오늘을 사는 이들의 격조를 알려줘야 한다는 생각에서 일념하였다.

드디어 그렇게 대웅보전은 완성되었다.

중요건물의 중건과 중수

대웅보전이 108평이란 대규모로 완성되었다. 이래로 스물여섯 번의 상량이 거듭되었다. 새로 짓거나 고치거나 옮기거나 해서 완성시켰다. 6·25전쟁 때 불타버린 26동의 건축물과 그 수가 같은 전각들이 들어선 것이다. 담장도 새로 쌓고 문도 세웠다. 돌로 축대를 다시 쌓거나 새로 쌓았다. 6년의 세월이 지나갔다.

송광사의 가람은 상대·중대·하대의 세 구역으로 나뉘어져 있다. 설법전, 수선사, 삼일암, 나한전, 하사당이 있는 상대에는 국사전, 풍암영각까지가 있는데 이 부분의 건축물들은 이번 공사에서 제외되었다. 단지 수선사 옆의 수각과 개울가의 목욕탕이 손질되었을 뿐이다. 하대에서는 사자루, 사천왕문, 법성요 등은 예스러운 대로이나 해청당은 부엌이 방으로 개조되고 임경당은 종무소를 위한 변조가 있었다. 사자루는 난간을 설치하는 약간의 변화가 생겼다.

우화각은 지붕부분이 개조되고 신식의 해우소와 장독대가 들어섰다. 선열당과 원불당이 신축되었다. 법성요 일곽의 담장이 새로 축조되고 일각문이 들어섰다. 작은 진남문은 이건되었다. 제일 변화가 많은 부분이 중대이다. 대웅보전이 새로 완성되었고 그 자리에 있었던 옛 대웅전은 옮겨져 승보전이 되었다. 박물관으로 쓰던 건물을 옮기고 승보전이 그 자리에 앉았다. 명부전이 옮겨가 행해당이 되고 지장전이 새롭게 들어있다. 그리고 목우현과 길상헌이 신축되었다. 이로 인하여 송광사의 가람제도는 일신하게 되었다.

새롭게 등장하는 전각

지장전

 전에 있던 자그마한 명부전을 옮기고 새롭게 지장전을 큼직하게 지었다. 좁아서 할 수 없었던 재의 등이 한자리에서 무난히 진행될 수 있게 되었다. 지붕은 맞배이다. 맞은편에 있는 승보전의 팔작기와지붕을 고려한 구조이었다. 경내에는 성보각의 우진자기와지붕도 있다. 역시 고려를 하였다. 건축적 측면에서 보면 경내에 모양이 다른 각각의 기와지붕이 있다는 점은 아주 교육적이라고도 할 수 있다. 지장전 구조의 특색 중 하나는 좌우퇴간에 머름을 설치하였다는 점이다. 좌우 끝을 받쳐 주어 집이 오래되면서 뒤틀리려는 경향을 방지하기 위함이다. 불단 위쪽에 설치된 운궁의 장식은 그 구성의 원측을 국사전 보조국사영정 윗편에 설치되어 있는 운궁에서 땄다. 금동으로 지장보살 좌상을 주성하고 좌우 협시를 입상으로 하였다. 시왕상은 목조하였다. 시왕상 뒷벽엔 옛 건물에 모신 시왕탱을 그대로 걸었다.

효봉영각

 더욱 떨치게 되었다. 조계총림의 선풍이 진작한다. 외국에서까지도 그 바람을 타고 몰려든 불일국제선원이 개설되었다. 오늘의 보람이 효봉 대선사로부터 증휘되었다고 칭송한다. 그의 문하에서 구산 스님을 비롯한 고승과 석덕들이 배출되었다. 문도들이 모여들어 재를 올린다. 멀어져가는 세월 속에서 오히려 더 가깝게 느낀다는 그 말에 쫓아 효봉 스님 사자 사리탑 뒤에 양지바른 터를 잡아 아담한 영각 한 채를 새로 지었다. 국사전을 참고로 하였다. 그리고 창신하였다. 도감 현고 스님의 뛰어난 식견이 발휘되었다. 마침내 진솔하면서도 장중한 영각이 완성을 보게 되었다. 효봉 스님과 함께 구산 스님의 영정도 봉안하고 기일이 되면 재를 올려 추념한다. 국사전은 원래 마루가 없던 집이라 마루를 채택하면서 내부가 답답해졌으나 이 건물에서는 그런 약점을 보완하면서 번듯하게 지었다.

승보전

송광사는 국내 삼보사찰 중에서 승보사찰로 불린다. 승보종찰로서의 상징이 있어야겠다는 생각에서 승보전을 지었다고 '조계산 송광사 승보전 성상조성 연기문'은 기록하고 있다. 승보전 건물은 원래 대웅보전을 신축한 자리에 있던 것으로 6·25전쟁 이후에 재건한 대웅전을 옮긴 것이다. 지은 지 10여 년 만에 용도가 바뀌게 되었다. 내부에 가득 차게 불단을 조성하고 석가여래, 가섭·아난존자와 제자들, 16성, 500성, 1250대비구성상을 모셨다. 석가세존 재세시의 영산회상의 모임이 재현된 것이다. 금동으로 주성하였다. 100여 개의 틀로 부어내어 섞이어진, 지금으로 보아서는 1200의 비구들 모습이 저마다 서로 다르게 느껴진다. 좀처럼 하기 어려운 노력을 불모장이 경주한 것이다. 현호 주지스님이 쓰신 연기문에 다음과 같은 송이 있다.

영산회상 어디메며 천이성상 그뉘인가
조계산달 밝고밝아 온누리가 미소짓네

목우헌과 길상헌

6·25 때 불타기 이전에 거기에 용화전이 있었던 규모가 제법 큰 요사채형의 건물이었다. 그 자리에 목우헌을 짓게 되었다. ㄱ자형의 평면구성을 하였다. 절의 원활한 운영을 논의하고 귀한 손님 만나고 내방하는 불자들을 접견하는 그런 기능이 부여되었다. 주지가 거처할 수 있는 방도 마련하였다. 보조국사 이래 주지스님의 거처가 어떠하였는지는 알 수 없으나 현대인들과 만나 대처하기에 불편함이 적도록 구조하려고 애를 썼다. 진남문이 있었다. 욕실로 주지스님의 임시처소로 개조되어 원형을 잃었다. 그것을 헐어내고 그 자리에 길상헌을 지었다. 이젠 국내외에서 귀한 손님들이 내왕한다. 한국을 대변할 만한 숙소가 있어야 마땅하다. 진남문 자리는 물소리가 들리는 계곡에 연하여 있다. 그 자리에 길상헌을 지으니 문 열면 숲이 들어오고 물소리가 소리친다. 맑게 씻은 마음으로 한국의 문화와 불교를 들여다본다. 산천을 사랑하는 아름다운 마음씨의 문화가 그들 눈에 비친다.

성보각

송광사에서는 보조국사가 예불하던 불감이라고 알려진 것을 비롯하여 국가에서 국보와 보물로 지정한 중요 유물들이 전하여 오고 있다. 다시 보기 어려운 사내 제일의 귀중품들이다. 보존하는 일도 중요하고 때로 내보일 수 있게 전시할 필요도 있다. 이에 충족하려면 상당히 전문적인 전유공간이 요망된다. 박물관 기능의 건축물이 요구된 것이다. 먼저의 박물관 건물은 너무 좁고 또 부실하였다. 그것으로 만족할 수 없어 다시 짓게 되었다. 160평의 다락집 모양이 되었다. 다락집형이긴 하지만 누하(樓下)에도 방을 들여 기능에 따라 사용할 수 있도록 배려하였다. 습기도 직사광선도 먼지와 공해에 시달리지 않게 하여야 된다는 목표를 세웠다. 상온상습 장치까지가 마련되었다. 사암에서 짓는 박물관으로는 최신의 설비를 잘 갖춘 특례에 속한다고 할 수 있을 만하다. 불도 무섭다. 피해를 입어서는 유물은 회복능력이 없다. 보존을 위한 갖가지 대책을 마련하고 있다.

선열당

 정진하는 데는 먹는 일도 큰일, 절에서도 먹는 일은 소중하게 여긴다. 큰방에서 바루로 대중공양하지 않을 때면 간혹 따로 밥을 먹어야 한다. 그럴 때 마땅한 장소가 있어야 좋다. 아늑하며 차분한 분위기가 조성되어 있으면 금상첨화이다. 천 명이 넘는 신도들이 한꺼번에 모여든다. 준비가 없으면 난감하다. 날이라도 궂으면 실로 낭패를 맛본다. 마땅한 식당이 있어야 한다는 소망이었다. 마침내 이룩되었다. 후원 한쪽 외진 곳에 터전을 잡고 다락집 형태로 지었다. 다락 아래에선 음식을 장만하고 다락 위에서는 식탁을 차리고 차례로 음식을 먹게 하였다. 위생이 고려되었다. 난방장치도 하였다. 최신식 식당 건물이 완공된 것이다. 그 옆에 따로 해우소도 지었다. 최신의 자재를 써서 말끔하게 하였다. 도심에서 볼 수 있는 그런 시설을 하였다. 수세식의 편의를 도모하였다. 전에 쓰던 목욕탕도 신식으로 개조하였다. 이제 먹고 자고 내놓는 일에는 불편이 없게 되었다.

보경 스님의 손바닥소설

이 부분을 옮겨 적으면서 무척 숙연해짐을 느낀다. 한국불교 전래의 역사를 흔히 1600년이라고 한다. 아마 금세기까지는 그렇게 부르지 않겠는가. 이 반도의 끝에 불법이 전해져 오는 동안 얼마나 많은 이들이 출가하여 삭발하고 상구보리 하화중생의 길을 걸었는지 상상하기도 쉽지 않다. 승가대중은 당연히 도량에 머물렀을 것이고, 도량에 머물렀으면 도량의 이야기가 있다. 삼국시대·고려·조선왕조에 이어 근현대사에 이르기까지 불교는 어떻게 존재했던 것일까? 사람의 일생이 길지 않아 그가 가면 육신만 가는 것이 아니고 그가 알던 이야기도 다비장의 연기를 따라 산으로 들로 흩어지고 만다. 그래서 기록이 중요하고 아무리 사소한 이야기일지라도 후대엔 금과옥조가 된다. 천 년 된 전답에 주인이 팔백이라 했다. 더군다나 절집에서 이 귀찮고 부질없어 보이는 일을 누군가 하지 않으면 내가 나를 모르는 것처럼 내가 살아가는 도량도 모르는 거다. 만약 이런 상황이라면 출가하여 살아가는 동안 두텁게 입은 불법과 선사 스님네와 도량의 은혜를 어떻게 갚을 것인가.

송광사 제8차 중창불사를 정리하면서 다행스럽고 고맙게 여긴 것은 그나마 불사의 전모를 알 수 있게 해준 당시의 글이 있었다는 사실이다. 문화재적 소양이 없는 우리들로선 전문가가 풀어놓은 이야기를 통해 이 도량에 이야기를 입힐 수 있다. 우리는 자신의 모습을 때로는 전신사진으로 때로는 인물사진으로 찍어 본다. 그리고 육안으로 볼 수 없는 우리 몸의 미세한 부분은 CT(전신화단층촬영검사), MRI(자기공명영상), 초음파검사 같은 초정밀기계로 분석한다. 마찬가지로 그 공간을 이해하려면 건축 단계에서 이뤄지는 이야기에 귀를 기울여야 한다. 작은 이야기 하나로도 우린 조각을 맞춰 상상력을 통해 전체를 그려볼 수 있는 능력이 있기 때문이다. 문제는 그런 기록 내지는 신빙성 있는 사료가 존재하느냐의 여부가 이런 역사와 유산을 되살리는 작업을 좌우한다는 것이다.

신 선생의 글이 존재하지 않았다면 건물만 있고 이야기는 없는 결과를 맞았을 것이다. 다행히 전문가의 찬찬한 기록이 오늘의 우리에게 다시 과거를 들여다볼 수 있는 거울이 된다. 나 역시 그런 기록의 글이 아니었으면 중창불사나 은사스님의 업적을 반추해 볼 근거가 없으니 글을 쓴다는 것이 가능하지 않다.

제8차 중창불사 회향에 대한 총람은 1989년 4월 1일(제100호)의 특별판에 실린 것이다. 우선 글의 내용을 먼저 복기해 보도록 하자. 터를 만들려면 터를 만져야 한다. 사람만 과거를 기억하는 게 아니다. 땅도 과거를 담고 있다. 그래서 땅을 파면 과거의 기후부터 지형의 변화에 얽힌 모든 것을 읽어낼 수 있다. 땅을 파다 옛 축대를 만났다는 얘기가 우선 가슴을 파고 들었다. 그러니까 대웅보전 뒤의 축대와 현재는 종무소로 쓰는, 건축 당시의 용도로는 성보박물관인 건물의 옹벽과 건물 사이의 공간을 덮어 가린 부분을 말하는 듯하다. 이 축대는 송광사의 옛날인 고려시대에 만든 축대입니다… 하는 안내문이라도 있었으면 하는 아쉬움이 든다.

은사스님이 보조 스님 이래 360대 주지를 맡는다는 사실과 원이 360도라는 숫자의 동일성 속에서 어떻게 연관하여 그 의미를 엮을 수 있을지 모르겠다. 하지만 이런 것들이 인간사회의 이야깃거리고 즐거움이니 그런 측면에서 가볍게 받아들이면 될 듯하다. 중창불사는 미래를 준비하는 정신으로서 도량의 힘을 담아낼 108평 대웅보전을 중심으로 한 전체적으로 사격에 어울리는 전각의 배치가 병행되었다는 것에 가장 큰 의의가 있다. 여기에 종합수도원인 총림의 위상을 갖춰간 것과 함께 대내외적인 불교의 역량을 과시할 수련회와 보조사상연구원의 설립이 이뤄짐으로써 명실상부한 불사의 진면목을 보여준 것이다. 이같은 평가는 앞에서도 한 바 있는데 신 선생 또한 그렇게 정리하고 있다. 그리고 앞선 개산 이래 7차까지의 중창불사를 요약해 송광사 역사의 대강을 단번에 이해할 수 있어서 유익하게 다가온다.

대웅보전 경영의 부분에서는 불사의 시발점인 구산 스님의 구상부터 건물모형까지 만들어 불사의 그림을 그렸다는 것이 이채롭다. 특히 강원도에서 춘양목을 구하게 된 인연과 불사의 혼이랄 수 있는 부처님 진신사리장치를 계획하여 불단의 하중을 해결했다. 불자들의 신심을 증익할 공간을 배치하여 두 가지 난제를 동시에 해결한 안목이 돋보인다. 그 외 상·중·하 세 단으로 도량 구획을 정하고 그에 따라 전각의 배치를 해나가는 과정도 대중을 위한 깊은 배려임을 읽게 해준다. 그리고 대웅보전을 비롯하여 각 전각의 불상과 탱화, 그리고 단청까지 일목요연하게 설명되었다. 거기에 다시 중창불사 일지라는 부분에서 전체 35동의 완공 연월일과 전각의 이름, 크기까지 일별하고 마지막 남은 구산 스님 사리탑인 적광탑 모형도를 사진으로 보여주고 있다. 여기에 각 전각에 얽힌 이야기가 흥미를 더한다.

지장전 지장보살 위 닫집의 운궁장식을 국사전 보조국사 진영 위의 것에서 따왔다는 것을 비로소 안다. 효봉영각의 설명도 있다. 구산 스님은 은사인 효봉 스님에 대한 효성이 지극했다 하고 은사스님의 구산 스님에 대한 마음이 역시 극진했다. 그래서 이 영각을 국사전을 그대로 본을 뜨듯이 지었다고 들은 바가 있다. 사람이 기거하는 당우는 마루를 놓고 댓돌이 있지만 영각은 그런 곳이 아니어서 마루를 두지 않는다. 효봉영각도 국사전과 마찬가지로 앞과 뒤에 마루가 없다. 1988

년 7월에 지어진 이 효봉영각이 1999년 4월 27일에 화재를 당해 전소되는 일이 있었다. 급히 현장에 가봤더니 지붕이 내려앉아 까맣게 그을린 기둥에 남아있던 열기에서 연기가 피어오르고 있는 처참한 광경이었다. 여기서 잠깐 개인적인 이야기를 하나 꺼낼까 한다.

내가 큰절의 총무소임을 보던 때가 1998년도였다. 하루는 새벽예불을 마치고 도량의 시원한 공기를 마시며 새벽 하늘을 올려다보고 있었다. 그런데 문득 '도량의 건물이야 있다가 없기도 하는 것이지만 설계도가 있으면 그대로 지을 수 있겠다' 하는 생각이 들었다. 당장 건축 설계하는 화순의 이봉수 씨와 의논하여 전남대 전공자들을 모아 감로암에 숙소를 만들어 주고는 도량의 건물을 실측하여 보관하는 일에 착수했다. 당시 강원 보시가 강사와 학인들 모함하여 1천만 원이 채 되지 않는 규모였는데 실측 팀의 보시가 5백만 원이 넘었으니 쉽게 결행하기 어려운 일이었다. 실측은 많을 때는 다섯 명이 달라붙어 속도를 냈다. 기억하기로는 설법전과 사자루, 대웅보전 같은 큰 건물 몇 채만 남긴 상태에서 내가 소임을 그만두고 사람이 바뀌면서 완결을 보지는 못했다. 그런데 영각의 화재를 입은 바로 다음 날 영각실측도면을 시청에 내밀자 자료의 효과가 있어서인지 바로 보조금이 확정되어 재건립을 할 수 있었다. 현재까지 효봉 스님의 사진은 있어도 영상자료는 남아있지 않다. 큰스님은 원래 말씀이 없으시고 점잖으셨다는 것으로 스님의 인품을 짐작할 수 있을 뿐이다. 그런데 난 살아있는 모습으로 말씀하시는 효봉 스님의 현몽을 받았다.

내가 2003년 봄, 막 마흔이 되던 6월에 서울 법련사의 주지로 가지 않으면 안 되는 입장이었다. 얼마나 고민을 했던지 한 3일을 탑전의 노보살님이 끓여주는 죽을 방에서 받아먹으며 심하게 앓고 있었다. 그러다 3일째가 되는 새벽이었다. 비몽사몽간에 효봉 스님이 사진 속의 할아버지 모습으로 나타나셨다. 그리고 딱 한 말씀을 하셨다.

"괜찮다, 가봐라."

나는 깜짝 놀라 일어났는데 몸이 씻은 듯이 가벼웠다. 이 이야기를 법련사에서 경전강좌 시간에 더러 해주곤 했는데, 한번은 어느 신도가 "스님이 영각 실측을 남겨서 다시 짓게 해주신 공덕인가 봐요"라고 했다. 은사스님께도 이 말씀을 드린 적이 있다. 그런데 은사스님은 아무 대꾸를 않고 내 얼굴을 덤덤히 바라보기만 하셨다.

다시 신 선생의 글로 돌아가자면 승보전과 목우헌, 길상헌, 성보각, 그리고 선열당 불사에 대한 정리를 적었다. 선열당은 의자 8개가 들어가는 긴 테이블이 양쪽으로 다섯 개가 있고 뷔페식당 같은 음식 놓는 시설이 입구에 만들어졌다. 그리고 조리는 복층 건물인 선열당의 아래층에서 한 후에 계단을 통해 올려서 먹는 구조다. 그러니 80여 명이 들어가는 사방으로 창문이 난 운치있는 식당이 만들어진 것이다. 1980년대 당시 전국의 큰 사찰이라 해도 이렇게 제대로 격식을 갖춘 식당은 처음 만들어진 것이어서 식당불사를 하는 절에서 관계자들이 둘러보러 오기도 했다. 송광사 다음으로 직지사의 식당이 좋게 만들어졌고 그다음부터 큰 절의 식당이 모두 현대식으로 근사하게 들어서는 계기가 되었다. 중국 선종사에서 거사로 경지가 높았던 방 거사가 당대의 대선사인 마조 스님에게 "만법과 짝하지 않은 사람이 누구입니까?" 하고 물은 적이 있다. 마조 스님은 즉각 말했다.

"네가 서강의 물을 한입에 다 마시면 그때 말해주겠다."

수행처에서는 비질이 큰 공부가 된다.

서강은 큰 강이다. 그런데 그 강물을 어떻게 하면 한입에 다 먹는 것이 가능할까. 선문답은 의외의 순간에 그 느낌이 확 다가올 때가 있다. 이 글을 집필하는 과정에서 마지막 고비라 여겼던 중창불사 회향의 공덕비와 도량 전각 불사의 전모를 정리하는 이 부분에서 순간적으로 뇌리를 스쳐간 것은 마조의 문답이었다.

뭐랄까… 신 선생이 전하는 이 불사의 대단원에 이르자 6년의 세월 동안 전라도 깊은 곳에서 이뤄진 중창불사의 원만한 회향이 주는 느낌이 그랬다. 서강의 물을 한입에 마셔버린 소식! 그러면 된 것이다. 그리고 그런 경지에 노닐 수 있어야 만법과도 상관없는 절대 한 사람이지 않을까 하는 희열이 왔다.

9.
송광사 대웅보전
이렇게 지어졌다

普照國師 773주기 宗齋봉행

第359代 松廣寺 住持 진산식도

◇보조스님 종제가 지난해에도 많은 신도들이 참여한 가운데 송광사에서 열렸다.

조계산 송광사 조계총림에서는 다가오는 제 773주기 보조국사 종재일을 앞두고 그 준비에 여념이 없다.

5월6일부터 8일까지 2박3일동안에 치루어지는 이 불사는 해마다 참가신도의 수가 늘어나고 있다. 한편 5월7일 (오전10시)에는 제359대 송광사주지 (현호스님) 진산식도 아울러 가질 예정이다.

고려중엽의 불교는 직관적관념에만 치우친 선종 그리고 권세급과 밀착된 교종으로 크게 나뉘어져 왔었다. 관념적인 선풍과 세속화된 교풍의 폐단을 막기위해 보조국사는 결사운동을 일으켰다. 팔공산 거조사에서 시작된 이 결사운동은 송광사에 주석하면서부터 파단화의 본격적인 운동으로 번졌다. 이러한 국사의결사정신은 오늘날 조계종의 행

봉정신으로 계승되었을 뿐만아니라 당시 꺼져가던 고려불교에 커다란 활력소가 되었다. 그리고 이러한 운동은 지순스님의 각고 생각하는 송종수 정스님에서는 구슬라

그리고 조실으로 끝임없이 사불을 중심으로 16국사를 위시하여 이조시대의 부휴선수 그리고 그 문하들에 의한 보조정신의 계승작업이 그치지 않고 국사의 사상과 생애는 한국불교뿐만이 아니라 민족정신의 료된 회의기

이처럼 정신과 언어 定과 慧를 겸비하는 수행정신과 가풍으로 고려중엽의 한국 불교를 중흥시킨 보조국사의 위업을기리기 위해 해마다 열리고있는 이 불사는 새로운 종무소 임직원의 개선으로 더욱 더 알찬내용으로 기획되고 있어 내외의 많은 관심이 쏠리고 있다.

종전 행사위주의 불사에서

될 제359
전국신도
양·마산·광주·충대전·대구
을·강릉·
이번 불사를
15차 전국불교
일회가 각지
할수 있는
하고 있다. 이들의
개정활 예정

普照思想研究院, 순풍(順風)에 돛을 달았다

회의를 마친 연구원 가족

照法語)도 오대산 월정사에서 방한암 선사(方漢岩禪師)의 현토(懸吐)로 간행된 것이지만 선(禪)에 관련된 어록들만이 수록된 것이라서 불완전하다. 「권수정혜결사문」(勸修定慧結社文), 「수심결」(修心訣), 「진심직설」(眞心直說), 「원돈성불론」(圓頓成佛論), 「간화결의론」(看話決疑論)과 부록으로 「비문」(碑文)이 포함되어 있다.

1983년에는 미국 하와이대학 출판부에서 영문(英文)판 「지눌전집」(The Collected works of Chinul)이 출판되었다. 송광사에 와서 수선(修禪)을 하고, 여기에 한국불교를 연구한 동양철학자 Robert Buswell(慧明)이 번역하고 주석을 단 것이다. 그러나 역시 여기에도 「화엄론절요」가 빠져 있다. 더구나 영어책이라서 일반독자들은 읽기 어렵다는 데 문제가 있다.

이렇게 볼 때, 보조사상 연구원의 첫번째 사업으로서 「보조전서」 간행이 필연적임을 수긍할 수 있다. 이제까지의 미비한 점을 모두 극복한 「보조전서」를 편찬하기 위해서 전체임원회의는 편찬의 기본원칙을 정했다.

① 현토(懸吐)는 하지 아니하고 구두점(句讀点)만 뗀다.
② 서지학(書誌學)적 해제만 붙인다.
③ 월정사판(版)을 비롯 각종 목판본을 모아서 교감(校勘)한다.
④ 세로조판, 전체1단으로 하고 상단여백에 교감기(記)를 적어 넣는다.
⑤ 4·6배판의 단권(單卷)으로 한다.
⑥ 친저(親著)가 아닌 것은 부록에 넣는다.

이와같은 기본원칙에 의거해서 편찬 실무는 편집위원회에서 담당키로 했다. 편집위원에는 法頂스님, 玄虎스님, 頓然스님, 鏡日스님, 李鍾益박사, 金知見박사, 吉熙星교수, 姜健基교수, 沈在龍교수 등이다.

편집위원회는 매월 1회 모임을 갖고 일일이 텍스트를 검토하며 기획실의 작업에 조언과

보조국사 종재와 주지 진산식을 알리는 기사 | 보조사상연구원 발족 회의를 마치고 기념촬영 (1987년 4월 제76호)

曹溪叢林松廣寺聖域化 佛事추진

20억들여 5개년 계획으로

大雄寶殿 건립을 시작으로 88년 마무리
누구나 禪수련 참가할 수 있는 수련장 건립
국민정신 교육 道場되게 가꾸기로

신축 중인 대웅보전 앞에 선 일각 방장스님과 결제 대중

송광사의 중심건물이자 대법당인 대웅보전이 드디어 그 모습을 드러냈다. 108평 규모에 탑파형 건물인 이 법당은 지난 3년전부터 착공하여 오늘에 이른 것이다. 매년 음력 3월 26일 불일보조국사의 종재일을 맞이하여 송광사에서는 가장 큰 행사의 하나인 삼월불사를 봉행하는데 금년에는 본존불인 석가모니부처님과 불사리탑 봉안식을 거행하게 된다.
아울러 승보종찰을 상징하고 부처님 당시 영산회상의 대비구중인 1250성상을 모시는 승보전의 좌우보처인 가섭존자와 아난존자의 성상도 함께 점안식을 갖게 된다. 이에 송광사의 제8차 중창불사의 취지와 의의를 요약한 불사리탑 연기문을 간추린다. 〈편집자 주〉

송광사 대웅보전

조계산 송광사 대웅보전 불사리탑 연기문

조계산 송광사는 1200여년 전 신라말엽 혜린선사(慧璘禪師)께서 창건하여 송광산 길상사라 이름하고

영포(領布)하고 수많은 종도들과 함[께] 이곳으로 이주하여 대가람을 중창, 수선사라 개칭하고 불교의 정법을 중흥시켜 조계종풍을 크게 선양하였[다]. 이로부터 제2세 진각국사 등 16국사[와] 고승석덕들이 속출하여 동방제일도량[인] 조계종의 근본도량인 승보종찰로서 [의] 정맥(正脈)을 유지, 계승하여 오늘에

불기2530년 5월 1일 제65호

드러내

중창을 거쳐오다가 6·25사변으로 인해
양의 중심건물인 대웅전, 설법전 등
고 작은 건물 20여동이 애석하게도
일되자 본사 스님들의 피나는 노력으로
차중창을 이루게 되었다. 그리고
보의 빛나는 도량을 다시 일으키려는
대중의 간절한 염원과 구산대선사의
력으로 1969년부터 조계총림으로

선양하게 되었다.
그러나 전쟁 후의 어려운 환경 속에서
일부 복구된 도량의 면목이 총림의
규모나 시대의 요청에 부응할 수
없었다. 이를 산중 대중과 뜻있는
불일회원들이 안타까워하다가 1983년
봄부터 제8차중창불사의 원을 세우고
안팎으로 두루 갖추어진 수도도량의
면모를 일신하여 불조의 혜명을 잇고
광도중생(廣度衆生)할 수 있는 역사적인
대작불사를 진행하고 있다.
이 중창불사 계획에 따라 승보전, 지장전,
응향각, 행해당, 인월암 등은 이미 옮기고
새로 세웠다. 이제 송광사의 상징적인
중심건물이자 탑파형(塔婆形)의 108평
법당인 대웅보전에 삼세여래와
사대보살상을 모시는데 불단 내부 중앙에
부처님 진신사리탑을 세우고 그 탑신위에
본존불인 석가모니불을 봉안하도록 했다.
여기에 모신 불사리는 10여년 전 산승이
동남아 불교성지순례 중 스리랑카에 들러
모셔온 것으로서 불일증회(佛日增輝)하고
법륜상전(法輪常轉)하며 승풍대진
(僧風大振)하여 조계총림의 선풍이 길이
빛날 것을 발원하면서 이 탑을
세운다.
이 인연공덕으로 이 대법당을 짓고 불상과
탑을 조성하고 송광사 제8차중창불사에
수회동참한 대공덕주(大功德主)와
화주(化主), 시주(施主) 등 전국
불일회원은 물론 법계중생이 일체종지
(一切種智)를 이루고 다 함께
성불하여지이다.

南無 三界導師 四生慈父 是我本師
釋迦牟尼佛

법당은 부처님의 보궁

구산 스님께서 부르신다는 전갈을 받고 삼일암으로 찾아뵙던 날 큰법당 중건이 시급하게 되었단 말씀을 들었다.

6·25전쟁 때 불탄 대웅전을 재건하느라 무던히들 애를 썼지만 그 당시의 여러 가지 여건은 만족스럽게 이룩할 형편이 못되어서 저절로 소홀하게 되고 말았다. 부처님께 누를 끼치는 듯 늘 죄송스러운 마음이었는데 이제는 더 견디기 어렵게 되었다. 이제 마땅히 부처님의 보궁을 여봐란듯이 지어 드려야 할 마땅한 시기에 당도하였다는 말씀이었다. 그렇기도 하려니와 옛날과 달라서 법회 날이면 수백 명, 보조국사님 삼월불사 때면 수천 명이 모이니 수십 명도 들어가기 어려운 지금의 큰법당으로는 감당하기 어렵게 되었다. 신도들은 더구나고 고승대덕들이 고좌할 자리조차 비좁은 실정이다. 이 시대에 걸맞는 큰법당이 절실하게 된 것이다. 큰법당이 송광사 형국에 안 맞는다는 말도 없지는 않지만 지나치지 않으면 알맞을 것인즉 적절한 크기의 대웅보전을 새롭게 지어야겠다는 의지이시다. 차 한잔 주시면서 계속하신다. 108평의 큰법당이면 좋겠다고 하신다. 그만하면 송광사 형국에 어울릴 것이라고 하셨다. 벌써 많은 궁리가 있으셨나 보다.

"천상보궁에 계신 귀한 어른을 지상에 모셔오려면 그분께 미안하지 않을 만큼 갖추어야 마땅한 노릇이나 근래에 이르러서는 옛날만큼 장엄한 보궁을 흡족하게 지어 드리지 못하고 있어. 겨우 한다는 노릇이 불단 위쪽에 닫집을 지어 드리면서 '이런 보궁에 모시고는 싶으나 사세가 뜻과 같지 못하여서 겨우 요만한 법당을 완성하였습니다' 하는 정도이지. 언제까지 이렇게 위축된 상태가 지속되어야만 쓰겠나. 고려, 신라나 삼국시대처럼 당당하며 우람한, 장중한 법전을 이룩해 드려야 할 시기에 이제 도달하였어. 중흥의 세가 도래한 거야. 승보사찰인 송광사가 이 세를 먼저 받아들여야 해. 마땅히 진력해서 새로운 법당을 덩실하게 조성해야 하겠네. 부처님의 법은 삼천대천세계 안 미치는 곳이 없지. 두루 비치는 그 광명을 상징하는 형이 되지. 그래서 보궁을 그런 평면으로 짓지. 아직 법당으로 이룩하지 못할 형편이어서 닫집에나 그 모양을 조성해 보는 걸세. 닫집에는 지붕만 만들고 말아 제 모습을 다 보기 어렵지만 고려시대 사경의 변상도 등에는 완성된 보궁이 묘사되어 있지 않은가. 부처님께서 권속들을 대동하고 그 안에 앉아계신 거룩한 모습을 보게 되지. 108평새 큰법당은 그런 보궁이어야 합당하지. 다들 어찌 생각하노."

옆에 계시던 여러 스님들께서 "그 말씀이 정녕 옳습니다" 하였다.

큰절 드리고 하직하고 나와 궁리를 시작하였다. 상당한 세월이 흐르는 동안 몇 번의 의논이 거듭되다가 드디어 흡족하게 생각된다는 설계안을 마련하게 되었다. 도면으로 그리긴 하였지만 막상 시공 시에 무리가 없을까 하는 점에 일말의 두려움이 있었다. 모형을 만들어 실제의 상황에서 검토하여 보겠다는 도대목의 의견이 제시되었다. 구산 스님께서 좋다고 동의하셨다.

미국의 법회에 다녀오시는 시간이 또 지났다. 귀국하자 서둘러 작업하게 하셨다. 서울 법련사 뒤뜰에서 모형제작에 착수하였다. 아침저녁으로 살펴보셨다. 마침 삼척 땅 태백산 깊은 계곡에서 춘양목이라 속칭하는 홍송을 벌목한다는 소식이 전해져 왔다. 현호 스님과 현고 스님이 나서서 좋은 재목 전부를 사들이도록 하셨다. 수려한 소나무의 알맞은 재목을 보시며 이것도 좋은 인연의 소치라고 매우 만족해하시었다. 이렇게 해서 대웅보전 짓는 큰 역사(役事)의 준비가 시작되었다. 그렇긴 하지만 아직도 여러 가지 잡다한 일들이 얽힌 상태였다. 그런 중에 구산 스님께서 갑자기 입적하신다.

태백산 소나무는 큰법당에 앞서 구산 스님 법당 짓는 일부터 하게 되었다.

대웅보전의 입주

구산 스님께서 송광사 제8차 중창불사가 이제부터 실시되는 것이라고 공역(公役)의 명분을 정하시었다.

6·25 때 불탄 중심곽을 이번 기회에 정돈시켜 정연한 승보사찰의 면모를 이룩해야겠다는 목표를 설정하시었다. 제8차 중창불사는 그만큼 규모가 호대하게 되는 내용이므로 대덕 스님들을 비롯한 대중 스님들께 무난히 이룩될 수 있도록 의탁하시었다. 대중들의 노고에 의지하려 하셨던 것이다. 그런 중에도 소임을 맡은 이가 있어야 하겠다는 생각에서 주지에 현호 스님을 임명하시고 해인사 선방에서 공부하고 있는 현고 스님을 데려다 도감의 직책을 맡기시었다. 도편수로는 인간문화재인 이광규 옹을 초청하고 자문과 보좌의 일

을 보살피도록 지원 거사(신영훈 문화재전문위원)에게 위촉하시었다. 구산 스님께서 입적하시자 약간의 공백기가 생기게 되었다. 이 기간에 송광사에서는 제8차 중창불사에 활용될 공사설계안을 만들고 그것을 문공부에 제출하여 검토받기로 하였다. 문화재보호법에 따른 절차였다.

설계안 작성에서도 여러 사람의 협조가 있었다. 그중에서도 김동현 실장(문화재연구소 보존과학실장-건축사 전공)의 노고가 컸다. 설계도면과 공사내역의 작성은 은하건축에서 하였다. 검토는 1년이 넘도록 여러 단계로 계속되었다. 대웅보전이 송광사의 형국에 어울리지 않을지 모르겠다는 우려가 대두되었다. 송광사 대중들 사이에서도 모형과 같이 亞자형 평면이 되면 지나치게 클 것 같다는 논의가 대두되었다. 양측의 의견을 받아들여 설계안의 재작성이 시도되었다. 몇 차례의 검토와 논의 끝에 오늘날 보는 바와 같은 대웅보전을 짓기로 결론을 얻게 되었다. 이번엔 그 대웅보전이 들어설 때 과연 주변의 기존건물들과 잘 조화되겠느냐를 두고 토의하였다. 송광사의 형국이 좁아서 아무래도 조화되지 않을지 모르겠다는 염려가 강하였다. 설계안을 만든 사람들은 견해가 달랐다. 틀림없이 알맞아 보일 것이라고 주장하였다. 그렇다면 스터디·모형을 만들어 검토하는 것이 객관적일 것이라는 이야기로 정리되었다. 기홍성 모형제작 전문가에게 의뢰하여 제작하였다. 모형이 완료되는 날 소위원으로 위촉된 진홍섭 위원이 회동하였다. 검토한 바로는 그만한 대웅보전이 그 자리에 들어가도 무난하리라는 결론을 얻었다. 즉각 문화재위원회에 보고되고 전체회의에서 동의를 얻게 되었다. 이로써 행정적인 절차는 끝을 보게 되었다.

주지스님과 도감스님은 이 과정에서 대단히 노심초사하였다. 뒷날 토로한 바로는 퍽 어렵게 생각되었다고 하였다. 드디어 일에 착수하게 되었다. 대웅보전에 쓰일 재목을 치목하는 동안 6·25 이후 재건된 대웅전의 해체작업이 진행되었다. 해체하다 보니 집의 구성에 여러 가지 결함이 있었다. 기술적인 결함들이었다. 대목(木手)을 잘 만나야 한다는 것을 다시 한번 실감하였다. 광복이래로 전통의 기법으로 훈련된 목수들이 태부족한 상태이다. 이를 기화로 아직 업을 다 이룩하지 못한 이들이 드날리고 다닌다. 많은 사찰에서 피해를 입고 있다. 말만 믿고 시켜보면 결과는 이런 피해로 나타난다.

해체한 대웅전을 서쪽으로 옮겨 짓기로 하였다. 옮겨 지을 장소에 있는 박물관 건물은 그 동편 대 위로 옮겨 지어 대웅보전의 노전채가 되도록 한다는 계획이다. 이와 함께 명부전을 옮기고 새롭게 지장전을 짓기로 하였다. 대웅보전 좌우가 훨씬 넓어지게 된 것이다. 마침내 대웅보전의 큰 역사가 착수되었다. 기초가 완료되고 주초도 박았다. 삼척 태백산에서 베어온 아름드리 춘양목으로 기둥을 세우게 되었다. 네 귀의 갓기둥들은 천 년 묵은 괴목나무를 구하여다 세웠다. 만년불패를 의도한 생각이다. 현고 스님의 노력이 결정(結晶)된 것이기도 하다.

대웅보전의 기반

현고 스님의 이론은 정연하다. 특별히 한국건축을 두고 공부하거나 훈련 받은 것 같지 않은데 일에 당하여 준비과정에서 보면 사리정연하게 이치를 설파한다. 그의 논리에 따라 시설한 부분이 대웅보전만 하여도 적지 않다. 그런 중의 하나가 대웅보전의 기반 구축이다. 기반 구축은 주초를 놓고 기둥을 세우기 이전에 이미 완료되어 있어야 하는 부분이다. 흔히 기초라고 부르는 구조가 포함하는 기지(基址)의 조성에 속한다. 기지는 주초와 함께 월대(月臺, 돌을 다듬어 높은 대를 구성하는 것. 보통 기단이라 하는 구조의 옛말)도 완성시키는 것인데 옛날의 기법은 주초를 먼저 놓고 월대는 지붕구성까지 끝난 뒤에야 마감처럼 설치하는 것이었다.

이 기법이 대웅보전처럼 규모가 큰 집에서는 불합리하다는 것이 현고 스님의 주장이다. 그래서 주초의 기초와 함께 월대설치가 병행되는 새 방식이 채택되었다. 주초석 놓는 법식은 이렇다. 비표에서부터 구덩이를 판다. 생땅이 나오도록 사정없이 파내려 간다. 생땅이 나오면 비로소 멎고 이번엔 석비례(돌이 부스러져 생긴 모래와 흙)를 퍼다 붓는다. 물을 부으면서 물장구치면 구덩이 속의 석비례는 물에 풀려 흙탕물이 된다. 흙탕물을 내버려 두면 물은 잦아지면서 앙금 앉듯 하는데 모래 사이의 공격들이 빈틈 없이 메꾸어진다. 몇 번 이 일을 거듭하면 구덩이가 메꾸어지면서 모래가 쌓인다. 이를 입사기초(入沙基礎)법이라 부른다. 알맞은 높이에서 끝내고는 그 위에 거창한 바위를 올려 놓는다. 단단히 박아준다. 흔들려서는 안 된다. 그 위에 다시 바위를 얹는다. 얕얕하고 납데데하면 좋다. 아랫바위와의 사이는 고임하는 돌로 정리된다. 뒤뚱거리지 않게 하는 기법인데 이때 고인 돌이 빠지지 못하도록 삼화토(三和土, 모래, 흙, 석회를 1:1:1의 비율로 섞어 이긴 흙)로 단단히 사춤한다. 이 사춤은 물기가 아래로부터 구조물을 타고 따라 올라가려 할 때 단절시켜주는 역할도 감당한다. 물기가 주초에까지 배어 올라가면 그 물기는 다시 기둥 아랫도리에 스며들어 썩게 할 염려가 생겨난다. 시멘트를 쓰지 않으려는 까닭도 여기에 있다. 시멘트조는 모세관 현상에서 늘 물기를 지니고 있게 된다. 그 물기가 때에 따라 기둥에 공급되면 기둥뿌리는 상하게 된다. 기둥으로서는 치명상이 된다. 알고서는 시멘트 쓰기가 겁이 난다.

바위를 쌓아 올리면 바위가 커서 기둥간살이가 아무리 넓어도 간격이 솔바지게 된다. 그래서 옛날엔 바위 사이의 간격에 흙을 채워 넣는 정도에서 작업을 일단락하고 그 외곽의 월대 설치는 최후의 공정으로 미루었던 것이다. 대웅보전의 월대 구성 병풍석은 높이가 넉 자가 넘고 폭이 여섯 자 이상이 되는 거대한 것이어서 다루기가 쉽지 않다. 그 무거운 것을 들어다 뒤를 단단히 고임하려면 작업할 터전에 여유가 있어야 하였다. 그래서 옛 기법과 달리 바위 쌓는 일과 동시에 월대구조도 시작하였다. 이룩되어 가면서 한몸이 되도록 구성시킨다는 방식이다. 월대의 받침과 뒷채움돌이 주초 받침 바위에 엇매껴서 서로 연계되도록 하려는 것이다. 이렇게 하면 기지의 기반조성으로는 최선이 되는 결과가 된다. 월대가 완성되고 주초석 바침바위 설치가 완료되자 주춧돌 놓기가 시작된다. 백제건축의 주춧돌은 정방형 판석 위에 높직이 솟아오르는 호박주초를 얹는다. 이 법식에 따르되 새로운 맛이 짙은 주초를 만들기로 하였다. 신라나 고려 조선조 시대의 주초와는 완연히 다른 형상으로 정리되었다. 방형초반 위에 융기된 둥근 부분을 넓고 평평하게 만들어 연꽃장식하고 그 위에 호박주초처럼 솟아오른 부분을 올려 역시 연꽃의 장식을 베풀었다.

이들을 각각 만들지 않고 통돌로 깎아 다듬었다. 초반도 높이가 두 자를 넘도록 하여서 주초 하나의 총고반도 넉 자가 지나도록 하였다. 든든한 것이 최고라는 생각에서 미련할 정도로 완고하게 하였다. 기둥을 세우기 위한 기반조성이 이렇게 해서 완성을 보게 되었다. 옛 법식에 따르면서도 현대적 감각의 창의성이 번득이는 시공이 성과를 거두게 된 것이다. 현고 스님의 지혜가 발휘해 낸 소득이었다. 주초의 형태와 연꽃장식은 김동현 씨가 설계하였다.

 보경 스님의 손바닥소설

불일회보 1987년 11월 제83호부터 '송광사 순례 대웅보전'의 난에 실린 내용이다. 송광사 순례는 앞 부분에서 도량과 전각에 대한 문화재적 가치를 지닌 건물에 대한 이야기를 문화재전문위원의 안목으로 살펴볼 수 있었다. 순례기의 25번부터 대웅보전에 대한 이야기가 이어져 회보의 제46호에서 대웅보전의 연재이자 전체 순례기의 끝을 맺는다. 이야기의 구성상 전각의 순례까지 소개한 후에 다채로운 불사의 면모와 회향에 즈음하여 중창불사 공덕비의 제막, 구산 스님 사리탑 조성에 관한 부분까지 회보를 따라 이야기를 엮었다. 이제 이야기의 대단원이 될 대웅보전 건축에 관한 내용을 소개한 후에 보조사상연구원 설립과정을 정리함으로써 새의 양 날개를 달아 창공으로 비상하는 것에서 집필을 마치게 된다.

이야기의 기간으로는 1980년대 거의 10여 년에 관한 것이지만 나는 지난 겨울 한철에 서고에 파묻혀 과거를 만나는 것이다. 신 선생의 연재를 잠깐 멈추고 시간표를 따라가며 불사기를 소화하고는 대웅보전에 대한 연재를 이어가려 다시 회보의 글을 들여다보고 있으니 반가운 얼굴을 다시 만나는 기분이다. 회보 제83호에 신 선생의 연재와 함께 법정 스님께서 '경전산책'이라는 난에 다시 글을 쓰기 시작해 두 분을 다시 뵙는 마음이 확연하게 다가온 것인지도 모르겠다. 이 시점은 지금으로부터 거의 35여 년 전인데, 그만큼 먼 과거의 일이라고는 믿기지 않을 만큼 생생하게 느껴진다. 내친걸음이니 법정 스님의 연재 시작 글을 감상해보자.

며칠 전 찾아온 나그네들과 점심공양을 하는 자리에서였다. 그중 한 사람이 케일쌈을 먹으면서 불쑥 나를 보고 이런 말을 했다. "스님은 참으로 행복하시겠어요." 어리둥절한 나는 "왜요?"라고 반문하지 않을 수 없었다. "이런 맛 좋은 케일을 먹으면서 살 수 있으니까요." 너무도 싱거운 그의 행복론에 나는 어이가 없었다. 밭에서 자란 채소를 뜯어다 먹는 너무나 당연한 일을 가지고 행복 운운하다니 얼마나 싱거운 말인가. 요즘 세상에서는 행복이 이처럼 먹는 일로 빛이 바래졌는가 싶으니, 그렇지 않아도 없는 밥맛이 달아나려고 했다…

법정 스님의 글을 책으로 읽을 때와 달리 이렇게 한 토막씩 매달 연재하는 글에서는 더욱 생동감을 느낀다. 그리고 손수 끓여 먹고 살아가는 산중 암자 생활 중에 그때그때의 소회를 싣고 있는 이런 회보에서는 더더욱 문장의 묘미가 마음 깊숙이 스며든다. 이 세상에 다시 없을 소중한 분이 이 도량을 지나가셨다.

대웅보전 불사기의 시작은 신영훈 선생이 구산 스님의 부름을 받고 중창불사의 구상을 듣는 것에서부터. 그리고 강원도에서 춘양목이라는 홍송을 구하게 된 인연을 소개하고 법당보다 먼저 구산 스님 법당 짓는 일에 쓰였다고 은유적으로 표현하고 있다. 이 말은 구산 스님 돌아가신 후 좌선하신 모습 그대로 목관을 만들어야 하는데 불사에 쓰려고 구해 놓은 춘양목을 썼다는 뜻이다. 물론 이 의미를 일일이 밝히지 않은 이상 누가 알기나 하겠는가. 하지만 아직 자신이 살아 있는 것이라 여겨 생목처럼 송진이 흘러나오는 홍송을 켜서 관을 만든 것은 반드시 이 대작불사를 성취하리라는 염원의 발로였다. 이 불사기는 실제 대웅보전이 완성된 후에 현장사진을 넣어가며 불사의 과정을 적는 형식이다. 그래서 시간적으로는 중창불사 공덕비의 제막도 있었고, 대웅보전의 단청이 마무리되어 가는 것과 아울러 주불인 석가모니불 봉안을 앞둔 시점이다. 다행히 전문가의 세부적인 기록이 남아있어 건물을 해부하듯 다시 들여다 볼 수 있게 된 것을 은혜롭게 생각한다. 보통의 사람이 건축의 과정을 알기는 어렵다. 전문적인 용어도 생소하고 축성과정의 난해함이 없지 않지만 그래도 머릿속에 그려보는 것은 그렇게 어려운 일은 아니다.

일은 사람이 하는 것이어서 그 일을 추진해 갈 수 있는 적임자를 만나야 한다. 구산 스님은 현호 스님에게 그 소임을 맡겼다. 불사기의 두 번째에서 그 내용을 적었다. 그리고 구산 스님은 불사기획 초기에 전반적인 구상을 그려주셨음을 알겠다. 기반공사는 당해 건축물을 감당할 수 있도록 설계되어야 한다. 이 건물이 목조 기둥이라 기반이 석물과 만나는 지점에 따라 물과 습기의 영향을 정확히 계산해야 한다. 그런 과정을 거쳐 주춧돌이 놓인다. 신 선생은 대웅보전의 기반에 대한 이야기에서 보다 자세하게 그 내용을 알려준다. 그리고 주춧돌이라 하여 석물을 그냥 사각으로 깎아 놓아서는 건축미를 기대할 수 없다. 대웅보전 건물은 도량의 중심이자 상징성을 가지기 때문에 최대한 미학적인 요소를 감안하여 세울 필요가 있다. 그것은 한 시대의 사람들이 갖는 문화적 소양이고 그런 안목을 후대에 전하는 헤리티지다. 단단한 화강암일지라도 모양은 연꽃 문양을 하고 있다. 연약한 꽃잎이 거대한 기둥을 받쳐 허공에 피워올리는 모습이다. 연꽃은 진흙밭에 뿌리를 내리고 고운 꽃을 내민다. 그래서 연꽃의 상징이 처염상정(處染常淨)이고, 세속에 살아가지만 불성의 맑고 청정함을 일깨우는 뜻으로 불교의 상징이 되었다.

대웅보전의 공포(栱包)

설계안이 한참 작성되는 중에 도대목(목수 중의 으뜸가는 사람. 도편수라고도 부르고 옛날에는 대사목이라 하고 고려 때에는 목업행수교위라고도 불렀다)의 소임을 맡은 인간문화재 제74호 이광규 옹과 완주에 다녀오기로 하였다. 완주 땅에는 옛적 고산현이 예속되어 있는데 그 고산현에 조선조 중엽 때 중건된 화암사가 있고 그 절에 극락전(보물 제633호)이 있다. 극락전은 공포가 독특해서 보물로 지정된 건물이다.

삼국시대, 아직 견실한 기풍이 착실하던 시절에 백제에서는 놀라운 수준의 건축물을 조성해 낸다. 그 기술이 뛰어나서 신라에선 황룡사 구층탑을 지으면서 백제의 건축가 아비지 선생을 초빙해 간다. 일본인들은 백제의 기술자들을 모셔다가 초기 궁전과 사원들을 짓게 된다. 그런 백제 건축가들이 지은 집에 기능에 따라 힘차게 조성한 공포가 있었다. 지금 지상에 백제시대 목조 건축물이 하나도 남아있지 않아 당시의 구조를 다 알 수는 없지만 지금도 남아있는 단편적인 자료를 통합하여 보면 백제인들이 일본에 건너가서 지은 것을 본받아 그 후에 중건하였다는 건축물들에서 백제적인 공포를 찾아볼 수 있다. 일본인들에게는 이 백제계 공포의 이름이 '오–다루끼(尾種)'라고 전하여 온다는데 우리나라에서 백제건축이 쇠미하여지면서 지금은 그 이름조차 전하여 오지 않고 있다. 이 공포 구조는 지금 우리들이 보는 구성법과는 다르다. 기둥 위에서만 결구 되고 있다는 점에서는 분명히 주심포이고 외목도리가 있다는 데에서도 공통점을 볼 수 있지만 구성된 자체는 전혀 다르다.

이 공포의 특성은 이렇다. 주도리에 의지하고 서까래를 건다. 이렇게 해서는 처마의 약점이 드러나게 되므로 서까래 끝에 외목도리를 가로질러 건다. 마치 평교대 걸듯 하는 것이다. 그리고 중도리에서부터 이 외목도리에 의지하고 다시 서까래를 건다. 이때의 서까래는 둥근 연이 아니라 네모나게 각재로 다듬은 각이 사용된다. 후대의 부연에 해당하는 겹처마의 구조인 것이다. 연의 서까래 끝에 외목도리를 얹고 서까래를 받아 처마를 구성하였으니 하중으로 인하여 서까래 끝이 휘어져 내려온다. 이 처지는 것을 막기 위하여 아래에서 다시 받침의 선반을 만들어 준다. 버티게 해서 처지는 일을 방지하려는 방식이다. 여기에서 선반형의 구조가 생긴다. 받쳐주고 버티어 주는 구성이 된다. 구름을 새겨 버티게 된 구름무늬 첨차도 여기에 등장하게 된다. 이 공포의 등장에서 목조건축은 원초적인 구조에서 벗어나 획기적인 발전단계에 들어선다. 당대 중요 건축물들이 이 법식에 따라 조영되었다. 그러나 이 구조는 목재가 호대하게 소요된다는 약점이 있다. 그래서 기둥 위에서만 결구 되도록 청비된다. 이런 유형의 공포가 이 극락전에서는 조선 중기의 다포계 공포와 어우러져 접합되었다. 백제계와 조선조계 공포가 만난 것이다.

송광사 대웅보전의 공포 구성에 이 유형의 공포 중 가장 장점으로 지니고 있는 부분을 도입하여 적절히 사용하기도 하였다. 이광규 도편수는 오랜 고심 끝에 마침내 그 방안을 수립하게 되었다. 대웅보전은 단포계의 공포 구조로 구조되게 되는데 이 공포에서는 외목도리가 처질 염려가 있다. 외목도리가 처지면 포작들이 깨어지거나 휘어지게 된다. 이것을 방지해야 집의 수명이 연장된다. 이광규 도편수는 화암사 극락전 공포의 덧서까래법에 따라 송광사 대웅보전 공포의 상부를 보강하였다. 외목도리가 처질 염려가 없도록 만든 것이다. 만년불패의 묘리가 여기에 창안되었다. 이 구조 하나만으로도 송광사 대웅보전의 건축적인 가치는 높이 평가될 만하다.

대웅보전의 선장(船匠)

일터에서 한참 대웅보전을 구성해 가는데 목수가가(木手假家, 옛말로 치목장)에서는 또 다른 대목들이 열심히 재목들을 다듬고 있다. 큰 제재기를 설치하여서 웬만큼의 통나무도 거뜬히 켜낼 수 있게 마련하였다. 시중에서는 켜기 어려운 장재(목재 중 기장이 긴 것, 대웅보전엔 41척, 약 14m짜리 재목도 통자로 사용됨)도 여기에서는 기탄 없이 제재해 낼 수 있다. 통나무를 켜낸 재목을 옮기면 도편수가 가려낸다. 어디에 소용될 재목이라 정하고 먹줄을 튕겨 마름질하게 만들어준다.

도편수에게는 먹통과 자가 요긴한 도구이다. 먹통은 먹줄 튕기는 연모인데 나무로 깎아 만든다. 목수에게는 필수적인 도구이어서 제각기 재주를 다 부려 만드는 것이 예부터의 관습이다. 먹통은 실을 감는 타래와 실에 검은색 물을 먹여주는 소캐가 담긴 부분과 실이 빠져나가는 부리로 구성되어 있다. 줄을 주욱 빼어다 재목 이쪽 편에 보낸다. 실 끝에 달린 작은 송곳으로 콕 찍어 고정시킨 뒤에 먹칼로 소캐를 지그시 누르며 당겨가면 먹물을 먹은 실이 저쪽 편으로 계속되어 간다. 저쪽 편 끝에 서서 가늠해둔 줄금에 따라 먹줄을 튕기면 직선이 쳐진다. 이 직선이 나무 다듬는 기준이 된다. 우리나라 소나무는 꿈틀거려서 매끈하게 다듬어 둥글게 만들려면 힘이 꽤나 든다. 먹줄 튕기는 능력에 따라 일거리가 줄기도 하고 늘기도 한다. 도편수의 능력이 여기에서도 발휘된다. 먹줄 튕기는 일 중에선 배흘림기둥에 먹줄 치는 작업이 제일 까다롭고 어렵다. 아래위가 똑같은 원통형이면 다듬기도 먹줄 치기도 쉬우나 배흘림은 기둥머리와 밑동과 허리 부분이 제각기 다른 지름을 지니게 되어 있어 그 곡선을 아주 적절하게 친다는 일은 보통 어려운 일이 아니다.

기둥에 먹줄 튕기는 날이면 대목들이 도편수 주위에 몰려들어 그 광경을 눈여겨본다. 보통의 대목들은 감히 먹줄 튕긴다고 나설 수 없기 때문에 배워야 하였다. 그러나 그런 기회는 좀처럼 잡기 어렵다. 배흘림기둥의 주반(柱半, 기둥 사방의 중심되는 선)을 먹줄 치려면 줄을 잡아다녀 아래로 내려치는 것이 아니라 알맞은 자리에 비켜서서 활시위처럼 옆으로 크게 잡아당겼다가 순간에 놓아야 실이 낭창하게 되돌아가면서 그 탄력으로 호(弧)를 이루는 선을 그어낸다. 실수는 용납되지 않는다. 우리나라 대목 중 이 먹줄 튕기는 사람은 몇몇에 불과하다. 대웅보전의 이광규 도편수는 인간문화재답게 이 일에 숙련되어 있었다. 우리가 오늘 바라다보는 기둥의 아름다운 선이 그런 먹줄선을 기준 삼아 다듬어낸 데에서 완성된 것이다.

한쪽에서는 서까래를 다듬는다. 지름이 20cm 내외의 통나무 서까랫감을 다듬는 일이다. 모탕을 두 개 이만큼 벌려놓고 서까랫감을 올려 고정시킨 뒤에 먹줄에 따라 대자귀로 다듬어낸다. 허리를 조금쯤 구부정하게 하고 두 발을 벌려 디딘 뒤에 자루 긴 대자귀날로 툭툭 쳐서 다듬어낸다. 터걱터걱 떨어지는 자귀밥이 일정한 두께거나 크기이면 대목의 솜씨가 뛰어나다는 칭찬을 듣는다. 대자귀질 하는 일은 전문목수가 따로 있다. 옛날부터 그래 왔다. 둥근 통나무를 대자귀로 다듬는 이들을 선장이라 불렀다. 선장 행수(行首)가 그들의 일단을 거느렸다. 능숙한 선장은 종잇장 두께만큼이나 얇게 다듬는다. 그래야 깎은 부분이 말쑥해진다. 선장이 하는 일 중에서 서까래 다듬는 일이 제일 많았다. 서까래는 보통 30cm쯤의 간격을 두고 하나씩 걸게 되었고 긴 서까래와 작은 서까래가 한 줄에 들어서기 때문에 그 수량이 엄청나다. 선장은 그 많은 서까래를 다듬어낸다. 긴 서까래는 조립 시 위치할 자리 나름으로 그 길이와 각도를 달리하고 다듬어야 하였다. 그래서 서까래 다듬는 일도 까다롭고 복잡하게 된다.

간단한 대자귀 하나로 그런 서까래를 다듬어내는 일을 선장들은 꾸준히 계속해 간다.

대웅보전의 처마

선쟁이(船匠, 배깎기)가 다듬어낸 서까래 선은 크게 세 가지 종류이다. 하나는 짧은 서까래[童椽]이고 또 하나는 긴서까래[長椽, 野椽, 통서까래]이며 나머지 하나는 선자서까래[扇子椽]이다. 이들은 짧거나 길거나 부채살처럼 퍼지게 하는 일을 감당하였다는 데서 붙여진 이름이나 그 몸체가 둥글다는 점에서는 한결같다. 서까래의 몸둥이를 둥글게 다듬지 않고 네모진 각재(角材)로 다듬기도 한다. 이런 서까래는 각이라 부른다. 이런 각을 사용한 건물을 지금은 보기 드물어 육상궁의 냉천정(冷泉亭)이나 동궐(東闕, 昌德·昌慶宮)의 후원(後苑, 禁苑 또는 祕苑)에 있는 창의정 등을 볼 수 있을 정도이다. 그러나 상대(上代)에서는 서까래를 각으로 만들어 쓰는 일이 흔하였었다. 각으로 다듬는 일은 제재 기술이 발달하지 않았을 때엔 대단히 힘이 들었다. 또 곧고 바른 굵은 통나무를 골라 켜내야 하는 일이어서 재목의 소요량도 막대하게 된다. 외국에서는 지금도 목조건축에 이 각을 서까래로 많이 사용하고 있다. 쪽쪽 고른 나무로 날씬하게 구성하여서 올려다보기에 가볍고 바라다 보기에 날렵해서 좋기도 하다. 중국이나 일본을 비롯하여 동남아와 서구의 집들이 대부분 이 각을 사용하고 있다.

각이나 연의 서까래를 걸어 주도리 밖으로 길쯤하게 내밀면 그것을 처마라 부른다. 처마는 서까래 끝이 이루어내는 선에서 완성되는 것이어서 처마

구성의 선은 직선이 될 수도 있고 곡선이 될 수도 있다. 각은 각재라는 속성 때문에 곧은 나무인 채로 써야 합당하게 된다. 곧은 나무인 채로 쓴다는 뜻은 서까래 끝이 일직선 상에 가지런히 위치한다는 뜻이 된다. 서까래 끝이 일직선상에 가지런하다는 구조는 처마가 직선형으로 구성된다는 의미를 지닌다. 직선형의 처마는 우리나라에서는 그렇게 환영받지 못하고 있다. 처마는 당연히 곡선을 지녀야 한다고 여겨왔다. 이 점이 다른 나라 조영사상(造營思想)과 다른 점이다. 서까래에 곡선을 주어야 처마에 곡률(曲率)이 형성된다. 서까래에 곡선을 준다는 뜻은 서까래의 길이를 위치에 따라 달리하면서 한편으로는 서까래 끝을 들어 올리게 해주는 작업을 말한다. 우리나라의 집 처마곡선은 좌우 끝이 들릴 뿐만 아니라 좌우 끝은 돌출하고 안허리 부분은 잘록하게 휘어들어가 있다. 두 가지의 선이 처마에 구존(具存)하고 있는 것이다.

서까래를 위치에 따라 곡률을 달리하고 그 길이를 제각기 달리해야 하는 일은 치밀한 계산이 뒤따르지 않고서는 완성시킬 수 없다. 그만큼 까다롭고 복잡한 계산을 완벽하게 하고, 그리고 다듬어야 한다. 각재의 각은 이렇게 다듬는 데에는 적합하지 못하다. 둥근 연이라야 가능하게 된다. 우리나라 처마의 서까래가 둥글고 의젓한 까닭이 바로 처마곡선 구성에서 유래된 것이다. 곡선의 완성은 좌우 끝 부분에 초점이 있다. 추녀가 걸린 좌우에 부챗살 펴 듯한 선자서까래의 존재가 그래서 아주 중요하다. 단절 없게 곡선을 원만하게 구성하여 그 마감까지를 깨끗이 하는 일에 이 선자연이 큰 구실을 하는 것이다. 대웅보전의 처마는 보통건물과 달라서 추녀가 4개만으로 이룩되지 않고 추녀가 8개에 회침추녀 4개가 경구되는 특색을 보이는 구조이다. 이 구조에서의 처마곡선을 완성시키는 작업은 여느 집보다 무려 네 배나 어렵고 까다롭다. 자칫 한 귀퉁이만 어설퍼져도 집 전체가 씰구려져 보이게 되니 구성에 최선을 다할 수밖에 없었다.

대웅보전은 서까래 끝에 부연을 하나 더 거는 겹처마의 방식을 택하고 있어서 기술적으로는 더욱 어렵고 까다로웠다. 대웅보전 처마의 완성은 우리나라 전래 기법을 꽃피운 것이라 할 수 있다.

 보경 스님의 손바닥소설

많은 지식을 가지고 여러 방향으로 설명을 하여 남을 깨우쳐주는 말을 횡설수설이라 한다. 『장자』「서무귀」편에는 이런 이야기가 나온다.

위문후의 신하 여신은 여러 번 진언했지만 칭찬을 듣지 못했다. 그러나 서무귀라는 사람은 몇 마디 나누지 않았는데도 제후가 크게 웃으며 칭찬했다. 나중에 여신이 그 이유를 물었다.
"내가 제후에게 횡(橫)으로는 유가의 경전을, 종(從)으로는 병가의 병설을 인용하여 종횡으로 말했지만 한 번도 웃질 않았소. 당신은 어떻게 말했길래 우리 주공이 단박에 웃으시는가?"
이에 서무귀가 대답했다.
"제가 제후를 설득시키는 방법은 횡적으로는 시·서·예·악을 설명하였고, 종적으로는 주서(周書)의 금판과 육도를 설명하였을 뿐입니다."

이 대화에서 횡설종설(橫說從說)이 나오고, 나중에 횡설수설(橫說竪說)로 바뀌었다. 건축의 용어도 그렇지만 건축현장에서 거친 일을 하는 사람들의 용어도 찬찬히 들여다보면 여간 흥미롭지 않다. 어느 분야이건 그 속에서 나름 도의 경지에 든 사람이 있다. 목수들의 이야기를 읽다보니 문득 떠오르는 것은 장자에 나오는 이야기다. 장자의 서무귀 편에서 유래되는 운근성풍(運近成風)이라는 고사성어가 있다. 이것은 도끼를 움직여 바람을 일으킨다는 뜻으로 최고의 경지에 달한 빼어난 솜씨를 이르는 말이다. 이야기를 간단히 소개하면 이런 내용이다.

장자가 혜시의 묘 앞을 지나다가 멈추고 일행들에게 이렇게 말했다.
"초나라 어떤 사람이 자신의 코에 흰 흙을 파리 날개 두께만큼 바르고 도끼로 깎아내게 했더이다. 그러자 장석이라는 장인은 서슴지 않고 도끼를 들어 바람소리 나게 휙휙 휘두르며 백토를 다 깎았는데 그 사람은 꿈쩍하지 않고 태연히 앉아 있었소. 이 이야기를 들은 송의 원군이 시험삼아 내게도 해 보이길 간청했다 합니다. 그러자 장석은 '지금은 그 근원이 되는 사람이 죽었으니 이제 할 수 없다'고 아뢰었다고 합니다. 장석의 그런 기술을 믿고 알아주는 위인이 죽은 것처럼, 내 친구 혜시도 저렇게 묻혔으니 내가 누구와 현담을 나눈단 말이오."

건축에 대해 잘 알지 못하는 나로서는 한옥 전문가의 설명을 읽으며 그 의미를 짐작하는 것이어서 얼마나 실제적일지는 알 수 없다. 지금의 나는 그런 지난한 과정을 단지 글로써 상상하고 이해하려고 애써보는 것이다. 목조로 짓는 전통 한옥의 문화에 젖어 오랜 세월 보내온 우리 사회는 그런 건축과 관련한 이야기가 때로는 비유로, 때로는 은유적인 표현으로 삶의 가르침을 일깨웠다. 산중에서는 결제 한철 동안 함께 지내기 위해 스님들의 소임을 정한다. 무슨 소임이든 경중을 떠나 소임이 없는 사람은 없다. 소임은 그 사람에게 적절한 일을 배려

한다. 예를 들면 한철 묵언을 하는 이는 대중과 번잡하게 섞이는 일을 피할 수 있도록 정통 같은 화장실 청소를 맡긴다. 그리고 큰방 청소랄지 여러 사람이 함께해야 하는 일은 대부분 하소임에 속해서 낮은 승랍의 대중이 맡는다. 한철 대중을 이끄는 이는 입승으로서 결제일에 소임을 정하면서 죽비를 받는다. 총림은 유나가 사중 전체의 기강을 세우고 선원·강원은 입승이 그 역할을 한다. 죽비가 바로 입승의 상징이다. 한자로는 立繩이다. 승이 바로 목수가 재목을 켜기 위해 먹줄을 튕기는 것과 같이 법을 세우기 때문에 이 비유를 든 것이다.

산중에 살면 전각의 지붕을 살펴볼 때가 많다. 지붕을 알면 그곳의 기후를 알 수 있다. 그래서 나라마다 지붕의 모양새가 다르다. 단순히 눈비를 피하고 실내를 따뜻하게 하기 위해 지붕의 형태를 결정하지만은 않을 것이다. 인간은 같은 값이면 디자인을 한다. 그러면서 미적 감각을 유감없이 발휘할 수 있다면 더없이 좋은 작품이 만들어진다. 송광사 대웅보전 같은 높고 큰 건물의 처마는 전체적으로 그 규모와 함께 어우러져야 한다. 그러니 충분히 길고 넓게 뽑아내는 일이 간단치 않다. 설계자가 아무리 정확한 계산을 한다 해도 그 건물이 잘되고 좋은 수작이 되는지는 시간이 지나면서 살아가는 대중이 동의할 수 있느냐에 달려있다. 모양이 아무리 좋아도 조화가 맞아야 하고 주변 산세 같은 자연환경과도 어긋나지 않아야 한다. 요즘처럼 컴퓨터로 시뮬레이션이 되는 것도 아닌데 큰 덩치의 건물을 앉힌다는 것은 사실 큰 모험이다. 30여 년이 넘어가도록 대웅보전을 보며 그 속에서 예불하고 참배하는 송광사의 대중들과 일반인들은 어떻게 느끼는 것일까. 승속을 막론하고 기존에 없던 목조건축으로서 한국건축사 초유의 건물이지 않던가.

경험상 대웅보전에 들어가면 일단 불편함을 느끼지 않는다. 이런저런 것이 거슬린다는 말들도 없다. 거의 백여 채에 가까운 건물들을 거느리는 중심부의 이 대웅보전은 너무 커서 비례가 맞지 않을 것이라는 우려가 있었다. 하지만 이제는 오히려 덩치를 조금 더 키운다고 해도 무방하다 싶을 정도의 위용을 보이며 장엄하게 자리하고 있다. 전통 한옥은 구조상 처마와 지붕에서 떨어지는 빗물이 바람에 휘면서 문까지 들이칠 수 있는 개방형의 공간구조다. 대웅보전의 기단도 높고 지붕의 처마도 까마득히 높아서 이 문제의 해결이 간단치 않았을 것이다. 누구에게 설명을 들은 바가 없어 건축에 관하여 아는 것이 별로 없는 나로서는 단지 상상으로 그려보는 것이지만, 그것을 해결하지 않으면 아무리 뛰어난 조영물일지라도 의미가 퇴색되고 사용자의 불편을 초래하게 된다. 그런데 신기하게도 한여름 태풍이나 폭우가 들이치거나 한겨울의 북풍한설이 휘몰아쳐도 댓돌 위 신발이 젖지 않는다. 눈비가 육중한 무게의 큰 문짝에 들이치지도 않고 처마 밑에서 비를 맞지 않고 비바람 치는 숲을 바라볼 수 있다. 여러 가지 요소를 감안하여 어떤 비율을 가지고 건물을 지었는지 알 수 없으나 대웅보전은 조계산의 기후와 입이라도 맞춘 듯이 보면 볼수록 조화롭게 나이들어가고 있다.

한편 한옥은 콘크리트 골조의 건물과 달리 규모에 제한을 받기 때문에 채광도 계산해야 한다. 빛은 허공에서 떨어지는 햇빛으로 끝나지 않는다. 송광사는 매주 월요일 아침에 청소 대중울력을 하여 마당을 쓴다. 이 마당은 오랜 세월 다져진 것이라서 햇살도 튕겨낼 수 있을 만큼 은은한 거울 같은 반사력이 없지 않다. 그래서 한낮의 실내에서는 마당에서 튕겨 나오는 햇살이 비추는 음영까지도 받아낼 수 있다. 빛이 불투명한 물체에 비칠 때 그 일부나 반대쪽에 광선이 닿지 않아 어두워지는 상태가 바로 음영이다. 그렇지만 대웅보전 같은 큰 건물은 뒤편의 담장을 세우고 있는 바윗돌들이 만들어내는 밝음이 있어서 오히려 법당 중앙을 두고 전후 면에서 빛이 들어온다. 그렇다고 측면의 빛이 무시되는 것도 아니다. 왜냐하면 모든 문은 공기와 바람과 햇빛을 끌어들이기 때문이다.

요즘은 큰절에서 유튜브에 라이브로 사중의 법회나 행사들이 중계되고 있다. 그래서 일요법회나 초하루 등의 법회에 법문을 하기 위해 대웅보전에 머무를 때가 더러 있다. 설법탁자는 중앙의 부처님 불단 앞에 놓여 있어서 불단과 탁자 사이의 의자에 앉아 법문을 한다. 설법탁자를 가슴에 대듯이 바짝 앉아(나는 옷이 닳아도 앞의 여미는 부분이 가장 먼저 헤질 정도로 탁자 가까이 앉는 버릇이 있다) 청법대중을 바라보면 대중도 대중이지만 오전 11시를 지나가는 햇살에 대웅보전 지붕의 그림자가 마당의 반을 가리는 정도가 되고… 다시 고개를 약간 들어 시선을 높이면 청량한 바람과 함께 계절마다 바뀌는 숲이 자아내는 산색을 음미할 수 있다. 봄에서 가을까지는 대웅보전의 문을 열어놓아 밖을 보면서 설법을 하지만 겨울이 되어 날이 차가워지면 문을 닫고 법회를 진행한다. 문을 닫는 겨울이라 하여 정취가 없는 것도 아니다. 문을 닫으면 밖의 빛을 받은 문짝의 창호지 위에 문살이 허공에 떠있듯이 다가온다. 이때의 창호지는 마치 하얀 떡살처럼 점점 부풀어오르는 느낌을 주고 문에 조각된 꽃은 낮 동안 부처님을 마주보며 허공에 피어난다.

예술은 인간의 영혼을 정화하는 영역이다. 사물에서 느끼는 감정은 사람을 변화시키고 영혼에 정결함을 준다. 더구나 불보살님의 심오한 불법의 세계를 이 건축물에 담아내어 입실자나 밖에서 바라보는 사람들의 영혼에 울림을 주기 위해서는 건축이 표현할 수 있는 모든 요소를 담아내는 건축 철학이 필요하다.

대웅보전의 기와

중창불사 하는 중에 터전을 정리하면서 옛날 기와쪽이나 사금파리들이 출현하거나 수습되었다. 귀중한 자료들이어서 따로 보관하고 있다.

불일 보조국사께서 여기에 터전 잡고 절의 형세를 거룩하게 이룩하셨다고 하였다. 그러나 현재의 송광사에는 국사가 계시던 시절의 유구(遺構)는 별로 남아있지 않아서 당시를 회고하여 보기는 퍽 어렵게 되어있다. 이번에 수습된 기와편과 사금파리에서 우리는 국사 당시의 건축물과 생활용품을 볼 수 있게 된 것이다. 기와편 중에 고려시대의 것이 있었다. 일휘무늬[日彙文]라 속칭되는 무늬가 있는 수막새와 귀목(龜目)무늬라 잠칭하고 있는 암막새가 무수한 바닥기와쪽과 함께 나타났다. 이들 막새는 개성(고려시대의 수도)의 만월대(고려의 정궁인 만월궁이 있던 터) 등 중요 건축물 터전에서 수습되는 유형에 아주 방불해서 어쩌면 이런 기와들을 국가에서 공급하여 시납하였던 것이나 아닌가 하는 추정을 낳게 한다. 사금파리는 고려 비색청자와 상감청자편들이었다. 이들은 당시 상류사회에서나 사용되던 그릇들이었으므로 고려왕실에서 특별히 배려하여 공급하였던 것이라고 생각해 보게 한다.

이번 중찰불사에서 고려시대 이 암·수막새를 기조로 삼고 새로 기와를 제작하기로 하였다. 요즈음 절 짓는 일에서는 기존하는 기와를 사다 쓰는 수가 있지만 옛날엔 법당에 따라 특성 있게 새로 만들어 쓰곤 하였었다. 중창불사에서는 옛 제도에 따라 지장전·승보전·대웅보전의 기와를 다 따로따로 만들어다 썼다. 암·수막새도 물론 각각 특성 있게 만들었다. 고려시대 수막새는 드림새가 원형판이다. 아래 위로 약간 지름이 긴 원형인데 타원형이라기보다는 정원을 조금 긴장시킨 듯한 모양이다. 암막새는 정원(正圓)의 둥근 원주율에 따라 약 9cm 정도 넓이의 전을 두른 것을 ⅛로 등분해서 만들어낸 모양인데 넓은 전의 윤곽에 도드라진 가장자리 테를 만들고 그 계풍에 젖꼭지처럼 툭 불거진 눈 둘을 부조(浮彫)시켰다.

대웅보전 창건에서 이들 암·수막새로 제작의 기반을 잡았다. 그 바탕에서 새로운 감각을 창출하기로 하였다. 이에 비하여 지장전과 승보전 암·수막새는 조금 더 과감한 변형을 시도하여 보았다. 이런 시도는 삼국시대 이래 변천하여 오는 줄기의 계속이기도 하다. 삼국시대 말의 암막새는 암기와 끝을 약간 두텁게 해서 물방울이 기와 뒷들로 감돌아들지 못하게 하는 절수의 욕구 충족에서부터 시작한다. 이 부분이 차츰 두꺼워지면서 기능을 강조하다가 마침내 넓게 해서 따로 만들어 부착한다. 이것을 드림새라 하는데 수막새 드림새나 마찬가지가 되었고 무늬를 베풀어 장식하게 되었다.

신라통일기가 되면 무늬들이 섬세하면서도 아기자기한 맛으로 충만된다. 8~9세기 경이면 난숙한 경지에 이른다. 이 흐름이 고려에도 계속된다. 의종(고려 제18대 재위 1147~1170) 때 양이정(養怡亭)을 지으면서 비색청자로 구운 기와를 썼는데 수막새엔 보상화, 암막새엔 당초무늬를 양각하였다. 그러나 신흥국가 고려의 기상은 그런 섬세함보다는 넘치는 활력에 기운을 두어서 힘차고 간결한 무늬를 즐겨하였다. 조선조가 되면 드림새가 쇠혓바닥 늘어지듯이 축 처져 내려오면서 무늬는 다시 섬세한 쪽으로 편중되게 되고 암막새엔 글자를 새겨 기록으로 남기려 하였다. 이런 변천의 계속이 현대에 이르러 어떻게 수용될 수 있는가에 주목하였던 것이고, 그래서 새로운 시작에서 각 전의 암·수막새를 제작하였다. 그러면서도 대웅보전 암·수막새는 불일보조 국사를 흠모하는 스님들의 심성에 따라 고려계의 현대 암·수막새로 형태와 무늬를 설정하였던 것이다. 이들 기와를 제작하면서 우리는 여러 가지 경험을 하게 되었다. 이론만으로 인식하는 데 불과하였던 식견이 이번 기획에 정확한 경험을 쌓게 되었음은 물론이고 암·수막새의 형태에 따라서는 낙숫물이 어떻게 떨어지게 된다는 기능면에서의 특성에서도 지식을 얻게 되었다.

대웅보전의 다른 분야에서도 많은 시도와 새로운 경험이 있었지만 기와 제작에서도 그런 업적을 또다시 얻게 되었다. 대단한 성과라고 할 수 있다.

기와 불사 모연 | 기왓장에 시주자의 이름과 소원을 적어 지붕에 올리는 기와불사는 송광사에서 처음 시작되었다. 기와는 송광사 불일마크를 넣어 특별 제작했다.

대웅보전의 지붕

목조건축에서 지붕은 가장 주요한 부분이 된다.

지붕이 얼마나 큰가, 또 어떤 모양인가에 따라 기둥 세우고 가구(架構)하는 일들이 결정되기 때문이다. 지붕구성은 건축가들에겐 큰 고심거리이다. 송광사 대웅보전도 마찬가지였다. 더구나 평면이 특출해서 추녀가 여덟 개, 희춤추녀 네 개가 걸리게 돼 있어서 지붕구조는 대단히 어렵고 까다로웠다. 지붕을 지탱하는 구조의 구성도 중요하지만 비가 새지 않도록 조치하는 작업도 쉬운 일이 아니다. 대웅보전은 서까래 사이에 개판(蓋板)을 덮었다. 규모 작은 집이나 격조가 그만 못한 전각에는 서까래 위에 산자라고 장작개비 같은 재료를 써서 발을 엮어 서까래 사이의 간격을 막는 게 보통이다. 산자에 의지하고 바닥 흙을 받게 되는데 위에서 박은 흙이 밑으로 삐져나오게 되므로 안쪽에서 맞벽을 쳐서 연골을 마감하게 마련되어 있다. 이를 앙토한다고 하는데 앙토한 흙은 자칫하면 떨어지기가 쉽다. 깨끗이 정리하고 단청까지 하였는데 흙이 떨어지면 그만 흉칙해지고 만다. 이런 단점을 보완하는 수단이 서까래 사이에 판자를 덮어 마감하는 방식이다. 워낙 목재가 많이 들어서 궁실의 전각에서나 쓰던 방식이었다. 서까래에 따라 길쭘한 판자를 덮는다. 이를 골개판이라 부른다. 부연 위에 덮은 널판지는 횡개판이라 부르는데 어떤 방식으로 설치하였느냐의 차이를 두고 부르는 이름들이다.

골개판을 덮으면 개판 뒷등에 폐유 등을 바른다. 썩는 것을 방지하려는 배려이다. 기름을 먹였으면 통나무를 가로지르기 시작한다. 느리개를 박는 일인데 처마 쪽부터 차근차근하게 설치하여 간다. 종도리에 이르기까지 계속한다. 느리개를 박은 뒤로 적심을 넣는다. 이것도 느리개나 마찬가지로 서까래 방향과 직각되게 차근차근 넣게 된다. 이 십자형의 교차는 혹시라도 기와가 서까래에게 집중 하중을 부과한다면 불리하니까 그 하중을 분산시켜 여러 서까래에 골고루 배분시키는 역할을 하게 된다. 적심나무는 둥근 원목을 구르지 못하게 잡아매어 가면서 설치하는 방식이 보편적이다. 상식보다도 적심에 들어가는 원목은 엄청난 수량이다. 경제적인 집을 지어보겠다는 사람들이 덧서까래법을 쓰기도 하나 절약하는 이점이 있는 반면에 세월이 오래된 뒤에는 서까래가 주저앉을 가능성이 있는 약점도 지니고 있다. 또 긴 서까래 끝에서 받는 하중 때문에 뒷몸이 들고 일어날 가능성도 있다. 지붕 위에 널판지를 비늘 엮듯이 이어나기 위하여서이다. 널판지로 너와 잇듯이 이렇게만 하여도 웬만한 비는 스며들지 못한다. 만일 기와가 손상되었을 때 있을지도 모를 사태를 예방한 것이다.

너와를 이은 널판지 설치가 완성되었을 때 지붕 표면은 반지르르하였다. 여기에 다시 기름을 먹였다. 그리곤 루핑(방수포)을 깔았다. 겹으로 만들어진 두터운 최신형을 주문해다 깔았다. 이 정도면 장마가 와도 비가 샐 염려는 없겠다. 비가 오면 기와에 일단 물이 밴다. 기와가 다 먹은 물이 안쪽으로 결로(結露)되면서 물줄기를 이루며 흘러내리기도 한다. 겉은 멀쩡한데 비가 새는 지붕은 이런 까닭에서 그렇게 되기 일쑤이다. 이런 물줄기를 예방하기 위하여 지붕이 꺾인 부분에 연판을 사다가 덮었다. 물이 흐르더라도 연판 위로 흐르라는 조치이다. 보통은 구리판을 쓰나 동판은 부식의 가능성이 있는데 이 연판은 부식될 염려조차 없다. 그리고 그 위로 삼화토를 만들어 골고루 다졌다. 역시 방수 처리하는 방식이다. 삼화토는 강회·모래·진흙이 같은 분량으로 골고루 섞어 쓰이는 특수한 배합인데 한번 굳으면 돌처럼 단단하면서 물기를 받아들이지 않는다. 전체를 한 겹 바른 뒤에 다시 한 켜를 더 깔면서 비로소 바닥기와를 받기 시작하였다. 기와지붕이 구성되기 시작한 것이다.

바닥의 암키와는 석 장이 서로 물리도록 이어간다. 석 장 중 한 장이 깨어져도 비가 새지 말라는 구조법이다. 암키와를 깐 뒤에 수키와로 덮는다. 기와골 구성이 완성된 것이다. 이로써 대웅보전의 지붕은 기초골격을 완성하게 되었다.

대웅보전의 공명(共鳴)

목탁을 친다. 종을 울린다. 예불 때마다 소리를 아뢰어야 한다.

한 사람일 때도 울려야 하고 수많은 사람이 들어찼을 때에도 소리를 울려야 한다. 혼자일 적에 듣는 소리나 여럿이서 듣는 소리가 한결같아야 소리를 울리는 사람은 심정이 편하다. 울릴 때마다 달라지면 공연스레 불안해진다. 어쩌다 듣는 이는 그 소리가 신비할 뿐이지만 아침, 점심, 저녁으로 소리를 내야 하는 사람에겐 들리는 소리의 반응이 일정해야 좋다. 매일 예불드리는 사람들은 소리를 거의 의식하지 않는다. 그 소리가 몸에 배어있기 때문이다. 구태여 소리에 신경을 쏟을 까닭이 없다. 어느 날 문득 깨닫는다. 목탁소리가 유별나게 반향(反響)되어 온다. 힘껏 쳐본다. 명랑한 소리가 되돌아온다. 살며시 두들겨 본다. 알맞은 소리로 들려온다. 두들기며 들리는 소리 속에 마음이 쏠리면서 무아의 경지에 든다. 밤중에 혼자 듣는 소리가 묘미를 더하여 준다. 목탁소리가 명랑하지 않으면 염불하는 데 맥이 빠진다는 말을 한다. 두어 시간 계속해서 정진하는 동안 쉴 새 없이 두드리는 목탁소리가 둔탁하면

신바람이 나지 않는다. 소리가 정진의 반려가 되기도 하기 때문이다.

    지장전을 완성하였을 때 대중들의 반응은 썩 좋았다. 목탁소리가 명랑하고 낭랑해서 치기가 좋고 듣기도 좋다는 평판이었다. 새로 지은 지장전 전 벽체를 판벽으로 하였던 것이다. 흙을 발라 벽체를 구성하지 않고 나무를 널빤지로 켜서 그것으로 벽체를 구조하였던 것이다. 건물 전체가 울림통이 되니 목탁소리가 낭랑하게 공명되었다. 스님들은 번갈아가며 염불하면서 철야정진하는 환희를 맛보았다. 토벽을 친 법당에서의 목탁소리는 둔탁하다. 건물 규모가 크고 천장이 높으면 소리는 사방으로 먹혀들어가 자지러지는 바람에 흩어져 버린다. 사람이 여러 명 둘러서 있으면 그 소리는 더욱 잦아지고 만다. 또 반향이 일정하지 않아 들리다 말다가 커졌다가 작아지곤 한다. 목탁 치는 손에 신바람이 붙지 않는다. 무거운 어깨처럼 축 처진다. 종래 토벽의 결함을 시정하고 지장전에서의 경험을 살려 대웅보전 구성에 유의하기로 하였다. 울림통을 만들되 더욱 합리화시킨다는 의지였다. 목탁소리가 울릴 때 제일 먼저 반향하는 부분이 불단 뒤의 거대한 벽체이다. 여기가 토벽이면 탱화가 전면을 가린다 해도 흡수력이 대단하다. 토벽 대신에 판벽이면 탱화가 전면을 막고 있다 해도 흡수만 하지 않고 반사로 대응한다.

    뒷벽에 부딪힌 소리가 전 내에 울린다. 벽체 전부가 판벽이니 역시 울림통이 되어 공명하게 된다. 혼자 치는 목탁의 소리가 전 내에 가득하게 퍼진다. 대웅보전에서도 이 점에 주의하여야 되었다. 천장의 높이를 조절해야 옳다는 견해가 대두되었다. 대웅보전 내전의 천장은 움푹하게 들어갔다고 할 만큼 높다. 원래 이 부분의 천장은 중도리 부분의 천장 높이만큼으로 내려야 한다는 의견이 대두되므로 해서 논의가 분분하였었다. 마침내는 높게 하기로 결정하였는데 이는 공명의 소리에서 잡소리를 제거하는 역할이 거기에 있음이 인정되었기 때문이다. 마치 범종의 용통과 같아서 메아리 등의 불필요한 소리들을 순화시킨다는 목적과 부합된다는 이론이다. 완성이 되었을 때 대웅보전 속에서의 소리는 멋지게 울려 퍼지고 있다. 수백 명이 들어가 앉았을 때나 스님 혼자서 목탁을 치나 듣는 소리가 거의 일정하다는 평판이다.

예불에 참석하고 목탁소리에 귀 기울여 본다.
가슴을 울리는 멋진 소리가 신심을 더욱 북돋아 준다.

 보경 스님의 손바닥소설

입이 코에게 물었다.
"음식도 내가 먹고 말도 내가 하는데 너는 무슨 공이 있어서 내 위에 있는가."
코가 말했다.
"오악 가운데 중악이 가장 존귀하기 때문이네."
코가 눈에게 물었다.
"너는 어찌 내 위에 있는가."
눈이 말했다.
"나는 해와 달과 같아서 참으로 모든 걸 비춰 아는 공이 있기 때문이지."
눈이 눈썹에게 물었다.
"무슨 공이 있어서 그대는 내 위에 있는가."

눈썹이 말했다.

"나는 정말로 아무런 공이 없네. 그래서 늘 위에 있는 걸 부끄러워하고 있지. 만일 허락만 한다면 나는 그대 밑에 있겠네."

선사가 말했다.

"이렇게 하여 눈이 눈썹 위에 있다면 어떤 모습이 되겠는가. 옛사람이 이르길 눈에 있으면 본다 하고, 귀에 있으면 듣는다 하나니. 자, 말해보라. 눈썹 위에 있으면 뭐라고 부르겠는가?"

잠시 침묵한 뒤 선사가 말했다.

"근심 있으면 함께 걱정하고 즐거우면 함께 즐거워한다."

이 문답을 평결하는 뜻으로 스승은 눈썹을 문지르며 말했다.

"야옹."

『종용록』 제20칙 중에서

대웅보전의 기단을 잡고 주춧돌을 박아 그 위에 기둥을 세운 후에 사이사이를 엮어 힘을 받을 수 있게 공포를 마련하고는 처마 올리는 일까지 연재된 후에 대웅보전의 기와·지붕·공명 등의 세 꼭지가 이어진다. 읽는 입장에서는 단숨에 보는 것이지만 시간상으로는 매월 연재 횟수로 9개월에 해당하는 분량이다. 건축은 잘 모르지만 처마를 튼실하게 뽑아내면 지붕의 넓직한 면이 건물과 하늘의 경계를 만든다. 저 허공에는 무엇이 존재하는지 알 길 없으나 지붕 아래엔 사람이 살아간다. 그 공간은 절집과 마을처럼 성과 속으로 갈리겠지만 지붕 아래에 산다는 것은 다르지 않다. 마치 이년동일춘(二年同一春)이라 하여 두 해가 한 봄에 있듯이 얇은 지붕 하나를 두고 두 세계가 맞물린다. 앞의 다섯 번째 연재에서 대자귀질을 하는 목수를 선장이라 했다.

왜 배일까.

중국이 설치한 우주정거장의 이름은 하늘 궁전이라는 뜻의 텐궁(天宮)이고 유인 우주선은 선저우(神舟)라 명칭했다. 하늘을 나는 우주선이니 신의 배라는 뜻이 되겠는데 목수도 배를 만드는 사람인 듯 은유적인 표현을 썼다. 배는 물 위에 떠 있고 땅에서 보면 미끄러지듯이 나아가기 때문에 우주공간을 유영하는 것도 배에 비유했다. 배나 비행기는 독립체로서 분리될 수 있기 때문에 특정의 물체를 시각화 할 때는 이처럼 독립유영하는 배와 연관하여 상상력을 불어넣는다. 왜 비행기는 그런 상상력을 주지 못할까? 비행체는 추진체의 도약으로 힘을 얻고 항구적으로 떠 있을 수는 없으며 올라가면 내려와야 한다는 것이 시간적으로 압박감을 준다. 거친 육체노동을 하는 사람들이 자신들의 세계에 상상력을 불어넣을 생각을 했다는 것이 경이롭다. 거기에 지붕까지 만들었으니 밤하늘에 올려보내도 될 멋진 우주의 배 한 척이 조계산에 만들어진 것이다.

송광사에서 오래 살아온 사람들은 느끼는 것이 하나 있다. 주암호가 생기기 전과 후로 기후가 달라졌다. 더 많이 습해졌다. 여름엔 더 후텁지근하고 겨울엔 그냥 추운 것이 아닌 냉기라고 할지, 찬 바람에 얼음조각이 섞인 듯이 살을 찌르는 것처럼 추위가 달라졌다. 지금은 만성이 되어서 느낌도 없지만 아무튼 댐에 갇힌 물은 영향을 끼쳤다. 안개만 해도 그렇다. 그전에는 안개가 없었다. 그런데 담수를 시작하고서부터는 월요일 아침 7시 청소의 마당 빗질을 안개 속에서 하게 될 때가 있다.

지금도 생생하게 알 수 있는 것은 물이 위에서 아래로 흐르듯이 지붕에 판자를 얹고 루핑을 덮고 다시 판자를 깔고 마지막에 기와를 얹기까지 몇 단계의 공정이 반복된다. 은사스님이 관계자 사람들에게 "저 지붕의 기와는 그냥 모양에 지나지 않고 기와가 깨지거나 해도 지붕이 새지 않도록 단단히 대비를 했다"라는 말씀을 자주 하셨다. 하긴 워낙 큰 건물이고 지붕의 면적도 넓을 터이니 기와 몇 장 손보겠다고 올라다녀서는 될 일이 아니다. 그리고 비가 지붕을 뚫고 목재를 먹기 시작하면 큰 일이지 않는가. 어려서 자란 시골집이 떠오른다. 주변엔 윤씨 고택들이 있던 마을인데 우리 집도 마당이 넓은 기와집이었다. 이 집이 고택이라 기와가 상한 곳에서 여름 장마철이면 비가 천장으로 떨어지기 일쑤였다. 날이 개면 어른들이 지붕에 올라가 손을 본다고 하지만 어린 나의 눈대중으로도 한 번 새기 시작한 곳은 항상 비가 샜다. 그래서 기와집의 곤란한 점을 모르지 않는다. 기와는 송광사의 불일마크와 제8차 중창불사라는 명문을 넣어 구워왔기 때문에 불사를 보는 대중들의 눈에도 모든 것이 특별하게 다가왔다. 이 기와들도 까마득히 세월이 흐르고 나면 옛 기와가 그렇듯이 자신의 묵은 연륜을 자랑할 것이다.

건축물의 공간은 필연적으로 공명을 만들어 낸다. 소리의 울림이다. 정교하게 설계된 실내 음악당은 더할 나위없이 좋겠지만, 큰 경기장에서 대중 콘서트를 여는 경우도 소리를 계산할 것이다. 지장전이나 대웅보전은 목조로만 되어 있어서 그것이 울림통 역할을 하기 때문에 공명이 특히 좋다는 말은 많이 들었다. 90년도에 내가 미국에 갈 때 즈음 음악가인 김영동 씨가 송광사 대웅보전의 예불과 대금연주를 CD로 만들어 〈禪〉이라는 음반을 냈다. 그게 당시 굉장히 히트를 쳤고 미국에서 선물로 주면 다들 좋아했다. 그때 그분들도 그랬고 뒤이어 송광사 대웅보전에서 촬영물을 만들 때 오디오가 환상적으로 나온다는 말들은 지금도 듣는다. 신 선생의 글에서 지장전에서 먼저 시도한 결과물을 보고 대웅보전에도 응용했다는 것을 알게 된다. 일에는 경험으로 아는 사람과 과학적인 효과를 그려서 시도하려는 사람이 있다. 이런 경우 가장 큰 걸림돌은 관습적인 생각과 행동이다. 그리고 아무리 좋은 안을 시도한다 해도 실제적으로 유용할지도 미지수다. 이런저런 변수에도 불구하고 의론을 맞춰 새로운 건축물을 완성해 간다는 것이 말처럼 간단하지는 않을 것이다. 그런데 외벽의 공명을 착안한 점은 실로 창의적인 안목이라는 점에서 긍지를 가질 만한 사례가 되겠다.

서두에 입이 코에게… 코가 눈에게… 눈이 눈썹에게 차례로 물어 나가는 이 이야기를 소개했다. 자신의 일에 집중하다 보면 다른 일은 무의미하게 느껴지는 것이 일반적인 사람의 정서다. 사람 얼굴에 있는 감각기관의 위치는 높이도 다르고 기능도 다르다. 각자 그 역할에 대한 자긍심이 막중하다. 눈이 눈썹에게 물었을 때 입도 코도 귀도 모두 눈썹이 무슨 말을 하는지 올려다 봤을 것이다. 눈썹은 자신이 왜 그런 위치에 있는지를 모른다. 그러니 다들 싫다면 아래로 내려가도 상관이 없다. 생각을 해보니 실제 자신이 하는 일을 도무지 찾을 수도 없다. 눈썹이 먹고 숨 쉬고 보는 일 등 목숨과 관계된 일은 전혀 아니지만, 눈썹이 아무데나 걸려 있어서는 그것도 될 일이 아니다. 그래… 서로 인정하자… 그렇게 가는 것이다.

근심이 있으면 함께 근심하고 즐거우면 함께 즐거워한다.

흔히 일체가 하나이고 한몸이라고 동체대비를 말하는데, 이런 정신이 과연 있는가. 높은 것은 높은 대로 낮은 것은 낮은 대로 위치를 잡지 않으면 세상만사 이룰 수 있는 것이 없다. 사찰의 건물 중에서도 법당채가 이런저런 부재의 구성이 가장 많겠지만, 자동차 같은 기계나 첨단 전자기기의 그 예민하고 극미한 부품들이 어느 하나라도 하모니가 이뤄지지 않으면 에러가 난다. 대웅보전의 지붕과 판벽의 공명까지 거의 외형이 갖춰지고 있음을 본다. 이제 법당 마루와 꽃살무늬를 넣어 법당의 문을 만드는 일이 있고, 문의 쇠장석 같은 단순부품에 대한 이야기까지 7회분을 연속하여 옮기도록 하겠다. 그리고 마지막 부분의 단청과 벽화만 다루면 대단원이다. 다시 내친걸음을 내딛도록 하자.

대웅보전의 우물마루

한옥의 특성 중 가장 기본적인 요건을 손꼽으라 한다면 마루구조와 구들을 들인 방이 한 건물에 접합되어 있다는 점을 들어 말할 수 있다.

일본의 집은 마루가 있고 다다미 깐 방은 있지만 구들을 들인 온돌방은 없다. 마루도 있고 구들 들인 온돌방도 있는 한옥과 그 구조법이 다르다. 중국 중원지방의 집에는 마루도 없고 구들도 없다. 구들도 있고 마루도 있는 우리네 집과는 다르다. 세상에 다시 없는 집을 일컬어 한옥이라 부른다. 이는 마치 우리가 먹는 음식을 한식이라 하고 우리가 입는 의복을 한복이라 하며 우리가 쓰는 글을 한글이라 하는 것과 같은 맥락에 있다. 살림집의 이 특성이 궁실건축에도 채택되고 사원건축에도 수용되었다. 대부분의 요사채에 구들 들인 방을 만들었고 법당 대부분엔 마루를 깔았다. 원래 구들은 지독하게 추운 지방에서 생성되고 발전하였다.

고구려 백성들의 움집마다 구들이 시설되었다. 고구려가 광개토왕, 장수왕 이래로 추진하는 남진정책에 따라 고구려의 힘이 소백산 넘어 남쪽에까지 진출한다. 고구려 백성들이 이주함에 따라 구들 시설도 남방으로 진출하게 되었다. 남방에는 아직 구들이 없었다. 남방의 해양성 기후는 고온다습하다.

대웅보전 본존불인 석가모니불과 저녁예불 중인 대중스님들

땅에서 올라오는 습기가 곤혹스러운 존재이다. 많은 비가 자주 내린다. 빗물이 집에 스며들어서 나쁘다. 여름철엔 무덥다. 시원하게 지내려면 바람이 살랑거리는 큰 나무 그늘 아래로 들어가야 견딜만하다. 그래서 큰 나무에 의지하고 오두막집을 짓고 살았다. 오두막집은 지표에서 뚝 떨어진 허공에 지어진 것이므로 바닥이 있지 않고서는 올라설 수조차 없다. 그래서 마루가 채택되게 되었다. 오두막에서 마루는 필수불가결의 존재였다. 마루 있는 집이 탄생하게 된 것이다.

한옥은 이 두 이질적인 요소를 받아들여 마침내 특성을 이루게 되는데 이런 특성이 궁실이나 사원건축물에까지 파급되어 역시 독특한 구성을 이루게 되었다. 중국의 절이나 일본의 절은 대부분의 법당 바닥에 전돌이 깔렸다. 흙을 빚어 구워서 네모지게 만든 방전(方塼)을 깔았다. 격조 있는 법당에서는 아름다운 꽃무늬를 방전에 장식하기도 하여서 법당 바닥이 화려하며 장중하기도 하다. 법당에 꽃무늬의 장엄한 방전을 까는 방식은 우리나라 법당에도 채택되었다. 삼국시대의 절터에서 그런 방전이 발견되고 있고 통일신라나 고려시대의 법당터에서도 찾아볼 수 있다. 고려시대 말엽에 지었다고 전하여 오는 부석사의 무량수전이나, 이보다 앞서 세웠다고 하는 안동의 봉정사 극락전이나, 그보다 약간 시대가 뒤진다고 하는 수덕사의 대웅전 바닥엔 모두 방전이 깔려 있다. 꽃무늬 장식이 없는 민무늬의 방전들이 반듯하게 이를 맞추어 부설되어 있는 것이다. 부석사 무량수전 불단 둘레에는 녹유(綠釉)를 씌운 방전이 있었다. 장엄하였던 것인데 지금은 보이지 않는다. 조선조의 초기에 경영된 것으로 알려진 무위사의 극락전에도 방전이 깔렸고 장곡사의 상대웅전에도 방전이 깔렸다. 조선시대 초기까지만 하여도 그렇게 까는 것이 관례이었다. 임진왜란 이후가 되면서 마루가 채택되기 시작한다. 1957년도 무위사 극락전

해체수리 시 마루 밑에서 옛날에 정성 들여 깐 방전이 있음을 알게 되어 그 후 마루를 제거하였는데 근래에 다시 등장하였다. 지금 사람들에겐 마루가 익숙하여져 있기 때문이다.

대웅보전에도 마루를 깔았다. 마루를 구조하는 방식 중에 우물마루는 최상급에 속한다. 일본집의 장마루 정도는 우리나라에선 남대문 같은 성문에서나 볼 수 있을 정도이다. 우물마루가 격조 높은 기법에서 완성된다는 점은 중국인도, 일본인들도 인식하고 있었다. 우리나라 사람들의 의식에 따라 대웅보전에도 의젓하고 당당하게 우물마루를 깔았다.

대웅보전의 문지도리

대웅보전의 문짝은 워낙 크다.

울거미가 두껍고 장중하며 살대의 꽃살무늬가 치밀하여서 그 무게가 실하게 나간다. 무겁고 장중한 문짝은 다루기가 어렵다. 돌쩌귀 정도의 쇠장석으로 설치하면 머지않아 고장이 난다. 문의 무게에 못 이겨 돌쩌귀 끝이 빠져나오고 그래서 덜컹거리게 되고 만다.

잘 짓는 대웅보전에서는 이 점을 고려하였다. 조선조에서도 18세기 이전에 조영된 법당에서는 이 점을 고려하여 설치한 사례를 남겼다. 규모가 장대하지 않더라도 짜임새 있게 지은 법당이라면 후하고 넉넉하게 쓴 문짝을 짠 재목의 무게를 고려하여 문지도리를 따로 설치하고 그것에 문짝 울거미의 촉을 꽂게 해서 설치한다. 문짝은 보통 키가 큰 장방형이다. 사람의 키보다도 높다. 훨씬 높다. 이것을 달아 두고 수시로 여닫되 부드럽게 열려야 맞춤이 된다. 삐걱거리거나 덜컹거려서는 저질이 된다. 사르르 열리기를 바라는 생각에서 설치에 유의한다. 키 큰 문짝 울거미의 한쪽 기둥 아래위로 손가락 하나 길이만큼의 촉을 만든다. 따로 만들어 부착시키는 것이 아니라 기둥의 제 몸에서 나와야 든든하다. 이것이 일촉의 축이 되는 것이다. 아래위의 촉은 위와 아래에 설치되어 있는 지도리에 꽂히게 된다. 지도리에는 촉을 끼울 구멍을 만들어서 문짝의 촉을 꽂도록 준비되어 있다. 지도리는 두 가지 형태로 만들어지는 것이 보통이다. 위쪽에 부착시키는 유형과 아랫도리에 설치하는 유형의 두 가지로 구분된다.

윗부분에 부착시키는 지도리는 긴 나무를 써서 만드는 것이 보통이다. 문인방의 안통에 길게 부착되는 것인데 문인방 전체 길이보다 약간 짧게 잡는다. 재목은 각재(角材)를 쓰며 운두보다 두께가 커야 든든하다. 각재를 그냥 부착시키면 밋밋하고 아름답지 못하다. 당초(唐草)의 무늬이거나 구름[流雲]의 무늬를 써서 멋지게 새김질을 해낸다. 인방에 부착시킨 것을 올려다보면 거기에 마치 역점을 둔 장식이 베풀어져 있는 듯이 드러나 보인다. 이런 문지도리 상대는 중요 건축물들에서 자주 볼 수 있다. 이름난 문에서는 당연히 볼 수 있고 잘 지은 법당의 출입문 설치 부분에서도 볼 수 있다. 살림집의 대문이나 부엌 또는 곳간의 널빤지문 설치 부분에서도 보게 된다. 문지도리 상대와 달리 아랫부분엔 제약이 있다. 아래의 문지도리는 문지방에 부착되어야 되는데 여기에 장선을 붙이면 문지방이 그만큼 두꺼워지게 되어서 출입하는 사람들 발에 걸리기 쉽다. 걸리면 갈 데 없이 고꾸라지게 되니 콧등 깨어지기가 십상이다. 그런 위험을 방치할 수는 없다. 문지방에 길게 가로 덧붙이는 일은 피하게 된다. 꼭 필요한 부분만 설치해서 기능에 충족시키려 한다. 그러니 중앙

부분은 제거되고 좌우만 남는다. 통나무에서 목침 같은 쪽만 남게 된다.

　　살림집이나 소규모의 문에서는 그렇게 조각만으로 아래 문지도리를 만들어 설치하기도 한다. 그러나 위험이 있다. 조각은 부착시켰다 해도 어설프다. 무게가 실리고 여닫기 시작하면 얼마 못 가서 부착한 부분이 부실하여져서 고장이 난다. 잘 지은 시골집에서는 문지방에서 문지도리를 만들어낸다. 통나무를 깎아 제 몸에서 돌출하게 만드는 것이다. 그래야 부착에서 오는 약점이 보완되고 완고해진다. 살림집에서도 이런 바에야 법당에서 그 방식을 쓰는 것은 당연하다고 보았다. 침계루 아래 보관되었던 궤목 나무를 골라서 대웅보전의 아랫도리 문지도리를 깎아내었다. 단지 문지방에 의지하지 않고 마루 귀틀을 이용한 점이 독특하다. 원래 옛 법식의 문벽선 아래에 신방목을 끼워 문짝의 촉을 끼우게 하였던 것이나 대웅보전에서는 시각을 단절시키는 그 방법보다는 귀틀을 끼우고 해당하는 자리에 지도리를 돌출시킨 것이다. 둥글게 하고 꽃무늬 둘레를 장식하였는데 귀틀에서 다듬어 낸 한 몸뚱이어서 그 든든하기는 마치 산악과 같아서 먼 훗날이라 할지라도 고장 날 염려는 추호에도 없게 되었다.

　　일간에서는 지금 한창 문짝을 짜고 있다.
　　머지않아 완성되면 멋지게 설치되어 부처님 뵈러 오는 분들을 맞이하게 될 것이다.

대웅보전 꽃살문의 마련

늘 그랬었지만 이번에도 현고 스님은 열성이었다. 대웅보전의 문과 창살 무늬를 어떻게 정할 것이냐를 고심하였다. 옛날 것 그대로 본뜨는 일은 단연히 배제하여야 된다는 것이 현호 주지스님의 지론이다. 그 원칙에 충족되려면 많은 자료가 있어야 한다는 생각에서 현고 스님은 또 전국 유명 사원들을 순방하기 시작하였다. 더러 나도 동행하기도 하였다. 현고 스님의 지프차가 유용하게 이용되었다.

운문사에서 금당(金堂)과 대웅보전의 잘생긴 문의 살대무늬를 살핀 뒤에 그 길로 언양의 석남사와 양산의 통도사로 향하는 길은 험준한 산길인데, 그 거친 길을 지프차는 거뜬히 주파하여 우리들의 일정을 단축시켜 주었다. 운문사 금당의 꽃살무늬는 매우 아름답고도 장중하였다. 특히 뒷문의 상태가 좋았다. 우리는 동화사에 가서 대웅전의 살무늬를 보았고 불갑사와 내소사, 그리고 홍국사, 대흥사, 미황사 등지에도 다니면서 요긴한 자료들을 수집하였다. 탁본, 주로 건탁(乾拓)하거나 실측하고 또 사진을 찍어 구조된 형상까지를 담아내는 작업을 하였다. 건탁하고 실측하는 과정에서의 현고 스님의 집념은 옆에서 보는 이를 자극할 정도로 열성이었다. 정확하고 분명하게 탁본하기 위한 노력이었는데 그만하면 좋으련만 그는 그런 정도에서 만족하지 않고 몇 번이고 다시 뜨고 확인하면서 그 구조된 특성을 내게 설명하려고 애썼다. 그의 특성 중에 하나인데 구조된 형상과 기법을 그의 탁월한 재치와 특유의 변설로 도도히 설명한다. 처음엔 어설프다 싶지만 어느새 정리되어서 다음번엔 한결 정연한 논지를 설파한다. 현호 스님이 경청한다. 널리 보고 많이 다니면서 체득한 식견에서 시와 비가 논의된다. 이 과정에서 법식과 기법에 준거한 새로운 형상이 탄생한다. 문과 창의 살대무늬 결정도 이런 단계를 거치면서 이룩되었다. 대웅보전의 시공 한 가닥 한 마디가 이런 과정을 통하여 이룩되었던 것이다.

살대의 무늬는 문과 창의 위치에 따라 달리해야 장엄하는 데 효과가 있고 빛을 받아들이는 데 유리하다는 점에도 주목하게 된다. 법당건물은 대부분 깊은 처마를 갖는다. 처마가 깊숙하다는 점은 햇볕을 가려주어서 직사광선이 법당 내부에 투사되지 않는다는 점을 의미한다. 직사광선이 투사되지 않으면 건물 내부는 어둑어둑한 어둠에 잠긴다. 장중해야 하는 종교의식에서 뙤약볕의 직사는 분위기 조성을 해친다. 그늘이 진 차분한 맛에 잠겨야 엄숙한 기운에 휩싸이게 된다. 처마의 차양은 그런 효과를 만들어준다. 빛이 아주 없으면 어두워서 불리하다. 빛이 있어야 한다. 분위기 조성에 적절한 빛이 있으면 더욱 좋다. 여기에서 간접조명 방식이 채택된다. 마당에 하이얀 백토를 간다. 모래에 닿은 빛이 굴절하면서 법당으로 들어선다. 모래가 일정하지 않으니 난반사의 형상이 된다. 부드러운 빛이 법당에 들어가게 되는 것이다.

법당 내부의 조명은 이 간접조명에 의지해야 한다. 아랫도리에서 치켜들어오는 빛을 받아내야 한다. 아래에서 올려 비추는 빛은 까다로운 성격을 지녔다. 자칫하면 부처님 모습을 왜곡시킬 가능성도 지닌다. 불단의 높이를 고려하고 부처님 조성기법에도 유의해야 하지만 문과 창의 크기와 궁판의 높이를 어떻게 하느냐도 큰 과제가 된다. 더구나 송광사의 대웅보전은 서쪽을 향하고 있어서 사철에 따른 변화여건을 수용한다는 점에서 불리한 조건도 적지 않다. 창과 문의 규격과 무늬 채택은 이런 여건들을 충족시켜야 한다는 조건 아래에서 어려운 탄생을 보게 되었다. 많은 고심이 있을 수밖에 없었다. 의도가 정리되고 창신(昌新)의 방안이 설정되자 그것을 도면에 표현하고 현고 스님은 대목들과 의논을 시작하였다. 소목(창이나 가구 제작하는 목수)을 따로 두지 않고 종사하고 있는 대목 중 곰살궂은 사람을 택하여 그에게 제작하도록 하였다.

대목의 힘찬 기상이 문과 창에 담겨지기를 기대한 것이다.

대웅보전의 꽃살

꽃살무늬의 자료를 수집하고 정리한 뒤에 제작할 방안이 수립되자 도면에 표현하는 일을 하여야 되었다. 송광사에는 도면을 그릴 수 있는 시설이 있었다.

비록 약식이긴 하지만 제 크기로 그려서 제작해야 될 것들은 이 시설에서 직접 그려 내었다. 이 일은 내가 맡기로 되어 있어서 꽃살무늬 표현도 실제로 해야 하였다. 어깨너머로 본 적은 있지만 실제로 조립해 본 경험은 없었다. 어떻게 구성해야 완벽한지에 대하여 다시 궁리하지 않을 수 없었다. 자료를 수집하며 다니다 보니 살대가 부러지거나 상한 것들이 적지 않았다. 또 문울거미와 살대가 접합하는 자리에 졸대가 있어 살대구성의 마감이 되게 하였는데 세월이 지난 뒤에 보니 이 졸대가 울거미에서 삐져나오려 하는 경향도 있었다. 말하자면 기왕의 제작기법이 지닌 약점이라고도 할 수 있는데 이것을 어떻게 보완하느냐도 궁리에 포함되었다. 울거미와 접착하는 졸대는 울거미 제 몸에서 만들어 내고 모양만 졸대처럼 보이도록 하자고 하였다. 역시 현고 스님의 생각이었다. 그렇게 하자면 울거미로 쓰일 목재가 그만큼 굵고 실해야 하였다. 굵은 나무를 다듬어 덜어내야 졸대의 모양이 생겨난다. 목재의 허실이 있긴 하지만 든든하다는 점에서는 더할 나위 없겠다. 그렇게 하기로 하였다. 막상 방침을 정하고 보니 울거미와 함께 이음하여 짜맞추는 연귀 부분이 꽤 까다롭다. 찬찬히 해야만 실수가 없겠다. 조희환 편수는 성실하게 그 일을 성취시켰다.

문살은 문의 넓이에 따라 나눈 수에 의지하고 만들어야 균등하게 제작된다. 연모가 치밀하지 못하던 시기엔 균등하게 제작하였는데도 약간씩의 차이가 생겨났다. 그 차이를 졸대의 두께로 조절하였던 것인데, 우리는 울거미에 졸대를 한 몸으로 만드는 판이니 조절하는 기능이 상쇄되어 버린다. 그러니 균등하게 분할하는 일이 정밀하지 않고는 차질이 생긴다. 나무는 건조되면서 축소되는 것이 보통이다. 특별히 잘 말리고 다시 인공적으로 쪄내는 등의 방법으로 축소율을 감소시키긴 하지만 그래도 줄어드는 것이 보통이다. 이 축소율도 제작에선 고려하여야 한다. 차분하게 짜고 오랜 세월을 두고 지켜보면서 조정해야 차질이 생기지 않는다. 급하지 말아야 한다는 대전제가 있어야 한다. 대웅보전의 공사는 이 전제를 받아들였다. 송광사 스님들은 독촉하지 않았다. 믿고 맡기는 스님들의 관대함에서 모든 공정이 차분하게 이루어졌다고 할 수 있다. 모든 사람들이 급하다. 일을 서두르며 재촉한다. 그랬더라면 또 명목만의 일로 끝나고 말았을 터이나 현호 주지스님은 그렇게 하지 않았다. 우리는 이 일을 두고 송광사식이라 부르기로 하였다. 송광사식은 목수간 사람들 전부를 월급으로 주었다. 도급의 제도가 아니었다. 대웅보전의 일이 잘되었다는 칭찬을 듣는다면 이 제도를 잘 평가해 주어야 한다.

궁리 중에서 가장 어려웠던 것은 산대의 표현이었다. 두 가닥의 사선이 교차한다. 한 가닥의 수직선이 이들과 다시 교차한다. 그러면서 꽃살의 무늬

대웅보전의 꽃살무늬

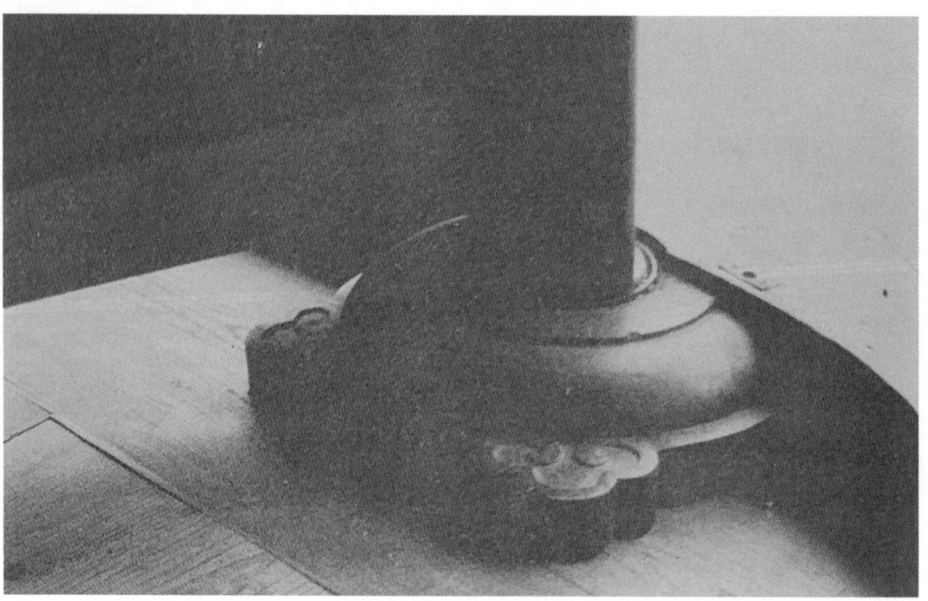

대웅보전의 문지도리

대웅보전의 쇠장석

이른 아침 햇살을 받아 피어나는 꽃살무늬

법당의 마루는 사람의 피부와 같은 느낌을 준다.

대웅보전은 후면에 품 넓은 공간감을 지닌 건물이다.

대웅보전 사리장치 | 불단의 무게를 지탱하는 중요한 시설이면서 부처님 사리와 금강경을 판각해 모신 법당 속의 법당이 되었다.

가 완성된다. 다 된 뒤에 보면 꽃이 되거나 원륜(圓輪)이 되거나 하지만 사선과 수직선 한 가닥씩에 꽃과 원륜의 일부분을 만들 때는 일견하여 형상이 눈에 들어오지 않는다. 살대가 결합하는 데는 엎을장 받을장의 기법을 구사한다. 꽃의 무늬 부분까지 다 엎을장 받을장으로 만들면 꽃의 이음새에 간격이 생기고 만다. 그래서는 모양이 없어 나쁘다. 살대는 두꺼운 나무로 만든다. 그 두 살대의 앞부분엔 꽃을 이루도록 마련하고 반 턱 뒷부분부터는 싹 도려내어 직선재의 살대를 만들어야 한다. 그래야 이 부분에 엎을장 받을장을 해서 결합하게 할 수 있다. 구조의 완성과 의장의 아름다움이 한꺼번에 존재하여 있는 것이다. 두 가닥의 효과를 다 충족시킨다는 노릇이 내겐 참 어려웠다. 몇 번의 착오와 시험을 거치고서야 겨우 도면을 완성할 수 있었다. 큰 공부를 하게 되었다.

높은 안목도 대단한 것이지만 막상 만드는 일에서 차질 없게 하는 노릇도 매우 어렵다는 점을 다시 한번 깨닫게 되었다.

대웅보전의 사리장치

슬며시 귀띔해서 말하기를
부처님 진신사리를 모시고 있다고 했다.

대웅보전에 봉안하고 싶다고 현호 주지스님은 방안을 묻는다. 현고 도감 스님이 대답한다. 부처님 대좌에 넣어 장치하는 일이 어떠냐는 의견이다. 현호 스님이 내 뜻과 같다고 해서 대좌에 부처님 진신사리를 모시기로 작정하였다. 대웅보전에는 과거·현재·미래의 세 부처님을 모시기로 되었다. 그중 중앙에 모실 현세의 석가모니불 좌대에 사리를 봉안하면 마치 맞겠다고 최완수(간송미술관, 이번 불사에서 불모가 하는 일을 감역하는 큰 소임을 졌다) 선생은 말한다. 이 일로 해서 모인 회의에서의 발언이다. 이 회의에는 김동현(문화재연구소 한국건축 전승) 실장도 참여하였다가 역시 동의하였다. 좌중의 모두가 그렇게 하는 일이 마땅하겠다고 하였다.

돌을 다듬어 대좌로 만들고 그 대좌에 사리장치를 해서 모시면 흡족하겠다는 중론에 따라 사리탑을 조성하기로 하였다. 사리탑 같기도 하고 부처님 좌정하실 대좌의 기능도 갖춘 그런 구조물을 구축한다는 데 의논이 모아졌다. 이 구조물의 설계는 마땅히 김동현 실장이 맡아야 한다고들 하였다. 대웅보전 설계에 참여하였고 대웅보전의 연화주초석 디자인도 담당하여온 분이니 가장 적합하다고들 박수하였다. 김동현 실장 책임 아래 현대석재(김부관 씨가 대표. 불국사 석가·다보탑을 한 벌 더 만들어 경주박물관에 설치한 분)에서 제작하기로 하였다. 심덕이 후한 분들이 모인 곳이란 정평이 나 있어서 다들 좋다고 동의하였다.

대웅보전 기단에 쓰일 기단석과 주춧돌로 설치될 연화초석 제작이 끝나면 곧 사리탑 만드는 일을 시작하기로 시간표도 정하였다. 이즈음에 송광사에서는 대웅보전 조립이 한창 무성하였다. 수장들이는 일이 속속 진행되고 있었다. 수장들이는 일 중에서 마루 귀틀 설치하는 일에 손이 아주 많이 간다. 귀틀은 큰 재목이어서 쉽게 다루기도 어렵다. 자연히 시간이 걸리게 된다. 그런 중에 사리탑이 먼저 자리 잡아야 차질이 생기지 않는다. 사리탑의 석재는 큼직해서 무겁다. 마루가 다 완성된 뒤에 옮겨가기는 아주 어렵다. 마루 깔기 전에 옮겨다 두고 설치해야 한다. 더구나 사리탑의 구조와 규모로 인해서 주촛돌 머리의 수평선보다 훨씬 아래쪽에 기반을 조성해야 설치하였을 때 불단 높이와 같게 된다. 그러자니 사리탑을 설치할 자리의 기초는 따로 하여야 하였다. 탑을 제작하고 일터에 옮겨다 설치하는 시기 등이 잘 조절되어야 일하는 데 차질이 생기지 않는다. 사리봉안이라는 의식이 있어야 하는 절차도 또 거쳐야 할 처지이므로 시간표 작성은 상당히 치밀하여야 하였다.

탑은 팔각원당형으로 하였다. 널찍한 판석이 맨 밑바닥에 놓인다. 지대석이다. 간석이 자리 잡는다. 팔각형인데 아래위보다 배가 부른 고복(鼓腹)형이다. 중대석을 얹고 그 위에 탑신이 올라선다. 역시 고복형이면서 감실이 응태된다. 자물쇠 잠근 문과 광창과 사천왕이 팔면마다에 새겨졌다. 여느 사리탑 같으면 탑신 위에 지붕이 올려 씌워지는 것이나 여기서는 본존불의 대좌가 되어야 할 지붕돌 대신에 팔모점은 큼직한 판석을 얹었다. 대좌석이 된 것이다. 금동여래좌상이 여기에 올라앉게 된다. 올라앉게 마련하는 부분을 미묘하게 처리하게 된다. 이는 불단을 조성하면서 말쑥하게 정리하려는 의도인데 이 점에 대하여서는 불단 만드는 이야기에서 언급하려 한다. 사리탑으로 불상대좌를 만든 예는 우리나라에서 처음 있는 일이다. 송광사에 마땅한 석물들이 없다는 점에서 보아 좋은 석조물이 하나 등장하였다고 할 수 있다. 또 한 가지의 기능도 반려된다. 흔히 불단 뒤편은 무엇을 챙긴다든가 해서 지저분한 것이 보통이다.

사리탑 봉안하고 개방하게 되면 수시로 사람들이 드나들게 되고 기도하게 된다. 불단 뒤의 버려지는 공간도 되살아 나오게 되는 일이 생겼다. 중요한 기능의 재생이라고 할 수 있다.

대웅보전의 수미산

부처님을 잠깐 모시고 내려와 송광사에 좌정하시기를 주청한다.

이생의 백성들이 우러러 뵙기를 기원한 것이다. 부처님께서 좋다고 응낙하셨다. 막상 모시려 하니 마땅한 집도 자리도 없다. 부랴부랴 마련하는 도리밖엔 없겠다. 선지식들이 모였다. 궁리를 하였다. 그리곤 관산(觀山)에 나섰다. 수미산을 만들고 그 위에 금당(金堂)을 지어 좌정하시도록 하자면 먼저 알맞은 수미산부터 찾아야 하였다. 수미산은 세계 한복판에 우뚝 솟아있는 산이라 하였다. 선풍이 사해를 덮고 있는 이즈음에서 조계총림은 우뚝 솟은 한복판의 산이라 할 만하다. 총림이 있는 조계산을 수미산이라 해도 되겠다. 수미산 둘레에는 칠금산이 있다고 한다. 수미산과 칠금산 사이에는 칠해(七海)가 있다고 말한다. 조계산의 칠금산은 모후산에 해당한다. 조계산과 모후산 사이에는 주암의 본줄기가 되는 보성천이 흐르고 있다. 칠해에 비견할 만하다. 칠금산 바깥둘레에 함해(鹹海)가 창창하다고 한다. 모후산 주변으로 열의 열골물이 사철 남실거리고 있으니 역시 함해에 견주어진다.

함해 바깥에는 칠위산이 있어 울타리처럼 되었다 한다. 대동여지도를 그린 김정호 선생은 두륜산이 조계산의 줄기라고 하였다. 두륜산이 칠위산에 해당하겠다. 수미산이 조계산이니 조계산에 제석천이 있어야 한다. 조계산의 제석천은 송광사에 있다. 칠해의 한 가닥이 송광사의 명당수가 되어 흐르고 있다. 여기에서 나래를 담아 우화(羽化)의 선인이 되어 용이 틀어 만든 무지개다리를 건너 오른다. 물에서부터 그 높이가 8만 유순이란다. 순식간에 날아오른다. 수미산 중턱에 사천왕천이 있다. 벌써 거기에 당도하였다. 우화각 돌

무지개다리를 건너면 바로 사천왕상들이 있는 사천왕문에 도달한다. 여기가 송광사의 사천왕이 된다.

옛날에 선덕여왕이 서거하면서 유언한다. 도리천에 무덤을 써달라고 당부한다. 당시 사람들은 도리천이 어디에 있는지 몰랐다. 고승대덕들이 알려준다. 지금의 경주 낭산(朗山)의 남쪽 봉우리가 그곳이라고 하였다. 거기에 선덕여왕의 왕릉을 썼다. 그런 왕릉이 지금도 남아있다. 유명한 왕릉이다. 그러나 아직 모두들 거기가 도리천이란 생각을 하지 못하고 있었다. 그러다 문무왕 때가 된다. 당나라 수군이 짓쳐들어온다는 첩보가 왔다. 용궁에 가서 문두루 비법을 익혔다는 명랑 법사에게 의뢰하여 당나라 수군을 물리쳐주길 바란다. 명랑 법사가 장막으로 임시 도량을 만들고 기도한다. 영험이 있어 서해의 물결이 뒤집히고 그 서슬에 당나라 수군은 배가 뒤집혀 몰살하였다. 몇 번 그런 일이 되풀이되자 다신 군대를 내지 못하고 말게 되었다. 문무왕이 대단히 기뻐 그 자리에 사천왕사를 짓는다. 바로 선덕여왕릉 도리천 아래의 산자락에 터전을 잡았다. 사천왕사가 들어서고야 사람들은 선덕여왕의 도리천이 맞았다고 하였다.

현세 부처님은 당신의 사리가 든 돌탑 위에 정좌하셨다. 지난번에 말씀드린 사리탑이 그것이다. 돌은 나무와 함께 있어야 제격이다. 천연이 다 그렇다. 더구나 영산엔 잘생긴 바위와 우람한 나무가 있어야 한다. 좌우 두 부처님께서는 바로 그런 나무로 만든 대좌에 좌정하셨다. 원에 이르는 팔각이 대좌의 평면이다. 그런 나무대좌가 수미산에 우뚝 솟았다. 아둔한 눈에는 보이는 것이 제일이다. 팔각의 나무대좌에 수미산을 알알이 새겼다. 여기가 수미산의 정상임을 알려주려는 것이다. 누구나 보고는 정중히 절을 한다. 선지식들의 깊은 생각이 여기에서 그 일단을 들어내기 때문이다.

제석천 광경을 목도한 속인들은 공연히 뛰노는 가슴을 진정시키며 오늘도 열심히 경배드리고 있다.

대웅보전의 쇠장석

문짝을 만들어 놓고도 한동안 설치하지 못한 채로 지냈다.

쇠장석 마련이 더디었기 때문이다. 대웅보전의 출입문에는 문지도리를 설치하여 여닫게 하였다. 어간(御間)과 요소(要所)의 문짝이 그런 시설이다. 나머지는 출입문이라기보다는 광창(廣窓)으로 보았다. 출입이 잦지 않은 곳으로 전제하였다. 여기엔 돌쩌귀를 박아 설치하기로 한 것이다. 옛날부터 전래되어 오는 돌쩌귀는 암놈과 수놈으로 만들어진다. 암놈을 벽선에 박고 수놈을 창이나 문의 울거미에 박아 놓는다. 암놈은 둥그렇게 생긴 구멍이 있고 수놈에는 뾰죽한 돌기가 달려있어 수놈을 들어 위로부터 내려 끼우면 암놈 몸에 들어가게 되어있다. 그래서 창이나 문이 벽선에 매달리게 마련인데 옛날 돌쩌귀에는 약점이 있다.

벽선이나 울거미에 박아 넣는 부분이 새의 부리처럼 뾰죽하게 생기긴 하였지만 날렵하지 못하여서 박은 뒤에 몇 번 흔들어 대면 까딱거리면서 솟아 나와 마침내 솔랑 빠지는 수가 생긴다. 이를 방지하기 위하여 부리를 길게 만들어 깊숙이 넣게 하거나 뒤창나도록 박고 삐져나온 끝을 가므려 고두박이 치거나 한다. 자칫하면 울거미가 뽀개어지거나 고두박이한 부분이 거칠어 보기에 흉하기 일쑤이다. 이런 약점을 알면서 그냥 만들어 사용한다는데 마음이 놓이지 않았다.

드디어 현고 스님의 탐구심이 발휘되었다. 명품순례를 하자고 해서 지프차를 타고 두루 돌아다녔다. 몸체 생긴 것으로 불갑사 대웅보전의 것이 가장 듬직하였다. 표본을 채취하였다. 이를 기초로 해서 대웅보전의 규격에 걸맞도록 새롭게 도안하였다.

그다음이 문제였다. 박아 넣는 부리는 약점투성이니 고착부분을 새롭게 해야 한다는 생각에서 궁리하였다. 마침내 현고 스님은 정첩의 고정방식을 도입하기로 하였다. 돌쩌귀와 정첩의 절충형이 새롭게 탄생한 것이다. 이것은 대장간에선 만들기 어렵다. 선반공장에 가서 스테인레스를 깎아 만들 수밖에 없었다. 정밀하게 제작할 수 있다는 점을 활용하였다. 암놈과 수놈의 접착 부분의 면적을 줄였다. 마찰의 면적을 축소하면 그만큼 부드럽게 여닫을 수 있기 때문이다. 기계류에 식견이 있는 현고 스님 아니면 발상하기 어려운 일이었다. 늦게나마 쇠장석을 마련하여 설치한 이래로 돌쩌귀에서 오는 하자는 거의 없는 상태이다. 이 돌쩌귀는 대웅보전뿐만 아니라 지장전 등 요긴한 곳에는 두루 사용되었다. 돌쩌귀와 함께 거므쇠와 감잡이쇠가 만들어졌다. 통도사 대웅전 등의 쇠장석 등이 참고가 되었다.

새롭게 도안되었다. 역시 제작은 현고 스님이 맡았는데 틀을 만들고 강력한 압착기로 철판을 내려찍어 모양을 만들어내는 방식을 택하였다. 쇠를 만드는 데는 목형이 필요하였다. 광주의 한 작은 목형집에서 오랫동안 종사하였다는 늙수그레한 분이 만들어 내었다. 만들어진 모습은 정교하면서도 미려하였다. 대장간에서 만들어낸 것에서 볼 수 없는 완고함이 충만하였다. 그러나 어리숙하고 둔탁한 맛은 잃은 느낌이다. 기능 위주가 된 셈이다. 고리와 앞바탕 쇠장석과 문짝이 고정되는 원산과 닫은 문짝을 머물게 하는 장치들도 있어야 하였다. 문짝을 정지시키는 쇠장석을 도안하긴 하였지만 실제 사용 시의 번거로움을 감안하여 시중에서 파는 기성품 중에서 비교적 좋은 것을 사다 쓰기로 하고 이것의 제작은 취소하였다. 옛날의 고리는 배목에 걸리게 만들어졌다. 앞바탕쇠를 먼저 박고 고리를 건 배목을 박는다. 배목은 가닥이 둘이다. 휘어서 머리를 둥근 가락지처럼 만든 뒤에 다시 끝을 모아 부리를 만들었다. 구멍 뚫은 울거미에 부리를 집어넣는다. 맞창난 뒤쪽에 부리가 나서면 가랭이를 벌려 좌우 끝을 감아 고두박이 한다. 이 부분이 보기 싫어 조선조 사람들은 국화정(菊花釘)을 박거나 하였다. 역시 약점이 있다고 보았다. 멋지게 새로운 방안을 강구하고 제작하여 설치하였다.

오늘의 새로운 쇠장석이 등장하게 된 것이다.

 보경 스님의 손바닥소설

아프리카의 여러 원주민들 중에 명령을 어긴 두 사람이 감옥에 들어갔다. 그날 밤 간수가 귓속말로 내일 형집행을 하는데 팔이 없는 사람은 목이 잘리지 않을 거라고 알려줬다. 그 말을 듣고 한 사람은 태연히 잠을 잤고, 한 사람은 칼로 자신의 팔을 잘랐다. 극심한 통증 속에서도 자신은 목숨을 건졌다고 위안을 하며 오히려 자고 있는 사람을 불쌍하게 여겼다. 드디어 날이 밝고 집행이 이뤄지기 전이었다. 그런데 왕이 갑자기 이 사람들을 풀어주라 했다. 명령을 받은 간수는 묶은 줄을 풀어주며 돌아가라 했다. 그러자 팔을 자른 사람이 왕에게 따졌다.

"왕이시여, 저는 팔을 자른 사람은 살려준다는 말을 듣고 어젯밤에 팔을 잘랐습니다. 저 사람은 멀쩡한데 왜 목을 자르지 않습니까?"

"그런 말이 있지 않나, 4페이지를 보기 전에 5페이지로 넘어가지 말라고."

왕은 대수롭지 않게 웃어넘길 뿐이었다.

독서를 좋아하는 사람은 여러 종류의 책을 놓고 지낸다. 그리고 머리를 쉬어갈 때는 기분에 따라 분위기를 바꿔서라도 또 읽어간다. 독서에 대한 동양의 가르침은 강일독경 유일독사(剛日讀經 柔日讀史)라는 말을 들 수 있다. 마음이 팍팍한 때일수록 경전류의 수심에 대한 책을 보고, 마음이 여유가 있을 때는 역사서를 읽는다는 것이다. 나는 심사가 어려울 때는 철학에 관한 책을 보고 쉬어갈 때는 인문학이랄지 갖가지 문화에 대한 독서를 한다. 진화론을 말한 다윈은 "자연에는 비약이 없다"라고 했다. 세상의 법칙에 관심을 갖는 사람이라면 세상에 공짜로 얻어지는 것은 없다는 것을 알고 실천한다. 세상을 알아갈수록 어렵게 생각되는 이치는 건너뛰지 말라는 가르침이다. 그리고 인과의 법칙이 그릇되지 않아 원인과 결과는 빈틈없이 계산서를 내민다는 것도 나이가 들면서 깨달아 가는 소중한 삶의 지혜. 내가 위의 이야기를 좋아하는 이유는 만사 건너뛰거나 앞서가지 말라는 가르침을 명쾌하게 일깨워 주기 때문이다.

나는 집을 짓거나 하는 등의 일을 해보지 않아서 일의 이치를 잘 알지는 못한다. 그리고 그 고생스러움도 역시 겪어보지 않아서 그 세계는 여전히 미지의 영역으로 남아있다. 다만 은사스님을 모시고 갖가지 불사하시는 과정을 지켜보면서 짐작은 해볼 수 있다. 특히 불상을 조성할 때는 간송의 최완수 선생과 새벽 일찍 절을 나서서 작업장을 둘러보고 전문가의 안목을 반영하여 꼼꼼하게 진행하는 것은 익히 봤다. 법정 스님이 중창불사 회향비문에 '원력과 집념'이라는 표현을 포기하지 않았다고 앞에서 말한 바 있지만, 한 인간이 자신의 일에 대해 가지는 집중력과 완성미에 대한 긍지는 실로 놀라운 것이었다. 그러면서도 자신이 직접 나서기보다는 다른 사람에게 역할을 주고 신이 나서 일을 해나가도록 조정하고 지휘하는 일에 남다른 감각이 있으셨다.

대웅보전 마루에 대한 이야기를 읽으니 과거 우리나라 사찰건축에 마루 대신 전돌을 깔던 시기가 있었음을 새삼 깨닫는다. 현재 대웅보전의 마루는 시간이 많이 흘러서인지 군데군데 뒤틀리고 틈이 벌어지기도 하지만 30여 년을 변함없이 스님들과 신도들의 발밑을 떠받쳐 삼보전에 마주하게 해준다. 마루 바닥의 정갈하면서도 세월의 흔적이 고스라히 배어가는 멋은 뛰어난 우리 고유의 미적감각이 아닐 수 없다. 더군다나 대웅보전 같은 면적이 넓은 마루바닥은 여름엔 열기를 식혀주고 겨울엔 방석을 깔고 앉으면 자신의 온기로 덥혀진 방석이 밖의 공기보다는 차갑지 않아서 별 어려움 없이 기도나 좌선에 몰입할 수 있다.

대웅보전의 육중한 문짝이 소리도 없이 자동문처럼 쉽게 열리고 닫히는 것을 보고서 눈썰미가 있는 사람은 금세 이 문이 예사롭지 않음을 눈치챌 것이다. 그것은 문지도리를 설치한 까닭이다. 아래 회전의 축을 담당하는 쪽의 하단에는 베아링처럼 쇠구슬이 돌아가도록 설계했다. 그리고 마루장 위에 놓여 문짝의 회전축을 받치는 문지도리에도 문양을 새겨 아름답게 만들었다.

열두 번째 연재부터는 문살에 얽힌 이야기가 나온다. 옛 문살을 참고하기 위해 운문사, 동화사, 불갑사, 내소사, 흥국사, 대흥사, 미황사 등을 박람한 내용도 소상하게 적혀있다. 미황사는 내가 자란 땅끝에 있는 절이고, 초등학교 2학년 가을소풍을 간 적이 있다. 지금도 기억나는 것은 문을 열어놓지 않은 한 건물을 구멍 난 문살 사이로 들여다봤을 때 눈이 부리부리하고 주먹을 높이 쳐든 험상궂은 상(아마 금강역사상이지 않았을지)과 눈이 마주쳐서 깜짝 놀랐던 일이다. 그리고 법당 뒤쪽으로 동백나무 숲이 있었다.

건물의 빛은 상당히 깊은 안목으로 다뤄야 한다. 문살은 안에서 보는 것과 밖에서 보는 것은 다르다. 주관과 객관처럼 입장이 확연히 달라진다. 그런 미적인 감각은 오직 한옥에서 기능인이 솜씨를 보여줄 수 있는 영역이다. 창호지를 바르는 문은 조그만 부주의에도 구멍이 난다. 스님들은 한철을 지내도 문이 때만 묻을 뿐 처음 종이를 바른 그대로 있다. 그런데 일반인들이 거쳐가면 여자건 남자건 할 것 없이 꼭 종이가 뚫리면서 구멍이 나기 때문에 그때마다 문살 사이의 공간만큼 창호지를 오려서 붙여야 하니 법당 소임자는 이만저만 수고롭지가 않다. 초파일 같은 행사나 겨우살이 준비하는 때에 대중적으로 법당과 요사채의 창호지를 새것으로 다시 붙이는데 그동안 창호지가 너덜너덜해지지 않도록 관리하기가 말처럼 쉽지 않다. 송광사 대웅보전의 문짝과 문살은 크기와 넓이 면에서 장중하지만 문살 문양의 기하학적인 아름다움은 보는 이로 하여금 무중력의 우주 속에 있는 듯한 마법을 부린다.
한옥, 특히 법당 건물 같은 큰 규모의 문짝과 문살에는 꽃문양을 마음껏 조형할 수도 있다. 그러면 문은 그냥 문이 아니라 꽃밭이 된다. 이런 섬세하게 건물의 표정을 입히는 일은 시간도 많이 걸리겠지만 보는 이에 따라 관점이 달라지기 때문에 조정을 거칠 일이 없지 않다. 이런 일은 재촉하지 말아야 한다. 급하면 체하는 것은 동서고금의 생활 속 진리다. 급하다고 바늘 허리에 실을 묶어 바느질을 할 수 없다. 만물의 숙성은 화학의 법칙이라서 반드시 그만큼의 시간이 경과하지 않으면 결과물이 나오지 않는다. 신 선생은 송광사 스님들이 재촉하지 않아서 감사했다고 했다. 그리고 송광사 불사의 특별한 점은 건물 한 채를 짓는 것에 얼마! 하는 식으로 하지 않고 월급으로 정산했기 때문에 일에 정성을 다할 마음 자세가 되지 않았을까? 이런 일이 가능하려면 불사 주체자는 언제든 필요한 타이밍에 필요한 만큼 재원을 마련해 줄 수 있는 능력과 자심감이 있지 않으면 시도하기 어렵다.

평소 은사스님은 적어도 그런 일에는 믿는 구석이 있는 것처럼 담대한 마음을 잃지 않았다. 그리고 은사스님께 얼마간 용채를 드리고 나면 며칠이 가지 않아서 바로 보충되는 것을 항상 느꼈다. 그럴 때마다 나는 혼잣말로 '복 있는 분은 참 다르구나' 하곤 했었다. 그리고 소임자에게 항상 하시는 말씀이 있다.

"어느 구름에 비 올지 모른다!"

어느 신도가 도움을 줄지 모른다는 것인데, 그만큼 신도들에게 정성스럽게 대하라는 가르침이다.

사리장치에 대하여 앞에서 쓰기도 했지만 다시 읽어보니 그 사려 깊은 설치의 안목이 느껴진다. 신 선생의 글에는 나오지 않지만 사리탑 주변을 둘러 금강경 전편이 목각으로 조성되어 신심을 증장시킨다. 불상에 사리를 안치한다 해도 복장에 넣는 것이 일반적인 방식이다. 그런데 법당 정면에서는 보이지 않지만 불상의 받침 역할이기도 하고 불탑으로도 볼 수 있는 불사리탑을 불상 하단에 별도로 설치한 방식은 대단히 창의적이다. 그리고 큰 재목에 목각으로 수미산을 그려 넣음으로써 오히려 법당의 가장 낮은 곳에서 가장 높은 수미산을 상상할 수 있다는 방식이 또한 이채롭다.

그리고 문짝의 사각 끝부분에 쇠장석을 박아 문짝을 보호하는 역할 외에도 문짝이 견고하게 보이는 효과를 내는 작업에 대한 이야기가 이어진다. 이것도 불갑사 법당의 문짝을 참고하고 통도사 대웅전의 쇠장석도 원용되었다는 설명이 있다. 문고리를 감싸면서 박혀있는 쇠장석이 지금 생각해보니 국화 문양이고 경첩에도 단순한 주물이 아니라 문양의 효과를 배려하여 시설되고 있음을 알게 된다.

이제 마지막 단계에 단청과 벽화에 대한 이야기로 대단원을 맞는다. 대웅보전에 어떤 옷이 입혀지는지 계속 적어 가보자.

대웅보전의 초빛

빛을 낸다고 말한다.

출초(出草)한다고도 말한다. 단청하는 이들의 쓰임말이다. 베풀어야 할 무늬를 새롭게 도안한다는 의미를 지녔다. 단청할 일이 생기면 화원(畵員. 옛날엔 회사가 더 있었고 도화서에 선회자와 선화자들이 있어 각기의 소임을 다하였고 단청하는 일도 이들의 소관이었다)들이 제일 먼저 하는 일이 출초하는 작업이다.

먼저 의논한다. 단청할 집의 격조에 따라 논의가 정하여진다. 긋기로 할 것이냐, 모로이냐, 금단청이냐를 먼저 결정한다. 그것이 일하는 기본이 되기 때문이다. 긋기는 먹줄과 흰색 분으로 긋는 가는 선을 위주로 장엄하는 단청법이다. 색긋기라고 해서 먹선 대신에 색을 넣은 선을 도입해서 변화 있게 꾸미기도 한다. 먹은 선의 윤곽이나 획의 윤곽을 분명히 하는 데에서 계(界)선으로의 가치가 있다. 분은 고분(高粉)으로 두드러지게 칠하려 애를 쓰듯이 선을 강조하는 의미를 지니고 있어서 검은색과 흰색만을 긋기에 불과하긴 하지만 긋는 이의 능력에 따라서는 차분하면서도 말쑥한 분위기를 이루어낸다. 실제로 우아한 작품을 보기도 한다. 모로단청은 긋기한 좌우 끝에 아름답게 꾸민 머리초를 장식한 유형이다. 긋기모로 단청이란 말도 생겨났다. 긋기보다는 격이 높고 금단청할 건물보다는 격조가 낮은 당이나 헌(軒) 등에 베풀어진다. 금(錦)단청은 장엄을 지극히 베풀어야 할 전각에 시채(施彩)한다. 이는 마치 비단으로 휘휘 감아 비단의 아름다운 무늬로 아릿답게 꾸민 것과 대등하다는 의미에서 지어진 이름이다. 실제로 옛날엔 멋진 무늬로 짠 비단의 피륙으로 기둥과 보 등을 감아 치장하였다고 전하여 온다. 금단청 중에서도 갖은금단청이 있다. 우리나라에서 시행되고 있는 중에서 가장 화려한 단청에 속하고 격조로는 제일이라 손꼽는다. 대웅보전은 그 격조로 보아 갖은금단청이어야 마땅하다는 결정을 보았다. 그에 따라 출초를 내야 한다. 초상(草像)을 낸다고도 말한다.

대웅보전의 구조는 까다롭다. 내진(內陣, 안쪽의 높은 기둥들이 이루는 구역)의 뒤쪽은 부처님 앉아계신 뒷벽이 구성된다. 그에 비하여 앞쪽의 기둥들은 살기둥으로 외따로 떨어져 섰다. 뒤쪽은 관벽에 이어 대들보 위로 닷집이 구성되는데 비하여 앞쪽은 가구된 구조에 불과하다. 전후가 대칭되지 않은 상태이다.

여기에 단청을 해야 되는 것이다. 이 부분은 법당 내에서 가장 눈에 잘 뜨이는 위치에 있다. 자칫하면 한 쪽이 무겁게 되면 기울어져 보여 조화가 깨어진다. 화사들의 고민이 여기에 있었다. 이 부분을 조화 있게 처리할 능력이 있는 분을 초빙해야 된다고들 하였다. 여럿의 의견에서 한석성 화사를 초빙하기로 일치하였다.

문수전의 방 한 칸에 들어앉아 출초하기 시작하였다. 큰 종이를 방바닥 가득하게 펴놓는다. 무늬를 그려 구성해 나간다. 기둥에 주의(柱衣. 기둥머리로부터 늘어지게 그리는 무늬)도 보와 도리의 머리초도 알맞게 그려진다. 두꺼운 종이어야 한다. 우선 연필로 그린다. 옛날엔 붓으로 먹을 찍어가며 그렸다. 지금도 필력이 있는 이들은 붓으로 그린다. 종이가 두꺼워야 하는 데엔 까닭이 있다. 출초된 것을 나무에 옮기는 데에 타분(打粉)하는 법을 쓰는데 이는 초빛을 낸 종이를 굵은 돗바늘이나 송곳으로 무늬 따라 총총히 뚫어야 하는데 까닭이 있다. 이리저리 옮겨가며 구멍 뚫린 종이를 나무표면에 부착시키고 분을 담은 작은 주머니로 가볍게 두드린다. 구멍을 통하여 나무표면에 분이 묻는다. 무늬를 그린 종이를 떼어내면 점선으로 이루어진 무늬의 바탕이 나무 표면에 나타난다.

대웅보전에서도 이런 기법에 따라 차근차근 진행되어 갔다. 사람 손이 무척이나 가는 작업이다.

대웅보전의 은단청

재목들은 강한 불로 지져서 표면이 꺼멓다.

그것을 닦아내는 일로부터 단청작업은 시작되었다. 말끔하게 닦아내자 마른걸레로 표면을 단정하게 문지른다. 그러면서 나무의 터진 부분에 접착제에다 개어서 만든 것으로 박아 넣어 막는다. 그리고 바탕색을 골고루 칠해서 빈틈없이 한다. 이렇게 바탕색 칠하는 일을 가칠(假漆)한다고 말한다. 옛날의 상량문들을 보면 일에 종사한 분들의 소임과 방명들이 열기(列記)되어 있는데 그중에 가칠장이란 장인이 보인다. 가칠만을 맡아 하던 그 분야의 전문가가 있었다는 기록이다. 지금도 가칠을 주로 하는 분이 있기는 하지만 손이 딸리면 다른 분야의 일도 감당하고 있으므로 딱 떨어진 가칠장이라 하기는 어렵다.

가칠이 끝난 자리부터 타분하기 시작한다. 초빛 낸 무늬를 나무에 밑그림으로 올리는 작업이다. 초빛 낸 종이를 무늬에 따라 정확하게 제자리에 대고 흰가루(밀타승)가 든 작은 주머니로 톡톡 두드리면 초빛따라 돗바늘로 뚫은 작은 구멍으로 분이 칠해진다. 다 된 뒤에 종이를 떼어내면 무늬의 밑그림이 선명하게 드러난다. 한쪽에선 풍로에 물을 얹고 끓인다. 끓는 물에 따로 아교 담은 그릇을 넣고 중탕한다. 아교가 녹아 물이 되면 안료를 넣고 휘휘 내젖는다. 안료가 아교물에 잘 풀려야 멍우리가 생기지 않는다. 다 되었으면 작은 뚝배기에 덜어 담는다. 뚝배기 같은 질그릇의 두터운 종지라야 쉬 식지 않아서 좋다. 질그릇 종지는 입언저리가 밖으로 약간 퍼졌다. 가락지처럼 둥근 테를 고리 짓는다. 그 고리에 세 가닥 줄을 매어 길게 늘인다. 두 가닥이어도 된다.

고리에 종지를 건다. 밖으로 퍼진 입언저리는 고리에서 빠지지 않게 하는 안전장치가 된다. 종지를 끈으로 해서 길게 늘여 잡는다. 그래야 자루가 긴 붓에 안료를 칠해서 타분해 놓은 밑그림 따라 색 넣기가 쉽다.

  색은 사람마다 한 가지씩을 맡는다. 무늬에 따라 자기가 맡은 색만 계속 칠해 나가면 한 바퀴 도는 동안에 무늬의 색상은 차츰 다양해지게 된다. 여럿이 뒤따라 제각기 색을 칠해 나가기 때문이다. 비단무늬처럼 세세하고 빈틈 없는 금단청이나 갖은금단청에서 붓이 가는 횟수는 대단히 여러 번이어야 한다. 그만큼 잔손질할 부분이 많은 것이다. 특히 대웅보전처럼 규모가 큰 건물에다가 다포계의 공포구성이 되면, 연인원 수천 명이 쉬지 않고 손을 놀려야 비로소 완성을 보게 된다. 골고루 색이 칠하여졌는지를 확인하는 분이 책임자이다. 호분(胡粉)으로 윤곽을 칠해 정리하면서 빠진 부분이나 이지러진 부분을 바로잡아 나간다. 그분의 필력에 따라 무늬가 명료하고 명랑해진다. 호분은 다른 색과 같은 방식으로 칠해지기도 하지만 고분법(高粉法)이라 해서 톡 튀어나 보이도록 융기시켜 칠하는 기법도 있다.

  대웅보전에서는 황색 빛을 줄이는 대신에 꼭 있어야 할 부분에는 금박을 입혀 강조하는 최상의 기법을 응용하였다. 금박은 그 두께와 빛에 따라 우열이 있고 값에 차이가 있다. 최상급품을 사용하였다. 화반의 무늬는 육자주(六字呪)를 중심무늬로 삼았다. 아주 나무에 새겼다. 그 위에 단청을 하여서 매우 입체적인 감각이 되었다. 입체적인 감각으로의 처리는 서까래 끝에서도 시도되었다. 서까래의 둥근 끝 부분엔 활짝 피어난 연꽃을 그린다. 중앙에 자방이 있고 꽃잎이 둘레에 피어난 모습이다. 그 무늬 구성에서 자방에 해당하는 자리에 반구형의 나무를 박는다. 그리고 자방을 그리면 톡 튀어나와 보여 매우 입체감이 뛰어나다. 잔손이 많이 가는 작업이어서 웬만하면 피하려 하는 일이 상례이지만 대웅보전에서는 철저하게 이행하였다.

소홀한 부분을 단 한 곳이라도 남기지 않겠다는 의지가 그렇게 발로된 것이다.

대웅보전의 의주

대웅보전의 단청이 진행되고 있다.

건물 내외로 비계(발판을 가설한 것)를 매고 수십 명의 화원들이 타분하고 그에 따라 돌아가며 색을 넣고 하느라 분주하다. 뒷방에서 한석성(단청계의 제일인자, 유수한 건축물에 단청하였을 뿐만 아니라 옛 건물 단청 흔적에서 원형을 찾아내거나 고분벽화를 하는 일에서 거의 유일한 분) 옹은 계속해서 출초를 하고 있다. 일이 진척됨에 따라 후속될 부분의 단청무늬를 만들어 주어야 하기 때문이다.

이만큼 작업이 진행된 단계에서 제일 고심되는 부분은 쇠서를 어떻게 꾸미느냐와 주의(柱衣)를 어떻게 도안화해야 하느냐의 정리이다. 쇠서는 공포의 한 요소이다. 대웅보전을 바깥에서 바라다보면 창방 위로 공포가 구성되어 있다. 칠포집의 장중한 구조이다. 공포는 포작으로 짜이게 마련이다. 꽃송이처럼 퍼져 올라가는 구조이다. 똑같이 생긴 것을 크기만 달리해 가면서 층층이 중첩해야 완성되는 것이어서 보기에 따라서 아주 무거워 보이기도 한다. 더구나 제공(諸工)의 앞부리는 쇠서라고 하는 독특한 모습으로 삐죽삐죽하게 돌출하고 있어 쳐다보는 이를 압도하기도 한다. 그만큼 부담스러운 구조인 것이다. 가볍게 보이도록 처리해 주어야 한다고 한석성 화사(畫師. 화원의 윗길에 있는 분의 호칭. 옛날 도화서엔 선화사와 선회사의 구분이 있었다)에게 부탁하였다. 고심을 해서 출초하였다. 한동안의 노력이 결정된 것이다. 자문을 맡은 임영주(문화재위원회 전문위원) 선생과 여러 번의 숙의를 거쳤다. 드디어 남색 바탕의 흰 구름을 넣는 방식이 채택되었다. 보통은 당초의 덩굴줄기를 힘차게 그려 넣거나 하는 것이지만 그렇게 하면 통상적이긴 하지만 더욱 무겁게 처져보여 바라다보는 마음을 답답하게 억누른다. 하늘에 명랑한 구름이 뭉게뭉게 피어오른다. 하나씩 따로 떼어놓고 보아도 좋지만 전체를 한눈에 보아도 창공을 올려다보는 듯해서 전혀 부담감을 느낄 수 없다. 목표한 바가 달성되기에 이른 것이다.

해놓고 보면 쉬운 듯하지만 생각해 내기까지의 고심도 대단하였으려니와 시공하는 데도 일의 품이 상당히 더 들어야 하였다. 이런 점에서도 송광사 스님들의 안목과 용납하는 금도의 너그러움을 볼 수 있었다. 지나친 경비지출이 즐거울 리 없었을 것이기 때문이다. 기둥을 세우면 평주(平柱. 갓기둥들)에선 평방, 인방 등의 수평재들이 결구되고 고주(내부의 키가 높은 기둥)에 선 들보들과 뜬창방들의 수평재들이 가구된다. 가로세로의 수평선과 기둥의 수직선이 만난다. 이 만남의 광경은 단단해 보여야 견고한 느낌을 받게 된다. 단청에서 아차 실수하면 완벽한 짜임과는 반대로 흐트러져 보이거나 나약해 보이도록 만들고 만다. 아주 어려운 부분이다. 더구나 수평재의 머리초와 기둥머리의 무늬가 단절되어서는 나쁘다. 무리 없이 연속되게 하여야 무난해 보이며 안정감을 찾는다.

기둥머리에 주의를 입히듯이 단청하는 기법이 계발되었다. 기둥머리를 강조해서 시선이 집중되게 하는 법식이다. 대웅보전의 주의무늬는 찬연한 오색

구름이 바탕을 이룬 삼천대천세계에 부처님께서 안주하고 계신 모습으로 하였다. 특히 고주에서 장중하게 하였다. 늘보나 퇴보의 머리초의 마감으로 기둥의 머리초가 생겨난 것이 아니라 반대로 기둥의 주의로부터 머리초들의 무늬가 피어나듯이 되었다. 뛰어난 재치와 능력에서 득의한 작품이 완성된 것이다.

이 부분만으로도 대웅보전의 단청은 성공하였다는 평판을 받고 있다.

대웅보전의 별지화

금단청(錦丹靑)에서 별화(別畵. 별지화의 준말)는 중요한 가치를 지닌다.

양쪽에 머리초를 그리고 그 계풍에 생동감 넘치는 별지화를 그려서 공터를 메꾸는 일이 보통이다. 별지화는 화면을 큼직하게 차지할 수 있는 대들보 종보 창방이나 평방에 베푸는 것이 보통이다. 창방과 평방에서는 안팎으로 화면을 구성하되 서로 그 화제(畵題)가 다르게 그려지기도 하나 대들보와 종보는 대략 창룡, 황룡 등을 그리는 것이 일반적이다. 보에도 좌우 볼따귀에 계풍이 생기게 되어서 같은 용이라도 서로 다르게 하나 송광사의 국사전에서는 용과 함께 백호를 그려서 우리를 감탄케 하고 있다.

그러나 대웅보전의 경우는 대들보엔 별지화를 넣을 계제가 되지 않는다. 대들보 한쪽에 닫집이 설치되어서 자칫 좌우의 균형이 일그러져 보일 가능성이 있기 때문이다. 단청무늬구성에서 이 점이 늘 과제가 되었기 때문에 대들보에 별지화를 넣는 일은 삼가기로 되었다. 종보엔 천장이 설치되는 구성이어서 거기에도 별지화를 넣을 여유가 없다. 그래서 퇴보에 넣기로 하였다. 실내에 고주가 우뚝 선다. 한쪽엔 대들보가 걸리지만 외진 쪽으로는 퇴보가 결구된다. 퇴보의 바깥면은 공포 위로 올라앉게 된다. 경계가 생기게 되므로 머리초를 좌우로 두고 그 게풍에 별지화를 그릴 수 있었다. 부처님 세계의 권속들 중에 공양상도 있는데 꽃을 한 가지 다소곳이 들고 하늘을 나르며 즐거움에 가득찬 비천상도 그중의 하나이다.

봉로(奉爐)비천상도, 악기 연주하는 주악비천상의 모습도 있다. 고구려 고분벽화에 비천상들이 나타났고 에밀레종에도 주악비천상이 있는 등 불교회화나 조각·공예품 등에 자주 등장하고 있다. 대웅보전에도 그런 비천상을 게풍에 그려 모시기로 하였다. 환희를 아름답게 표현하는 수단으로 비천상이 채택된다는 점도 고려하였다. 별지화는 공포벽에도 그린다. 다포집에서는 포작의 출목이 생기게 되면 주두로부터 꽃이 피어오르는 듯이 구조되게 마련이어서 공포가 나란히 설치되게 되면 공포와 공포 사이에 약간의 벽면이 생겨난다. 보통은 흙을 쳐서 토벽을 만들지만 대웅보전에서는 판벽을 하였다. 공포벽을 판벽으로 처리한다는 일은 아주 까다로운 조건이 만족되어야 성공한다. 그렇게 까다로운 길을 감수하면서까지 시공하려 한 것은 별지화를 위한 것이다. 토벽은 세월이 지나면서 트거나 주저앉는 수가 종종 발생한다. 귀한 그림 그려놓고 망가지면 그렇게 아까울 수가 없다. 설치는 어렵더라도 보존에 만전을 기할 수 있어 판벽을 설치하였다.

공포벽엔 화불(化佛)을 그려 모시는 것이 별지화의 일반형이다. 삼천대천세계의 여러 부처님들이 불국을 이루고 계신다는 의미로 여러 분 부처님을 그린다. 대웅보전에서는 어간에만 화불을 모시고 나머지는 부처님으로부터 법을 받아 전수하신 가섭, 아난의 제자분들과 중국에 법이 전하여지고 달마 선사 이래 선풍을 드날린 스님들의 초상을 그렸다. 중국에서 불법이 우리나라에 오고 선풍이 진작되다가 불일 보조국사에 이르러 송광사가 조계종의 종찰이 된다. 이후로 열다섯 분의 국사가 배출되는데 이분들의 모습을 공포벽의 안팎으로 일일이 모사하여 모셨다. 승보전에 1250성상을 모셔 승보사찰로서의 면모를 새롭게 하였듯이 현호 주지스님은 대웅보전에서도 스님들의 금도를 진작할 수 있도록 배려하였다. 법을 교시하는 기능에서 이런 별지화는 큰 성과를 거둔다. 스님들 스스로가 자기 위치를 되돌아보는데 유의할 뿐만 아니라 저런 고승의 옛길을 오늘에 가고 있는 스님들을 공경하는 마음의 자세를 확립하는 데도 효험이 있게 된다.

이는 포교하는 수단에서도 가치가 있는 일로 평가받을 만하다는 중평(衆評)을 받고 있다.

대웅보전의 외벽벽화

가끔 생각이 난다.

좌정하고 나면 근황을 묻고는 칠바라밀을 잘 실천하고 있느냐고 하신다. 입가엔 웃음이 번졌지만 슬쩍 바라다보시는 눈매는 얼른 탐색을 끝낸다. 궁해서 둘러대는지의 여부가 판가름난다. 차 한잔 따라 주시며 다시 말씀하신다.

한 이레 동안에 첫 실천은 보시에 있다고 하신다. 일주일의 하루쯤 베풀 줄 알아야 한다고 하셨다. 무엇이고 남에게 줄 줄을 알아야 하는데 줄 수 있는 것을 모두 주되 아까워하지 말아야 하며, 주었다는 그 자체도 잊어야 한다고 하셨다. 그래야 집착에서 벗어날 수 있다고 하신다. 남에게 주기는커녕 받는 쪽이 많은 나로서는 매우 듣기 난처한 말씀이다.

다음 날인 화요일에는 지계(올바른 날)를 해야 한다고 하셨다. 지켜야 할 모든 일들이 지켜지고 있는지 자기를 들여다보는 날이라고 하신다. 속이지 말고 미워하지 말아야 악업을 짓지 않게 되니 나쁜 인연 맺지 않도록 잘 살펴야 인생살이도 편하다고 일러주신다.

수요일은 인욕(참는 날)하는 날이라고 하셨다. 하루쯤 성내지 말고 다투지 말며 시비하지 않을 수도 있지 않겠느냐. 남의 수모를 참을 줄 아는 마음을 다져야 한다고 하신다. 아마 내가 뻿쭉뻿쭉 하면서 잘난체하는 성격임을 간파하신 모양이다. 고개가 조금 더 숙여질 수밖에 없다.

목요일은 정진하는 날로 잡는다고 하셨다. 힘을 쓰는 날이라는 것이다. 참고 견디며 애를 썼으니 그 마음을 한층 더 힘차게 하면 나태함에서 벗어나는 즐거움을 맛보게 된다고 하신다. 알아듣지 못하는 소박한 인간에게 또박또박 일러주시는 말씀이 가슴에 가득 찬다.

금요일은 선정을 하는 날이라고 하셨다. 안정하는 마음을 굳게 해보는 일을 이날에 시험해 보라고 하신다. 산란하던 마음이 가라앉고 생각이 집중되어 공부가 진척된다면 더할 나위 있겠느냐고도 하셨다. '이뭣고'를 재차 해보는 용기도 이날 세워봐야 한다고 일러주셨다.

토요일은 지혜의 날이라고 하셨다. 어리석음을 깨닫고 삼갈 수 있는 지혜를 터득해야 하는데 마음을 맑게 하고 진리를 밝게 바라다 볼 수 있는 지혜를 익혀야 한다는 것이다.

그리고 일요일은 만행하는 날이라고 하셨다. 봉사하는 날이라는 설명이다. 내내 따로따로 생활하던 사람들이 모처럼 모이는 날이기도 하니 서로 칭찬하면서 미진한 일을 도와주면 가족은 화목할 수밖에 없다고 하셨다.

구산 스님이 입적하신 뒤로 송광사에서 달력을 만들 때마다 요일을 쓰고 그 아래에 칠바라밀의 나날을 적어 널리 알리고 그것을 지켜나가는 일을 권장하려 하였다. 구산 노스님께서 남기신 대웅보전 바깥 벽면에 벽화를 그려야 한다는 과제를 두고 논의하였을 때 칠바라밀을 화제로 삼고 그것을 그리면 어떻겠느냐는 의견이 제기되었다. 모두들 참 좋겠다고 동의하였으나 그림 그려야 할 벽면이 좌우에 세 쪽씩 여섯 폭밖에 없으므로 칠바라밀 그리기는 어려우니 육바라밀을 그리도록 하자고 하였다.

조정우 화백에게 의뢰하였다. 능숙한 필치로 완성하였다. 여섯 폭의 벽화가 탄생한 것이다. 조 화백은 여섯 폭 벽면마다 화제를 적어 넣었다. 신도들도 누구나 다 이해할 수 있게 하겠다는 배려이었다.

1. 보시(布施太子)
2. 지계(如惜浮囊)
3. 인욕(忍辱仙人)
4. 정진(足精進)
5. 선정(九年面壁)
6. 지혜(髑水悟道)

대웅보전 내벽 사성제(四聖諦) 벽화
고(苦) | 춘원 이광수의 소설 '꿈'을 모티브로 하여 생로병사의 괴로움을 표현했다.

집(集) | 고의 원인에 대한 깊은 사유, 스승은 제자의 번뇌를 안다.

멸(滅) | 고의 소멸 후 환희, 삼라만상이 어우러져 춤을 춘다.

도(道) | 팔정도로 나아감, 길도 수행도 끝이 없다.

대웅보전 외벽 육바라밀 벽화
지계 | 계는 바다 위의 뗏목처럼 우리를 지켜준다.

정진 | 벼랑 끝에서 목숨을 걸고 교족정진(翹足精進)을 한다.

선정 | 달마대사의 소림 구년면벽, 벽을 보지 말고 스스로 벽이 돼라.

지혜 | 원효대사의 촉수오도(觸水悟道), 더럽고 깨끗함이 어디에 있는가.

송광사 화엄경변상도(국보 제314호) | 변상도란 경전의 내용을 회화적으로 표현한 것을 말한다.

대웅보전 불단의 장엄한 모습

대웅보전의 사성제벽화

지난번엔 대웅보전 바깥벽에 그린 육바라밀의 벽화를 보았다.

대승불교에서 크게 장려하는 보살행의 생활화한 모습이 묘사되어 있음을 알아보았다. 같은 벽면의 대웅보전 안벽에도 역시 네 쪽의 벽화가 완성되어 있는데 근본불교의 핵심이라고 한 사성제의 네 가지, 고(苦)·집(集)·멸(滅)·도(道)를 역시 조정우 화백이 정성을 다하여 그려내었다.

신중화가 걸려있는 북쪽(대웅보전이 서쪽을 향하고 있는 건물이어서 남향 전각에 익숙한 사람들은 잘못 방향을 짚는다) 벽에 고와 집을, 전등탱화(傳燈幀畵)가 걸려있는 남쪽 벽에 멸과 도의 두 폭이 있다. 부처님이 아직 태자로 계실 때 도성의 사대문에 나가 백성들 사는 모습을 살피신다. 사문유관이라고도 하는데 동문에 가셨을 때 늙은 노인들과 만난다. 젊은 사람의 눈에 늙은 모습은 처참하게 비쳤을 것이다. 남문을 나서면서 아픔에 신음하는 이들을 본다. 서편 문에서는 죽은 사람을 보았고, 북문에서는 사문을 만나 스스로 나아갈 길을 터득하게 되었다고 『수행본기경』에서 말하고 있다. 생·노·병·사의 고를 직접 체험하게 된 것이다. 집(集)을 그리기는 어려웠다. 목마른 사람이 물을 구하듯이 욕망을 만족하게 하기 위한 추구가 강렬할 때 번뇌가 일어나게 된다는 것이고, 그것을 끊어야 비로소 진리에 접근할 수 있다는 개념이다. 그려내기 쉽지 않았다. 마침 우리에겐 춘원 이광수 선생이 쓴 『꿈』이란 소설이 있다. 많이 읽은 고전과 같은 소설이므로 이 소설의 주인공인 조신(신라 때 스님. 세달사에 주석) 스님이 꾼 꿈을 그리기로 하였다.

군수의 딸을 홀로 연모하나 딴 곳에 출가한다. 낙산사 부처님께 그 연인 만나기를 지극히 기원한다. 어느 날 뜻밖에 그 여인이 조신 스님을 찾아왔다. 조신 스님은 그녀와 더불어 고향에서 40여 년 살면서 다섯 남매를 낳는다. 가난하기 짝이 없었다. 열다섯 살 된 큰아들이 굶어 죽었다. 온갖 고생에 시달렸다. 비로소 인생의 고통과 무상함을 깨닫는다. 홀연히 꿈에서 깬다. 머리가 하얗게 희었다. 생각들이 다 사라졌다. 부처님께 크게 참회하고 정업을 닦았다는 줄거리를 농축시켜 그려내었다. 대중들이 다들 알고 있는 지식을 인용하는 일이 얼마나 효과 있는 일인가를 새삼스럽게 깨닫는다. 작가의 인식이 광범위해서 여러 분야에 그런 공감대가 형성되어 있으면 좋겠다는 생각이 들었다.

조신 스님이 꿈에서 깨어나 크게 깨닫고 부처님께 참회하고 정업을 닦는다. 상(常)·락(樂)·아(我)·정(淨)의 경지에 들어서게 되었다. 종식·안정·적멸의 세계가 전개되는 단계인 것이다. 석가세존께서 돌아가시어 무여열반에 들어가셔서 그 경우는 입멸하셨다고 부른다. 그런 장면을 공손하게 그렸다. 네 번째가 도(道)를 그려내야 할 차례이다. 도는 목적지에 당도하게 하는 길이다. 밟아 행하여야 할 길이기도 하다.

『구사론』「권25」에서는 "도는 깨달음(열반)으로 가는 길이고, 열반의 열매를 얻기 위해 마땅히 의지하는 것"이라고 하였다. 이는 부처의 법에서의 궁극적인 목적을 달성하기 위한 수행의 법칙을 의미하는 것이라고 하였다. 마땅히 가야 할 길을 정도라 하는데 그를 팔정도라 이르기도 한단다. 그중에서 바르게 보는 일[正見]이 으뜸이라 말한다. 나머지 일곱 가지(正思惟, 正語, 正業, 正命, 正精進, 正念)를 이룩하기 위한 목적이 정견이기 때문에 그렇다고 한다. 네 가지 고·집·멸·도를 그렸다. 이런 그림이 지금까지 없었던 까닭을 알겠다. 아주 까다롭고 미묘해서 화면구성이 쉽지 않았다. 벽화가 완성되자 대중들은 잘 되었다고 수희찬탄하였다.

 보경 스님의 손바닥소설

중세 터키의 현자인 호자가 꿈을 꾸었다.
꿈속에서 사람들이 호자에게 돈 아홉 냥을 주었다.
"이왕이면 한 냥을 더 보태어 열 냥을 주게나."
호자는 이렇게 졸라대다가 꿈에서 깨어났다. 그런데 깨어보니 돈도 없고 돈을 주던 사람들도 없었다. 호자는 다시 눈을 감고 침대에 누우며 중얼거렸다.
"내가 항상 이렇게 구차한 사람이 아니네. 그냥 아홉 냥만 주게."

물라 나스레딘 호자. 그는 13세기 셀주크 튀르크 시대에 지금의 터키에 살았고 중동과 중앙아시아에 걸쳐 해학과 현명함을 지닌 이슬람의 현자로 사랑받았던 사람이다. 그의 우화집이 여럿 있을 정도로 인간 사고의 맹점을 역설적으로 설한 유명한 위인이다. 나는 개인적으로 그를 좋아하기도 하고 대중법문에서 그의 우화를 즐겨 얘기한다. 위의 이야기는 무엇을 말하는가. 삶의 아쉬움이다. 아홉 냥이 저절로 생기는 것도 아닌데 공짜로 얻게 되었으니 그게 꿈속의 일일지라도 냉큼 받았으면 될 것을 한 냥을 더 얻으려다가 산통이 깨지고 말았다. 아쉬워서… 너무나 아쉬워서 꿈속으로 다시 들어가 돈을 받아보려고 잠을 청한다는 이야기가 마음 아프게 다가온다. 삶이 그렇다.

누군가를 줄곧 생각한다면 우리는 그 사람과 함께 있다는 기분을 갖는다. 그리고 역사적으로 먼 과거의 사람일지라도 그의 말과 생각을 글을 통해 읽는다면 그 시간적 간극이 사라지고 더욱 가깝게 느껴지기도 한다. 나는 신 선생의 가족을 모두 잘 안다. 두 내외간도 그렇고 따님도 안다. 법련사에서 주지를 하고 있을 때는 틈틈이 은사스님을 뵈러 올 때나 명절의 합동차례에 항상 오셨기 때문에 자주 뵐 수 있었다. 그럴 때는 은사스님과의 인연을 생각해서 극진하게 맞아들이고 가실 때는 문밖까지 배웅을 해드렸다. 이제는 고인이 되셨지만 옛 회보를 뒤적여 정리하자니 마치 살아계신 것처럼 더 친해진 기분이 든다. 연재의 끝에 다다르니 반가운 얼굴과 헤어질 시간이 다 된 듯한 아쉬움이 밀려든다. 은사스님의 불사도 그렇지만 신 선생의 글이 더없이 소중하게 다가온다. 전통목재건축에 쓰이는 용어는 생소한 것이 많았지만 그것을 이해하기에는 별 어려움이 없다. 오히려 아직도 내가 모르는 미지의 세계에 대한 설명이자 일의 과정이어서 그런 모색해가는 과정이 여간 흥미롭지 않았다. 이제 대미를 장식하는 신 선생의 연재에 대한 이야기를 풀어가 보도록 하자.

단청은 건물에 입히는 채색이다. 그런데 빛을 낸다는 뜻으로 출초라고 한다는 것을 알게 된다. 건물에 색을 입힌다는 것보다 목재 자체가 갖는 무늬를 끄집어낸다는 보다 고준한 의미로 받아들이고 싶다. 出은 내부의 것이 나오도록 한다는 뜻도 있으니까 말이다. 단청 문양도 과거의 잘된 것의 본을 볼 것이다. 어떤 옷을 입힐지 의논이 마쳐지면 선을 긋고 문양을 따라 분주머니를 본 위의 구멍을 따라 바느질 하듯 타분을 하여 윤곽을 만들어 낸다. 대웅보전 같은 큰 건물의 단청이 모두 출초하고 타분한 후에 채색을 하는 과정을 밟았다.

연재 글을 읽으면서 비로소 생각나는 것은 불사에 쓰인 모든 재목을 불로 한

번 지져서 까맣게 그을린 후에 조립했다는 사실이다. 습기와 벌레가 먹는 것을 방지하기 위한 것이라고 들은 기억이 난다. 까맣게 태워서 그을린 부분을 사포로 닦아내고 목재의 틈을 메운 후에 가칠을 했다. 아교를 끓이는 과정이랄지, 여러 사람이 각자 한 가지 색의 염료를 들고 칠해 나가는 방식이 이채롭다. 송광사의 모든 건물이나 법당의 장엄물이 그렇지만 송광사의 상징인 불일마크를 단청 사이사이에 넣어 보조국사를 정점으로 하는 송광사만의 정체성을 표식으로 남겼다. 마크는 은사스님의 도안인데 원의 여덟 분할은 팔정도를 뜻한다는 말씀을 한 적이 있다. 따라서 아무리 법고창신하는 분위기가 강한 종교건물일지라도 그 시대의 정신과 염원을 표현할 수 있고, 그런 시도는 창의적인 사고의 결과물임을 생각할 필요가 있다.

대웅보전 단청을 위해 당대 최고 권위자인 한석성 선생을 모셔서 일을 한 과정도 알 수 있다. 사물은 무거우면 가라앉고 가벼우면 위로 올라간다. 이것을 예술적으로 시각화하려면 위는 밝고 경쾌하게, 아래는 묵직하고 안정감 있게 처리해야 한다. 따라서 눈 높이에 따라 위는 새나 구름을 넣고 아래는 땅의 동물이나 바위, 물 같은 것을 그려 넣어 이미지의 연상을 이끄는 장치들이 있어야 한다. 불교건축의 장엄은 만다라의 형식을 원용하여 사방으로 같은 문양이 반복하여 무한대로 확장되어 퍼져나가도록 함으로써 광대하고 무한한 불법의 세계를 암시한다. 그래서 전각 안에 있으면 만다라를 따라 의식도 깨어나며 확장된다. 개인적으로 만다라의 전시나 관련한 이미지를 보고나면 꼭 그날 밤 꿈에 의식이 감응하여 우주 공간으로 확장되는 것을 느낀다.

단청에서 별지화라는 말도 처음 알게 된다. 건물 기둥과 벽면까지 세워지고 나면 다음은 지붕의 세계다. 그리고 건물의 층고를 높이기 위해 지붕 바로 밑

부분에 팽이버섯 줄기처럼 난해하게 얽혀 돌출된 부분의 층수에 따라 몇 포의 집이라고 부른다. 지붕과 지붕이 얹어지는 벽면의 사이, 또는 칸을 구획짓는 공포벽의 공간에도 부처님이나 다른 문양이 그려진 것을 볼 수 있다. 그것을 사람들은 별지화라고 또 이름을 붙였다. 그렇게 만물은 고유한 명칭을 얻어 존재하고 살아간다. 사찰 전각은 벽화로써 그 건물에 색만 입히는 게 아니라 이야기도 입힌다.

대웅보전의 벽화는 외벽과 내벽에 모두 그려져 있다. 밖은 육바라밀로 구성하고 안의 네 벽은 불교의 핵심 교설인 사성제를 도안했다. 흔히 사찰의 불사에서 그림도 그렇고 불상도 그렇다고 말하는 것 중의 하나가 작가의 모습을 닮거나 당해 주지의 얼굴을 닮는다는 말이 있다. 벽화는 조정우 선생의 작품이다. 한번은 은사스님께서 불사 관계자들과 함께 도량을 돌아보시다가 외벽의 원효대사가 해골물을 마시고 오도하는 벽화 앞에서 "원효대사가 꼭 조정우 얼굴이다"라고 하며 웃으셨다. 사성제의 고·집을 북쪽의 신중님 쪽에, 멸·도를 남쪽의 조사탱 쪽에 배치한 것에서 새삼 여러 가지 의미를 살펴 시행하였음을 알겠다. 사성제에서 고는 일체가 고라는 진리이고, 집은 고의 원인은 목마른 사람이 물 생각에 간절해지듯 자신이 갈구하는 바에 대한 집착이며 갈애라는 가르침이다. 결국 중생의 고(苦)는 집(集)의 단계에서 더욱 깊고 강하게 파고든다. 따라서 갈애는 자신이 내려놓거나 버리지 않는 이상 결코 벗어나지 못한다. 이것을 어떻게 상징적인 모습으로 표현할 것인가.

사성제의 내벽화가 완성된 후에 그림을 둘러보던 송광사 대중들은 충격어린 강렬한 인상을 받았다. 그림들 중에서 가장 눈길을 끌었던 것은 고의 상징이면서 번뇌의 뜨거운 불길이 주황빛 원 둘레에 이글거리는 속에서 깊은 몽환에 젖어 무중력의 우주에 떠있는 듯한 한 스님의 이채로운 모습이었다. 이 그림의 모티브가 춘원 이광수의 '꿈'이다. 누구의 발상이었을까. 인문학적 상상력이란 게 바로 이런 데서 힘을 발휘한다.

"벽화가 완성되자 대중들은 잘 되었다고 수희찬탄하였다."

신 선생은 장기간에 걸친 연재의 마지막을 벽화가 완성되자 대중들은 잘 되었다고 수희찬탄하는 것으로 마침표를 찍었다.

더러 글을 쓰다 보면 이야기를 내려놓지 못하고 더 끌고 싶어질 때가 있다. 신 선생의 연재를 옮겨 적는 것이 여기에서 끝이 난다는 생각을 하니 살아있는 사람과의 헤어짐처럼 아쉽기만 해서 미적거리다 마무리를 한다. 만약 회보에 이런 문화재 전문가의 미려한 현장설명이 없었다면 어느 누구도 그 건축 과정에 얽힌 이야기와 건축미를 알지 못할 것이다. 알지 못하니 기억에 남을 일도 없다. 그런 면에서 송광사를 사랑하고 송광사에서 살아가는 우리들에게 신 선생은 저마다의 가슴에 큰 거울을 주신 것이다.

심우도 | 소를 타고 귀가하는 기우귀가, 소는 없고 사람만 남는 망우존인

10.
영원한 불모
석정 스님

전통불화의 새로운 탄생

효봉 스님의 입적 22주기를 맞는 오는 10월 12일(음 9월 2일)은 송광사 대웅보전의 세 분 부처님, 석가모니불, 연등불 그리고 미륵불께도 더없이 반가운 날이 될 것 같다. 꽤 오랫동안 세 분 부처님만 덩그러니 모셔다 놓아서 못내 뒤가 허전했었다. 그런 참에 삼락자 석정 스님께서 필생의 신심과 원력으로 모신 후불탱화를 봉안하는 날이기 때문이다. 기자는 대웅보전의 세 분 부처님이 느끼실 듯한 설렘을 안고, 석정 스님에게서 그간의 산고를 겪으신 이야기를 듣고자 부산 금정산의 선주산방으로 달렸다.

스님, 안녕하십니까? 그동안 무척 애쓰셨다는 말씀을 들었습니다. 대웅보전의 후불탱화를 완성하셨지요?

"예, 송광사 대웅보전에는 중앙에 석가모니불이 계시고, 좌우에 연등불과 미륵불이 계십니다. 따라서 후불탱화도 세 축이 되는데, 석가모니불 후불탱화에는 부처님의 십대제자를 그려 모셨고, 연등불 후불탱화는 교를 대표하는 인도의 마명, 용수, 우리나라의 원효, 의천, 미륵불 탱화는 행을 상징하는 중국의 달마, 육조 혜능과 우리나라의 보조, 서산 스님을 모셨습니다. 이러한 내용 구성을 갖는 후불탱화가 지금까지 없었습니다. 이번에 제가 구상하여 송광사 큰스님들의 동의를 얻어서 창의적으로 구성했습니다."

모든 창작의 과정에는 크나큰 산고가 따른다고 합니다만, 불화의 경우에도 마찬가지겠지요?

"아닙니다. 오히려 그보다 더욱 어렵다고 보아야 합니다. 왜냐하면 불화는 단순한 예술품이 아니고, 모든 중생들의 귀의처가 될 신앙의 대상이기 때문에 중생들이 보고서 믿음을 내게 할 수 있어야 합니다. 더욱이 송광사는 우리나라 삼보사찰의 하나로 제8차 중창불사를 통해 수행도량의 면모를 새롭게 하는 일이므로 최선을 다해서 어그러짐이 없어야겠다는 생각 때문에 더욱 힘들었다고 할 수 있습니다."

결과적으로는 어떻게 평가하시겠습니까?

"17년째 불화를 그려오고 있습니다만 이번 송광사 대웅보전 후불탱화에 가장 깊은 정성을 쏟아부었고, 정말로 저 자신 필생의 역작이라고 생각하고 있습니다."

불화는 신앙의 대상이기 때문에 모시는 과정에서도 늘 기도하는 신앙을 통해서 그려져야 하는 것이 아닐까 싶습니다.

"옛날에는 특정한 도량에서 일체 잡인을 금하고, 송주 법사를 따로 두어 금어(金魚)가 불화를 그리는 동안 옆에서 진언을 외거나 독경을 하고, 철저히 재계생활을 했었습니다. 현대에 이르러서도 그렇게까지는 못합니다만 재계생활을 하면서 기도하며 신심과 원력을 가지고 해야 할 것입니다. 이번에 송광사 대웅보전 후불탱화 조성불사는 사중에서도 그렇거니와 저 자신도 끊임없이 기도하면서 정진한 결과 원만히 회향하였습니다."

그런 측면에서 요즘 흔히 불사를 너무나 가볍게 생각해서 아무에게나 맡기고 속전속결주의로 하고 있다는 느낌도 받습니다.

"그런 점은 동감입니다. 송광사 제8차 중창불사는 그런 점에서도 모범이 되고 앞으로도 꼭 귀감이 되리라 생각합니다. 저도 실제의 4분의 1 크기로 초를 내어서(요즘 말로는, 스케치를 하는 것이지요) 송광사에 가져가 큰스님들에게도 보이고 문화재관리국의 전문위원들이나 여러 관계자들도 만나고, 대웅보전에 실제로 맞추어 보기도 했습니다. 신중하게 공을 들여야 하는 거지요."

몇 년이나 걸리셨는지요?

"구산 스님께서 생전에 대웅보전 모형을 같이 보자고 해서 갔는데 그때 말씀이 '대웅보전의 탱화는 스님이 해야겠어요'라고 하셨습니다. 그래서 늘 염두에 두고 구상을 거듭해 왔지요. 그러다가 현호 스님과 여러 스님들의 청으로 작심을 하고 그린 때로부터는 만 3년입니다."

참 오랜, 많은 시간이 소요됐다고 생각됩니다만, 무슨 특별한 사정이라도 있으셨는지요.

"무슨 특별한 일이라기보다는 한 1년은 전국 유명사찰에 소장되어 있는 불화를 찾아다니면서 보고, 사진도 찍어오고 하는 고탱화 순례를 했습니다. 그 이전에도 보았던 것입니다만, 다시 한번 더 눈여겨보고 구상을 가다듬을 생각에서였고, 2년째는 아까 말씀드린 대로 초를 내보고, 송광사에 가서 맞춰보고, 크기도 조정하여 불상과 조화를 도모하고 그런 후에 크기를 실제대로 늘려서 그렸죠. 그리고 3년째 들어 채색을 했습니다.

스님, 이번 송광사 대웅보전 후불탱화의 가장 큰 특징은 무엇일까요? 작품의 기법 면에서 말입니다.

"좋은 질문입니다. 옛날에는 불가에 불화 그리는 기법만이 전래되었습니다만, 근래에 이르러 동양화·서양화가 들어와서 주로 동양화·서양화를 많이 그리게 되면서 동양화·서양화를 하는 사람들이 불화를 모르면서 얕잡아 보고 그랬습니다. 또 불화 그리는 사람들도 멸시를 당하게 되고, 불화에 대해서 스스로 자신감을 상실하게 되니까, 불화에다 서양화의 원근법이니 입체감이니 하는 기법을 가미하게 되었습니다. 잘 모르는 사람들은 그런 불화를 보고 참 잘 되었다고 합니다만, 저는 잘못이라고 봅니다. 동양화·서양화는 참고는 할 수 있으되 같이 뒤섞여서는 아니됩니다. 그것은 동양화·서양화도 아니고 불화도 아닙니다. 이번 대웅보전의 후불탱화를 그리면서는 그러한 기법을 철저히 탈피하고자 했으며, 순수한 전통불화를 재현해야 된다는 사명감에서 했습니다."

불화의 채색 원료라고 합니까? 그것은 어떤 것으로 썼습니까?

"아, 예. 그것도 한 말씀 드려야겠군요. 전통불화를 그리려고 생각해서 고탱화를 많이 순례하며 보았습니다만, 너무 낡아서 색감을 잘 알 수가 없었습니다. 그래서 괘불을 또 많이 보았습니다. 괘불은 아무래도 그렇게 자주 내거는 것은 아니니까 상태가 좋습니다. 삼천포 운흥사의 괘불 같은 경우는 원색이 그대로 있었어요. 그러는데 현호 스님께서 일본에서 암회구라는 것을 조금 가져왔어요. 그래 보니까 중국에서 원료를 갖다가 일본에서 정제한 것인데, 돌가루입니다. '이게 진짜 채색이구나' 싶었습니다. 이순신 장군이나 논개, 춘향이 등의 초상을 그릴 때도 전부 그것을 수입해서 쓰는 것입니다. 그래 저도 그것을 일본에 주문해서 이번 대웅보전 후불탱화를 그리는 데에 썼습니다.

불에 그을려도 변색이 되지 않습니다."

스님, 세속에서는 흔히 스님께서 선서화의 대가라고만 알고 있습니다.

"사실 전문은 불화입니다. 아주 어려서 서너 살 때부터 불화를 그리며 놀고 그랬지요. 그러다가 13살에 송광사의 유명한 금어스님이셨던 일섭 스님을 만나서 한 3~4개월 배웠습니다. 배운다고 해봐야 그전에 이미 혼자서 자작, 자습을 했기 때문에 안목을 틔워주는 정도였지요. 14살 때부터는 혼자서 직접 불화를 그려서 봉안을 했지요. 그런데 저의 문중이 참선을 하는 집안이어서 참선도 하고 했지요. 그러다 보니 불화는 엄숙한 신앙의 대상이어서 부처를 만나면 부처를 죽인다고 하는 기백을 요구하는 참선과는 쉽게 일치할 수가 없었어요. 수행과 불화를 일치시키고자 하는 마음에서 선화(禪畵)를 그렸던 것이지요."

스님의 제자들은 많으신지요?

"송광사 단청을 했던 인법 거사, 불화하는 손연칠 씨가 나를 찾아와서 스승으로 삼겠다고 해서 그렇게 사제지간이 되었고, 목각으로 불상을 조각하는 전기만 씨 등입니다."

앞으로, 불화를 계속해 나갈 후학들이 갖추어야 할 자질이랄까요? 어떤 특별한 공부가 필요하다고 생각하십니까?

"첫째, 불교경전을 잘 알아야 합니다. 대장경에도 불화에서 그릴 내용 등이 다 있습니다. 그러므로 대장경을 잘 알아야 합니다. 둘째, 그래서 될 수 있으면 스님들이 나서서 했으면 합니다. 옛날에는 목수, 석수, 와공도 다 스님들이 해서 절도 스님들이 다 지었잖아요? 셋째, 불화는 신앙의 대상이고 따라서 유목적적이기 때문에 원력을 세우고, 깊은 신심이 있어야 합니다. 넷째, 재가 거사들이라도 보살계를 받고, 원전을 깊이 연구하고, 재계를 가져야 합니다."

동국대에 불교미술학과도 있습니다만 학생들 지도는 안 해보셨습니까?

"그런 일은 없었습니다. 연전에 불교미술대전의 심사위원으로 위촉된 적이 있었는데 전문 실기자들만이 모인 것도 아니고 학교에서 연구하는 학자들도 오고 했었는데 이론을 주로 하시는 분들이고 해서 아무래도 실기를 주로 하는 사람과는 다소 다른 입장을 갖고 있음을 확인했습니다. 앞으로 이론과 실기를 둘 다 갖춘 인물이 나와야 할 것입니다."

스님께서 불미전 말씀을 하셨습니다만, 근래 불미전에서 종정상을 받은 화각공예가 무슨 쇠뿔인가를 원료로 썼다고 일부에서는 '계율에 어긋나는 것이 아니냐'고 이의를 제기하기도 했었습니다.

"불화 그리는 데 쓰는 풀이 두 가지인데, 아교는 쇠가죽을 고아서 액체를 뽑은 것이고, 어교는 민어 부레의 기름을 뽑아 말렸다가 다시 끓인 것입니다. 너무 매이지 말아야 할 것으로 생각합니다. 안 쓸 수가 없는 것 아닙니까?"

평생, 불화의 길을 가면서 아쉬운 점은 없으신지요?

"아쉬운 점은 없으나 좀 안타까운 일이 하나 있습니다. 고탱화 보존문제입니다. 요즘 탱화들은 아무래도 옛날만 못합니다. 그런데 파손을 막고 화재 위험에 대한 예방도 해야 합니다. 그래서 어서 빨리 전국의 고탱화를 사진으로 찍어서 한국 고탱화 전집 같은 책을 만들었으면 합니다. 아무도 나서는 사람도 없고 해서 아직 원으로만 그치고 있습니다. 그래서 요즘은 소장 사찰에 권해서 표구라도 새롭게 하도록 하고 있으며, 꽤 성과도 거두고 있습니다."

스님. 앞으로의 계획은 어떻습니까? 또 바빠지시겠지요?

"사실 송광사 대웅보전 후불탱화를 그리느라고 미리 약속해 두었던 일들을 미루었던 일이 꽤 있었습니다. 그분들의 이해와 협조에도 감사를 드려야 할 것 같군요. 이제 해야겠지요."

스님. 오랜 시간 말씀을 해주셨습니다. 감사합니다.

스님의 바람처럼 송광사 대웅보전을 참배하는 모든 이들의 마음에서 믿음이 샘솟기를 빌며 기자는 금정산을 뒤로했다.

 보경 스님의 손바닥소설

1988년 10월 회보(제94호)에서 석정 스님 기획탐방 기사를 만난다. 집필 구상하면서 수없이 회보 합본집을 이리저리 들쳐 보느라 오래된 풀칠을 버티지 못하고 종잇장이 하나 둘 떨어져나오기 시작했다. 그러다 신 선생의 대웅보전 불사 연재 중의 꽃살문에 대한 글과 같은 달에 함께 실려있는 것을 발견한 것은 글이 거의 끝나가는 즈음에서다. '전통 불화의 새로운 탄생'이라는 제하의 기사인데 대웅보전 후불탱화를 모신 소회를 들어보기 위한 자리인 것으로 보인다. 우선 회보의 기사를 보고 느낀 점을 쓰고, 스님이 어떤 분인지 모르는 분들을 위해 설명을 드리도록 하겠다.

위의 글에서 보듯이 정통불화라 해도 얼마든지 구성내용에 변화를 줄 수 있다. 삼존불과 여러 보살상 외에 마명·용수와 달마·혜능 그리고 우리나라의 원효·의천, 보조·서산까지 불화에 넣었다. 중창불사가 얼마나 독창적인 안목을 펼쳐 보인 것인지 짐작할 수 있다. 석정 스님은 구산 스님의 청을 받고 적지 않은 시간 동안 전국의 유명 불화를 탐방하고 초를 내고 채색에 들어가기까지 3년이 걸렸다고 하셨다. 인상 깊은 말씀은 세 가지로 정리해 볼 수 있겠다.

무엇보다 "불화는 엄숙한 신앙의 대상이어서 부처를 만나면 부처를 죽인다고 하는 기백을 요구하는 참선과는 쉽게 일치할 수가 없었다"라고 하는 말씀에서 잠시 읽기를 멈췄다. 이게 간단한 말이 아니다. 일반 신도들은 모르겠지만 스님들 세계에서 참선의 문화가 단순한 수사에 그치지 않고 참선 외에는 전부 부정하는 분위기가 엄존하는 것이 현실이다. 석정 스님께서 그런 분위기를 극복하지 못했으면 스님이 그린 불화와 선화는 존재하지 않는다. 마찬가지로 법정 스님도 그런 분위기를 극복했기에 대중적인 글쓰기로 한 획을 그을 수 있었다. 이처럼 한국불교의 선종 문화는 다양한 분야에서 불교가 대 사회적으로 할 수 있는 많은 일과 인재들을 소홀히 하지 않았는지 안타까운 마음이 있다.

석정 스님께서 어린 나이에 그 핵심을 보셨다는 것이 무척 놀랍다. 불화를 하려 해도 경전에 대한 소양과 이해가 없으면 그림으로 그려낼 수 없다는 지적은 당연하면서도 실행하기 쉽지 않은 일이다. 또 한국 고탱화전집 같은 책이 나왔으면 하는 바람을 말씀하셨다. 일을 해본 사람은 과거의 기록유산의 소중함을 안다. 오직 후대에 알릴 수 있는 일은 기록으로 남기는 것뿐이기 때문이다. 나는 출가한 이후부터 먼발치서 석정 스님을 자주 뵀고 불화를 모시는 일로 은사스님과 의논하는 자리에 더러 차 심부름을 하면서 어깨너머로 이야기를 듣곤 했다.

스님은 걷는 것이 불편해 보이는 걸음이었고 항상 쿠션이 있는 흰 운동화를 신으셨는데 다리 때문에 그렇다는 얘기를 들은 바가 있다. 이제는 스님도 돌아가시고(2012년 12월 20일 입적) 안 계시지만 시와 문의 두 권으로 나온 문집이 있어서 다시 들쳐봤더니 조금 더 이야기를 쓰고 싶은 마음이 들었다.

집필의 막바지라 은근히 서두르는 마음이 없지 않은데, 스님의 문집 두 권을 꼼꼼히 봤다. 스님의 자필 이력에는 한계암 토굴에서 나름 한 경계를 얻은 바 있다고 그때의 심경을 읊은 게송까지 적으셨다. 그리고 21세 때 준제주 100일 기도를 마치고 깨달은 바가 있었다고 한다. 스님은 무슨 일이나 스님들에 관하여서 그때마다 시를 지어 소회를 남겼다. 이것은 그 누구에게서도 보기 어려운 스님만의 풍류이거니와 공부의 깊이가 없으면 마음에서 우러나지 않아 문장을 지을 수 없다. 스님이 손수 쓴 이력이니 더 붙이고 꾸미고 할 일이 없는 그대로 받아들이면 될 것이다.

스님은 1928년생이다. 백운이 갈라지고 청천이 드러나자 발가벗은 동자가 나타나는 태몽을 받고 태어나 옛 강원도 고성, 금강산 신계사 아래에서 자랐다. 2세에 다리에 병이 생겨 백방으로 치료를 받았으나 소용이 없어 다리를 절단할 정도에 이르렀는데 모친의 정성과 처방으로 완쾌되었다. 3세에서 4세 사이의 겨울에 백지 백 장의 불상을 그렸다고 한다. 4세에 독사에 물려 독이 온 몸에 퍼져서 죽을 고비를 넘겼다. 이 무렵에 토굴에서 정진하시는 효봉 스님께 문틈으로 공양을 넣어드리는 일을 맡았다. 5세에 불상을 보고 흙과 나무로 불상을 조성하기 시작하고 관광객에게 그림을 그려주고는 거기에서 얻은 돈으로 지필묵을 사서 공부에 매진했다. 6세에는 불상을 조성하려고 피나무에 도끼질을 하다가 다리를 찍어 많이 다쳤다고 한다. 그리고 7세에 신계사 나한전의 복장 속 그림이 궁금하여 꺼내보다가 혼나기도 했다. 13세에 그림을 그려주고 얻은 돈으로 송광사로 내려가는 중에 안변 석왕사에서 며칠 머물게 되었다. 대불모였던 석옹 스님의 상좌를 만나니 "우리 스님(석옹 스님) 입적하실 때 말씀하시길 '다음 생엔 금강산 신계사에 태어나서 30세에 석왕사엘 다시 오겠다'라고 하셨는데 나이와 정황이 모두 맞다. 우리 은법사 석옹 스님의 후신이 분명하다" 하면서 절까지 하더라는 것이다. 훗날 효봉 스님께 일섭 스님을 따라 그림을 배우고 싶다고 했더니 참선하라며 만류했는데 그림을 놓지 못했다고 적었다.

스님은 13세에 송광사에서 석두 스님을 은사로 계를 받았고 불화는 일섭 스님께 사사했다. 39세에 밀양 표충사에서 효봉 스님 열반이 있었고, 그해 겨울 효봉 스님 사리에서 방광하는 것을 상좌 수안 스님과 함께 친견한 이야기도 있다. 다음 날 표충사 선원대중에게 엊저녁 일을 물으니 이상하게도 한밤중에 그늘진 곳이 없이 밝더라는 답을 들었다고 한다. 가끔 사리나 불상이 방광하는 이야기가 전해지는데, 보통의 빛은 그림자가 있지만 방광은 그늘진 곳이 없는 것인가 하는 생각이 든다.

효봉 스님 입적에 대해 은사스님께 직접 들은 이야기다. 스님이 타지에 계시다가 효봉 스님께 이상이 생길 것 같아 급히 표충사로 찾아갔다고 한다. 한 며칠 시봉을 드는데 어느 날 밤에는 좌복에서 정진하신 자세로 계시다가 이렇게 물으셨다고 한다.

"지금이 몇 시냐?"

"예 10시입니다."

은사스님은 시계를 보고 말씀드렸다. 그러다 또 시간이 흘렀고 효봉 스님은 다시 시간을 물으셨다.

"지금이 몇 시냐?"

"거의 12시가 다 되었습니다."

또 시간이 흐르고…

"지금이 몇 시냐?"

"예, 4시 정도 되었습니다."

효봉 스님 곁을 잠시도 떠나지 않고 지켜보면서 은사스님은 효봉 스님이 시간을 물으셔서 그날 밤 세 번 정도 말씀을 드렸다고 한다. 그리고 아침이 밝아오자 사중에서는 사명대사 추모제를 지낸다고 분주히 움직이고 있었던가 보다. 10시 정각에 추모제를 알리는 종이 울리는 찰나에 염주를 쥐고 있던 스님의 손이 풀리면서 염주가 떨어졌다. 몸은 좌선하는 자세 그대로인데 고개가 약간 앞으로 숙여지는 것이었다. 생을 마감한 좌탈입망의 열반이었다. 그래서 급히 사중에 알려 추모제의 법종이 108타로 산중에 울려퍼지며 고매한 한 선승의 열반소식을 알렸다. 흔히 선사들의 임종의 모습이 공부의 힘을 말하는 것이라고 하는데, 효봉 스님의 열반은 어디에서도 보기 어려운 여여함을 나타내 보이신 것이었다.

석정 스님은 누가 가르쳐주지 않아도 신계사 마당에서 나뭇가지로 그림을 그리며 놀았다고 하고 부처님을 보고는 그대로 형상을 만들었다고 한다. 불가에서는 이런 일을 두고 숙세의 인연이라고 한다. 특히 이목을 끄는 것은 하필 다리 때문에 고생하고 또 심하게 다치고 한 일들은 무엇을 말하는가. 다리가 성하지 않으면 일단 돌아다닐 생각을 하지 못한다. 불화는 방바닥에 허벅지와 엉덩이를 붙이고 허리와 고개를 숙인 채로 바닥에 펼쳐진 종이 위에 팔이 흔들리지 않도록 방바닥에 댄 채로 장시간 동안 붓을 움직여야 하는 일이다. 이건 나 혼자만의 생각이지만 부처님이 석정 스님의 발을 묶어놓기 위한 시련이지 않았을까 하고 의미를 부여해 본다. 불화를 그리거나 불상을 조각하는 이를 일러 불모라고 한다. 엄마가 아이를 낳듯이 불모는 부처님을 낳는다. 그리고 스님의 선서화는 특별한 대접을 받고 누구나 구하여 소장하려 했다. 불일출판사에서 출판한 〈내가 애송하는 선게〉라는 소책자가 있다. 스님은 사람들에게 그림과 함께 그림에 넣어줄 게송을 많이 외우고 계셨다.

내가 소장하고 있는 스님의 액자 한 점은 바위에 자라고 있는 청란 그림에 글로는 雲起雨來 水流花開라는 게송을 넣은 것이다. 구름이 이니 비가 오려는가… 물 흐르고 꽃이 피네, 하는 것이다. 석정 스님은 은사스님과 각별하게 지내시는 느낌이었는데, 그만큼 서로를 소중하게 생각한 까닭이 아닐까 한다. 제8차 중창 불사를 시작하는 단계에서 구산 스님께서 탱화를 부탁하셨고, 은사스님 또한 송광사와 법련사 두 도량의 법당 불화를 모시면서 교우한 정리가 없지 않았을 것이다. 석정 스님의 찬을 보자.

가현호상인라성고려사개원
美洲往復似隣家 미국 땅 드나들길 이웃집 오가듯
爲法亡軀世不多 법을 위해 몸을 잊는 이 세상에 많지 않네
彈指圓成高麗寺 잠깐 새에 고려사를 번듯하게 이루었으니
火中涌出碧蓮花 불 속에서 푸른 연꽃이 솟아난 듯하네

축현호상인임송광사주지
曹溪重興有雄圖 조계산을 중흥할 큰 계획이 있고
衆望在身德不孤 대중의 바람이 스님 한 몸에 있어 덕이 외롭지 않네

是處有山應有虎 산이 있는 곳에는 꼭 호랑이가 있으니
雲收雨霽湧金烏 구름 걷히고 비 개자 해가 떠오르네

현호상인중창송광사유감

山轉水廻別有天 산이 싸고 물이 도는 별유천지
暫遊頓覺好因緣 잠깐 노닐어도 좋은 인연임을 알겠네
靈泉不渴流今夜 영천은 마르지 않아 오늘 밤에도 흐르고
香樹猶存記昔年 향나무는 아직 살아 천년 역사를 말해주네

佛日本無明暗色 불일은 본래 밝아 어두운 색이 없고
曹溪空作暮朝煙 조계산은 공연히 아침 저녁으로 안개를 만드네
虎師重創揚宗旨 현호 스님이 중창하여 종지를 밝히니
槿域禪風海外傳 한국의 선풍이 해외에 전해지네

친견가헌최완수선생조성법련사삼불사보살상유감

嘉軒眞佛母 가헌은 진정한 불모다
宿世有勝緣 숙세에 수승한 인연이 있어
造佛相圓妙 조성한 불상이 원만하고 미묘하여
豪光貫五天 백호광명이 오천을 뚫네

축법련사불일범종불사타종법회

삼각산 등에 업고 한강을 굽어보니
장안에 제일 좋은 도심에 명당이라
현호 스님 절을 지어 그 이름 법련사라

법련사 바친 터에 대우가 집 지으니
우람할사 영산대법전 반공에 우뚝섰네
불일범종 크게 울려 억만중생 잠깨우네

석림현호선사진영찬

撥草參玄 무명을 다스리고 현지를 참구하느라
鐵鞋無底 쇠 신발 바닥이 없으니
九山一喝 구산의 할 한 번에
耳聾忘語 귀먹고 말을 잊었네

重創松廣 송광사를 중창하여
功滿太虛 공덕이 태허에 가득하네
優遊萬邦 한가로이 만방을 여행하여
闊開胸裾 가슴이 활짝 열렸네

석정 스님의 은사스님과 송광사·법련사 불사에 대한 찬의 게송을 모아 실었다. 또 하나 문집 중에 법정 스님이 봄에 햇차를 만들어 보냈던지 그에 대한 소회가 있어서 함께 옮긴다. 예전에는 어디나 먹고 마실 것이 넉넉치 않았고, 특히나 봄철에 차를 보내주면 그에 대한 서신을 잊지 않은 것을 문인들의 옛글에서 심심치 않게 볼 수 있다. 초의 선사나 추사 선생이 차를 받고 그에 대한 답신을 하는 것을 읽어서 안다. 하지만 지금은 어떤가. 이제는 봄이 오고 곡우라고 해봐야 누구 하나 차를 만들거나 주고 받는 일도 거의 없다. 하기야 산중에도 커피가 넘쳐나는 세상이 되었으니 다 꿈같은 일이 되고 만다. 그런데 석정 스님이 법정 스님의 햇차를 받고 시로 답하는 것에서 요즘의 사람들은 우애도 심성도 미치지 못하니 부끄러운 마음이 든다.

생각해보면 송광사의 근현대엔 가깝게는 구산 스님의 노년기에 법정 스님이나 석정 스님 같은 분들이 활동하셨고, 또 한편에서는 도량의 토대를 만든 현호 스님과 문중의 많은 스님들이 계셨다. 그런 시절이 다시 오기 어려운 송광사의 황금기 중의 하나였음을 깨닫는다. 석정 스님은 답례의 시를 다음과 같이 적었다.

법정선사송래수제조계산다
曹溪茶苗不種田 조계산 차는 밭에 심지 않고
竹露松風任自然 대이슬 솔바람에 저절로 자라네
上人好手摩挲處 스님의 좋은 솜씨로 비벼 만들었으니
贏得人天一味禪 인천의 일미선을 충분히 맛볼 수 있네

"좋은 차는 좋은 사람과 같다"라고 한 사람은 소동파고, "차는 차인과 마셔야 한다"는 것은 황정견이다. 이제 이 산중을 수놓으셨던 어른들 모두 떠나고 그 빈자리에 다시 봄꽃이 피겠지. 올봄에는 곡우를 놓치지 말고 우전 한 통 구해서 탑전의 적광전 부처님전에 차공양을 올리고, 구산 스님, 일각 스님 사리탑과 구산 스님 영전에 헌다한 후 무상각, 보경화 두 보살께도 차를 올려야겠다.

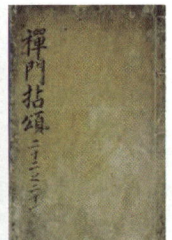

진각국사 | 스님은 보조국사를 이은 제2세 국사다. 스님이 출가하시던 날 보조국사는 설두중현 선사가 일주문으로 들어오는 꿈을 꾸셨다. 설두중현은 종문제일서인 벽암록의 전신인 송고백칙을 만든 분이다. 스님은 공안집인 선문염송을 편찬했고, 이 책은 조선시기 이후로 스님들의 이력 과목이었다.

11.
보조사상연구원의 설립과 초기 활동

법련사에서 거행된 구산 스님 열반 30주기 국제학술대회 (2013년 10월 4일)

보조국사 열반 800주년 기념 학술대회 (2010년 10월 7~8일)

보조사상연구원 태동

1983년부터 추진해온 제8차 중창불사가 중단없이 이어져 1988년 삼월 불사에는 회향을 볼 수 있을 것으로 계획이 세워졌다. 이어 외형의 불사 못지 않게 내적인 불사 또한 치밀하게 준비할 필요가 있었다. 형식과 내용이라는 측면은 상호 보완적이면서 서로에게 의탁하여 그 의미를 드러낼 수 있다. 당시에는 중창불사 전체를 구상하는 은사스님의 의중을 알기 어려울 터이지만 불일회보를 살펴보면 충분히 예측 가능한 방향으로 일이 추진되고 있었음을 알 수 있다. 불사에는 연기문을 써서 그 시작을 알리고 보조사상연구원은 설립 취지문을 적었다. 1987년 2월(제74호) 불일회보에 실린 보조사상연구원 발기 취지문을 살펴보도록 하자.

보조사상연구원 발기 취지문

한국불교 1600년의 역사에 수많은 인물이 배출되어 이 땅의 정신문화를 주도해 왔지만, 그중에도 고려의 보조국사 지눌이 차지한 비중은 신라의 원효와 함께 거의 절대적이다. 보조 스님의 가르침은 현재도 한국불교 곳곳에 깊이 스며있다. 기울어가던 고려불교를 새롭게 일으키기 위해 정혜결사운동을 제창, 수선사를 창설하여 불타 석가모니의 정법을 그 시대에 구현한 것도 보조 스님의 구도자적인 의지에서 비롯된 것이다. 보조 스님의 돈오점수와 정혜쌍수 및 진심직설에 담긴 뛰어난 사상은 이제 불교계만의 관심사가 아니다. 그의 사상은 오히려 일반 학계와 세계적인 사상계의 관심을 불러일으켜 현재까지도 끊임없이 꾸준히 연구 발표되고 있는 실정이다. 일찍이 우리들은 제 것은 대수롭게 여기지 않고 남의 것만을 높이 우러르는 자주성을 망각한 사대적인 경향 때문에 자기네 조상에 대한 학구적인 관심마저 결여되었다. 이런 사실을 후손인 우리는 부끄럽고 송구스럽게 생각한다.

오늘날 우리는 과학과 물질만능의 그릇된 풍조 속에 인간의 진심을 잃은 채 뒤바뀐 가치의식으로 큰 혼란을 일으키고 있다. 그러나 감각적인 세속의 가치만으로 진정한 삶의 길을 이룰 수 없다는 것은, 세계의 석학들이 인식을 같이하고 있다. 오늘의 종교가 당면한 과제가 바로 여기에 있다. 이런 역사적인 요구 앞에 언제까지고 못난 후손으로 자처할 수가 없다. 보조사상을 잉태하고 공표하고 몸소 실천했던 근본도량인 승보의 가람 송광사에서 몇몇 후학들이 뜻을 같이하여, 때늦은 감은 있지만 보조사상연구원을 발족하게 된 것이다. 우리는 이 연구원을 통해서 보조사상을 오늘 이 땅에 새롭게 심으려고 한다. 보조 스님의 가르침이 편협한 종교계에 머물지 않고 보편적인 인류의 사상으로 수용되고 있음을 상기하면서, 뜻있는 분들의 관심과 동참이 있기를 바란다.

불기 2531년 1월

발기인
회광승찬 조계총림 방장
법정 조계총림 수련원장
법흥 조계총림 유나

보성 조계총림 율주
현호 송광사 주지
경일 동국대학교 교수
이종익 전 동국대학교 교수
강건기 전북대학교 교수
심재룡 서울대학교 교수
길희성 서강대학교 교수
김지견 강원대학교 교수
최병헌 서울대학교 교수
한기두 원광대학교 교수
박성배 미국 뉴욕주립대학교 교수
Robert Buswell 미국 L.A.대학교 교수(혜명 법사)

심우도 | 사람과 소가 모두 없는 인우구망, 본래 자리로 돌아오는 환본환원, 세상에 나아가 중생을 구제하는 입전수수. 보조사상연구원이 입전수수의 정신이다.

창립총회
보조사상을 오늘 이땅에 새롭게 심는다

승보종찰 송광사 조계총림에서는 보조국사 지눌의 사상과 그의 목우가풍을 연구·계승·선양하기 위해 보조사상연구원을 발족하고 2월 22일 오후 1시 송광사에서 창립총회를 가졌다.

이미 교계 안팎의 비상한 관심과 기대 속에 학술불사의 새로운 장을 연 것으로 평가받는 가운데 이날 창립총회에는 조계총림 방장 회광 스님을 비롯, 법정 스님, 법흥 스님, 현호 스님, 경일 스님, 이종익 박사, 강건기 교수, 심재룡 교수, 최병헌 교수, 한기두 교수 등 스님·교수·신도 등 60여 명이 모여서 성황리에 개최되었다. 보조사상연구원의 산모로서 그동안 노고가 많으신 주지 현호 스님은 개회사를 통해 "보조국사 정혜결사운동의 근본도량이었으며 16국사를 배출한 승보의 가람 송광사에서는 그 빛나는 역사를 다시 재현하기 위해 외적인 가람을 중창하는 제8차 중창불사에 이어서 내실을 기하고 한국불교중흥과 불국토 건설에 이바지하고자 내적인 불사로써 보조사상연구원을 창립하게 된 것이다"라고 하면서 사부대중의 관심과 참여를 당부했다.

한편, 임시의장 현호 스님의 사회로 진행된 총회에서는 회칙을 확정하고 회칙에 의한 고문 추대, 이사회 구성, 원장 선출, 연구위원회 구성, 임원 임명 등이 있었다. 고문에는 조계종 종정스님, 조계총림 방장스님과 종립 동국대학교 총장을 당연직 고문으로 추대하고, 7인 이상 15인 이하로 되어 있는 이사회에는 승려 대표로 법정 스님, 법흥 스님, 보성 스님, 현호 스님이, 학계 대표로는 이종익 박사, 김지견 박사, 강건기 교수, 박성배 교수, 길희성 교수가, 신도대표에 서울 불일회 회장인 조홍식 거사의 10인으로 구성하였으며 이사장은 현호 스님께서 선임되었다. 이어 속회된 이사회에서는 초대 원장에 법정 스님을 선임하고 감사에 송광사 총무 현고 스님과 불일회 사무총장 유여진 거사를 선임했으며 연구위원회는 경일 스님, 이종익 박사, 강건기 교수, 길희성 교수, 한기두 교수, 박성배 교수, Robert Buswell 박사 등의 10인으로 일단 구성하였다. 앞으로도 보조사상 전문 연구학자를 연구위원으로 위촉하며, 석·박사 과정의 소장학자, 학인들을 연구회원으로 가입시키기로 하였다.

초대원장에 선임된 법정 스님은 기획실을 두고 실장에 송광사의 돈연 스님을, 간사에 동국대 인도철학과를 졸업한 김호성 씨를 임명하여 이사회의 인준을 얻었다. 원장 취임사에서 법정 스님은 "오늘에 와서야 보조지눌 스님의 사상과 가풍을 연구·선양하고자 하는 연구원을 발족하게 된 것은 송구스럽게 생각하지만 800년의 깊은 잠에서 깨어난 듯한 느낌이다."고 말하고 "오늘의 불교현실을 직시할 때 보조 스님의 정혜결사의 정신으로 정진하여 과학만능의 그릇된 가치관을 올바로 정립하여 현실에 밝게 펼쳐야 할 것"이라고 연구원의 나아갈 방향을 밝히셨다.

이어 사업계획을 확정했는데, 1988년 제8차 송광사 중창불사를 회향하고 이를 기념하기 위해서 1988년 7월 10일에서 7월 15일까지 송광사에서 국제학술세미나, 국제보살계법회, 박물관 개관기념전시회를 개최키로 하며 1987년도 사업으로는 보조국사전서를 발간하여 연구자들의 편의를 도모하고 모든 연구논문의 인용 텍스트로서 활용되도록 하며, 1987년 10월 23일에서 25일까지 송광사에서 제1회 학술세미나를 갖기로 하였다. 보조국사 주석 유적지의 답사·순참과 보조국사 연구 논문집 편찬은 연차적으로 추진해 가기로 하였으며, 그 세부적인 사항은 오는 3월 14일 오전 11시 조계총림 송광사 서울 분원 법련사에서 개최하는 임원 및 연구위원 연석회의에서 심의 확정키로 했다. 금년의 중점사업으로 확정된 보조국사전서에는 정혜결사의 이념이 드러난 권수정혜결사문과 정혜쌍수와 돈오점수를 주장하는 진심직설과 수심결, 선교일치를 주장하는 법집별행록절요병입사기, 원돈성불론, 화엄론절요와 화두선의 이론과 방법을 밝힌 간화결의론과 정혜결사운동 당시의 청규였던 계초심학인문과 근래 보조 스님의 진찬이 아니라는 학설이 제기되어 있는 연불요문도 일단 포함될 것이고 김군수가 찬술한 보조국사 비문 역시 같이 묶을 것으로 보인다.

총회를 마치고 국사전에서 보조국사의 진영에 삼배를 올리는 모두의 가슴에 이 여래사(如來事)로 말미암아 다시금 이 땅에 불일이 보조하기를 비는 마음 그득했다. 〈편집부〉

1987년 3월에 발간된 불일회보 제75호에 실린 위 내용은 연구원 창립의 과정과 참여자의 면모에서 보조사상이 나아갈 방향이 엿보인다. 그리고 보조전서 발간을 우선의 사업으로 정한 것을 알 수 있다. 21세기 현재 불교관계 논문에서 원전의 출처는 일본의 대정신수대장경이 인정받는다. 그만큼 정확하여 오탈자도 드물거니와 불교관계 모든 경론을 망라하여 정리했기에 그 권위를 존중받는 것이다. 보조사상을 천명하려면 일차 전적으로 인용문에 넣을 수 있는 자체정리한 보조전서가 있어야 한다. 그러기 위해서는 전서에 묶인 전적목록이 학계의 동의가 되어야 하고 정교하게 만들어져야 한다. 내가 학위논문을 쓸 때 인용문의 보조전서 페이지를 정확히 기입하기 위해 신경을 썼던 기억이 있다. 연구원의 출범과 함께 가장 핵심적인 일을 첫 사업으로 정하여 추진하려 한다는 것은 좋은 평가를 받을만 하다.

이어지는 1987년 4월(제76호)에는 "보조사상연구원 순풍에 돛을 달았다"라는 제목의 기사가 실렸다. 그 내용을 보면 연구원이 본격적인 활동을 전개하며 금년의 중점사업을 『보조전서』의 간행, 학술발표회의 개최, 연구논문 목록의 작성으로 정하고 그 구체적 작업에 착수한 것이다. 3월 14일 오전 11시 조계총림 송광사 서울 분원 법련사에서 제1회 전체임원회의를 열어 이와같이 결정하고 보조사상연구원을 정식으로 출범시켰음을 알 수 있다.

보조국사 지눌은 침묵만 지키는 어리석은 선과 문자에만 집착하는 교의 허물을 다 함께 비판했다. 정혜쌍수를 주창한 것도 바로 그 때문. 여느 선사와는 달리 보조국사 지눌에게 많은 저술이 있는 것도 이런 배경에서 이해되어야 한다. 법정 스님은 "보조 스님의 저술들이 이제까지는 따로따로 전해지기만 했고, 이미 출판된 책에서도 많은 오자, 탈자 등이 있어서 보다 정확한 텍스트의 집대성이 요청되었다"라고 보조전서 간행의 동기를 밝혔다. 보조국사 지눌의 저술은 당시부터 현재까지 꾸준히 읽히고 있다. 그중에서 계초심학인문과 법집별행록절요병입사기의 경우 강원의 이력과목으로서도 채택되었다. 그러나 당시까지 전집으로는 출간된 적이 없다. 동국대학교에서 간행하고 있는 한국불교전서 제6책 고려시대 편에서는 보조국사 지눌의 모든 저술이 포함되어 있다(친저가 아니라는 설이 있는 염불요문은 제외되어 있음). 1983년에는 미국 하와이대학 출판부에서 영문판 『지눌전집』(The Collected works of Chinul)이 출판되었다. 송광사에 와서 수선을 하고 한국불교를 연구한 동양철학자 Robert

Buswell이 번역하고 주석을 단 것이다. 그러나 역시 여기에도 『화엄론절요』가 빠져 있다. 당시까지는 오대산 탄허 스님의 보조법어와 김달진 씨가 보조어록을 출간한 적이 있다. 이처럼 당시까지의 보조전서 출판물에 대한 평가를 내리고 이제까지의 미비점을 모두 극복한 보조전서를 편찬하기로 하면서 편찬의 기본원칙도 다음과 같이 정하고 있다.

① 현토는 하지 아니하고 구두점만 뗀다.
② 서지학적 해제만 붙인다.
③ 월정사판을 비롯 각종 목판본을 모아서 교감한다.
④ 세로조판, 전체 1단으로 하고 상단여백에 교감기를 적어 넣는다.
⑤ 4·6배판의 단권으로 한다.
⑥ 친저가 아닌 것은 부록에 넣는다.

이와 같은 기본원칙에 의거해서 편찬 실무는 편집위원회에서 담당키로 했다. 편집위원에는 법정 스님, 현호 스님, 돈연 스님, 경일 스님, 이종익 박사, 김지견 박사, 길희성 교수, 강건기 교수, 심재룡 교수 등을 정한다. 이사장 현호 스님은 이날 회의에서 "이번 학술발표회는 지금까지 학계에서 진행된 보조사상연구의 현황과 과제를 점검해보고 앞날의 방향을 정립하고자 하는 것이며, 내년도의 국제 학술발표회를 준비하는 리허설이라는 의미도 있다"라고 하면서 보다 내실 있는 학술발표회가 되기 위해서 발표논문들을 모아서 책으로 출간할 것이라는 말씀을 전한다. 보조사상연구원 출범 후 최초의 대외적 학술행사가 될 이번 가을의 학술발표회는 "보조사상 연구의 회고와 전망"이라는 주제로 8명의 국내 거주 연구위원 전원이 발표하게 된다는 것으로 기사를 마무리 짓고 있다.

한편 1987년 12월에 발간된 제84호에 첫 학술발표회의 내용을 실은 보조사상학술지 제1집이 간행되었음을 알리는 기사가 보인다. 학자나 교수, 또는 학위를 받으려는 사람은 반드시 학회지에 논문을 실어야 점수를 받는다. 그래서 학회지의 운영은 연구기관의 직접적인 일이면서 그 기관의 평가와도 연결되는 대단히 중요한 일이다. 그리고 학회지는 논문 등재지 본연의 목적을 위해 기여하고 항구적으로 존속하기 위해 노력해야 한다. 보조사상연구원의 학술지가 30여 년을 지나서 불교계 제일의 지명도를 얻을 수 있었던 것도 법련사에서의 절대적인 지원으로 굴곡 없이 학회를 운영할 수 있었기 때문이다. 보조사상연구원은 신진학자를 양성하기 위해 지금도 정기학술대회 외에도 매년 약 5회의 월례발표회를 개최하고 있는데, 이점은 여타 연구원에서 실행하지 못하는 큰 장점이자 호평을 받는 이유다.

1988년 6월에 국제불교학술대회를 개최하는 등 첫 출발과 아울러 진취적으로 학회를 운영하는 것이 눈에 들어온다. 국제불교학술대회 개최의 안내문을 보자.

"명리와 이양의 길을 멀리하고 정혜결사운동을 전개함으로써 청정승가를 구현했던 보조국사 지눌 스님은 당시의 불교계를 새롭게 했을 뿐만이 아니라 오늘의 한국불교 형성에 크나큰 영향력을 미쳐오고 있습니다. 세계의 학계에서도, 보조국사의 불교사상은 중국불교를 그대로 답습한 것이 아니라 주체적으로 비판·수용함으로써 독특한 한국불교사상을 형성했으며, 그러한 보조사상이 세계적인 의미를 띠고 있다고 인정하고 있습니다. 다소 때늦은 감이 없지는 않으나, 지난해 승보종찰 송광사에서 보조사상연구원을 설립한 것도 보조사상의 재조명을 통하여 한국불교의 중흥에 일익을 담당하며 주체적인 민족의 정신문화를 꽃피우고자 하는 발원에서였습니다. 이제 금년에는 세계의 석학들이 보조사상을 어떻게 보아왔는지, 또 보조사상의 역사적 위치가 어디쯤인지를 재평가하고자 아래와 같이 국제불교학술회의를 개최합니다. 많은 성원과 동참을 바라는 바입니다."

한편 1988년 8월(제92호)에 이 행사의 결과를 정리하여 1면에 싣고 있다. 발표자의 중점 논제를 소개하면서 토론회의 일면도 알 수 있게 해준다. 당시 도올 김용옥 선생도 참여하여 발언권을 얻고는 "돈오점수와 돈오돈수의 핵심은 이 세계를 어떻게 보느냐의 문제와 관련된다. 흔히 불교에서는 이 세계가 이미 완성되어 있다고 전제하는데, 돈오돈수도 그러한 맥락에서 이야기되고 있다. 그러한 주장은 현실과 유리되어 버릴 것이 틀림없으며, 그것이 문제이다"라는 의견을 말했다. 법정 스님께서도 발언한 내용이 있어서 소개하면 다음과 같다.

"깨달음과 닦음은 별개의 것이 아니다. 공시적인 것이어야 한다. 돈오돈수, 즉 더 닦을 것이 없는 깨달음이란 것은 말은 그럴듯하나 그렇지 않다. 불교는 종교이다. 종교는 행이 따라야 한다. 따라서 점수는 수행의 문제이다. 수행에 완성이 있겠는가. 완성이 없는, 끝없는 추구가 있을 뿐이다. 완성이 없는 것이 깨달음이다.… 육조 스님도 깨닫지 않았다고 스스로 말했다. 부처님께서도 팔만대장경을 설하셨지만, 한 글자도 설한 것이 없다고 하셨다. 중생계가 남아있는 한 완성이란 없다. 무상정각은 다함이 없는 정각-깨달음에 완성이 없다는 뜻이다. 이러한 학술대회는 다양한 논의를 통해 수행의 바른길을 찾아서 나아가자는 뜻이다."

역시나 법정 스님의 논리는 교설에 입각한 왜곡 없는 이해의 필요성을 일깨우고 있음을 볼 수 있다. 여전히 깨달은 자의 현실 속 실천보다는 깨달음 자체에 대한 의문과 해묵은 논쟁이 가시지 않은 현실에서 법정 스님의 말씀을 눈여겨봐야 할 것이다. 무슨 자리라면 끔찍이 싫어했던 법정 스님이 연구원 태동부터 연구원의 원장을 맡는 등 역할을 단단히 하셨다. 은사스님은 평소에 "나는 법정 스님이 활동할 수 있게 무대를 만들어주려고 한다"라는 말씀을 자주 하셨다. 어쩌면 두 분이 서로 간에 인정하고 알아봐 주는 가슴을 가졌기에 그 같은 유무형의 불사를 하고 1980년대 송광사의 황금기를 구가하지 않았을까 한다. 왜냐하면 승속을 막론하고 알아봐 준다는 것이 참으로 어렵기도 하고 고귀한 일임을 새삼 깨달아 가기 때문이다.

 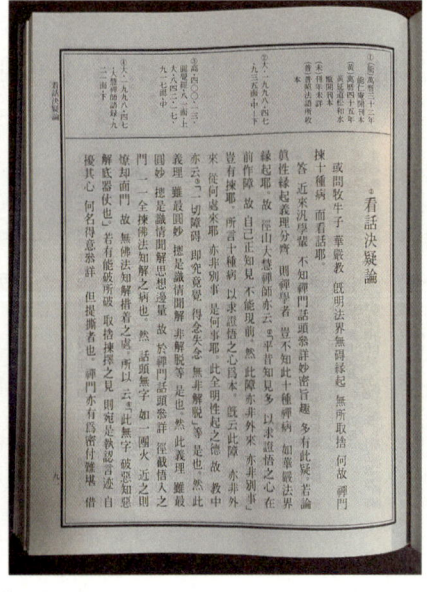

보조전서의 장정과 속 페이지

보조전서
완간을 보다

1989년 11월의 불일회보(제107호)에는 박경훈 동국역경원 편찬부장의 『보조전서』 출간에 즈음한 소감을 담은 서평이 실려있다. 그 전문을 소개하면 다음과 같다.

보조국사 지눌 스님의 저술과 여러 판본, 흩어져 있는 비명·법어송·서·발문 등 보조사상 연구의 기초자료를 모아서 한 책에 엮은 보조전서가 보조사상연구원에 의해서 간행되었다. 보조사상연구원은 1987년 발족할 당시 보조사상 연구의 바탕이 되는 자료의 집대성인 보조전서의 간행을 목적사업의 하나로 삼고 그동안 3년에 가까운 시일에 걸쳐 기울인 노력의 결과로 햇빛을 보게 되었다. 보조국사 지눌 스님은 1158년(고려 의종 12년) 국자감의 학정인 아버지 정광우와 어머니 조씨 사이에서 태어났다. 어려서 병이 잦아 8세 때, 구산선문 중 하나인 사굴산파의 종회선사 앞으로 출가하여 머리를 깎았다. 그 뒤, 스님은 선을 닦아 25세 때, 선과에 응시하여 대선에 뽑혔으나 "이것은 명리의 길이다. 우리는 참된 수도인이 되기 위하여 이 길을 버리고 산림에 들어가 수도하여 뒷날 새로운 수도의 결사를 하고 정과 혜를 함께 닦자"라며 선과에 응시했던 10여 인의 동학과 약속을 하고 헤어져 창평 청원사에 들어가 육조단경을 읽다가 "진여자성이 생각을 일으켜 육근이 보고 듣고 분별해서 알지만 진성은 만경에 물들지 않고 항상 자제하다"라고 한 말에서 크게 깨닫는다. 육조단경을 읽다가 심기일전한 스님은 당시 선종과 교종이 한 부처님의 제자이면서 서로 적대시하고 싸우는 오랜 갈등을 없애는 길을 찾기 위하여 28세 때, 예천 보문사에 머물면서 대장경을 비롯하여 수많은 경론을 열람한다. 그 결과 스님은 "교는 부처님의 말씀이요, 선은 부처님의 마음이니 부처님의 말씀과 마음이 둘이 아니다" 하는 선교불이를 확인한다. 선교를 희통하는 이 통불교 사상을 바탕으로 33세 때, 팔공산 거조사에서 정혜쌍수를 실천 중행하는 정혜결사를 한다. 이것은 당시의 고려불교가 안고 있던 선과 교의 대립을 없애고 호국불교라는 미명 아래 관권의 두호를 받으며 세속적인 명예와 이익에 탐닉하여 타락한 불교계를 혁신하여 수도하는 불교, 나라를 복되게 하고 백성을 이롭게 하는 정법불교로 돌아가고자 하는 새로운 불교운동이었다. 이후 스님은 이 새로운 불교운동을 구체적이며 지속적으로 전개하기 위하여 지리산의 상무주를 거쳐 오늘의 송광사에 조계산 수선사를 개창하고 53세를 일기로 입적하기까지 12년 동안 교를 거쳐 선에 드는 지도체계 아래 수행전법하면서 깨달음과 닦음이 하나라고 하는 돈오점수의 독특한 선을 뿌리내려 고려의 불교를 중흥하는 기틀을 공고히 하였을 뿐 아니라 통불교의 특성을 지닌 한국불교의 중흥조가 되었다. 이 같은 스님의 생애와 사상에 대한 연구는 서양사상의 몰락이 일컬어지기 시작한 이후 동서양의 학자들이 동양사상에 눈길을 돌리면서 관심을 갖게 되어 최근에 와서는 서양사상의 몰락으로 생긴 사상적 공백을 메꾸어 주는 인간 회복의 사상으로 주목을 받아 상당한 활기를 띠고 있다. 그러나 스님의 사상을 전하는 유저(遺著)에 이본(異本)이 많아 연구하는 이에게 번거로움을 주어 정본이 아쉽던 차에 이번 정본에 버금할 만한 보조전서가 출간되어 연구하는 이에게 크게 도움이 되게 되었다.

보조사상연구원은 이 일을 위하여 2년 반 동안 사계의 학자들을 모아 50여 차례의 편집회의를 거쳐 지금까지 간행된 보조 스님 저술의 모든 판본을 대교하여 오자와 탈자를 바로잡고, 윤독회를 거쳐 띄어쓰기를 한 점 등 오늘날의 출판풍토에 비추어 볼 때, 그 철저한 편찬작업에 대해 우선 경의를 표하지 않을 수 없다. 특히 보조 스님이 저술에서 인용하고 있는 글의 출처를 방대한 자료를 낱낱이 추적하여 밝힘으로써 독자로 하여금 인용문의 원전에 손쉽게 접근할 수 있게 하고 있는 점은 이 책이 지닌 특색이라 할 것이다. 인용문의 원전에 쉽게 접근할 수 있음으로써 인용문의 사상적·교리적 배경을 보다 명확하게 파악할 수가 있고 동시에 효율적인 연구가 가능하기 때문에 이 점은 특히 노고와 함께 높이 평가되어야 할 것이다. 한편, 고려대장경을 인용하여 출전을 가리키고 있는 점은 매우 주목할 일이다. 지금까지 학계에서는 일반적으로 출전을 밝힐 때, 우리가 엮은 고려대장경이 있음에도 이를 인용하지 않고 일본의 대정신수대장경을 인용함으로써 고려대장경을 소외하는 느낌이 없지 않았다. 그러나 이 보조전서에서 고려대장경을 선도적으로 인용한 것을 계기로 고려대장경의 인용도가 높아질 것으로 기대된다. 끝으로 이 보조전서의 간행이 계기가 되어 보다 깊은 연구가 쌓이고 좋은 번역과 해설서가 출간되어 한국불교가 지닌 독자적인 사상이 널리 알려져 오늘의 한국불교는 물론 현대사회에 기여하기를 바라는 마음 간절하다.

박경훈 편찬부장은 일반인들이 읽어도 보조전서 출간이 갖는 의미를 잘 이해하도록 썼다. 이제 마지막으로 세종문화회관 별관에서 개최한 보조전서 출판기념회에 대한 기사를 통해 당시의 분위기를 살펴보도록 하자.

보조사상연구원과 탑전 및 송광사 불사 대공덕주인 무상각 보살

송광사 일주문 앞에 세워진 무상각 보살 공덕비

보조사상
연구의 전기를 마련하다

조계총림 송광사 보조사상연구원(원장 법정)은 보조국사 지눌 스님의 저술을 편집, 보조전서를 출간하고 출판기념법회를 갖는다. 오는 11월 4일(토) 오후 1시 30분부터 세종문화회관 대회의장에서 열리게 되는데, 지난 3년에 걸친 작업 끝에 완간한 보조전서 출판의 뜻을 기리고 보조 스님의 가르침을 오늘에 되살리고자 다짐하는 자리가 될 것이다.

지난 1987년 2월 보조사상연구원이 처음 문을 열었을 때, 교계 내외로부터 많은 관심과 기대를 모았었다. "학술불사 새 장 열었다"(중앙일보, 1987. 2. 20.), "불교중흥 터전 마련"(조선일보, 1987. 2. 24.), "정혜결사정신 되살아난다"(불교신문, 1987. 2. 4).

흔히 행해지는 외적인 불사가 아니라 수행과 학문연구의 내적 불사였었기 때문에 신선한 충격으로 받아들여졌다. 또 전통의 계승과 발전이란 측면에서 현재 한국불교의 발전을 위해 보조사상연구원이 나름의 역할을 해줄 것을 바랐기 때문이었다. 이 같은 여망에 부응하고자 보조사상연구원은 그동안 2차례에 걸친 학술회의와 논문집 보조사상을 매년 발간, 학계·교계에 이바지하였다. 그 결과 근래에 들어 보조사상에 대한 관심이 늘어 일반학계의 학회, 논문집 등에서도 뛰어난 많은 논문들이 발표되었다. 그러면서도 보조사상 연구의 기본 텍스트가 있어야겠다는 뜻에서 보조전서를 간행케 되었다 한다. 4·6배판 450매 분량의 단권으로 발간되는 보조전서는 지금까지 간행된 보조 저술의 여러 판본을 대조·교열하고 오자와 탈자를 바로잡아 하나의 정본을 만들고자 하였는데, 특히 본문에 나오는 수많은 인용문의 출처를 찾아 밝힌 점이 특징이다.

이 보조전서 이전에도 전서에 준하는 텍스트의 출판이 전혀 없었던 것은 아니다. 1937년에 한암 선사에 의해 편집·현토·출판된 보조법어, Robert Buswell(혜명, U.C.L.A.교수)이 영역한 『The KOREAN approach to Zen-The collected works of CHINUL』, 동국대에서 행한 『한국불교전서』(제4책) 등이 있다. 그러나 앞의 두 경우 모두 전서라고 할 수도 없고 엄밀한 대교와 주석을 결여하고 있다. 동국대 『한국불교전서』의 경우 엄밀한 대교를 통해 주를 달고 있으나, 저본을 택함으로써 분명한 오자·탈자의 경우도 본문에서 그냥 두고 주로만 처리하고 있다. 또 보조전서는 띄어쓰기를 새롭게 하고 문장이 끝나는 데에서는 종지부를 찍었다. 부록으로는 염불요문, 목우자법어송과 비명, 해제를 수록하였다. 2년 반의 시간을 통하여 50여 차례의 편집회를 개최, 편집위원들의 윤독으로 이루어진 결과가 보조전서라 한다. 그러나 원장 법정 스님은 "열의와 정성을 기울이긴 했지만 사람이 해놓은 일이라 착오가 없지 않을 것이다. 기회 있는 대로 깁고 보탤 것이다"라고 계속적인 수정을 약속한다. 출판기념법회에서는 보조전서 출판을 기념하기 위하여 "보조사상의 전승"이라는 주제의 학술회의도 겸하게 된다. 보조사상이 한국불교사에서 구체적으로 어느 만큼 영향을 미쳤으며 용해되었는지를 추적해 보자는 의도에서라고 한다.

권기종(동국대) 교수가 「고려후기불교와 보조사상」, 김영태(동국대) 교수가 「조선조 불교와 목우자사상」, 종범 스님(중앙승가대 교수)이 「강원교육에 끼친 보조사상」, 박상국(문화재전문위원) 선생이 「보조 저술의 유통」을 각기 발표한다. 발표가 끝나면 강건기(전북대) 교수의 사회로 종합토론도 갖게 되는데, 토론에는 보조사상연구원의 연구위원인 이종익 박사, 김지견 박사, 한기두 교수, 경일 스님, 길희성 교수, 심재룡 교수, 최병헌 교수가 참여한다.

지난 3년 동안 보조사상 연구의 어제와 오늘을 점검하고, 기본 텍스트인 보조전서를 출간함으로써 보조사상연구원은 하나의 획을 그었다고 생각된다. 이제 다시금 거듭 도약하기 위해서 동참하고 있는 연구위원들뿐만이 아니라 조계총림 송광사, 불교계, 그리고 학계의 많은 관심과 참여가 절실하다 하겠다. 〈편집실〉

 보경 스님의 손바닥소설

호자는 강연하길 몹시 싫어했다.
이웃마을의 끈질긴 요청에 마지못해 민바르(이슬람 사원의 강연을 위한 연단) 앞에 선 그가 사람들에게 물었다.
"지금부터 제가 무슨 얘기를 하려는지 아시는 분, 손들어 보세요."
첫날은 한 명도 손을 들지 않았고, 그는 "아무도 들을 준비가 안 돼 있으니 강연을 할 수 없습니다"하면서 나가버렸다.
둘째 날도 같은 질문을 던졌는데, 이번엔 모두 손을 들었다. 호자는 "다 아시는데 굳이 강연을 할 필요가 없겠네요" 하고는 집으로 돌아왔다.
셋째 날은 같은 질문에 왼쪽 사람들은 손을 들었고 오른쪽 사람들은 손을 들지 않았다. 호자는 결국 강연을 하지 않았다. 그러면서 이런 말을 남겼다.
"아는 분들이 모르는 분들한테 가르쳐 주시면 되겠네요."

새는 양 날개로 난다.
산중에 살아보니 이 새라는 존재가 그렇게 기특할 수가 없다. 내가 특별히 해주는 것이 없는데도 이른 아침이면 창 앞에 날아와 숲을 깨운다. 이 좋은 아침을 놓치고 말 것이냐는 듯이.
송광사라는 이 결정체는 어떻게 존재해야 할까? 형체로서의 면과 정신으로서의 면이 한몸을 이뤄야 한다. 형태는 눈에 보이는 것이니까 설명이 필요 없지만 정신은 누군가가 채워야 하고, 또 무엇이 그 속에 들어있는지 가끔 단지 속을 열듯이 일깨우고 확인을 시켜주어야 한다. 그렇게만 되면 이 자연 속의 거대한 사원은 생명을 얻는다.

은사스님의 송광사 제8차 중창불사는 새의 양 날개와 같은 양상을 보인다. 하나는 시대의 필요에 부응하는 역량을 갖추는 대웅보전을 중심으로 하는 신축과 증개축의 일면이 있고, 다른 하나는 그 몸체에 정신을 입히는 일이다. 송광사를 머리에 이고 사는 사람이라면 8백 년 산문의 정신을 이해하고 후대 전승에 대한 각별한 사명감이 있어야 한다.

이제 쓰려고 했던 이야기는 모두 쏟아 놓았다. 제8차 중창불사와 함께 보조사상연구원 창립을 원만성취하고 회향함으로써 理와 事를 구족한 균형 잡힌 중창불사였음을 알 수 있다.

승보전 | 송광사가 승보종찰이라 옛 대웅전 건물을 옮겨 승보전을 만들고 금강경 서두에 나오는 1250비구를 뜻하는 1250성상을 안에 모셨다.

일본에서 달라이라마 존자님을 알현하는 현호 스님

입적 3일 전의 일타 스님 | 곁에 있어도 보고싶고 마주하고 있어도 그리운 사람, 두 분의 사이가 그렇다.

효봉 스님 사리탑 제막식 후의 구산 스님과 문도 스님들

효봉영각과 효봉 스님 사리탑 | 큰 스님의 성정을 닮아서일까. 영각에 드는 한낮의 햇살이 반듯하다.

매화가 아침 햇살에 빛나는 것이냐고 물었더니, 그것은 햇살이 아닌 꽃 자체의 빛이라고 했다.

효봉 스님 이후 문중의 4대를 이어 시봉했던 보경화 보살과 L.A.고려사 설립 유지에 헌신한 대도행 보살

현호 스님의 모든 불사에 불상 감수를 맡은 최완수 선생과 간송미술관에서

지장전 신축 등 현호 스님의 대소 불사에 희사한 금호그룹 선행화 보살

무상각 보살이 출연한 불일문화재단을 유지 계승한 이수관 거사

12. 현호 스님 동남아 탑사 탐방기

보로부두르 대탑을 찾아서

　세계에서 가장 웅장하고 화려한 대석탑 보로부두르 대탑을 보기 위해 오전 10시 호텔을 나와 하림공항으로 달렸다. 국제공항인 하림에서 JOGJA행 GA 437에 탑승했다. 공항의 검색은 여행객들에게 불편을 주는 인상이다. 공항에 오면서 느낀 것은 이곳의 교통질서가 몹시 어지러웠다는 것. 부와 빈, 귀와 천, 신과 구가 마구 섞여 있는 이곳의 사회상을 거리의 양상에서 금방 알아볼 수 있을 것 같다. 도심을 벗어난 거리에는 가로수가 무성하여 경관을 매우 아름답게 했고, 숲 속에 들어앉은 주택들은 이국의 정취를 느끼게 해 주었다. 이곳에 와서 느끼는 것은 무엇보다도 숨이 턱에 닿는 무더위. 가히 적도에 자리한 나라다움이었다. 이러한 무더위를 식혀주는 것은 아침저녁으로 뿌리는 비가 유일한 것. 우기철에 이곳을 여행하게 된 점이 다행이었다.
　비행기 내에서 내려다본 섬과 바다와 산하의 아름다움은 그지없다. 12시 45분에 JOGJA공항에 내려 안내센터의 주선으로 택시를 타고 달렸다. 시골 풍경은 아주 마음에 들었다. 10월부터 2월까지가 이 지방의 우기. 지방에 따라 주식이 되는 벼농사를 2모작이나 3모작까지 한다지만 올해엔 건기가 심해서, 오랜만에 비가 온다고 야단들이었다.

보로부두르 대탑에 가기 전에 순례자의 심신을 맑게 해준다는 벤두트라는 사찰과 파원이라는 사찰을 거쳐 대탑에 닿게 되는데 우리는 우천으로 인해 곧장 대탑 근처에 있는 여관으로 향했다. 사라사와티라는 호텔은 만원이었다. 호텔 직원에게 멀리 한국에서 대탑을 보고자 왔다고 사정을 하자 예약된 방을 한 칸 내주었다. 호텔에 여장을 풀고난 뒤 대탑을 참배하기 위해 방을 나섰다. 비가 내린 후 맑게 열린 하늘은 낙조에 붉게 물들어 장엄한 분위기를 이루며 대탑을 비추었다. 대탑으로 오르는 계단을 하나하나 밟고 올랐다. 욕계 색계 무색계 즉 삼계를 초탈한 듯한 환희심이 가슴을 흔들었다. 서울을 떠나기 전 인도네이사대사관과 유네스코 한국지부 또는 여행사를 통해 보로부두르 대탑에 관해 알아보기로는 금년 12월에 완공을 하므로 탑의 모든 부분을 볼 수 있다는 소식을 듣고 왔는데, 막상 대탑에 찾아와보니 탑의 정리작업이나 보수가 마무리 지어지지 않아 섭섭한 마음 이루 말할 수 없었다. 탑의 기단 윗부분에 해당하는 욕계의 모든 부분은 보충축대를 그냥 방치한 상태로 두고 있었으며, 색계의 모든 회랑들의 통행과 관람을 통제하고 상층 부분인 무색계만이 공개되고 있었다. 관리인에게 여기까지 온 뜻을 전하고 참배의 의사를 간곡히 설명해도 허가가 없이는 도와줄 수 없다는 것이었다. 연말이라서 관리사무소는 휴무중이라 어쩔 수 없었다. 5시 30분. 어디선가 퇴장을 알리는 호루라기 소리가 울리자 수많은 관람객들이 색계와 욕계의 계단을 걸어서 속계로 물이 빠지듯 밀려 나갔다. 밤을 새우며 정진하고 싶은 마음을 어찌하지 못한 채 할 수 없이 인파에 떠밀려 밖으로 나왔다.

호텔로 돌아와 저녁을 먹는 중에 루시아나라는 청년을 만나 다행하게도 도움을 받게 되었다. 다음날 아침 식사를 끝낸 후 청년을 만나 대탑을 찾았다. 탑의 동서남북에 오르는 계단이 있고, 그 구도와 조직적인 설계 등 모든 것이 인간의 이상세계를 이곳에 함축시켜 놓은 듯싶었다. 말하자면 불국세계를 이 탑에 그대로 옮겨 놓은 것 같았다. 이 보로부두르 대탑은 '제불의 마을'이니 대승불교의 화엄사상을 '언덕 위의 사찰'이라는 이름으로 돌에 조각했다는 등 많은 이야기가 있다. 어떻든 이 대탑이야말로 세계적인 걸작이며 불교 역사상 그에 비견할 유례를 찾기 어려울 정도의 대작불사라는 점은 의심의 여지가 없었다.

이 대탑은 1907년 홀랜드의 공병 봔어프가 4년이란 세월을 두고 심혈을 기울여서 복원시켰다는데 사각형 6층 기단으로 이룩되고 욕계 색계 무색계 등 계의 층으로 구분되어 있다. 선악인과를 세연이야기를 빌어 1백60종으로 부각하였다는데 지금은 탑의 보호라는 명분과 욕계의 심오한 비밀과 인간생활을 감추기 위해 보충축대를 쌓았다는 설이 있다. 색계에는 석가모니부처님의 일대기와 색계의 본생담, 화엄사상의 선재동자의 구법과 미래불이야기 등 무수한 불보살상들이 조각되어 있는 미증유의 대탑이다. 이 탑이 세상에 알려지기는 1920년경이지만 불교가 한창 번성하던 서기 8세기경 샤일랜드라 왕조시대에 이룩되었다. 탑의 규모를 보면 네모뿔의 외형을 이루고 있는데 사각의 한변의 길이가 123m, 높이가 42m. 현재의 높이는 31.5m. 이 탑에 안치된 불상의 총 수는 504개. 72개 불상은 무색계의 불감에 안치되어 있고 432개의 불상은 5층 4방에 불감을 만들어 안치하였다. 2.5km가 되는 색계의 사방회랑에는 1천3백 면이 부각되었다. 욕계의 기단 밑에 매몰된 부분엔 1백60면이 부각되어 있으며 매몰면적만 해도 1만3천 입방미터.

부처님의 결인법도 다양하게 동은 촉지인, 남은 보시인, 서는 선정인, 북은 무외인으로 4층까지 같은 패턴으로 되어 있고 5층부터는 전법륜인 정각인의 결인법이 특이하다. 그런가 하면 불지를 만지면 소원을 성취한다는 소탑에 무수한 사람들의 손이 닿서 윤이 나고 있었다. 과연 사람들은 그 불지를 만지면서 무엇을 속으로 기원할까. 현재 이 대탑은 유네스코의 특별후원으로 대대적인 보수작업이 진행되어 1983년 2월이면 모든 공정이 깨끗하게 끝나게 되어 있다. 그리고 금년 5월에는 세계적인 준공식과 함께 세계승가대회를 갖는다고 한다.

네모뿔로 된 대탑의 6층(욕계 2층 색계 4층)위에는 원형으로 된 3층이 있는데 맨 위에 발우를 엎어 놓은 듯한 소대탑을 쌓았다. 무색계의 3층에는 원형의 소탑 72개가 있는데 이 탑 속에는 모두 부처님이 봉안되어 있다. 하지만 아쉽게도 목이 떨어지고 팔다리가 없는 불상을 대하니 가슴이 아프다. 이것은 14세기 이후 무슬림들의 잔악한 횡포가 아니었던가 보여진다. 이러한 모습은 인도를 비롯 동남아 여러 나라에서 얼마든지 눈에 띄는 양상이다. 8세기경에 만들어진 이 대탑은 조성된 후 약 1백50년간 순례지로서 크게 각광을 받다가 930년경부터 마타왕조가 동부 자바로 천도함에 따라 이곳이 빛을 잃게 되었으며, 14세기부터 불교의 교세가 약화되면서 반대로 회교(이슬람)의 세력이 강화되어 오늘과 같은 양상을 맞게 된 것이다. 그 후 이 대탑은 완전히 사람들의 기억에서 사라져 무성한 잡초와 밀림에 매몰되어 있다가 1956년경부터 서서히 빛을 찾았다는 기록이 보인다.

대탑을 보기 시작하여 3일째. 오전에는 뜨거운 태양열과 무더위가 기승을 부리더니 오후에는 천둥과 함께 비가 내린다. 자연의 냉방장치가 이처럼 주기적으로 가동되니 고달픈 여독을 풀 수 있는 좋은 시간이다. 제행무상! 역사의 수레바퀴에 짓눌린 흥망성쇠가 눈에 선하다. 이 대탑이 제 모습을 찾을 때 이 나라는 위대한 국가가 되며 평화가 깃든다는 믿음이 있다 하니 어서 그

날이 왔으면 싶다. 온 누리가 함께 다 잘 사는 세계가 말이다. 적도의 나라 인도네시아의 밤은 깊어가고 어둠이 짙게 깔린다. 나그네는 석탑이 되고 석불이 되어 어두운 하늘을 난다.

이 장엄한 보로부두르와 함께.

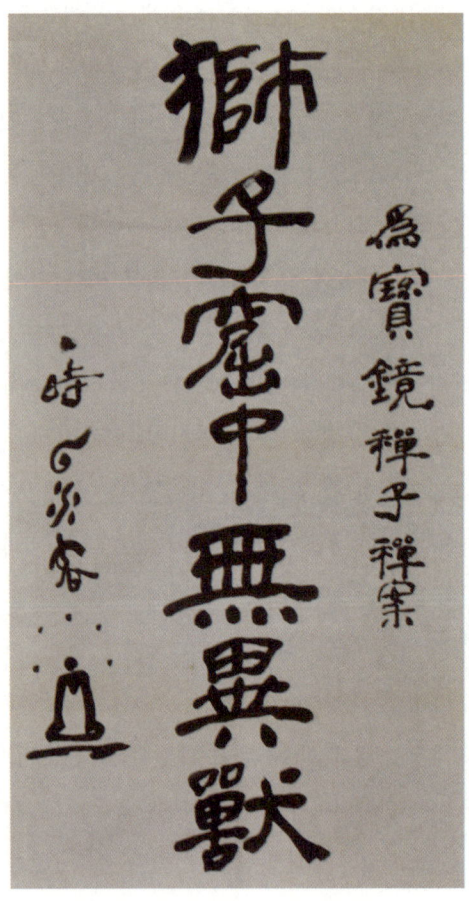

사자굴중무이수 | 현호 스님

황금의 탑 쉐다곤

떠날 때는 항상 바쁘다.

오랫동안의 Wat Bencha 생활에 Sawasdi를 고해야 할 아침 식사를 마치고 Blue Star의 차로 Don Muang 국제공항에 나와 출국수속을 마치니 오전 10시 10분 전이다. 아침마다 거해 스님께 공양 올리던 신도의 온 집안 식구가 공항에 나와 석별의 합장을 한다. 마음씨 고운 분들이다.

이제 비로소 본격적인 여정 길에 오르나 보다. 넓게 펼쳐진 평원 위에 적절히 수놓은 듯한 숲과 마을과 농토들. 이제 버마 랭군에 도착한다는 기내방송이 울려 퍼진다. 다시 찾은 탑의 나라, 신심 어린 나라, 그리고 소박하고 순진하게 보이는 시골엄마, 누이, 동생과 같은 사람들이 연신 눈에 아른거린다. 여전히 까다로운 입국 수속절차. 한데 하나 더 추가된 것은 종교인은 별도의 서약서를 써야한단다. 이유인즉, 금년 봄에 어떤 미국인 천주교 추기경이 인도로부터 버마에 들어와 천주교회에서 미사하던 도중 버마의 정치문제를 언급한 강연같은 것을 하여 많은 말썽을 일으키게 되었다는 것이다. 그 후부터 일체 종교인은 어떠한 집회나 강연이나 간에 허용하지 않고 만약 그런 사실이 발각되면 강제 추방시킨다는 서약서에 각서를 받고 입국을 허용한다면서 예년에 없던 일로서 더욱 까다롭게 군다. (※1948년에 독립하여 현재 레인이 1962년에 혁명을 일으켜 1974년부터 사회주의 정치관계로 외국과의 문호를 폐쇄하고 있는 형편이니 모든 문화는 우리나라 6·25전쟁 직후 같은 모습들이어서 마음을 아프게 한다.)

고목들이 가로수 되어 늘어져 있는 공항로에서 남국의 정경을 맛볼 수 있고 바로 큰 길가에 펄럭이는 우리나라 대사관의 태극기가 눈에 띈다. 태국에 비하면 퍽이나 한산한 거리들! 아육 왕수 나무가 즐비한 U Wisara Road에 접어드니 거대한 황금의 탑(The great golden pagoda)-Shwedagon이 눈앞에 우뚝 다가선다.

아! 정말 거룩하고 장하다. 그리고 반갑다. 달리는 자동차와 함께 자꾸 하늘로 치솟고 있는 듯한 SHWEDAGON, 황금의 탑에 어서 뛰어오르고 싶다. 탑 바로 주위에 있는 중국인 사원 십방관음사에 도착하니 신도들과 함께 주지 통선 노화상이 반갑게 맞이한다. 우리가 쉴 곳을 치우고 닦고 점심 식사를 준비하는 등 부산하다. 역시 중국적인 인정 있는 표정들이다. 우리가 준비해 가지고 온 간단한 선물을 전하고 7일간의 체류조건 때문에 곧장 UBA(Burma비행사)에 들러 PAGAN과 Mandalay 가는 비행기 예약을 하고 Sule Pagoda Road를 따라 큰 길 네거리에 장엄하게 자리하고 있는 SULE PAGODA를 찾았다. 온 시민의 안식처요, 정신적인 귀의처인양 많은 사람들이 신발을 벗고 탑주위를 돌면서 예배드리는 사람, 주문을 외우는 사람, 앉아서 좌선하는 사람 등등 경건한 모습들이다.

오후 4시경. 다시 찾은 SHWEDAGON PAGODA. 동서남북으로 통해 오르내리는 기다란 회랑의 계단과 양쪽에 줄 이은 갖가지 상점들. 꽃 파는 이들에게 신발을 맡겨놓고 부처님께 공양 올릴 하얀 꽃송이를 사 들고 정말 감격스럽게 탑 주위를 돌면서 서문 입구에 위치한 큰 법당마다 예배드리며 향기로운 꽃을 올렸다. 햇볕에 달궈진 뜨거운 대리석을 맨발로 밟으니 마치 훈훈한 안방에라도 들어온 듯 온갖 생각들이 사라지고 오로지 신심과 환희심과 공경심으로 바뀐다.

    SHWEDAGON! 황금의 탑!
    장하고 장한 모습이여!
    잊을 수 없어 다시 찾았다오
    감격스럽고 기쁜 마음 어찌 말하고 어데 전할까요
    중중무진한 탑과 부처님 헤아릴 수 없어
    그저 두 손만 모으고 엎드려 예배하옵니다

그렇다. 이 탑이야말로 버마의 상징이요, 버마 국민의 정신이요, 넋이요, 혼이다. 이 신심이 살아있는 한 버마는 영원히 세계 속에 존재하리라. 아니 어찌 버마와 버마 사람에만 국한하리요. 온 인류의 온 세계의 자랑이요, 빛나는 문화유산임을 그 누가 부인할까. 그래서 세상 사람들은 이를 두고 세계 7대 불가사의 중의 하나라고 입 모아 칭송하는 걸까. 수를 헤아릴 수 없는 탑과 부처님들의 갖가지 성상 앞에 예배드리는 신심 어린 모습들. 버마인이여, 길이 복 받을지어다.

해가 지도록 탑 주위를 돌고 또 돌았다. 여신도는 오를 수 없다는 2층 계단을 올라 금박공양으로 얼룩진 부처님께 예배드린 후 거대하고 장엄한 근본탑 주위를 우요삼잡하면서 그만 놓칠 수 없는 숱한 신심 어린 모습들을 카메라에 담았다. 그리고 저녁공양 후의 밤의 정경! 이 또한 어찌 잊겠는가. 밤이 깊도록 시간 가는 줄 모르고 이 거룩한 탑과 하나가 되어갔다.

아침의 맑은 공기와 푸르고 푸른 열대림의 숲 속에서 단잠을 깼다. 햇빛에 찬란히 빛나는 황금탑을 가깝게 볼 수 있어 또한 기쁘다. 야단스럽고 기기묘묘한 중국사찰의 예식절차를 많이 받아들인 듯한 느낌을 주는 천도식이 있어 눈여겨보다가 사중의 자동차로 시내에 있는 BOTHATONG PAGODA Temple을 찾았다. 이 탑 역시 황금으로 장식한 훌륭한 탑인데 내부의 장식이 호화찬란하다. 탑 중앙으로 통하는 입구가 사방에 있고 탑 안에 들어가서 요잡할 수 있게 유리화장세계를 꾸려놓고는 한가운데에다 누구나 볼 수 있게 사리장치를 거룩하게 해놓았다. 참배객들이 수없이 던지는 동전이 넘쳐나도록 쌓이고 있었다. 사리가 크게 돋보인다. 이 불사리에 공양하기 위해서 이렇게 거룩하게 탑을 쌓고 예배드리는 버마 사람들의 신심이 놀랍기만 하다.

UBA에 가서 어제 예약했던 Pagan Mandalay행 비행기표를 구하고 Rangon에 유명하다는 선수행 사찰인 Mahasi Sayadaw Meditation Center Temple을 방문했다. 이곳에는 버마 불교계에 대표적인 지도자인 선 Mahasi Sayadaw 스님이 주석하는 절이다. 그 스님의 이름을 따서 1940년에 창건하여 오늘의 규모로 크게 번창했단다. Mahasi 노스님께 인사한 후 공양 시간이 되어 버마사원의 식사를 맛보았다. 그리고는 남신도의 친절한 안내로 비구 스님들과 우바새(남자신도)와 정진하는 선원과 팔계녀와 우바이(여신도)가 정진하는 선당, 외국인선원 등 도량을 살펴보았다.

태국과는 달리 이곳의 팔계녀는 하얀 색깔의 옷차림이 아니고 연분홍 색깔에 내의는 스님들과 같은 황색을 입었고, 우바이들은 가슴과 어깨에 가사천으로 띠를 둘러매고 다닌다. 각 선방마다 많은 신도들이 스님들과 함께 정진하는 모습이 반가웠다. 태국에서는 볼 수 없는 수행의 현장이다. 아마 이곳

노스님이 버마에서 선승으로는 고승이며 많은 사람들로부터 추앙을 받고 있나 보다. 기념촬영을 한 후 KABAI PAGODA Temple을 찾았다. 이 역시 황금탑으로 탑 내부에 박물관 격인 진열장 속에 많은 불상과 사리를 전시해 놓은 것이 특이했다. 그리고 사찰 문전에서 직접 짜서 마시는 Sugar Cane(사탕수수물)은 갈증을 가시게 해준다. KABAI PAGODA와 마주 보고 있는 불탄 2500년 기념관을 참관했다. 이곳은 제4차 세계승가대회를 개최하기 위하여 버마의 우누(U-NU) 수상이 지었다는 유장한 굴(cave) 모양의 회의장이었다. 회의장 입구에서 버마의 꼬마(국민학생)들과 함께 한 기념촬영이 기억에 남는다. 카메라 앞에 선 꼬마들의 신기한 듯, 좋아하는 순박하고 환한 그 얼굴들 말이다.

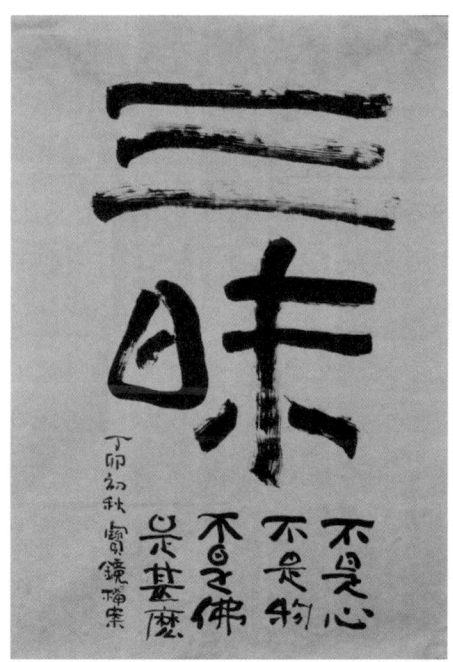

삼매 | 현호 스님

파칸의 탑사

아침에 7시에 떠나는 파칸행 비행기를 타려고 바삐 서둘러 공항에 나갔다.

탑승을 끝내고 나니 7시 20분. 비행기는 기체를 흔들며 이륙하려고 하더니 이내 기관고장으로 뜰 수 없다고 한다. 몇 분만 기다리면 뜰 수 있다고 하여 공항 대합실에 나와 대기했다. 그러나 1시간 2시간이 지나도 아무런 소식이 없다. 버마의 현실이 조금은 머리에 와 닿는 것 같았다. 10시 10분이 되어서야 승객들에게 탑승하라는 안내방송이 울렸다. 승객들은 지친 얼굴들을 하고 대기 중인 비행기에 올랐다. 그러나 또다시 기관 고장을 일으켜 이륙이 불가능하게 되었다. 다시 대합실로 나왔다. 11시 10분쯤 되어 또다시 탑승. 내렸다 탔다 하는 게 벌써 몇 번인지. 승객들의 표정이 그렇게 밝지 못했다. 1975년에 랭군에서 파칸에 갈 때도 비행기가 정한 시각에 이륙하지 못하고 2차세계대전 당시에 이용했다는 군용기를 마련하여 불안하게 했던 기억이 되살아났다. 그런데 7년 후인 오늘에도 이모양이다. 11시 20분. 비행기는 승객들의 환호와 함께 공항활주로를 달려 기체를 하늘로 솟구쳐 올렸다. 드디어 이륙한 것이다. 단단히 조여졌던 시트벨트를 조금 늦추고 창밖으로 시선을 주었다. 푸르고 누런 평원이 시야를 가득 채웠다. 다경작을 할 수 있는 남국의 농촌. 한편에서는 파란 벼가 자라고, 한쪽에서는 누렇게 익은 벼 이삭이 물결치고, 다른 한쪽은 이미 추수가 끝난 텅 빈 들녘뿐이다. 하늘에서 내려다본 들녘의 채색은 무척 조화롭고 아름다운 것이었다.

파칸에서의 일정을 7일간으로 잡았다. 우리 여정에 차질이 없도록 순조롭게 비행하기를 마음속으로 빌었다. 비행기는 산을 넘고 들을 지나 강을 건너서 우리의 목적지 파칸을 향해 무사히 날아갔다. 오후 12시 50분에 파칸에 있는 공항에 착륙했다. 이륙할 때와 같이 승객들은 박수를 치면서 환호성을 질렀다. 무사히 땅에 발을 놓을 수 있게 되었다는 생각에서 그런 것이었다. 기가 막힌 비행이었다. 승객들의 얼굴에는 형언할 수 없이 밝은 빛이 감돌았다. 많은 여행 중에서도 처음 겪는 경험으로 각자의 머리에 잊지 못할 기억으로 남을 것이 분명했다. 이런 여행은 잊을 수 없다는 표정으로 안도의 박수를 치고 악수를 나누었다. 후일 이야깃거리로 남을 것이 분명했다. 파칸공항의 화장실은 랭군의 그것과는 또 달라서 청결하지 않았다. 그러나 파칸의 거리는 아름다운 선인장과 자연의 풍광으로 금방 쏟아진 비를 맞고 난 듯 산뜻한 모습이었다. 뿐만 아니라 수천에 이르는 옛 가람의 고탑들이 우리의 발걸음을 경쾌하게 했다. 지난번 파칸에 왔을 때 들렀었던 Irrawaddy 강가에 자리 잡고 있는 아담한 호텔에 들어 여장을 풀었다. 점심을 늦게 들고 난 후 호텔을 떠났다. 파칸에 있는 삼대명찰을 답사하기 위해 지프차를 한대 부르고 안내원을 찾아 대동하고 나섰다. Shwezigon Pagoda Temple을 먼저 방문했다. 부처님 치사리를 봉안한 이 사원은 1974년 7월에 있었던 대지진으로 탑의 정상 부분이 무너져 다시 보수한, 파칸에서 가장 대표적인 사원이다. 9세기경 불법이 성하기 전 신봉했다는 민속신앙의 모든 신들의 형상이 나열되어 있고 목조조각의 정교함이 눈길을 끌었다. 몽골 징기스칸의 침략으로 왕조가 멸망하기 전의 현란하고 화사한 벽화들이 사원의 벽화로 남아 있었다. 우리는 다시 Ananda Temple을 찾았다. 아난다 사원은 파칸에서 제일 거대한 사원법당을 갖고 있었다. 4면에 각기 다른 큰 불상과 작은 불상들을 안치해 놓은 특이한 건축양식을 선보이고 있었다. 옛날의 흥성했던 분위기를 들려주는 듯했다. 이 사탑 역시 74년 지진으로 정상부가 무너져내려 다시 개수했다고 한다. 불사리 6과를 기증받았다.

끝으로 찾은 곳이 Thatbyinyu Temple. 파칸에서 가장 높은 탑사. 높이가 61m나 되어 이 탑에 오르면 파칸이 모두 한눈에 들어온다는 곳이다. 일몰에 쫓겨 충분한 시간을 갖지 못하고 조급하게 탑사의 정상에 올랐다. 유유히 흐르는 강물과 3천여 개가 넘는 크고 작은 탑. 사방의 산정에 불사리를 모셨다는 사탑들이 이 땅에 불교가 흥왕했을 당시의 풍광이 어떠했는가를 말해주었다. 파칸왕조가 흥왕했던 시기는 9세기에서 13세기였다. 그때에는 이 파칸에 4만여 사찰과 탑들이 있어서 중중무진 황금보탑을 이루었다고 한다. 파칸이 몽고의 침략을 받게 된 것은 우연한 일에서 일어났다고 한다. 몽고의 한 사신이 이 파칸을 찾았을 때 몽고인 사신이 지닌 어떤 보물을 빼앗기 위해 그 사신을 살했다는 것이다. 사신을 죽였으니 몽고에서 그냥 있을 리가 없는 것이다. 징기스칸은 대군을 이끌고 이 파칸에 들어와 이곳을 초토화했다는 것이다. 그로 인해 파칸왕조는 멸망하고 말았을 것이다. 부서지는 황혼의 햇살을 붙잡으면서 몇 장의 사진을 찍었지만 파칸왕조의 멸망에 서린 애달픈 마음은 쉬 가셔지지 않았다. 호텔에 돌아와 저녁 식사를 끝내고 오랜만에 차를 마셨다. 그리고 다음 일정을 위해 이른 시간인데도 취침에 들었다.

만다레이의 불교사찰

아침 8시 30분. 비행기 출발 시간에 맞추어 공항에 나왔지만 10시가 넘도록 소식이 없다.

시간에 쫓기는 여행자들에게는 비행기의 출발이 지연되는 것처럼 참기 어려운 것도 없다. 10시 30분이 지나서야 비행기가 도착했고, 15분 후에 겨우 출발하여 11시 20분에 만다레이 공항에 내렸다. 공항에서 곧장 호텔로 직행, 점심 식사를 끝낸 다음 만다레이시 근교에 있는 이 지방의 대표적인 사원인 AMARAPURA의 MAHARGANDARYOU KYAUNG TAIK 사원을 찾았다. 5백여 명의 승려가 기거한다는데도 도량이 어찌나 깨끗하고 정숙한지, 참으로 수도하는 사람들이 사는 분위기를 짙게 느낄 수 있었다. 영어에 능한 스님을 만나 버마사찰의 일상생활 면모를 보기 위해 찾아왔다고 말하고 사중에서 이틀간만 쉬고 갈 수 없느냐고 하니 반갑게 맞아 주었다. 장로 한 분을 만나 우리 일행이 쉴만한 방사를 정해 놓고 주위에 있는 고탑사 등지와 만다레이시에서 제일 대표적인 황금탑과 황금불상이 봉안된 마하무니사찰을 참배했다. 사방으로 통하는 긴 회랑을 따라 불구상점들이 늘어서 있고, 수많은 사람들이 향화나 금박으로 공양을 드리고자 하여 인파를 이루고 있었다. 감격스러운 광경이었다. 많은 사람들이 불상에 올라가 직접 금박공양을 올리기도 했다. 그뿐만이 아니라 온 법당의 기둥과 회랑, 천정에까지도 순금으로 단청을 하고 개금을 했다. 우리의 머리로서는 상상하기 힘든 광경이었다. 우리나라의 불교 신자들 가정형편과 견주어보아도 이곳 불교인들이 결코 잘사는 것도 아닌데, 어떻게 그런 거대한 불사들이 모든 사찰마다에서 일어날 수 있는지…

만다레이 힐 입구에 있는 유명한 대리석경판 사찰인 Kuthodaw를 찾았다. 파칸왕조가 몽고의 침략으로 무너진 후 만다레이 왕조를 다시 세운 Mindon왕이 AD1857년에 이 사찰을 세우고 대리석 경전을 새겨 한 대리석마다 탑을 쌓아 무려 7백29개나 되는 거룩한 탑군을 형성한 것은 버마불교의 우수성을 과시하고도 남음이 있는 것이었다. 그 곁에는 수상이 새로 건립한 대리석 불교 삼장경전탑이 즐비했다. 두 번째 찾은 이곳의 풍물 이모저모를 대할 때 붉게 물든 황혼을 마주한 듯 느낌이 특이했다. 다시 찾고 싶은 1천 개의 단 만다레이 힐을 멀리 바라보면서 부처님께서 이곳에 오셔서 번영을 예언하였다는 전설을 상기해 보았다. 필자 역시도 이곳과 어떤 눈에 보이지 않는 인연의 손길이 닿고 있지 않는가 싶어 두 손을 가슴에 모았다. 찬란한 불교문화를 꽃피운 왕조가 영국의 침략을 받아 멸망한 후 1백 년 동안이나 영국의 식민지로서 어둠에 깃든 생활을 끌어오다 독립운동을 일으켜 독립을 획득한 날이 12월 5일이라고 했다. 바로 내일이 독립기념일인 12월 5일. 공휴일인 이날은 모든 버마국민들이 축제의 분위기에 잠긴다. 1년에 한 번 피는 꽃을 머리에 단 여인들이 거리를 덮는다. 이곳 인구는 백만 명. 버마에서 두 번째 가는 도시로 숲에 쌓인 조용한 경관은 마치 시골풍경만 같다. 야시장에 들러 소형 건전지를 찾았더니 그 값이 우리의 네 배나 되었다. 제품이 모두 일제로 그나마 밀수품이라는 것이다. 다음날은 버마의 독립기념일로 공휴일이고 영국으로부터 독립을 쟁취한 날이기도 하다. 공휴일 아침, 어느 신도가 이곳 스님들을 위해 대중공양을 준비한다고 해서 우리도 함께 초대받았다. 아침 4시가 지나니 기상종이 울렸다. 침구를 정리하고, 5시가 되어 대식당 앞으로 나가 줄을 짓고 서서 신도들이 바치는 죽공양을 질서정연하게 받았다. 식당으로 들어와서는 비구는 비구대로 사미는 사미대로 행자는 행자대로 각각 식사를 했다. 5백여 명이 한 식당에서 모여 공양을 하는데도 그렇게 질서가 정연할 수가 없다.

발우를 정리한 후 식당 위층 대강당에서 아침 식사 끝마다 있다는 주지의 설법을 듣기 위해 위층으로 올라갔다. 설법당 역시도 수계연차별로 자리를 정하고 앉아 대중이 완전히 모일 때까지 청법송을 하며 먼저 온 순서대로 자리를 정리했다. 장로 법사가 나와 설법을 시작했다. 맨 앞줄 비구석 앞에 아침 공양제자가 앉았고 강사급 스님들은 특별석을 만들어 의자에 좌정했다. 설법이 끝나고 공양제자의 공덕을 찬양하는 송주가 끝나자 차례대로 뒷걸음으로 설법당을 벗어났다. 태국의 사찰과는 달리 전 대중이 빗자루를 들고 나와 도량청소를 했다. 아주 마음에 드는 단체활동이었다. 무성한 나무숲으로 떨어지는 햇빛, 맑은 공기 속에 찬연한 햇빛을 받으며 숲 속 여기저기에 놓인 좌선대가 이채롭다. 안내하는 스님과 함께 사원의 도량을 한 바퀴 돌고 정말 흐뭇한 느낌을 간직한 채 우리가 들어 있는 방으로 돌아왔다. 짐을 정리한 후 우리는 탑의 마을 Sagaing 탑·사·승촌을 찾았다. 버마를 탑의 나라라고 말할 수 있는 여지를 이곳이 마련하고 있었다. 크고 작은 탑이 3백여 개. 승려 수가 2천, 그리고 8계녀(니승)가 2천 5백여 명. 산의 정상에 오르니 만다레이 힐을 따라 벌어진 탑사촌의 장관이 한눈에 들어왔다. 파칸은 깊은 잠에 떨어져 있는데 만다레이와 Sagaing만이 숨을 쉬고 있는 듯했다. 수많은 탑과 수많은 부처님들. 금, 은, 유리로 호화롭게 장식한 불당과 탑들. 4시가 되면 다리를 건널 수 없다는 운전수의 이야기에 따라 길을 재촉했다.

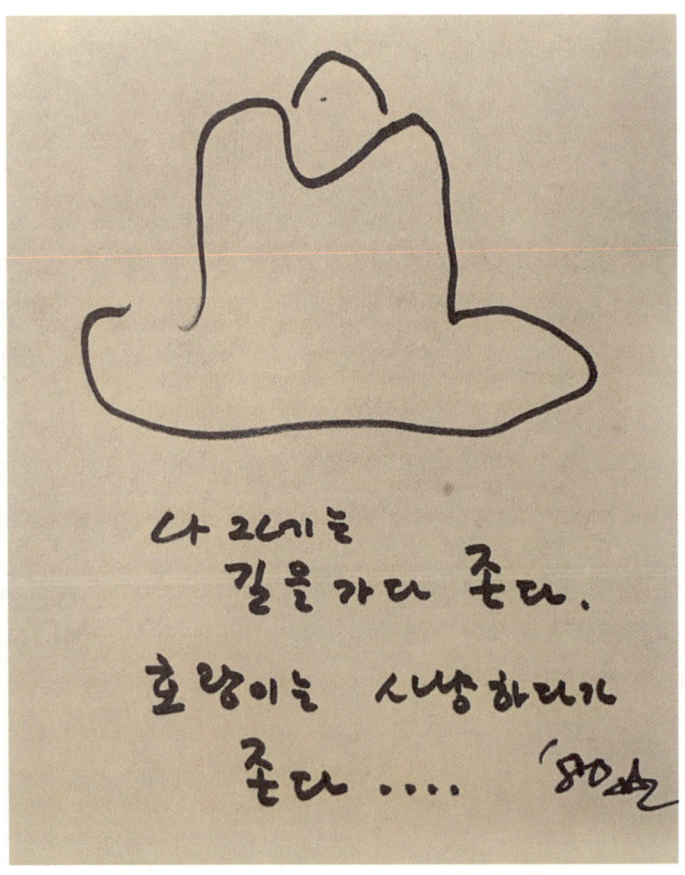

머리는 잊어도 종이는 기억한다. 1980년 어느 여행지에서의 메모 | 현호 스님

보경 스님의 손바닥소설

남전 선사가 한 스님에게 물었다.

"밤새도록 바람이 좋았지?"

그 스님이 말하였다.

"밤새도록 바람이 좋았습니다."

선사가 다시 물었다.

"문 앞의 외가지 소나무가 부러졌지?"

스님이 말하였다.

"문 앞의 외가지 소나무가 부러졌습니다."

선사가 다시 다른 스님에게 물었다.

"밤새도록 바람이 좋았지?"

스님이 말하였다.

"무슨 바람이요?"

선사가 다시 물었다.

문 앞의 외가지 소나무가 부러졌지?"

스님이 말하였다.

"무슨 소나무요?"

이에 선사가 말하였다.

"하나는 얻었고, 하나는 잃었구나."

이것은 일득일실에 대한 법문이다.

하나는 긍정의 방향이고 다른 하나는 부정의 방향이다. 전자는 뭐든 살려내는 것이고 후자는 뭐든 쓸어버려 흔적을 남기지 않는다. 그렇다고 일이 꼭 그렇게 의도하는 대로 들어맞는 것도 아니다. 결과적으로 득이 될지 실이 될지는 판단하기 어렵다. 그래서 득과 실이 동전의 양면처럼 삶을 흔든다. 은사스님의 중창불사기이기도 하고 대웅보전 건립 과정을 불일회보에 연재한 신영훈 선생의 글을 보고서 책을 써볼 수 있겠다는 생각은 일찍부터 하고 있었다. 차일피일 미루다가 새해 벽두부터 집필에 몰두하여 써나가다보니 의외로 해묵은 옛 회보에서 송광사의 찬란했던 한때를 이야기로 만들어볼 수 있겠다는 확신이 들었다. 구산 스님을 시발점으로 하여 법정 스님에게서는 풍부한 이야깃거리를 찾을 수 있었고, 신영훈 선생의 도량 순례와 대웅보전 불사기는 불사를 중계하듯 다시 필름을 되돌려볼 수 있게 했다. 거의 6여 년만에 회향을 본 중창불사가 외형의 것이라면 거기에 혼을 불어넣는 보조사상연구원을 발족했다.

이야기가 흥미로웠던 것은 송광사의 도량이 갖는 면면들이 사찰건축이라는 문화재적 측면에서 조명되는 것도 있지만 송광사의 1980년대라는 이 기간이 유독 주목되는 바가 있다. 구산 스님은 외국인 수행자들을 위한 불일국제선원을 개원하는 등 미래불교의 마중물이 될 도량의 사격을 갖춰야할 필요성을 인식한 선지식이었다. 또한 한국사회에 무소유라는 수행이자 문학으로도 독자적인 세계를 펼쳐보인 법정 스님이 송광사를 빛내고 있었다. 또한 잘 드러나지 않았지만 불화와 선서화의 고준한 지평을 연 석정 스님도 계셨다.

위의 글은 은사스님이 80년대 초반에 동남아의 대탑들과 사원을 둘러보면서 쓴 여행기이자 탐방기사인 셈이다. 은사스님은 카메라를 CANNON만 쓰셨다. 캐논은 관음의 일본어 발음인데 관세음보살이 천수천안으로써 중생을 살피고 구제한다는 것처럼, 카메라는 렌즈를 통해 세상의 모든 사물을 비춰주기 때문에 그렇게 작명이 되었다. 그 뜻이 좋아서 오직 그 카메라만 쓰셨다. 1980년대 초의 회보내용이라 기억이 가물가물 하지만 회보를 훑어가자니 위의 탐방기가 있었다. 문득 구산 스님 사리탑이 동남아시아의 대형탑사를 보면서 일찍이 구상한 것이 아닌가 하는 생각이 들었다.

말도 그 사람을 나타내지만 글도 그 사람을 드러낸다. 그렇기 때문에 말을 듣고 글을 보면 그 사람이 어떤 사고를 하는지 미루어 짐작할 수 있다. 나는 은사스님과 여행을 해본 적도 없고 불사에 관한 연기문이나 발원문, 또는 그와 관련한 어떤 목적의 글은 본 적이 있지만 에세이로서는 본 기억이 없다. 그래서 위의 글을 옮겨 적으며 스님을 생각해 볼 수 있었다. 일찍이 은사스님께서 효봉 스님이나 구산 스님 문집을 모아 정리하는 것을 보면서 치밀하고 꼼꼼하시다는 생각을 했다. 위의 글을 보니 주위를 살피는 것부터 역사적인 사실과 현재의 모습을 진단하는 것도 그렇지만 송광사를 법고창신하여 어떻게 발전시킬 것인가를 놓고 깊이 고민하시는 것을 알 수 있었다. 한 번 결정하면 모든 것을 일이 이루어지는 방향으로 추진해 나가는 모습에서 서두의 문답이 떠올랐다.

아일랜드의 속담에 "이야기를 하다 죽은 사람은 다시 돌아온다"는 것이 있다. 신화도 그렇고 이야기의 기능은 과거에만 머무르지 않고 시대를 초월하여 항상 새롭게 재해석할 수 있는 공간을 제공한다. 그래서 상상력이 있으면 그것은 꿈이 되고 꿈은 현실이 된다. 중중무진한 연기적인 법칙 속에서 그 의미는 매일 새롭게 떠오르는 태양처럼 생명을 얻고 우리에게 삶으로 현현하는 것이다. 은사스님께서 저 탐방기를 쓰셨을 때가 마흔에 올라설 즈음이었을 것이다. 은사스님께 헌상하는 마음으로 미숙한 솜씨를 불사하고 지면을 어지럽히고서 이야기의 대단원에 다다르니 청춘의 스님을 뵙는 듯 괜히 기쁘고 설레는 마음이 여러날 떠나지 않고 있다.

탑전의 일이라고 해봐야 봄 여름엔 마당의 풀을 뽑고 가을이면 뜰에 떨어진 낙엽을 쓸면 그만이니 인간사 호시절은 손 안의 명주처럼 이미 구족한 것이다. 은사스님은 송광사, 법련사, 고려사 대작불사를 원만성취하고 이제 미수에 이르렀으니 좀 편히 계셔도 좋겠다는 마음을 담아 향 한 자루를 올린다.

시나브로 단풍에 물들어가는 초가을 아침의 고요한 송광사

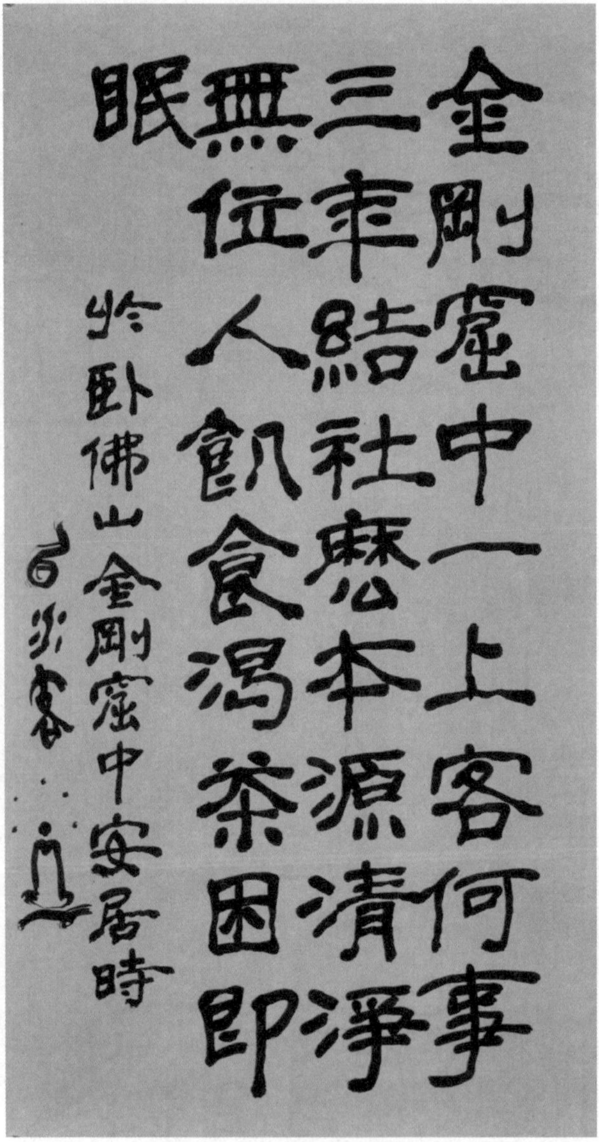

金剛窟中一上客何事
三來結社磨本源清淨
無位人飢食渴茶困即
眠

吟臥佛山金剛窟中安居時

금강굴의 한 나그네, 무슨 일로 삼년결사 중인가. 본래 일 없는 한 사람, 배고프면 먹고 목마르면 마시고 곤하면 잔다네. | 현호 스님

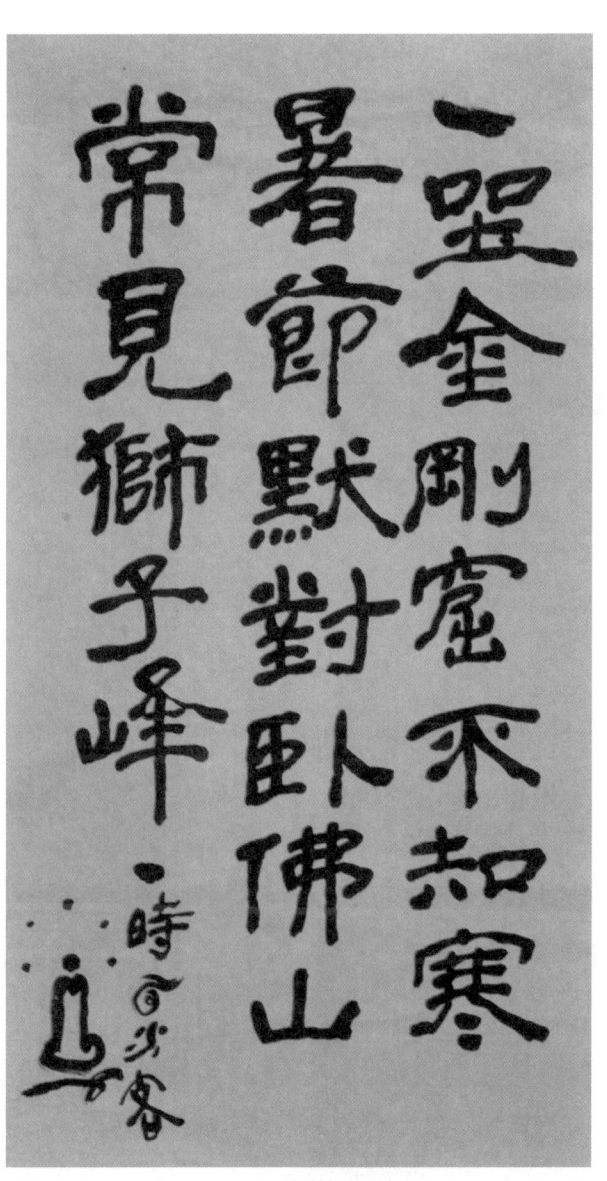

금강굴에 들어 앉으니, 차고 더움도 모르겠네. 묵묵히 와불산을 대하고, 항상 사자봉을 바라보네. | 현호 스님

사형 원명 스님과 현호 스님

평생의 도반인 설정 스님과 현호 스님

광양 상백운암을 참배한 구산 스님의 상좌들과 외국인 제자들

구산 스님 추모제 후 탑전으로 이동하는 대중스님들

구산 스님 사리탑 탑돌이 중인 대중스님들

여행지에서 사제 현전 스님과 함께

모친 별세 후 찾은 고향 저수지에서 현고 스님과 함께. 현고 스님은 중창불사의 불사도감이었다.

법련화 보살이 희사한 서울 법련사의 초창기 모습

대작불사 후의 법련사

구산 스님과 법련화 보살

사적비를 살펴보는 법련사 불사의 대공덕주 대우그룹 김우중 회장

구산 스님 유족과 함께 탑전에서

탑전 마당에서 보경화 보살과 함께

법련사 참배 후에 한일합섬 가족
맨 우측 법복을 입은 분이 한일합섬의 맏며느리로서 제8차 중창불사 소요 목재 전량을 희사한 최관음행
보살(부친은 육당 최남선 선생)

법련사 사적비 제작 현장을 방문하여 작업자들과 함께

평생 현호 스님을 조력한 조달공, 유여진, 신영훈 거사

구산 스님 추모일에 상좌들과 함께. 은사스님이 상좌들과 찍은 사진이 거의 없다. 그나마 건진 것이 이 한 장인데 함께 싣지 못한 문도들에게 미안한 마음을 밝히며 차후에라도 보강하겠다.

은사스님을 모시고 도량을 둘러보던 중이었다. 보조스님 감로탑에 인사를 드린 후 어딘가를 가리키며 길게 말씀을 이어가셨다. 그것은 일을 해본 사람만이 가지는 여유와 회한이었다.

에필로그
불사기 마치는 글

　진(晉)의 도연명은 유독 국화를 사랑했고, 당대로 내려와서는 사람들이 목단을 좋아했으며, 자신은 연꽃을 좋아한다고 했던 이는 송대의 유학자 주돈이다. 그러면서 국화는 은일하는 자의 꽃이요, 목단은 부귀의 꽃이고, 연은 군자의 꽃이라고 의미를 부여했다. 그것으로 미루어 살펴봐도 위진남북조 시기 은사들의 은일과 최고의 문화적 황금기를 누렸던 당대의 화려함, 그리고 북방 유목민들에게 쫓겨 위축되어 가는 송대 한족의 자존심이 선종의 간화선과 유가의 성리학으로 정제되는 등 시대마다 대중의 문화적 역량이 다채롭게 나타났음을 알 수 있다. 이것은 인간사회를 관통하는 사상궤적이 무심한 것이 아님을 상징적으로 보여주는 하나의 예다. 이 책은 불사기의 형태를 띠고 있지만, 송광사 800년 역사의 흐름과 주요 인물을 글과 사진을 통해 다층적으로 엮었다. 그리고 그 속에 배태된 것은 1980년대 송광사에서 펼쳐진 10년간의 승가 생활상이다. 즉 이 시기의 우리는 무슨 생각을 하며 무엇을 하고 살았는지에 대한 이야기고, 어느 훗날에는 오늘의 우리를 살펴보는 거울이 될 수 있을 것이다.

　나는 집을 지어본 적이 없어서 불사에 대해서는 잘 알지 못한다. 다만 내가 햇살 밝게 비치는 양명한 것을 이야기한다 해도 사물의 음영처럼 미처 살피지 못한 부분이 적지 않을 것이니 미흡한 점은 아량으로 받아들여 주시기를 정중히 앙망드린다. 은사스님께서는 직계 스승인 효봉-구산 스님 외에도 문중의 여러 스님들과 조계총림 대중들의 은혜, 또 종단적으로 동시대를 교유하며 지냈던 많은 어른스님들의 음덕이 있었다. 그리고 대소경중을 불문하고 불사에 인연이 닿았던 모든 분들께도 이 자리를 빌어 제자로써 진심어린 감사의 말씀을 올린다. 또한 중창불사에 솜씨를 발휘해주신 많은 분들을 잊을 수 없다. 특히 불사도감으로 회향의 시간까지 이 도량에 헌신한 현고 스님과 불모 석정 스님, 불사기를 남긴 신영훈 선생, 불상감수의 최완수 선생, 그 외 불사 현장에서 수고해 주신 모든 분들께 각별한 인사를 드린다.

이 책이 나오기까지 많은 분들의 도움을 입었다. 박물관 소장자료를 사용토록 협력해준 박물관장 고경 스님과 김태형 학예연구실장, 귀한 사진을 공유해준 안홍범·유동영 작가, 아름원의 철안 거사, 차보명각 보살, 박덕영 디자이너 그리고 홍문수행 보살 등의 노고에 감사드린다. 또 출간에 도움을 준 서울 김은숙 보살과 법신 스님, 탑전문도 사형제들에게도 고마운 마음을 적는다. 무엇보다 탑전에서 10여 년을 은일하며 독서와 집필에 전념할 수 있도록 배려해주신 조계총림 전 방장 남은현봉 스님, 또 올 봄 새로 방장에 추대된 편양현묵 스님, 주지 무자 스님과 총림대중, 또 문중의 모든 스님들께도 머리숙여 감사의 말씀을 올린다. 마지막으로 송광사를 사랑하는 모든 분들께도 이 책을 바친다.

은사스님은 중요한 결정의 순간에 항상 구산 스님께서 꿈에 나타나 실마리를 준다고 자주 말씀하셨다. 그렇게 과연 가능할까 하는 생각이 없지 않았는데, 여러 해 전에 예감어린 꿈 하나를 꿨다. 꿈속에서 스님은 가사장삼을 수하고 의자에 단정히 앉아 계셨다. 내가 완전히 새것은 아니지만 그와 별반 다르지 않은 깨끗하게 닦은 흰 고무신을 가져와서 "스님, 신발 바꿔 신으시게요" 하며 내밀었더니 별 말씀 없이 가져온 신발을 신으시는데 발에 정확히 맞았다. 어쩌면 이것이 은사스님께서 여분의 생을 더 얻으신 것에 대한 현몽이 아닐까 하는 생각이 들어 기분좋게 받아들였다. 그리고 지난 가을의 어느 새벽에는 신문 전면에 은사스님 사진과 함께 책에 대한 이야기가 실린 신문을 펼쳐 보여드렸더니 가만히 바라보시던 모습에서 싫지 않은 마음이 느껴졌다. 그래서 꿈속에서도 '아, 그래도 책을 그르치진 않겠구나' 하며 편한 마음으로 일을 매듭지어 갈 수 있었다.

책이 나오면 대웅보전과 국사전, 풍암영각, 효봉영각, 구산 노스님 사리탑에 차례로 인사를 드릴 것이다. 그리고 탑전 은사스님 방 탁자에도 한 권 올려드리고 나면 홀가분하게 인생의 다음 페이지로 넘어설 수 있을 듯하다. 불사기의 대단원에서 내 인생의 감사하고 고마운 분께 존경과 사랑의 마음을 바친다.

스님, 애쓰셨어요!

일생의 역작인 대웅보전 앞에 선 현호 스님 | 이 사진은 자공 스님이 오래 전 찍은 것을 안홍범 작가가 촬영 복원했다.

I'm FREE!

연(蓮)은 처염상정(處染常淨) 화과동시(花果同時) 종자불실(種子不失)의 의미를 가진 가장 불교적인 상징을 가진 꽃이다. 연의 씨앗은 생명이 장구하여 일본에서는 2천 년 전 우리나라에서는 7백 년 전의 것(아라연꽃)도 싹을 틔울 수 있었다.
사진은 한겨울 차가운 연못 속에 스러져 있는 송광사 초입에 있는 연밭의 모습이다. 저 연이 봄이 되면 다시

피어나는 것인데 연이 그럴 수 있는 것은 봄바람과 여름의 햇살을 믿기 때문이다.
사람의 삶이라 하여 막다른 길에서 끝을 보는 건 아니다. 길은 어디로든 연결되고 존재는 때가 되면 생명을 얻는다. 그리하여 인간은 영원성을 획득하고 불멸을 꿈꿀 권리를 갖는다.
때를 아는 자, 묘용의 활력을 얻지 않겠는가.

현호 스님 송광사 제8차 중창불사기
송광사 대웅보전 이렇게 지어졌다

인 쇄	2025년 3월 20일
발 행	2025년 3월 28일
발 행 처	승보종찰조계총림 송광사
	도서출판 송광사
	전남 순천시 송광면 송광사안길 100
	T. 061-755-0107
	http://www.songgwangsa.org/
기 획	전장하, 홍유정
편 집	차도경
디자인	박덕영, 임길화
사 진	안홍범, 유동영
인 쇄	한영문화사
ISBN	979-11-93681-07-7

※ 이 책의 저작권은 승보종찰조계총림 송광사와 저작자에 있습니다.